本书获得黑龙江省社会科学

黑格尔与哲学史

Hegel and the History of Philosop

陈也奔◎著

黑龙江人民出版社

图书在版编目（CIP）数据

黑格尔与哲学史/陈也奔著. —哈尔滨:黑龙江人民
出版社,2016. 2(2021. 3重印)
ISBN 978 – 7 – 207 – 10681 – 0

Ⅰ. ①黑… Ⅱ. ①陈… Ⅲ. ①黑格尔,G. W. F.
(1770～1831)—哲学思想—研究 Ⅳ. ①B516. 35

中国版本图书馆 CIP 数据核字(2016)第 043378 号

责任编辑：张晔明
封面设计：张 涛 李德铖

黑格尔与哲学史

陈也奔 著

出版发行 黑龙江人民出版社
通讯地址 哈尔滨市南岗区宣庆小区 1 号楼
邮 编 150008
网 址 www. longpress. com
电子邮箱 hljrmcbs@ yeah. net
印 刷 三河市华东印刷有限公司
开 本 880×1230 1/32
印 张 13. 625
字 数 360 千字
版 次 2016 年 2 月第 1 版 2021 年 3 月第 2 次印刷
书 号 ISBN 978 – 7 – 207 – 10681 – 0
定 价 48. 00 元

序　言

这本书如同它的标题那样,阐释了黑格尔哲学与一般哲学史的联系。它可以看作是我的前一部著作《黑格尔与古希腊哲学家》的一个续篇。但这两个部分也可以看作是独立成篇的,前一部分仅限于探讨希腊哲学,而这部书则是从中世纪开始,重点考察的是黑格尔与近代哲学的关联。到此为止,也就完成了黑格尔与整个哲学史关联的考察工作。这是一条漫长的写作之旅,完成这两部著作,共用了十年的时间。整个写作期间,我都承受着同一种危险,也即是在一种隔绝状态下的孤立无援。只是跟随着黑格尔在密闭的视野下前行,那也构成了在静默中抵达光亮的通道。事实上,那由集体幻象所反衬的边缘状态应该是学者的本真处境,但如果不是由每日不断被激发起来的新的体验所融贯,又怎么能守护住内心历程中的希望之火呢?我感激黑格尔那个精神灵晕中所散射出来的折光,那深处闪烁的距离,恰恰构成了精神之维悬于基底处的此在赋形。

续写这部书的想法仍然是单纯的,即是要找到黑格尔形成自己哲学的那个秘密路径——那真正可以称之是黑格尔秘密的东西。在我来看,所谓黑格尔的秘密,并不是通常人们所说的辩证法或本体论等理论,而是他从前人那里借鉴过来的无限繁多的各式各样的哲学元素。真正的问题在于,黑格尔是从谁那里又是以何种方式继承(特别是改造)了哪些元素,并像使用他自己的砖瓦那样建构了他自己的理念逻辑的大厦。国外学者对黑格尔的研究已有数百年的历史,但真正对于这一核心点做出研究的人却微乎其微。近代较有影响的学者,如格林、斯退士、布拉德雷及鲍桑魁等人,德国较有影响的学者克罗纳、格罗克纳及拉松和狄尔泰等人,这些学者比较注重的都是文本的诠释及概念的阐述等问题,对于黑格尔的理念自身的发展与中介过程的关联问题,则重视得不够。当代国外黑格尔的研究有了一种较大的突破,泰勒、罗伯特、皮平、罗克摩尔及科耶夫和芬克等著名学者,分别在新的领域对黑格尔哲学进行了探索,科耶夫在《黑格尔导读》中,就详尽地阐释了自我意识那个显现为他者的问题,并揭示了《精神现象学》的内在结构。而芬克则从另一种路径,创立了现象学的反思性对话,他把黑格尔绝对精神的那种内在的张力,还原到古希腊巴门尼德的思维与存在的同一性原则,并在那里发现了黑格尔所强调的自我意识的那种悬空状态。罗克摩尔的《黑格尔——之前和之后》一书,则第一次分析了黑格尔哲学所形成的历史条件,把黑格尔哲学引入了特定的德国古典哲学的历史框架。他较为成功地解释了黑格尔哲学与康德和费希特及谢林哲学之间的关联,并试图建立德国古典哲学演变中的一种内在联系。这基本上提供了一个黑格尔与哲学史某种关联的雏形框架,把黑格尔与哲学史的一般联系问题呈现出来。比较专门研究黑格尔与哲学史关联的学者,在整个西方哲学界也非常稀少。我所知道的唯一学者是德国的克劳斯·杜辛。他的《黑格尔与哲学史》一书,是这个领域唯一的代表作。那部书的优点,是汇集了数量可观的对黑格尔评价的历史性资料,并在一些相关的材料中发展出自己的观点。缺点是,缺少对黑格尔理念关系自身发展的考察,也就没有体现出黑格尔的绝对理念对于整个哲学史的融合及吸收的过程。

　　揭示黑格尔与整个哲学史的关联,是觅寻到黑格尔哲学秘密(内在原则复多化倾向的统合)的一条必要的通道。这并非是返回到某个已经封闭起来的终点,而是要把起源中还未得到理解的东西澄清出来。这就要跟随黑格尔在他的成长过程中所逐步建立起来的那种不断完善的哲学认知,至少,黑格尔与康德、费希特及谢林的关系,都要在这样一种深度融合的视角下,才可以得到完好的理解。我在这里采取了黑格尔那种特定的哲学史的研究方法,即不是把哲学史看作是相互对立的观点的汇集——如同现代一般哲学史所做的那样,而是看作是概念(理念关系)那个整体所发展出来的个别形式的演进。实际上,黑格尔的哲学正是概念自身发展的一个环节——尽管他本人把他所达到的概念高度看作是绝对真理,在他那里已经融合了无限多样的理念的形式,他只是以绝对精神的方法将哲学史中曾出现过的各种元素统合起来罢了。如果说黑格尔曾轻视某些哲学类别,如英国的经验主义及法国的唯理论等形式,但他却从未认为某些哲学形式是一无是处的,这一点他与康德有别。在黑格尔的理解中,整个哲学史都是互为中介的环节,任何一个独立形态的哲学都有其特定的价值。它们只是概念(理念)本身所分化出来的诸多种特殊的哲学形态罢了。无论怎样,它们都会将其自身作为中介,而过渡到更高的哲学中去。如果我们去掉黑格尔的那个绝对精神的支点——那个神性漫溢到个体的思维中的泛神化的倾向,这样一种理论也仍然可以成立。至少,它要比近代哲学理论所信奉的某个理论是好的(而另一个理论则是坏的)那样的观点更值得信赖。

在具体的环节上,我采取了这样的原则:就是以黑格尔融合哲学史的那些过程为切入点,即从理念中介的关系上去揭示黑格尔与前期哲学家的关联,寻找到黑格尔对前期哲学家的借鉴与超越之处,并在理念源流发展的脉络上,把黑格尔吸收及同化各种哲学元素的过程展现出来。这里以两种方式入手:一是从横向平行的关系入手,这主要是把哲学史中特定的概念以及黑格尔所使用的情况对比出来,同时诠释那些概念在各自哲学体系中的含义,在此基础上进行概念关系的比较。二是从纵向的关系入手,这主要是揭示黑格尔对诸多理念原则的创新和改造后的继承关系。从整体上,去探讨黑格尔那个绝对理念的发端和演进的情形。为了处理好这两种关系,这里采取了一种必要的开放视角,即把黑格尔哲学看作是一种开放性的而不是固定的僵死的东西。使那些暗涵在黑格尔体系深处的多维性从遮蔽的状态中彰显出来,把黑格尔哲学本真的精神元素释放到一个清晰可辨的端口。

写这部书的困难,仍是没有现成的东西可以作为参考。在黑格尔与哲学史这个题目下,所能参照者寥寥无几。查到英文的有限文献或许只是一种补足。在整个写作的过程中,我也只能处于一种封闭的视野之内。无疑,那不利于拓展出一个更具融合性的空间,但也许在表达我自己的思想方面是有利的。至少,通过一种持久的专注和耐心,我从黑格尔的原著中也发现到过去未能领会到的东西。这也改变了我前期研究所形成的某些观点,增加了的那些新的角度,也给某些评价带来的以前未曾达到的细密性。

在一些主要的原则上，我基本上坚持了理念哲学的立场，希望在黑格尔与哲学史的那个临界点上，找到一种能把人们从兴趣中唤醒的方式——并非黑格尔设下了那些令人眩晕的理念暗道的陷阱，而是人云亦云的泛化的传播，导致了黑格尔哲学的僵化。事实上，那把哲学当作一种经文去阅读的做法，正是黑格尔本人所极力反对的。这里，并不想迁就理念哲学中某种空洞的东西，但也同样不想迁就铺张扬厉之下的现代性的碎片。至少，返回到起源中某种未被深察的深度，比悬浮在拱廊的小雕纹上要好。

这里应该指出，本书的写作范围并没有跟随黑格尔哲学史的那种路径，要是那样的话，这里的篇幅将会扩展许多倍，似乎也无法在这样一个题目下完成。这里主要是涉及理念哲学的那个脉络，因而，对法国的唯理论及英国的经验主义等形式都未做出评价，事实上，那样的哲学对黑格尔的影响几乎是不存在的。对于希腊晚期及中世纪的哲学，这里采取了另一种视角，旨在揭示黑格尔对那些过渡性哲学的评价，并以溯源的方式把黑格尔的那种哲学史的洞见呈现出来，从黑格尔对全部哲学史的那种细密的浸润中，领略到他为理念自我赋形的漫长的构设之路。这部书的重点，是德国古典哲学部分。这部分占据了近一半的篇幅。它的重要性应该超过整个哲学史的其他部分，我在这部分也花费了更多的心力，或许这里的尝试能够给人们带来一些有益的东西。遗漏掉的哲学家，有莱布尼茨和布鲁诺，他们二人对黑格尔都产生过影响。由于篇幅的限制，这里只能略去。另一位对黑格尔影响较大的哲学家是雅各·波墨，他可以看作是谢林和黑格尔神秘主义倾向的传递者，由于材料的限制，这里也仅只是稍加提及，而未做出详尽的论述，与独辟一章的人物相比，就显得单薄了。上面这些都可以算作是一种缺欠,只能期待将来做出补足。

这本书是国内第一部这方面的专著,写作这本书耗费了自己近四年的时间,一些新的资料(英文方面的和黑格尔全集)的出版,增大了必须的阅读书目,而筛选和平衡资料的过程也因为更多的线索而增添了难度。加上必须要保持一种统一性的核心视角,用以贯穿黑格尔对哲学史的超越路径,也就增大了对原著的那种深度性的依赖。总之,大味者淡,大音者稀,这里的尝试自然会有很大的局限性,缺点和错误也在所难免,希望广大读者提出批评意见。

陈也奔
2015 年 8 月 20 日于哈尔滨

目　录

第一章　过渡时期的哲学
——从斯多葛派到怀疑主义

第一节　从爱利亚派到独断主义的思想演变

黑格尔的理念哲学从源头上讲，是发端于古希腊哲学的。当阿那克萨戈拉把绝对设定为是一种心灵（灵魂）时，一种理念哲学的原初思路也就形成了。心灵在阿那克萨戈拉那里是绝对的设定者，作为一个最高的思维的心灵，它也就是绝对的宇宙本质。这样一种认知世界的原则，在古希腊的爱利亚派那里获得了较为充分的运用。虽然我们在爱利亚派那里，还看不到较为纯粹的主体形式，即把对象在自我的认知关系中设定出来，但把绝对的本质规定为纯粹的概念，规定为思维之活动那样的思路，却已经形成了。在塞诺芬尼那里，以及在稍后的巴门尼德的哲学中，太一、纯思、纯有这样的概念逐渐被建立起来，这样，作为一种纯粹的本源（本体）的原则，也就被确立了。在太一、纯有的关系中，本质作为思维成了一种坚实的东西，而感性存在作为一种消逝的属性，则成了一种为他之物。为他之物是纯有身上建立起来的复多性，它们就成为了本质的对立方面。在爱利亚派那里，我们看到思维已经成为独立自由的了。在爱利亚派的绝对本质中（即纯有的关系中），我们看到思维纯粹地掌握了自身,并同时看到思维在概念里运动。黑格尔认为,这正是辩证法的起始,因为纯有本身的关系揭示了客观存在的矛盾本性。而这,也正是实在的辩证原则。

爱利亚派的这种核心性的原则,基本上被柏拉图继承下来。柏拉图一方面坚持苏格拉底的脉络,即把存在的本质规定为意识,存在要以思维自身的关系为中介。另一方面,他也扬弃了苏格拉底的局限性,不再从情感和直觉去发展普遍的共相,而是从一种理念的关系出发,使存在的关系成为意识关系的环节。从某种意义上说,柏拉图仍是坚持了爱利亚派的纯有的原则,特别是巴门尼德的思维与存在的同一性的原则。他把这个原则引入到理念关系的规定中去。在理念的关系中,柏拉图坚持了思维规定的那种绝对性,并把思维之规定还原到一个绝对的共相的形式中。因而,在柏拉图那里,理念作为一种共相存在的思路也就形成了。共相不是别的,也就是阿那克萨戈拉所说的心灵的存在,阿氏曾把心灵规定为是直接的个别者,自我推动者。而当心灵做到一种自我运动(自我思维)时,它也就把主观的东西变为客观的东西。柏拉图本人,全面地发展了这一思路。他把理念认作是能够运动的灵魂,而灵魂和逻各斯便是一种自我运动。由于逻各斯是一种绝对心灵的运动原则,这样,逻各斯也就可以被看作为是灵魂运动的主体。我们在柏拉图那里,可以看到这样一种概念的形成:世界的本原是某种灵魂性的存在,当那种灵魂性的存在从事运思时,也就把世界按照理念的形式建构起来。实际上,在柏拉图那里,认识与其对象性的关系已经改变了。认识的问题不再是人的意识能否与它所看到的对象相互一致,而是宇宙的灵魂能否与它所产生出的外部世界相互一致了。柏拉图这里的观点,基本上接近了黑格尔的立场,这就是为什么黑格尔会认为,哲学作为一种科学,是从柏拉图那里开始的。

从柏拉图哲学向新柏拉图哲学的演变,中间经过了一个过渡的阶段。这也即是斯多葛派哲学和伊壁鸠鲁哲学。它们与后期的怀疑主义一起形成了独断主义的哲学,这是黑格尔对于哲学史的一种划分。黑格尔认为在独断主义的哲学中，柏拉图和亚里士多德的思辨哲学的卓越性已丧失殆尽。因为独断哲学是一种理智性的哲学（而不是理念性的哲学），它的原则是抽象的，离开了理念共相的普遍本质，而游离到特殊的规定中去，特别是游离到个别主体的情感和直觉中去。这样，它也就脱离了实在（实体）的关系，而进入到一种有限性中去了。另一方面，我们也可以看到，这个作为过渡时期的中间环节，也并非可有可无。至少，它是柏拉图那种思辨哲学的一个终结者，它要从那个缥缈的理念世界返身到现实世界。它坚持了一种生命的个体原则，这种原则融合了现实的情感和意志的色彩。从这一方面说，它也就把哲学引入到生命的现实需求中，并通过建立一种心境上的幸福关系，以达到生命对于自然和社会的那种平衡。同时，由于它坚持了一种个体化的生命原则，坚持了感觉和直观的那种标准，也就把认识的关系引入了一个新的系统。这个系统，也就是近代的那种主体化的系统。这个系统在休谟那里被全面扩展了，又在康德的哲学中达到了顶峰。实际上，我们也可以看到，从感觉的主体性出发，很容易形成认知上的那种独断论。因为感觉总是因人而异的，用它所形成的判断标准也就无法确定了。当人们把感觉判断看成是终极的判断时，独断主义的倾向也就自然形成了，而独断主义会很容易地演变为怀疑主义。实际上，这正是休谟哲学所展示出的性质，休谟哲学在本质上是感觉主义，这如同斯多葛哲学和伊壁鸠鲁哲学一样，休谟的许多结论性的观点又很像怀疑主义的皮罗。

哲学性质上的变化，并不是简单的理念关系的变化。它与现实生活有着密不可分的联系。至少，它要求反映现实生活的某些事实。独断主义的哲学，则正是处于向现实生活的折返点中。希腊晚期的社会，自由的精神沦陷了，人们普遍陷入了罗马世界的悲苦中。高尚的品质和美好的生活都被荡尽，在此情形下，人们只能从现实生活逃向内心世界。而斯多葛哲学和伊壁鸠鲁哲学，则正适应了人们的这种精神需求。它们以伦理的方式把人们的精神要求升华，并最终发展为一种超脱尘世返回到内心世界中去的理论。这种理论在当时的情形下，满足了人们对于幸福生活不断追求的那种渴望，尽管那种渴望被搁置在现实的活动之外。但无论如何，独断主义的哲学还是尝试着为人们去寻找一个生命的归宿。比较柏拉图和亚里士多德的哲学，独断论的哲学可以算作是一种新的哲学，它属于一种实践哲学，这种哲学具有一种信仰的形式。但它又没有达到宗教信仰（没有达到基督教那样的准宗教的形式）。它只是在特定的历史时期，给人们找到了一种有限的解救方式。斯通普夫在他的哲学史中，比较精准地概括了这一时期的情形。他说："这些新的哲学取向通过时代的历史境况被带进到一个大的范围之中。在伯罗奔尼撒和雅典陷落之后，古希腊文明也随之衰落了。随着小的希腊城邦的崩溃，作为个体的公民丧失了他们曾拥有的重要的地位的感觉，以及他们控制和完善其社会和政治命运的能力。因为他们被吸收到正在成长的罗马帝国之中。人们日益感受到某种失落，即个人无力控制其在共同体中的生活。当希腊成为只不过是罗马的一个省份时，人们对探求有关理想社会的思辨问题失去了兴趣。人们所需要的是一种实践的哲学，这种哲学在变化了的环境条件下对人们的生活给以指导。在诸多事变压抑着民众的时代，人们似乎懒于去改变历史，然而，即使人类控制不了历史，但是他们至少还能以某种成功的方式支配自己的生活。所以，哲学以一种日益增加的对更加直接的个体世界的关心的取向转向这种实践的重点上去。"①斯通普夫这里的描述，基本上反映了希腊晚期生活的社会现实，也揭示出一种新的哲学即将产生的那种必要的社会条件。

　　实际上，独断主义哲学应该归属于实践哲学。与亚里士多德那种实践哲学不同，斯多葛派和伊壁鸠鲁派都把世俗化的伦理关系看得很重。它们也基本上转向了现实的伦理形态，而不是注重概念形

---

　　① 撒穆尔·伊诺克·斯通普夫:《西方哲学史》，丁三东等译，中华书局，2005年版，第146页。

式的分析。尽管这两派在许多细节上有着区别,但在大的原则和方向上,它们基本上是一致的。黑格尔本人对这一点也进行了肯定。在理论的层面上,黑格尔指出了独断哲学的基本特征,也即它们是一种纯粹的主观形式。它们具有自我意识的反思的特点,并且把这种反思的特点带入到信仰的形式中。黑格尔认为,独断主义哲学树立了这样一种原则,这种原则即是思维形式的主观性。一方面,它以思维的规定确立了真理的标准,把真理规定为是主观反思性的东西,另一方面,独断主义哲学也游离了理念的共相的内容,而坚持了一种思维的特殊性和个别性。这种个别性的原则,也就是一般的感觉、知觉和直观的原则。黑格尔指出,独断主义实际上是把思维的普遍性原则片面化、绝对化了。这样,独断主义哲学就导致了抽象的理智化的知识。抽象理智的知识是把有限的形式当成是无限的形式,把有限真理的环节当作是无限理念的环节。这一点,在早期的智者派普罗泰戈拉的哲学中就已经发生了。实际上,智者派所坚持的正是绝对的主观性原则。在那个原则中,真理的标准来自于感觉的尺度,真理的客观性从实体那里返回到个别的主体性中,主体是一种绝对的思维,一种纯粹的主观活动。而这种活动又是被感觉的内容所支配的。自我意识的关系在智者派那里并非理念的自在自为的关系,而仅仅是个体化的心情的关系。在这样一种关系中,由于个体的感觉和直观是绝对的设定者,客观真理的内容也就被弃置了。这就是为什么黑格尔一方面赞扬人是万物的尺度那一格言是一个伟大的命题,另一方面也指出,普罗泰戈拉所达到的思想,只是一种现象的形式。在这种现象的形式中,并没有反映出一种自在自为的东西。而仅仅反映出表象关系的不确定性。黑格尔就这样写道:"我们看到普罗泰戈拉是具有伟大的反思的。这是对于意识的反思。这种反思在普罗泰戈拉本人那里进入了意识。但是普罗泰戈拉所达到的只是现象的形式,以后的怀疑论者们又重新采取了这种形式。"①

　　我们可以看到,普罗泰戈拉这里的观点正是独断论所坚持的东西。主体性来自于我们的反思,而反思所依据的原则又只是感觉和直观,这正是独断论哲学的一般性的特点。这样一种思路的源头在早期的智者派哲学中就已经确立了,而伊壁鸠鲁和斯多葛派哲学又发展了它。但无论怎样说,哲学发展到独断论这个阶段又有了新的变化,理念共相的形式从柏拉图和亚里士多德的哲学中转移了。现实生活发生了改变,人们也就更加关心生命自身的感受。同时,哲学的关注点也发生了变化,主体化的原则开始上升到个体化的层面上去,而那种个体化的原则又被感情和意志所支配。当那种个体化的哲学要给感性的生命提供一个精神层面的支撑时,一种返回到内部情感中的信仰原则也就形成了。而这,正是独断哲学要在实践领域中所要解决的问题。它们在理论上获得了一种主体性的支持,在实践方面,它们自然也就要实行一种切实可行的行为原则。在伊壁鸠鲁派和斯多葛派那里,感性的内容都获得了较为充实的规定,不过,哲学从这里开始,也就转化为信仰层面的伦理学,通过怀疑主义的否定,最终过渡到新柏拉图主义的哲学中去。

第二节　　以感性原则为基础的道德哲学

　　在实践方面,首先是斯多葛派建立了道德学。这个道德学是以人性的标准为出发点的。单从这一点看,它就是对亚里士多德伦理学的一种超越。在亚里士多德那里,善的关系通常是在节制和中庸的尺度上被考察,而斯多葛派则把最高的善看作是依照本性而生活。尽管黑格尔曾认为这样一种界定是在形式上绕圈子,但实际上,这里的观点显然不同于柏拉图和亚里士多德的理论。因为依照

---

　　① 黑格尔:《哲学史讲演录》第二卷,贺麟、王太庆译,商务印书馆,1981 年版,第 31 页。

本性而生活就是道德，这样一种本性并不需要理念和神意的帮助。从某种程度上说，斯多葛派所主张的本性，也就是一种自然规律的属性。它以一种普遍的形式存在于自然界中，也同样存在于人的现实活动中。因此，善的关系通常要求人们与外部环境及人自身的自然目的性相互谐调。从总的原则上看，斯多葛派的追求目标也仍然是幸福。但斯多葛派通常把幸福看作是要靠智慧去寻求的东西，而不像伊壁鸠鲁的哲学，把幸福看作是存在于各种各样的快乐之中。在此意义上讲，斯多葛派更为重视认知关系的问题。特别是灵魂如何接受各种各样的印记那样的关系。在这方面，斯多葛派的理论是较为独特的。有些地方，很接近现代的认识关系。芝诺就曾论述过自然中存在的那些构成概念的理性关系。他指出，人们对于实际事物的印象，是由灵魂被动接受的。这个印象就像一个印记，它在灵魂中产生一个表象。表象虽然是一个赝品，但它却是一个近因。它是一种外在的现象，具有一种记号的功能。在这个表象之外，还有一个主要的原因，在主体接受对象的刺激，也就是形成表象的那个时候，我们就可以给它一种自明性。这就是一种认知关系上的理解。也就是我们心灵中活动着的那种知觉。在芝诺看，正是这个理解的表象系统，才是人们认识和判断的基础。正因为如此，逻辑的思维基础是在感觉之中。人有一种通过自然的感觉预拟概念的理性（这一说法很可能影响到康德）。这些自然关系中所预拟的概念本身，则正是通过表象的作用而形成的。感受可以通过专门的表象联结自然地产生出预拟概念（即人的共同概念），而这些概念对人来说，又是自明的。如果我们给予同意，它就变成一种推动的思维和判断，正是这种判断，在理性的活动之中传译着欲望和要求。

大体上看，这是和伊壁鸠鲁派相似的感觉论。但它的内容，却有着更为重要的意义。它的一些细节，已经具有了近代现象学那样的对于认知形态的细密构想。这在希腊时期是一种很新颖的理论。远远超出了普罗泰戈拉的那种粗放的感觉论，而进入到一种较为细致的知性观察了。内在与外在的区分，尽管还不是很明确，但也揭示了那样的区别:即表象的活动要由外部对象的刺激而形成(在近代,特别是在胡塞尔的现象学中,意象对象通常是由主体自身所形成的,不是由外部对象直接刺激的结果),但判断那个对象的,则是我们主体自身的自明性。人们可以根据表象的规定做出正确的判断。而这正是感觉主义的本质。从普罗泰戈拉到休谟,这条主要的路径从未曾发生过改变,变化的只是一些细节而已。实际上,斯多葛派是想要通过理论的关系去确立道德关系的合理性,它在多大程度上做到了这一点,是一件很难判断的事情。但它至少想要把理性和智慧带到幸福之中,这就使它的伦理学有了一种较为不同的特质。它是一种按照理性的目的去求得幸福的理论,在此意义上看,一个人的幸福与他的智慧是成比例的。愚人通常得不到幸福,而哲人由于他具有较高的自然理性,则可以享受到最高的幸福。德性在斯多葛派那里是唯一的善,但真正有德性的行为,却是人们有意识地导向最高目标的行为。与这个最高目标相比,健康、生命、荣誉都无足轻重。因为快乐本身还不是最高的目的,不是绝对的善。绝对的善是来自人的善良意志,也即来自于人的智慧的理性。但这种理性通常又不是由自我来支配的,因为世界有一种它自己的内在秩序,在世界之内,人和物都只能按照目的的原则去行动。而那种最高的目的,又都是由神意所支配。人的智慧,只是关于人的事物及神的事物的知识。人可以了解自己的理性规律及目的性,但对于神意,人就只能去猜测了。因此,人按照自己的本性生活就是按照自然的方式而生活。"因为我们个人的本性都是普遍本性的一部分,因此,主要的善就是以一种顺从自然的方式生活。这意思就是顺从一个人自己的本性和顺从普遍的本性。不做人类的共同法律惯常禁止的事情。那共同法律与普遍万物的正确理性是同一的。而这正确理性也就是宙斯,万物的主宰与主管。"①

　　阿尔弗雷德·韦伯在他的哲学史中,曾指出斯多葛派具有一种

---

① 北京大学哲学系编译:《古希腊罗马哲学》,商务印书馆,1962 年版,第 375 页。

泛神论的色彩。他认为它是一种泛神论与有神论之间的一种调和。在某种程度上,它甚至达到了宗教那样的高度。不过黑格尔则早就指出过,说一切哲学都是泛神论。因为一切哲学都认为,理念和概念是在世界之中的。只不过在斯多葛派的哲学中,神意概念还是一种较为泛化的东西,并没有介入到伦理学的实际内容,也没有从本体论的角度去设定一个基础。从这一意义上说,人与神的联系就还是较为疏远的。自然的理论更多的还是关注着现实层面的东西,灵魂要在智慧和信仰的关系上找到一个平衡点。因此,无论是美德和罪恶,它所关注的焦点都是人世间的内容,理性和智慧也只是关心现实生活中的苦乐。从这一点看,它就是一种入世的哲学。它有着某种宗教性的成分,但与基督教精神相比,则还有着一段距离。至少,它对于来世和永生这样的概念不感兴趣。它还是属于感觉主义的伦理学,尽管它的体系中有二元论成分,但基本上看,唯灵论的倾向要小得多。可以认定,它是情感主义伦理学的一个分支,具有浓厚的自然主义的成分。是一种靠着个人的主体感觉去确定幸福的理论。由于现实生活的外在性被排除了,这个主体性也就成为了一种空洞和抽象的东西。最后,它也只能靠所谓的良心去充实幸福的内容,这正如黑格尔所说:"这在斯多葛派那里是正确的理性,最高的原则,并且是本身值得坚持的东西。这里于是立刻就出现道德和幸福的对立。用抽象的形式讲来,这就是思维和思维规定的对立。我们在斯多葛派那里所看见的和他们所擅长的就是人或哲人只是按照理性做事。这种按照理性本身做事的原则进一步包含着把人自身加以抽象化孤立化,把人向内集中到自身。因此它起了一种消极逃避的作用,对于一切东西,一切直接的欲望、感情等等一概漠不关心。在这个极其抽象的原则里,在这种单纯的自我集中里,在这种只是在思维中保持自己与自己的纯粹一致里,包含着摒弃一切,对一切特殊的享乐、爱好、情欲、兴趣漠不关心。这里又包含着斯多葛派哲学家所特有的力量。内心的独立和性格的自由。"①我们可以看到,斯多葛派的这种自由正是来自于绝对的主观性。在形式上,它是无限的。正因为它是无限的,它也就取消了客观的内容。一个智慧的人(通常是哲人),即使在锁链中也是自由的,因为他可以完全不被情感的痛苦所左右。这也就是斯多葛派所坚持的那种主观性。严格说起来,它作为一种伦理信仰,并没有认真对待生命的内在要求,而倒是把生命所要求的内容扬弃了。它取消了生命存在的现实性意义,而让生命本身成了空洞的东西。这种绝对的主观性在近代的存在主义哲学中也可以见到,比如萨特所强调的人在任何时候都可以做出选择那一命题——那是对斯多葛派的笨拙的效仿,就是把生命建立在绝对主观性那个形态上。用黑格尔的话说,那就是在一种消极的方式下,漠视客观的限定,以坚持一种所谓的自我意识的无限性。这种观点的极端形式就是唯我论,它引导了主观哲学向怀疑主义和独断主义的发展。

与斯多葛派差不多同一时期,伊壁鸠鲁创立了另一种形式的哲学。通常人们把它说成是实践哲学,但把它说成是道德哲学也不会有什么问题。实际上,伊壁鸠鲁哲学的关注点并不在理论方面,而是在现实的内容方面。伊氏哲学的核心内容,是去考察快乐和幸福的关系,这一点,它与斯多葛派是一致的。所不同的是,伊氏把快乐本身就看作是人们生活的目标。快乐并不是社会原则,而只是个体生命的原则。正是从这里出发,他建立起一种快乐主义的行为伦理学。这一点,他与斯多葛派保持了区别。斯多葛派在许多方面都更加重视反思的快乐,并把思想中的自由看得更为重要。而伊壁鸠鲁则坚持实践活动的重要性,并认为快乐本身要有一个自然的基础。在一般的原则上,伊氏认为哲学并不是一种教训,而是通过理性和反省去实现一种真正的幸福。因而他的准则学(也即逻辑学)就指

---

① 黑格尔:《哲学史讲录》第三卷,贺麟、王太庆译,商务印书馆,1981 年版,第35页。

向了感觉的自然层面,也即感情,冲动和欲念这样的内容。这样做,是为了给生命的内容找到一个自然的基础。一方面,建立一种生命活动的认识体系,这当然包括一般的认识活动的规律;另一方面,通过对生命关系的认知,也就可以达到一种自然的平衡,使生命的快乐建立在这种平衡之上。从某种意义上说,伊氏所崇尚的是一种快乐至上的伦理学。在许多地方,伊壁鸠鲁也直接把快乐就看作是至善,因为快乐本身在他看来就是目的。对于生命体来说,实现快乐就是人最为本质的事情。伊氏曾这样明确地说道:"只有当我们痛苦时,我们才需要快乐,因为快乐不在场。而当我们不痛苦时,我们就不需要快乐了。因为这个缘故,我们说快乐是幸福生活的开始和目的,因为我们认为幸福生活是我们天生的最高的善。我们的一切取舍都从快乐出发,我们的最终目的乃是得到快乐,而以感触为标准来判断一切的善。"[①]

　　上面这段话里,有两点值得注意:一是他把快乐和幸福联系起来,认为快乐和幸福是生活的开始。二是生活的目的就是为了求得快乐,并要以感觉为标准来判断善的事物。这样两个方面都是原则性的,也是伊氏实践伦理学的核心内容。比较亚里士多德的伦理学,可以看到一个较为突出的区别,在亚里士多德看来,快乐和幸福完全属于不同的东西,快乐来自生命的快感,但并不能直接构成幸福。因为幸福是一种反思的状态,至少,在亚氏那里,幸福不是通过一种直接的快乐活动,而是通过对于生活一般状况的思考而实现的。伊壁鸠鲁在他的理论中改变了这一点,在某种程度上说,他也认为快乐和幸福在本质上并不是同一种性质的事情,快乐构成幸福的条件,但并不直接构成幸福。幸福是快乐活动的一种综合性的整体,具体是什么样的整体,他没有做出说明。在这方面他的理论有一定的模糊之处,这是他经常受到批评的地方。像穆勒那样的功利主义者一样,伊氏的快乐原理常常遭到曲解。因为他把快乐看作是

---

　　①　北京大学哲学系编译:《古希腊罗马哲学》,商务印书馆,1962 年版,第 367 页。

一种感受的性质,而善和幸福则是一种反思的属性,这样,他就把快乐和幸福等同起来,这一点,总是会引起人们的质疑。但实际上,伊氏的哲学是把感觉与思想以及理性结合在一起的。幸福和善在他那里一方面被规定为是快乐,另一方面,也同样被规定为是思想和涵养的结果。快乐是一种善,但最高的善,在伊氏那里,则是一种理智上的谨慎。这种谨慎只有通过哲学的训练才能获得。用他的话说:"没有谨慎、美德和正义,我们就不可能幸福地生活。"①这个地方,他又保持了与亚里士多德的一致。亚里士多德认为幸福来自于知识和德性,而德性在实际运用中便是保持一种中庸之道。实际上,这只是同一个概念的不同的说法而已。伊氏所强调的是行为之初的一种判断,谨慎是认识的前提及如何选择恰当的行为那样的关系,而亚氏所强调的中庸,则是一种实践上的结果。这种结果是靠一种理智上的认知来获得的,在这种认知关系中,自然也包含着理智上的谨慎。从这一点看,伊壁鸠鲁的哲学就不像他的批评者们所说的那样,是一种纯粹的感觉主义的哲学,它仅仅是坚持着感官享乐的要求。其实正相反,它坚持的只是一种理性和感觉的平衡关系。在这样一种关系中,理智的认知始终是善的条件的必要保障。黑格尔就曾对这一点做出了肯定,他这样中肯地评价道:"但是有一点很重要,必须加以注意。如果说伊壁鸠鲁把目的定为快乐,那这只是就享受这个快乐乃是哲学的后果而言。如果一个人只是一个没有思想的放荡的人,只是毫无理智地沉溺在享乐之中,过着放纵的生活,决不可以说他是一个伊壁鸠鲁的信徒。也不可以设想伊壁鸠鲁的生活目的在这里就已经得到了实现。前面我们曾经指出,尽管一方面感觉被当成原则,但是仍然与理性、理智、思想结合在一起。"②大体上讲,黑格尔这段话指出了伊壁鸠鲁哲学的真实性质,也

① 黑格尔:《哲学史讲演录》第三卷,贺麟、王太庆译,商务印书馆,1981 年版,第 74 页。

② 黑格尔:《哲学史讲演录》第三卷,贺麟、王太庆译,商务印书馆,1981 年版,第 73 页。

把伊氏哲学的那种理性层面的关系揭示出来。

　　由于快乐一般地被当作是生命的目的和原则,因而,知识的目的性在伊氏那里也有所改变。知识不是为了一种单纯的理论上的兴趣,换言之,不是为了探讨哲学原理本身。用他自己的意思去说,一种知识,即使是基于真理的原则,如果只以其本身为目的而不能使人们获得幸福,那么,这样的知识就是没有价值的。从这方面讲,伊氏的理论就是为了实践的目的。而为了能够真正地指导实践,使人们达到一种快乐和幸福,也就要首先认识自然的关系。在这个地方,他一方面借助了德谟克里特的原子论的理论,把自然的存在界定为是物体和虚空。那是德氏原子理论的一个改进的形式。在伊壁鸠鲁那里,原子是不可分割的,原子中不包含虚空。但物质本身不是连续的,而只是原子性的。原子在物理的意义上不再可分。原子具有重量,具有形式,同时,它在无限的虚空中向下降落。在这样的关系中,原子也就形成一个自然系统。宇宙作为一种无限的存在,就是指物体数量的无限和虚空范围的无限。但这两者必须要保持一种平衡,如果虚空是无限的,而物体的数量是有限的,那么,物体就不能停留在任何地方,但如果反之,则无限多的原子也就失去了容身之地。实际上,伊氏这里是把原子和虚空的相互作用看成是完整的自然存在。他这样强调道:"宇宙就是许多物体与虚空,因为物体之存在,是感觉本身通过一切经验所证实的,我们必须依据感觉的证明,运用推理来对不能感觉到的东西下判断,这是我已经说过的。如果没有我们称之为虚空、地方以及不可触的实体的东西,物体就会没有存在的地方,没有运动的场所,像我们看见物体运动那样。除去这二者以外,我们无论运用理解或根据所想到的东西作类比,都不可能想到别的东西。我们可以把物体和虚空当作完整的存在物,而不能把它们说成属于这种存在物的偶性或性质。"[1]可以看到,伊氏这里的观点是坚持了自然主义的立场,而排斥了理念论

---

[1]　北京大学哲学系编译:《古希腊罗马哲学》,商务印书馆,1962 年版,第 350 页。

和神学的观点。

为了切入自然的关系，伊壁鸠鲁也创立了一种感觉主义的认识理论。在许多方面，那些理论与斯多葛派的理论颇为相近。他所独创的地方是在意象（影象）的关系方面。即使用现代的观点看，那个理论也具有很多新意，它甚至可以说是洛克和休谟观念哲学理论的真正源头。他把德谟克利特的原子理论引入了这个学说，即原子从物体的表面流动，以连续的形象作用于我们的感官，感觉在原子的刺激下产生出关于物体的影象。在伊氏看，这二者是相似的。即存在着的事物与事物（以原子运动的方式）进入我们心灵中的影象具有对等性。正是通过影象的关系，我们才可以了解到自然存在。但由于原子在漫长的行程中会发生变化，影象之间就会相互重叠、混合，因而形成一种混乱的影象。这就是人们对于半人半马等怪物所形成的影象。除此而外，影象的关系还可以形成人们的想象。正是在想象的关系中，人们才可以形成一种预拟概念，比如神的概念。因为神并不是实在的关系，它并非实存的原子作用的结果。它不可能是一种真实的影象关系。但在表象关系的组合中（即影象的组合中），人们却可以预拟出神的形象。而这一点，又正是影象的合成的性质。这里，伊氏没能说清为什么离开原子的直接作用也可以形成一些影象，但这个理论还是揭示了一种表象（意象）过程的关系。这种关系在近代现象学理论中还在使用，甚至还是胡塞尔现象学的主要原则。事实上，伊氏想把他的这种认识关系引入他的快乐原则。一方面，强调可认识的对象只是一种自然的对象，而非某种绝对理念或神意的对象。从这方面看，幸福和快乐就是自然的事件，而不是神所授意的事件。另一方面，伊氏也强调了意志的关系是在自然事物的范围内，由意志所产生的影象也只是在自然的序列中形成。自然始终是意志的基础，而人们也只能在自然的基础上去寻求幸福。

这里，伊壁鸠鲁就把认识的理论引入了伦理学的层面。人要使自己快乐，就必须认识自然。而要认识自然，就要使自己的行为合乎自然的尺度。合乎自然的规定和尺度,就成为伊氏快乐理论的一项核心准则,这就是为什么他把那些符合自然的善的东西定义为快乐。在细节方面,他确实也把欲望分为三类:一类是非自然的也是非必须的,第二类是自然的而非必须的,第三类则是自然的但同时也是必须的。在给美诺蔻的那封信中,他这样写道:"还有,我们要体会到,在欲望中间,有些是自然的,有些是虚浮的,在自然的欲望中,有些是必要的,有些则仅仅是自然的,在必要的欲望中,有些是幸福所必要的,有些是养息身体所必要的,有些则是生命本身的存在所必要的。我们对于这些东西,有了正确的了解,就能够为了肉体的健康和灵魂的平静来考虑取舍。"①可以看出,伊氏这里对于欲望种类的划分是一种新的观点。这种观点,在斯多葛派那里还没有见到。事实上,它也超越了亚里士多德的理论。亚氏曾对自然过程中的事件做出了区分,指出有些事件是公正的,有些则是不公正的。但在欲望的属性关系上,亚氏则没有做出细致的区分。尽管他在一些地方也指出过,说有些欲望和快乐在种上就是高尚的,服从自然的期求是好的事情。但在整体上,亚氏还没有做出自然的欲望与非自然的欲望之区别。亚氏的一些观点,较为接近了伊氏的观点,比如,他在尼各马科伦理学中曾强调过,说有一些快乐是必然的,有一些快乐则是非必然的,但他谈到这一点时,也仅限于欲望的过度与不足那个视角,还没有涉及自然的欲望与非自然的欲望那样一种区分。这个地方,正是伊氏哲学的超越之处。这样一种超越,又一直影响到近代伦理学的发展方向。

最后,伊壁鸠鲁把一般的认知关系引入到符合自然的规定上去,并把快乐的实现看作是符合自然目的的结果。他这样写道:"由于我所描述的方法对于一切习惯于考察自然的人是有价值的,我又是极力劝说别人经常从事考察自然的,并且我的宁静主要就是由于过着以此为业生活而得来的,所以我为你写了这样一个摘要,总结

①　北京大学哲学系编译:《古希腊罗马哲学》,商务印书馆,1962 年版,第 367 页。

了整个学说的首要原则。"①实际上,伊氏的认识理论是为了给快乐关系找到一个自然的基础,从而使人的行为符合自然的规定。因为幸福和快乐在他来看,首先取决于人们的行为要符合自然的目的,只有符合了自然的目的,人的灵魂才能获得真正的平静。而幸福和快乐从本质上说,也就是肉体的健康和灵魂的平静。我们可以看到,伊氏这里的观点具有一些犬儒主义的成分,尽管他本人反对犬儒主义那种抛弃快乐的观点,但同时,他也像犬儒主义一样,追求一种恬静中的快乐。那更多的是智者的一种静思中的快乐,而不是追求现实生活中的积极的进取。那是一种没有刺激,激动或大胆冒险的灵魂的安宁,通过克服恐惧和欲望,而达到的灵魂的宁静和肉体的放松。实际上,这正是古代精神生活崩溃之后所形成的一种圣哲的伦理,它更多的是返回到内心的世界,而在现实世界面前,它则保持了缄默不语。

像斯多葛派一样,伊氏的哲学也仍然坚持了感觉的标准。知识的正确性是在感觉中形成的,而世界作为原子所构成的世界,又以影象的方式进入我们的感觉。感觉是判断对象世界真伪的基础,同时也是形成快乐条件的基础。从这一点看,伊壁鸠鲁就建立了一种实践关系的感觉论,同时也建立起一种主观化的哲学原则。这种原则在黑格尔看来,其性质并不是理性认识,而只是一种意见。黑格尔这样的评价,是坚持了一种理念的判断,同柏拉图评价那些感觉主义者一样。由于把感觉坚持到极端的形式,在认识倾向和伦理倾向上就自然地导向了独断主义。个人真正的福祉不应该在外部生活的动荡中寻求,而应该到自我信仰的良知中寻求。这样,伊氏也就把幸福看作是在我们自己的内心中所达成的东西,而不是实际生活的内容所给予的。莱昂·罗斑对此曾做出了一段总结性的说明,他对伊氏的理论做出了这样的概说:"处在那败坏了的文明之中,他懂得回到那好的自然。而由于这种回复到天生的简朴,使他能够永

---

① 北京大学哲学系编译:《古希腊罗马哲学》,商务印书馆,1962年版,第349页。

远自足。他不间断地在快乐中,即使当他被关在法拉利的烧红的铜牛中时也是一样。他有如在人们之中的一个神,因为没有比那种人——是一个人,而他的生活展开在对不朽的善之中。更不像一个有死的凡人了。在真福方面,他是和宙斯相匹敌的。这种和神等量齐观的哲人的解脱,总起来说似乎就是个性的最高的实现。整个地集中于自己,凭借思想而成为自己的主宰,并且以思想的法律支配着肉体。这就摆脱了一切束缚,哲人的独立是个人主义的倾向所达到的最终目标,这种倾向很强烈地表现着伊壁鸠鲁的哲学的特征。"①我们觉得,莱昂·罗斑在这里所作的概括是准确的,并也一般性地适用于对独断哲学的评价。实际上,当人们把快乐和不快乐当作是衡量正义和善的标准时,那么,伦理规定的一些其他内容也就被取消了。伊氏在这里所要求得到的东西是一种哲人的境界,他把个人的存在推广到原子的层面上去,并想用原子去解释快乐与实在的关系,与此同时,他从感性直观中去建立伦理准则,并把欲望看成是心灵中独立存在的事件。这样,他也就把自然的关系还原为内心感觉的原则,一切都要返回到内在的感觉中去,因为只有灵魂的那种内在原则,才是幸福和快乐的真正基础。而这,也就是感觉主义哲学的核心本质。它从斯多葛派那里获得了形式,在伊壁鸠鲁哲学中又得到进一步的发展。最终,它也就转移到怀疑主义的哲学中去。大体上讲,这也即是自我意识发展的必然之路。

第三节　从怀疑主义向新学园派的过渡

我们可以看到,怀疑主义哲学更加强化了主体的作用,并把真理的关系推进到主体的判断关系。在怀疑主义那里,真理的内容被取消了,认识活动的主观性取代了一切。在那种主观性中,抽象的

---

① 莱昂·罗斑:《希腊思想》,陈修斋译,广西师范大学出版社,2003 年版,第351～352页。

理智形态占据了上风。它一方面以感性的形式看待事物,同时,它也认识到感性形式的局限性,并反对以感性的判断形成的任何理论。从这方面说,怀疑主义好像并不是感觉主义者,但它也不是理念形式之下的理性主义者。它的怀疑只是抽象理智的产物,用黑格尔的话说,它不仅不把感性存在当作是真实的,而且也不把思维中的存在当作是真实的。它能够确定一个对象,但对象本身是否是真实的,它是不能够确定的,真理在它那里通常是悬而未决的。怀疑主义的鼻祖皮罗,据说是想成为苏格拉底那样的人。他熟知各种哲学派别,主要的思想是来自于苏格拉底派。他的一些观点有斐多派和麦加拉派的痕迹,当然,还可以看到德谟克里特和居勒尼派的影响。大体上看,皮罗的怀疑理论是建立在对知觉的判断上。在这方面,怀疑派仍属于感觉主义者。它承认知识是来自于我们的感觉和印象,但它同时也认为这些感觉印象只是一种现象。它只具有一种显现的事实,而它(内在)的实质是什么,我们则是无法判断的。人的知识只是一种对于现象显像的说明,而不是对于事物本质的说明。例如,蜂蜜在我们的感觉印象中是甜的,但蜂蜜在基质上是不是甜的,则是一件可疑的事情。对此,我们不能作出判断。真理的标准有两种含义:一是指实在与非实在的信念的标准,另一种则是指行为的标准。它用来指导我们的生活。怀疑派所要做的事情,也就是要把感官中所呈现的东西给予现象的那个名称,而不是去判断,那个对象是否与它所显现的情形相一致。换言之,内在的本质是如何显现的,以及本质所显现的对象是否符合本质本身,这些都是我们所无法认知的。怀疑论所能认知的,只是一种现象显得如此,而不是现象所反映的实存(本质)如此。因此,皮罗指出,每件事物既不是这个(从现象形态看),也不是那个。从事物的现象来看,它既不是好的,也不是坏的。既不是正义的,也不是非正义的,而只是一种现象界的性质。皮罗这里的理论有一种实在论的影子,实体(本质)是存在的,但它们由于只是显现为现象,因此,实体就不可认知。另一方面,柏拉图理念论的影响也保持着。它排斥了现象是一种实在的映象那样的关系,至少,皮罗坚持了显像的事物是不能指示隐藏的事物的,因为现象并不是隐藏的事物的记号,它不能从自身推导出一个异于自身的存在。也即是说,从现象的关系中不能推导出实在的关系。

正是从这一原则出发,皮罗才坚持了一种怀疑主义的立场,那种怀疑既是一种悬疑,同时也是一种犹疑。在这个立场上,你不可能下任何一种判断。而只能对判断进行悬搁。只有这样,才能防止错误的发生,从而获得一种内在的宁静。这里的观点,很像是胡塞尔的现象学的理论,只是胡塞尔的悬搁是指悬搁一种实在的世界,而皮罗的理论则是指悬搁那种对于实在所作出的判断。因为在怀疑论看,所有的判断既然是从现象中产生的,也就都是相对的。任何一种判断也就都不具有真理性。皮罗明确地说道:"对于怀疑论者来说,为了达到宁静,他们要对建立在感觉印象上的当下判断这类对象进行哲学思考,要弄清它们哪些是真的,哪些是假的。这时他发现自己陷进了(矛盾双方)分量相等的矛盾之中。并在这些判断中悬疑而不能做出决定,作为如此这般悬疑的结果,他就会在涉及诸种意见的事情中得到宁静的状态。"①实际上,这里已经从理论层面中超越出来而进入到一种实践的层面。这一点,怀疑论是与独断论一致的。所不同的是,独断论通常强调要靠知识和智慧去获得内心宁静,而怀疑论反对这一点,认为知识所形成的判断都是相对的,通过它,人们不可能获得自由和宁静,反而会陷入烦恼。只有那些对事物的本性好坏不作决定的人,由于他们既不躲避什么,也不追求什么,反而能得到内心的宁静和自由,用皮罗的话说:"因此我们说怀疑论者在涉及诸种意见方面的事情时,他的目的是求得宁静,在涉及不可避免的事情时,他的目的是缓和情感,而有些著名的怀疑论者,还加上进一步的规定,在研究中对判断悬疑。"②

---

① 《悬疑与宁静》,杨适等译,上海三联书店,1989 年版,第 8 页。
② 《悬疑与宁静》,杨适等译,上海三联书店,1989 年版,第 10 页。

对于怀疑论这里的观点,黑格尔在自己的哲学史中做出了某些肯定。他首先肯定了古代的怀疑论具有某些真实的内容,因为它把感性意识所给予我们的东西当成是真实的。这样,它也就肯定了现象作为现象的那种事实,并把那种现象对于意识的影响看作是实在的。这样,怀疑论的结果便达到了一种认识的主观性,这个主观性的基础是思维性的东西。因为通过思维,它取消了一切被认为是真的和存在的东西,但同时也取消了判断的标准。这样,在自我意识面前,一切现象化的东西,那被认为是真实的或普遍性的东西,一切确定的东西,无论它们是作为感性的事物还是作为思想到的事物,就全部消失不见了,这也就构成了怀疑主义的原则。即不把不确定的东西和有限的东西看作是真理,自我意识(判断的形式)要从有限物中解放出来,通过悬搁,而达到一种不动心的宁静。黑格尔认为,这实际上是消解了确定的东西,消解了真理的确定内容。它达到了一种个人主义和主观主义的立场,它只能确认其自身,而不能确认客观实在的普遍内容。这样,它也就只是在形式上具有积极意义,但在实质上,则是坚持了一种僵化的形而上学,换言之,它只是坚持了一种形式化的抽象理智。黑格尔这样写道:"怀疑论不做结论,也不把它的否定表达成积极的东西。然而,积极的东西不是别的,只不过是单纯的东西。如果说怀疑论进而取消一切普遍的东西,那么它的不动心的状况事实上本身就是这个普遍的、单纯的、自身同一的东西。然而是一种普遍性或存在,是个别意识的普遍性。怀疑派的自我意识乃是这种分裂了的意识,这种意识一方面说就是运动,就是意识内容的混乱。正是在这种取消一切的运动中,意识对完全偶然地出现在它面前的东西,对向它呈现的东西,都一律漠然视之。至于法则,它并不把它当作是真的,法则被看成一种完全属于经验的东西。从另一方面说,怀疑派的单纯思维乃是自身同一化的不动心,不过这种思维的实在性是完全偶然的、混乱的,它的自身统一是完全空洞的东西,实际上可以塞进各种内容,任便哪一种内容。这种思维事实上乃是完全扬弃自己的矛盾,乃是单纯性和纯粹性的混乱。"①可以说,黑格尔这里对怀疑主义的批评是准确的。实际上,怀疑主义正是坚持了主体的极端化倾向。它所漠视的各种原则,正是它所要消解掉的各种内容。而它的单纯的不动心的信念,正是对于各种实在内容排斥的结果。这样,它也就成了一种偶然的心情上的规定,正如黑格尔所说,成为了一种偶然的空洞的东西。这种原则在后期的怀疑派那里得到了进一步的发展,而在新学园派那里,它获得了更加纯正的形式。

新学园派是柏拉图学园的一个继续,它与怀疑派有着密切的联系。从某种意义上说,它在哲学上所坚持的原则也正是怀疑派的原则。黑格尔也认为,要把怀疑派与新学园派区别开来,是一件很困难的事情。实际上,新学园派在哲学史上,也常被看作是怀疑派的一个分支。它与皮罗哲学上的联系要大于它与柏拉图哲学方面的联系。这样看,它与怀疑派的某些区别也就是形式上的,而不是内容方面的。因而黑格尔也把这一派放到怀疑派的哲学中来考察。它的代表人物之一是阿尔克西劳,他是中期学园派的创始人,生于爱奥尼亚的毕大尼,大约是伊壁鸠鲁和芝诺同时代的人。他的哲学一方面淡出了柏拉图理念论的框架,另一方面,他又采取了与斯多葛派和伊壁鸠鲁哲学对立的形式,即否定感性认知,要求人们把表象与思维区别开来。阿氏的原则一般来说是思维性的,因为他坚持哲学必须要停留在共相的形式上(这是来自柏拉图哲学的影响),而不可以用某种特定的东西去形成哲学的标准,更不可以把思维的主观性仅仅看成是感觉表象的主观性。这样,他也就抛开了斯多葛派的那种思维性的表象理论。他认为这种表象只能接近意见,而不能接近真理。尽管表象可以作为知识判断的依据,但这种判断由于是出于印象和直觉,也就不可能成为普遍有效的东西。阿尔克西劳认

---

① 黑格尔:《哲学史讲演录》第三卷,贺麟、王太庆译,商务印书馆,1981 年版,第146~147页。

为，哲学家对于真理的同意不应该出自于表象，而应该出自于某种形式的根据。绝对的根据是一种公理，而公理则是出自纯粹思维，它是一种理念性的客观化的普遍的东西。而感性的表象只能来自一个具体的对象，感觉到一个对象是一回事，而思维到一个对象则是另一回事。因为严格说起来，思维不能对表象做出同意。因为表象、印象这些都是感性的形式，是异于思维的东西。思维同意的对象只能是思维自身，用黑格尔的话说，思维只能对直接纯粹的思维本身做出同意，而不能与它们所不同的东西做出同意。黑格尔指出，阿氏在这个地方，抓住了事物的内在本质，坚持了思维的实在性。

在另一个方面，像怀疑派一样，阿尔克西劳也运用了怀疑的原则。他在承认思维的普遍性及客观性的同时，又拒绝承认真理的有效性。在他看来，知识只能来自于感觉和表象形态，而这些形态本身并不能形成真理的判断。而思维本身也不能对表象形态作出判断，换言之，思维只能（在概念的环节中）判断形式推论的真伪，而不能判断感觉印象的真伪。这样，人们也就无法达成普遍有效的知识，而只能形成一种意见，正因如此，人们才应该对自己的判断做出保留，从某种意义上说，也就是悬搁自己的判断，而恪守一种怀疑的精神。哲人只应该保持自己的同意，而不把自己所同意的东西看作是真的。换一种说法，也即人可以通过思维获得某种知识，但人却不能够通过那种知识去达到真理。因为真理始终在彼岸，而不在实际的世界。这里，阿氏仍然是坚持了怀疑派的观点，并把悬疑的理论保持了下来。那种思维不能判断感觉表象的观点，实际上也只是皮罗理论的一个变种。当然，他坚持的是一种谨慎的同意的主张，这个主张应用到现实的生活中，也会变成一种确定的伦理原则。因为在现实生活中，我们未必需要去判断某种原则的真假，但却需要一种固定的规范。用黑格尔的话说："生活的目的、幸福，只是通过规定，通过这样一些根据而得到确定。一个保留自己的赞成的人，在决定做什么事情，不做什么事情的时候，是依据那或然的事，依据那具有良好理由的事,作为主观确信的观念来指导生活的。说良好的理由不够真理的资格,这是正确的。"①这里,黑格尔很好地分析了阿氏的观点,我们也可以看到,阿氏这里的观点也正切合了怀疑论的理论。实际上,也切合了皮罗所坚持过的那种主张,也即在感觉和意见的范围内,要认识真理本身的规定,是不可能的。可感觉和可理解的东西,也不能以其本身是本质的状态被把握,因而谨慎的确信就应该是实践生活的唯一原则,在这个原则的应用中,伦理的规范也就变成了人们所应该依据的恰当的理由。

　　这样一种观念,在卡尔内亚德那里得到了进一步的发展。卡氏是阿氏的后继者之一,与阿尔克西劳一样齐名。按照恩披里柯的看法,他应该属于第三学园或新学园派。他也是一位多产的作家,但像阿氏一样,并没有留下什么著作。从大的原则上看,他基本上是坚持了阿氏的不作判断的主张。即除非能证明存在着确定的认知,否则,我们将永远也不能超出单纯的意见范畴。只是在细节方面,他们之间是有区分的。至少,卡氏发现了那样的区别,即当存在两种相互对立的观点时,依然还是可以发现,有一种观点要比另一种观点相对要具有合理性。正是在此基础上,人们才能够建立起信念。因为在卡尔内亚德看来,虽然在判断事物的本原上人们没有标准,但是,靠着明晰的知觉活动,人们还是可以把握实践活动的尺度。尽管它们或然性的程度不同,人们难以做出准确的判断,但智慧的人还是可以接收一种确然性较大的观念,并用这样一种观念去指导实践行为。比较他的前辈,卡氏的观点有了一定的改进,这样一种观点后来又发展到折中主义的理论中去。

　　在认识的原则方面,卡尔内亚德的理论似乎更具有极端性。他一方面反对伊壁鸠鲁和斯多葛派的理论,另一方面,也把阿尔克西劳的相对性原则扩大了。在他看来,不存在真理的标准那样的东

---

　　①　黑格尔:《哲学史讲演录》第三卷,贺麟、王太庆译,商务印书馆,1981年版,第96页。

西。尽管我们有感觉、印象及表象那样的活动，但这些东西联合起来构成一种想象来欺骗我们。他随即做出了这样的区分，即标准必须有两个不同的环节，一是实体的，客观的存在，它是直接决定的东西，另一环节则是主体的感受性，也即感觉、表象及印象活动。主体的感受性会改变我们对客体的判断，不但不能使我们通达到客体，反而阻碍了我们对客体关系的认知。他还批评了伊壁鸠鲁的感觉原则，指出其感觉关系只能表达一个存在物，但却不是一个能做出判断的东西。感觉所保持的表象只是自为地存在着，在那个表象中，并无做出判断的原则。这是因为，表象活动本身是一种主观活动，但它的对象却是一种客观的东西。这样，在一种表象的活动中就有一种双重的联结，即主体自身和它的对方。但这个对方既然是由它的主体本身所呈现的，那么，它也就不再是客体本身的面貌了。表象只是视觉的一种构造物，而不是客体本身。这样，客体（作为一种实体）与我们在自身的表象中所看到的就不是同一种东西。诚然，表象在主体活动中成为一个中介点，一个联接主体和客体的中介。但这样一个中介并不按照真理的样子而出现，它只是过渡到经验事物的层面上去。一个表象可以是真的，也可以是假的。因为表象是可以对那些根本不存在的事物而发的。这样，表象的关系就不可能成为真理的判断。由于表象关系的不确定性，思维本身也并不能成为绝对真实的。这是因为，思维的关系要靠表象的关系去联结，表象是思维之先的东西，思维的判断要运用表象的关系。但由于表象本身的非真实性，思维的真实性也就无法建立起来。思维也就无法奠定真理的标准，而只能建立起习惯的标准。因此，真理的标准也就过渡到心理的方面，即伴随习俗而产生的习惯的准则。它是主体所能确认的唯一的东西，也是人们所能确信的心理原则。大体上，这也就是人们对于某种事物所形成的信念关系。它通常被当作是真理的关系，但从实在的规定去看，它只是对表象关系的一种确认而已。

这里，我们就看到了卡尔内亚德与阿尔克西劳在理论关系上的重叠。与阿氏一样,卡氏也坚持了一种表象关系的确认(同意)原则。表象始终是主观的东西,它是主体的形式。表象也是偶然的个体化的表象,它是外在的关系。最后,表象还可以与不存在的东西联结,形成一种虚假的表象。在此基础上,思维的关系也就薄弱了。思维依赖于表象能产生一种确信,其确信能够引导现实的生活,但其确信不是真理的形式,而只是一种表象关系的心理形式。卡氏这里的观点,正是主观哲学所强化的形式。在这个形式中,实体性的内容消失了。自在自为的东西转化到内部的心情中去,绝对的主观性成为主宰。悬疑和确认表面上看起来是一种尊重理性的形式,但实际上,它却弃置了理性的原则,从而走到了相对性的道路上去。对此,黑格尔做出了这样的批评性的评价:"我们看到,在新学园派中,是说出了信念的主观方面。换句话说,真理并不是作为意识中的真理,而是呈现于意识的现象,或者对于意识说基本上如此,亦即意识中的表象。因此要求的只是信念,只是主观的确定性。真理是不谈的,要求的只是相对于意识的东西。学园派的原则把自己严格地局限在信念的表象上面,走向表象的主观方面。真正说来,斯多葛派也是把自在者放在思维里,伊壁鸠鲁则把自在者放在感觉中,可是他们却把这个叫作真理。学园派把自在者与真理对立起来,宣布真理并不是存在者本身。"①

　　黑格尔上面的这样一种评价,应该说是本质性的。从哲学史的关联来看,特别是从理念哲学的视角去看,独断主义和怀疑主义的哲学与黑格尔的哲学都是相去甚远的。对于这一时期的哲学,黑格尔基本上是持以否定的态度。在一个核心性的问题上——即思辨理性的主客体关系问题上,黑格尔是否定了它们的方法与原则的。黑格尔的否定反映在这样两个方面:一是黑格尔认为,从独断主义到怀疑主义的哲学,都只是坚持了一种知性自我(主体)的认知,由

---

① 黑格尔:《哲学史讲演录》第三卷,贺麟、王太庆译,商务印书馆,1981年版,第105页。

于它们只是在思想中去寻找感觉东西的根据,也就导致了感觉主义的主观性。在它们所形成的那种感觉的自我中,一切自在自为的东西都被取缔了,作为(理念)根据的那种东西落入了感觉的那种不确定的基础之内,理念的那种真理性的要求被扬弃掉。按照黑格尔的见解,真理作为思想的认识与理念的客观性应该是一致的,那实际上是要求主观的东西要与概念的客观性相同一。怀疑主义和独断主义只是形式地(以外在的方式)去坚持自我认知的标准,因而,也就把主体的确定性引入到片面的规定上。在那里,对于真理和客观实在的认识,都停留在感觉的单一层面上,那种感觉坚持的不是自在自为的理念,而仅仅是特殊个体的直观。那个直观由于只是个别感觉的产物,因而,也就停留在与普遍性相对立的立场上。黑格尔指出,那种个别的主观性,一方面坚持的是外在的东西,另一方面坚持的则是片面的东西。它们都不能构成思维的必然性。斯多葛派是把哲学抽象的东西作为原则,伊壁鸠鲁派是把感觉的东西作为原则,而怀疑主义是把绝对的否定性作为原则。在这样一些原则的支配下,思维作为自我意识便构成绝对的主观性。尽管那种主观性具有形式化的认知——比如,在斯多葛派的逻辑学中,有一般化的逻辑演绎的原理,但那种原理仅构成形式的推导,它仅仅注重不产生矛盾而已,而缺少一个从概念自身推演出对象的方法。因而,它们便都是作为特殊的东西而构成主体的标准。用黑格尔的话说,作为最后决定的力量只是个体化的主观的东西,而那个主观的东西最后又成为良心的基石。黑格尔指出,当那种主观性发展到新学园派时,理念的内容及其客观性便都被取消了,主观信念构成了解释一切的原则。那便是:"推到极端,于是便产生了这样的看法,认为归根结蒂一切都是相对于意识的,认为一个一般的存在的形式也作为形式而整个消灭。如果说,学园派还宁取一个信念,一个被假想为真实的东西,以为胜于存在,仿佛其中有一个目的存在着,有一个关于自在的真理的目标浮现着,那么,这个单纯的立定仍然还是处在无分别的一般的被假想为真实的东西之中,换句话说,一切事物只是以同样的方式与意识发生关联,只是被看作一般的现象。——学园派并没有很牢固地持续下去,真正说来,它从此就已经过渡到怀疑派去了。怀疑派是只主张有现象,只主张有主观地被假想为真实的东西,可是这样一来,一般的客观真理就被否定了。"①

　　黑格尔对怀疑主义及独断主义第二个方面的否定,乃在于它们的哲学仅仅是主观化的,没有达到理念的那种客观形态。黑格尔一方面肯定了他们哲学的出发点,认为他们曾在思想中去建立认知的标准,并已经在思想中去寻找那个根据了;另一方面,黑格尔也指出了怀疑论及独断论哲学的缺陷,那个缺陷也即是:他们的主观原则不是建立在理念的形态上,因而,那种自我意识就无法达到客观性的识见。在黑格尔那里,自我意识在哲学中是决定性的东西,主观性也是哲学的根本原则。但黑格尔的主观性及自我意识是建立在绝对理念(绝对精神)的关系上,而不是建立在个体化的知性认知的关系上。正因如此,黑格尔的哲学才始终保持着与知性化哲学的距离。这从他与康德哲学的距离上也能体现出来。在哲学史中,黑格尔也始终保持着这样的距离感。他在吸取前人主体化哲学的那些优点的同时,也同样排斥着他们那种个体化的知性倾向。因而,尽管黑格尔从怀疑主义及学园派那里都汲取过养分,但在哲学原则问题上,黑格尔则始终坚持自己的立场。因而,我们可以看到,他在哲学的细节方面对于前人的借鉴是不遗余力的,但在理念体系建构的大方向上,他始终独往独行。在哲学的基本原则方面,黑格尔是坚持柏拉图的那种理念导向的。绝对主体在黑格尔那里不是知性化的自我(意识),而是绝对精神的理性。黑格尔对于怀疑主义的批评,也正代表了他的核心的立场,那个立场是:思维是理性,理性是将自身建立为对象的东西。只有理性从(对象化的)自身发展出来的那种内容,才是客观的实在性的存在。那种实在性在(绝对)主体

————————

① 黑格尔:《哲学史讲演录》第三卷,贺麟、王太庆译,商务印书馆,1981 年版,第 105页。

中是精神化的反思,而作为客体,它们是精神的对象化的存在。在怀疑主义及独断主义那里,认知的理性只是形式化的主体,它们仅仅是个体的主观化的形式。因而,它们所建立起来的知识(意识的识见),也就是片面性的东西,实在性的伦理也仅仅被他们看成是一种理想,他们只是在内心中去寻求确定性的东西,而把真理(理念)的自在自为的内容弃置了。尽管在学园派那里,已经察觉到表象的客观化的知识,但那种知识仍是作为感觉的构造物而被确信的。用黑格尔的话说,它仅仅达到了那个客观的表象只是我的表象那样的认识。正是在那种认识中,客观性(理念的实在性)才成为主体的对立的形式,它不能达到认识与其对象的那种统一。黑格尔以一段总结性的文字评价了这一时期哲学的本质,他这样写道:"这第二个时期中自我意识的普遍立场,亦即通过思维获得自我意识的自由,是这些哲学所共有的。我们现在在怀疑论中看到了理性所获得的成就:一切客观的东西,不论是属于存在的还是属于共相的,都对自我意识消灭不见了。纯粹思维的自我意识的深渊吞噬了一切,把思维的基础完全扫干净了,——自我意识不仅理解到思维以及思维之外的一个充实的宇宙,而且积极地说,得到了一个结论:自我意识本身乃是本质。外在的客观性并不是作为客观的存在,也不是作为普遍的思想,而是作为个别的意识,而个别的意识便被认作普遍的。如果个别意识对于我们说是对象,则对象对于个别意识说就不是它的对象。反之,个别意识却因而获得了对象的形式。"①

我们可以看到从怀疑主义哲学向新学园派的这样一种过渡,在这样一种过渡中,主体化越来越趋向于极端的形式,以致最后在新学园派中,意识最终成为实在的主宰,真理的认知关系最终被意见的认可所取代。在这样一种意见接受的关系中,伦理的标准自然也发生了改变,内心的宁静成为最高的伦理依据,现实生活实在性的

①　黑格尔:《哲学史讲演录》第三卷,贺麟、王太庆译,商务印书馆,1981 年版,第 146 页。

要求消失掉了。这实际上是罗马世界精神生活的真实写照，一方面，它反映了人们现实生活的那种苦难的处境，另一方面，它也反映了哲学的认识原则逐渐转化为信仰原则那样的过程，这样一种关系在后来的罗马世界中继续延续下去，它最终成为新柏拉图主义转折的契机。不过，在新柏拉图主义那里，意识的关系发生了根本性的改变，柏拉图的理念原则又一次被恢复，而本质、实体、自在自为的理念的关系则又成为哲学的核心。从某种意义上说，这是自我意识的又一次扬弃运动，用黑格尔的话说，也即是理念又重新返回到自己，这样一种返回的运动是在精神向神的境界提升的过程中完成的，这是接下来我们所要去考察的事情。

第二章 普罗克洛——新柏拉图主义形式的完善者

第一节 一般原则的引出

从独断论向怀疑主义的过渡,哲学思维达到了这样的立场:即确定的内容在主体性中被取消了,自我意识成为绝对的主宰者。但这个自我意识也仅停留在个体化的信仰层面,而没有达到理念自在自为的客观性。在斯多葛派那里,理智的原则被纳入了逻辑范畴,意象的关系已经成为意识本质。但意识却停留在单纯的表象形态上,而没有进入到实在的内容。用黑格尔的话说,它只是建立了思维对事物的同意关系,在那种关系中,真理被表达为是意识对于对象的某种认可(同意),而不是意识与实在关系的相互一致。因此,认识就停留在形式的关系上,认识所达到的东西只是表面上的不相矛盾。从这一点看,认识就保持在主观的形态上,而没有发现理念认知的客观化原则。伊壁鸠鲁派则又把这一主观化原则推进了。在伊壁鸠鲁的哲学中,真理的标准被一般的感觉所取代。感觉形成了表象,表象作为直观的判断,又形成了意见。这样三个方面的环节构成了真理的认识。这种认识推进到极端的形式,便产生了真理关系的相对性。至少,在对自然现象的阐释方面,真理被描述为是一种满足于主体解释上的条件关系,在此基础上,伊氏便把善和道德看作是建立在某种偶然关系上的一种组合,一切取决于我们对事物感觉方面的判断,伦理的基础也仅仅是建立在感觉的判断之上。当这种主体化原则(感觉化原则)达到最高的规定时,怀疑派的哲学也就自然产生了。怀疑派把主体的自由推到了极致点,这样,自我意识在那里也就进入了绝对的主观性。这种主观性可以被看作是普罗泰戈拉哲学的一种延续,在那里,一切皆属于主观的看法那样的观点成为了准则。古代哲学的理念精神被扬弃了,知性又返回到个体化的自我意识中。用黑格尔的话说,真理只是被规定为个别主体的一种信念,这种信念便成为自我意识的基石。在怀疑论那里,由于把感觉对象看作是不确定的东西,这样,也就丧失了判断事物的恒定的标准。所有真理性的内容都松动了(因为没有任何东西在感觉中是真实的)。真理不再被看作事物的内在本质的规定,而只是自我意识的一种确认了。它只是我们在主体感觉上的一种承认而已。在怀疑派那里,意识一方面取代了实在的关系。无论这种实在来自于思维的对象还是来自于感觉的对象,在怀疑派的意识里,它们统统都不具有真实性。另一方面,意识也更进一步地向内部返回,它开始到自身中去寻求确定性,并只把自我在内部所设立的规定看作是真实的,看作是绝对者。这样,它也就排斥了任何确定性的东西,只把普遍怀疑的意识作为自己的根据。而它所建立起来的原则,也就是纯粹的否定性原则。它用知性的智慧反对哲学反思的原则,在那种知性的智慧中,主体脱离了自在自为的对象,成为一种单纯的任性。客体性及真理性的关系被否定掉了,意识转向了绝对的自我本身。那种转向自我本身的东西,也仅仅构成了一种消失掉的内容。其原因是,怀疑论的主体并不是作为理念的单一形态,而是流转变灭的东西。它所形成的内容并没有在单纯的自我中得到掌握,而是在感觉的多样性上形成了差别。正是在感觉的多样性中,主体内在的威力消融掉了,感觉的外在性成为质料,它们始终没有成为在意识的对方那里共相关系的联系。黑格尔就恰如其分地指出了它们的缺陷:"自我意识所达到的次一个阶段,就是自我意识对自己所变成的东西保持着一种意识,换句话说,就是把自己的本质当作对象。自我意识本身是单纯的本质,对于自我意识,除了作为自我意识的那种本质性以外,再没有别的本质性。在怀疑论中,这种本质性还不是自我意识的对象,自我意识的对象只是混乱。作为意识的东西,是对自我意识而存在,在这个对立中,对怀疑派的自我意识而存在的,只是在消失中的内容,这个消失中的内容并没有在自我意识的单纯不变中加以掌握。但是意识的真理却在于意识整个沉没到自我意识中,在于自我意识自身转化为对象,因此本质虽然具有一种存在的共相的形式或思维中的共相的形式,但是在这种看法里面,对于意识说,它的自我意识本质上并不是一个外来的东西,像在怀疑论中那样。"①显然,怀疑主义把理性的认知原则导向了内心世界。这是罗马化世界现实精神的写照。从僵死的外部世界逃回到内心世界,这只能是现实生活不幸和分裂的结果。斯多葛派从犬儒主义哲学中找到了这个方向,伊壁鸠鲁派则延续了这种变化。到怀疑派那里,主观精神已达到了极致,它一方面把外部生活压缩到内心世界中去,在内心的宁静中逃避外部世界的纷扰,另一方面,它也感觉到自我意识的有限性,又想把个人的主观化的东西纳入到绝对的精神中去,即纳入到一种无限的上帝的精神中去。黑格尔认为,这也就是要把绝对精神的那种自在自为的内容实现出来。要做到这一点,则需要有一个普遍化的对象世界的精神存在。这样一种精神,便在新柏拉图主义那里被创造出来。正是在新柏拉图主义的哲学中,理念才又返回到共相的形式中,精神又返回到客观性,有限的主观意识返回到对最高主体的认知,个体化的自我同意返回到上帝的绝对内容。黑格尔写道:"就是从这里起,精神向前进了一步,在自己身上造成了一种破裂,又摆脱了它的主观性而进

---

① 黑格尔:《哲学史讲演录》第三卷,贺麟、王太庆译,商务印书馆,1981 年版,第 147~148 页。

到客观的东西。但是同时也进到一种理智的客观性，进到一种存在于精神和真理里面的客观性。这种客观性不在个别对象的外在形式中，不在义务和个别道德的形式中，而是绝对的客观性。这种客观性据说是从精神和真正的真理里面生出来的。换句话说，一方面，这是回到上帝，另一方面，这是上帝对于人的关系显现和显示。上帝是自在自为地存在于他的真理之中，他是为精神而存在，客观的东西，精神的恢复，仅仅对自己作主观理解的思维的客观性的客观化，乃是一个转变。"①

　　黑格尔认为，这样一个过程是绝对精神演进的结果。我们可以看到，理念在柏拉图那里还是单纯的共相，但是独断论把这种关系否定掉了。理念的无限形式特殊化了，思维下降为有限的环节，主体下降为感觉表象的形式。怀疑论把这个原则发展到极端，以至更远离于理念的关系。但现在这样一种分化与否定被扬弃掉，新柏拉图主义又重新返归到客观性，精神重新要求和解，但不是在有限的形式中（即那种个体化的自我意识中）寻求和解，它要寻求一种客观化的绝对精神，而这个精神，又是在上帝的概念中确定下来。上帝的概念最初体现在犹太教的哲学中，在那里，上帝被规定是自在自为的存在，因而，也就反映了那种绝对精神的环节。世界被表象为是上帝以外的一种关系，但由于这个关系是上帝造成的（它是从上帝身上流溢出来的一种关系），它本质上也就是上帝自身的关系。世界成为上帝自身的一个外在的环节，而不是自身的本质。这样，人也就从一种绝对的形式下降为有限的形式。人的主体性便成为了被规定的东西，而不是自我规定的东西。这样一种区别，重新设定了知识的形成路径，有限事物（也包括人的主体性的活动）不再是本质的设定者，它只是从上帝那个绝对者身上所分化出来的（流溢出来的）一种区别。人的认知本性不再取决于自己，而是取决于上

---

① 黑格尔:《哲学史讲演录》第三卷,贺麟、王太庆译,商务印书馆,1981 年版,第 151 页。

帝那个绝对精神的源头。一般来说,这也就是新柏拉图主义所形成的立场。

新柏拉图主义是从费洛那里开始的。在费洛那里,犹太神学与希腊哲学结合起来,重新回到探讨本源的那种形式。认识的出发点返回到理性的逻各斯,而那也即是赫拉克利特的宇宙运行原则。只是费洛把逻各斯纳入到上帝的自身规定,上帝是神和太一,而逻各斯则是上帝运动的中介关系。上帝首先被规定为是最高的理智,而上帝要在自身的理智中有所言说。通过这种言说,上帝的智慧就从自身的智性中流溢出来。上帝传达自己智慧的过程,也即是逻各斯的活动过程。逻各斯不是别的什么东西,它就是从上帝身上流溢出来的思想。由于上帝本身是第一位的存在,逻各斯是从上帝身上流溢出来的东西,它们也就是第二位的存在。上帝是绝对的本质和存在,逻各斯(作为上帝的言说和智慧),则是上帝身上分化出来的东西,它是上帝本质的一种体现。通过上帝的言说,反映着上帝的那种本质的关系。费洛这里的思想,可以说是柏拉图理念关系的一个改进的形式。黑格尔出于自己理念的哲学立场,认为这是一种精神进步的表现,这与一般的哲学史的看法有很大的分歧。因为大多数哲学史家都认为,新柏拉图主义是对传统希腊哲学的一种倒退,而不是进步。但黑格尔认为,从思维的理念内容来看,新柏拉图主义则是抓住了要点。因为它扬弃了有限的主观形式,而重新返回到自在自为的理念了。因此,它也就进入了客观性的本质,并把握了思维的最高原则。实际上,黑格尔是吸取了新柏拉图主义的立场,即它放弃了人的有限的知性的形式,而进入到纯粹理性认知的那个原则了。这个原则从本质上来讲,也就是上帝的自我分化原则。即绝对理念(太一,上帝)把自身分化为差别者的原则。从这个原则的现实关系去看,它满足了精神的绝对需求,使伦理的格准进入到上帝的关系,而不是个别化的主体心境的关系。因而信仰的精神就不再逃向内心世界——希望通过个人的自我修养达到灵魂的平衡,也不再把外部世界的烦扰消解到压抑的哲学信念中去,用一种理智的平衡去对抗外部世界的苦难。而是找到了一个更高的寄托——即上帝的绝对精神。在这个精神中,生活层面的事件成为向更高精神境界过渡的一种关系,而现实的苦难则成为暂时的事情,因为精神将会在另一个世界里得到永生。这种对世界的新的观点,部分是出于犹太教的理想,部分也是出于新柏拉图主义神的理念原则。如果说这样一种精神的达成不应该属于绝对理念自身进化的一个结果,那么,它至少反映着生命意识的一种要求。生命要从有限性那里解放出来,进入到一种无限的精神形态中去,这样一种最高的精神形态,就是宗教信仰和上帝的意识。这也就是为什么独断论和怀疑主义会被扬弃掉,因为毕竟它们是自我意识的有限形态,它们形成于某一特定的历史时期,随着外部生活内容的变化,它们也就不能满足于人们自我意识的更高要求。从这一意义上说,精神的最高需求是在宗教的形式中得到满足的,而新柏拉图主义则非常接近于基督教的形式。当然,从另一方面看,即从理论层面看,新柏拉图主义又返回到早期的理念的关系,但它并没有停滞在柏拉图的那种共相关系的规定上,而是发展出了新的内容。这个内容,也就是上帝和太一的自我发展的环节。在这个环节中,新柏拉图主义完成了自己的哲学,它是柏拉图哲学的一个改造的形式,但从内容方面来看,它也发展出自己全新的原则。这个原则包含了上帝自身的流溢关系,同时也包含了三位一体的分化关系。它从希腊哲学理性的原则中分化出一个神学的维度,这样一种思想的方向又影响到后来的基督教哲学的发展。

普罗克洛的哲学是新柏拉图主义的一个较为完备形式。也可以说,它是柏罗丁哲学的一种更加系统化的表现。在具体的原则方面,普氏并没有更多的创新,但他却给了新柏拉图主义一个体系化的结构。他的出色之处,乃是对于柏拉图的辩证法有着深刻的理解,这一点,在《柏拉图的神学》那部书中有着很好的体现。黑格尔对于这一点,也给予了较高的肯定,并指出这是他哲学的出色之处。我们可以看到,普氏的确把柏拉图的辩证法运用到自己的三一体关系中去,并在太一的概念中建立起上帝的自身发展和自我回归的关系。黑格尔认为,他的辩证法环节的三一体理论,具有深刻的意义,并且具有了理念的形式化的原则。关于普罗克洛这个人,史料流传下的记述非常少。只是在黑格尔的哲学史中,我们才可以读到他的一些生平事迹。他于公元 412 年生于君士坦丁堡,公元 485 年死于雅典。按照黑格尔给出的资料计算,他应该活到七十三岁。他一生的大部分时间是在雅典度过的,并和普鲁泰克一起,长时间从事于学问的研究。他的父母出自克散陀,那是小亚细亚的一个地方。当地信奉着阿波罗神和雅典娜神,据说那个城市受到了这两位神灵的保护。这一点,使普氏在很小的时候就形成了对于神的崇敬情感。传说神灵也很器重他,因为神曾在他面前现身,并医好了他的病。后来他到雅典去学习,也是受到了神灵的嘱咐。在雅典,他开始专心研究柏拉图和普鲁泰克,并在普鲁泰克的女儿阿斯克勒比格尼的引导下,领略了哲学的内在秘密。由于阿斯克勒比格尼是一位巫师,这样,普氏也就了解到许多宗教秘法。后来,他在这方面的知识,甚至超出了当时的一些有名的祭司,这对于他后来所形成的那种神秘化的哲学,无疑具有直接性的影响。黑格尔认为,那些秘法可以作为思辨的对象,它应该是理性所能够理解的,因而不是秘密,只是一种神秘的启示。黑格尔的这一说法,对普罗克洛有多大的准确性,我们不得而知。不过他的哲学,则确实反映着启示的因素。他早年曾用优雅的文笔写过许多颂神的诗篇,那些诗体现着神秘的格调,其中也反映了神的启示。在后来的岁月中,他一方面从事于哲学研究,另一方面,也从事于教学。像毕泰戈拉一样,普罗克洛身上曾显示了许多奇迹,比如,他能够使天下雨,以减轻酷热,还能医治许多疾病。他还曾看见神向他显灵,并可以平熄地震。总之,他被传说为是一位具有神秘特质的人。较为可信的内容则是,他是一位深刻的思想家,一位知识极其广博的哲人。这一点,黑格尔也给予了肯定。我们在阅读他的著作时,也可以形成这样的判断。至于在他的著作中为什么没有显示出神奇的事迹,而只是表现出清晰的理智和深刻的见解,这样一种矛盾也让黑格尔不解。我们也不应该认为他的传记所传达的内容有误,大体上,在普氏的那个时代,哲学已经完全从宗教的内容中独立出来,而普氏本人,更重视的又是形式化的哲学。他当然会赋予哲学一种恰当的形式,这种形式,在他早期所研究过的修辞学中,就已经具备了。至于他后期的著作,则可以看成是对柏拉图理念论的一种更加精微的改造形式。

他思想体系的核心内容,基本上在柏罗丁那里就已经建构起来。在柏罗丁那里,费洛的太一原则被进一步推进。一方面,柏罗丁把基督教的思想糅入进太一的理念,另一方面,他也把这个原则与柏拉图的理念结合到一起。这样,太一作为绝对的原则便获得了更多的规定。实际上,柏罗丁已经把太一关系分解为三个层面。第一个层面是神,它是太一自身性的存在;第二个层面是理智的层面,这大体上相当于柏拉图的理念;第三个层面是灵魂的层面,它相当于个体质料转化方面的存在。在这个地方,柏罗丁已经设立了一种形式的主体关系,这是对柏拉图哲学的一种超越。至少,在柏拉图的哲学中,理念的层次关系是不清楚的,有时候,理念是一种绝对者的地位,相当于神。有时候,理念又是一种低于神的存在。这样,柏拉图就常常保持了双重主体的关系。即神和理念都是最高主体,终极本源的形式没有被确定下来。在这一点上,柏罗丁的哲学作了很大的改进。太一被规定为是绝对者,最高主体。它也是第一实体。而理智则是太一分化的形式。它是太一的自我区分者和过渡者,它是第二实体。最后,个体作为具有理智的存在,作为灵魂性的存在者,则是更下一层的分化。这样,作为个体的实存,就是第三实体。大体上看,柏罗丁在这个地方完成了最高主体的确立关系,同时,也完成了最高实体向较低实体的过渡原则。实际上,这就是黑格尔的那种绝对理念的分化原则。只是黑格尔没有采用流溢的关系,而是运用了逻辑推理的关系。

普罗克洛基本上接受了柏罗丁的原则,尽管黑格尔认为,普氏也并非一开始就达到了心灵的高度。自我意识也并非像是在柏罗丁那里,被认作是概念。但黑格尔也指出,普氏却了解到了概念自身的发展及自我回复的过程。这样,普氏也就发展出一种概念的二元化的规定。这一点,在他对巴门尼德篇的诠释中得到了较好的表现。他一方面把太一关系界定为是数的关系,太一最初被规定为是一的单一者,然后逐渐发展为多,以符合神的全部数目。而理智是通过可理知的数从数的原理上形成的。数具有形式的本性,这个本性是普遍从高处向下弥漫。它通过自身的过渡而将下面的事物连接起来。从这一点看,数是最高的理智者,作为神,它具有一性的形式。它一方面以不为人知的方式处于绝对的顶端,另一方面,它又作为可理知者的向下扩展的纽带。这一切取决于最高的数一的权能。然而数一自身的性质是不可知的,它是一种绝对的形式,它先于事物的本质,又是一切其他事物形式的制造者。而数一本身的那种神性则无法被考察。普罗克洛写道:"我们可以补充说,一性的自身数也是同样不可知的。因为它们比存有更古老。比形式更单一。先于我们称为可理知的形式而存在。并是它们的产生者。最可敬的神圣运作证明了这一点。因为它们使用数,拥有一种不可言喻的效能。通过这些东西产生最大的也是最神秘的作品。在这些之前,自然本性依照通感,以不可言喻的方式把不同的权能分给不同的事物,分给这些太阳的权能,分给那些月亮的权能,使这些产品与数相一致。"①可以看到,这里,普氏借鉴了毕泰戈拉的形式原则,柏拉图曾经也运用过这个原则,现在,普氏又一次拿来重新使用。只是他更加强调了作为本原的数一的那种神秘性,这也是普氏哲学神秘主义的一个较有代表性的地方。除此而外,依照通感向下传递本原的形式力量,则是柏罗丁的思路,在这个地方,普氏并没有给出新的思想。

另一个重要的环节,是普氏把数一看作是神之原因,这一点,他

---

① 普罗克洛:《柏拉图的神学》,石敏敏译,中国社会科学出版社,2007 年版,第247～248页。

与柏罗丁有所不同。但在具体的环节上，普氏的观点则是犹豫不定的，而且在概念的表述上也比较模糊。有时候，他把绝对者，最高本质，说成是神。有时候，他又把这个绝对本质说成是至善。在另一些地方，普氏也使用了第一因、第一者那样的概念。当他把绝对本原界定为是数一时，他是把数一看作是在神之先的。当然，这既是指时空关系上的在先，同时也是指逻辑关系上的在先。但在这个地方，普氏也像柏拉图一样，并没有保持一种同一性的思路。柏拉图也曾把绝对本原设定为三个概念：一是神，二是造物主，三是理念。神和造物主是高于理念关系的，但神和造物主之间的关系，则是不够明确的。有时柏拉图把造物主看作是高于神的存在，有时又把造物主和神当作是同一个概念来使用，或直接就把神看作是造物主。在此意义上，绝对本原的概念就不确定了。这自然会引起过渡环节的混乱。在普罗克洛这里，这种情形也同样发生了。比如在有些地方，他就把神看作是至善的原因，是一种多样性的存在的统一；在另一些地方，他又认为神是第一者和第一因，是独立于所有事物的单纯本性。而在数的关系上，他又认为数一那个绝对的种是高于神的，它是产生神的实在的原因。他曾这样明确地写道："就如下一个假说里包含很多肯定性结论一样，后者表明所有等级出于一，前者表明一独立于所有神圣的种。而从这两个假说每个人都可以清楚地看出，全体事物的原因必然超越于它的产物。因为一是所有神的原因，所以它超越于万物。因为它由于超越性独立于万物，因此它给予万物各自的实在。通过在万物之上的扩展，他使万物得以存在。"[①]这里可以看到，普氏把数一的关系看作是更高的本原，更高的规定者。这样数一的关系也就获得了最高的规定，这一规定也改变了它作为绝对本质的向下分化的关系。

普罗克洛的基本思路是，把数一的本原看作是一种单一体的形

---

① 普罗克洛：《柏拉图的神学》，石敏敏译，中国社会科学出版社，2007 年版，第 116 页。

式。它是一种绝对的本原和本质，但一也分化自身，呈现为多。它
又是一和多那样的统一体。同时，它又要把自身所浓缩的各种各样
的知识和事物传达下去，使万物获得一种存在的形式。在这一点
上，他一方面借鉴了柏拉图的理念原则，把那个最高的一看作是从
善中流出的光。这个光将理智与可理知者联合起来，并一直伸展到
最末的事物。另一方面，普氏也使用了柏罗丁的流溢的概念，尽管
他在使用这个原则时较为谨慎。他采用的基本原则是：第一可理知
者（神）是从那超越于可理知者的原一那里垂溢下来的，由于它充满
神性，它也就用可理知之光照亮了二级存在的事物。在这个过程
中，神也就分有了一的存在。理智的流溢活动成就了神性，同时也
成就了神圣的种。他这样说道："总而言之，依据一而存在，或者以
一为标志的存有，确实是从先于存有的一中流溢出来的。但同时发
生了整个神圣的种，即可理知的、属理智的、超越尘世的以及一直发
展到尘世等级的。"①普氏还强调说，所有的事物其实都是借着理智
的中介从一中流溢出来的，一切事物都是与先于自己的东西连在一
起的，一切事物在源头上都分有一。同时，神也从一那里分有到理
智，灵魂从神那里分有到神性，而事物在灵魂中分有到存在。整个
这个过程，也就是理智向下流溢的过程。理智以光的照耀方式成为
绝对的供应者，随着光从最高者逐渐流溢到下级的事物，存在的各
个等级也就显现出来。

　　分有原则是柏拉图共相关系的一个核心原则。通过分有关系，
个体事物也就获得了理念的普遍规定，从而获得具体的实存。普罗
克洛一方面借助了柏罗丁的流溢的方法，让神的终极理智在自我流
溢中向下分化，另一方面，他也有效地结合了柏拉图的分有方法。
事实上，他似乎是认为，垂溢之过程也就是分有之过程。因为一是
存有和保持的原因，凭借着一万物就能获得分有及存有的本性。实

----

　　① 普罗克洛：《柏拉图的神学》，石敏敏译，中国社会科学出版社，2007 年版，第 25
页。

际上,事物从一向下垂溢也即是存在分有一之过程。在这个过程中,神的本质也通过垂溢传达下来。普氏的核心命题是:一是最高的统一体,作为统一体,它具有最高的实存性。神是按照一而存在的,一先于神。神通过分有一而获得存在。神相当于二级存在,神自身又包含着下级事物的本质。生命的个体及灵魂是通过分有神而存在。他这样写道:"每位神都按存有的最高合一性存在。对脱离身体上升的我们,神显现为超越本质的统一。本质的生产者、完全者和度量者,将所有第一本质系于自身。而那神圣的,不仅是各个存有等级的 hyparxis 和一,同时也是那分有者和被分有者。后者是神,前者是神圣的。至于在被分有的一之先,是否有什么东西是独立的、被分有的,后面就会知道。但现在我们要规定那神圣的事物是这样一种事物,即它是分有一的存有,或者是浓缩地与存有同在的一。我们认为,除了一之外,神里面的一切事物,即本质、生命和理智,都是从神垂溢下来的。属第二级神,神不是存在于这些里面,而是在它们之前,在自身中包含并生出这些,但不局限于它们之中。"①显然,普罗克洛这里借助了柏罗丁的思路,并把它与柏拉图的太一分有原则结合起来。这样,普氏也就把太一向下垂溢的过程看成了下级事物分有上级实体的过程。这里的观点,在柏罗丁的哲学中也可以看到,柏氏就曾把理念的分有关系改变为神自身的关系,只是他没有把这一原则系统化罢了。而普罗克洛则强化了这个原则,并把这个原则运用到各个环节。比如在一与多的关系上,他就使用了分有的原则,并指出多必然分有一,一却不混合多。一是多的存有的原因,它是超越多而独立存在的东西。在神的关系上,尽管他的观点有许多混乱之处,但在根本的环节上,他还是强调了太一是先于神的存在,神只是通过分有太一而获得实存的。神的本质是在太一那里。这与柏罗丁的观点略有不同,但也只是一些细节方

---

① 普罗克洛:《柏拉图的神学》,石敏敏译,中国社会科学出版社,2007 年版,第 70～71页。

面的差异,在基本的原则方面,他们是保持一致的。

我们可以看到,普氏在这里使用了一种辩证法的原则,其实这个原则在柏拉图那里已经被使用了。那只不过是理念向外不断扩展的方法。理念是一,是整体,而现象界的事物是多。这种一与多的理念关系有着本质的联系,通过分有的原则,便把外部世界与理念世界联系起来。不过,在柏拉图那里,理念与外部世界是一种统一的东西,至少世界作为一种现象,是从理念那里转化出来的。现象并不是与理念并立的东西。换言之,一与多那种关系的转化乃是理念自身的转化。在普罗克洛这里,分有的关系变成了一种外在的原则,辩证法通常被弄得零碎了。用黑格尔的话说,它已经变成了一种外在的论证,在形式上也是令人厌倦的。比如,在一与多那些关系的论证中,普氏就采取了一种形式化的论证方式,那不是柏拉图理念的原则,而是一种外部现象的原则。一与多的关系成为外部事件的关系,多不能作为被分化的形式统一到一中去,而一作为统一的原则也没有反映出自身生成(自身规定)的关系。这样,一与多就分别作为外部的环节而并列起来。辩证法的相互扬弃环节消失了。黑格尔恰当地指出了这一事实,他说:"但是这一条主要的真理在他的辩证法里却失掉其真理性了。其结论是,只有一才是本质,才是真的。所有别的规定只不过是在消逝中的量,只不过是一些环节,它们的存在只是像一个直接的思想那样。对于一个直接的思想,我们不承认它有实体性,有其独特的存在,所以一切都是规定,而一个事物的诸规定就是在思维中的这样的环节。"①(7)在另一个地方,黑格尔又对普氏做出了更为本质性地批评,他写道:"普罗克洛从一开始,他从一往前进展。但是他没有立刻就达到心灵。不过一切规定在他那里都具有具体得多的形式。而这个一的自我发展,在普罗克洛那里也不复像在柏罗丁那里那样被认作概念。我们必

---

① 黑格尔:《哲学史讲演录》第三卷,贺麟、王太庆译,商务印书馆,1981 年版,第210~211页。

须一下子放弃这点,不要去寻求二元化的概念。主要的东西是一,是太初。一本身是不可言说的和不可认识的。但是我们可以从它的自身展现和自身回复的过程中去认识它。……普罗克洛把这种自我二元化,自我分化的关系,一的最近的特性规定为一种产生,一种展现、活动、阐明、揭示。一的产生的情况并不是超出自己之外,因为超出自身将会是一种变化,而变化是被设定为自己与自己不相等的。因此通过它的产生的过程,一也并不感受到任何亏欠或减少,一是这样一种思维,这思维并不由于产生了一个特定的思想而感受亏欠,而仍然保持原样,那被产生的东西也保持在它自身之内。"①

黑格尔这里的批评指出了普罗克洛的基本缺陷,即一方面它是一种理智的体系,另一方面,它也陷入了形式辩证法的范畴。这样,理念的展现在普氏那里就不清晰了。尽管普氏使用了否定性原则,并指出否定本身也包含着肯定的特征,但他并没有把绝对的否定性赋予最高的主体,即把神看作是绝对者,神必须在自身的主体中将外在的否定加以扬弃,并在那个扬弃的过程中返回自身。这样,普氏的一与多的关系便不是对自己的否定,而只是一种外在化的往复推论的关系。太一作为绝对的否定者而产生的二元化的关系没有显示出来。虽然他强调了太一在创造过程中把自身复多化了,从而产生了纯粹的数。但数一作为绝对的本质,在普氏那里却并不代表心灵。这样,太一作为一种绝对的主体就并不代表精神。这是普氏哲学的根本性缺陷,也是黑格尔对它不断进行批评的地方。我们可以看到,黑格尔的哲学从新柏拉图主义那里继承到很多东西,从费洛那里,他继承了上帝的客观理智的观点,黑格尔把那个观点发展为是上帝之异在者的关系,并在那种关系中引出了三位一体的概念。在柏罗丁那里,黑格尔继承了上帝就是绝对本质的关系,并把

①　黑格尔:《哲学史讲演录》第三卷,贺麟、王太庆译,商务印书馆,1981 年版,第211～212页。

那种本质发展为最高的实体向外部不断展示自身的关系。同样,在普罗克洛那里,黑格尔继承了普氏的否定性原则和三一体概念,并把三一体概念推进到绝对理念的形式。只是黑格尔在吸收了那些原则的同时,也把那些原则加以改进了。这表现在,一方面,那些原则从来都没有被原封不动地使用过,它们被运用到黑格尔的体系之中,都或多或少地被重新修正和限制;另一方面,那些原则也要符合黑格尔理念关系的需要,任何一个原则都不是孤立地被使用,而是要纳入到统一的逻辑系统中去。从这一方面看,黑格尔就不是简单地使用前人的原则,而是把那些原则融入了他的绝对精神所发展出来的环节。因此,尽管我们可以看到,黑格尔在自己哲学体系的许多地方都运用了新柏拉图主义的原则,但那些原则在使用中却已经得到了改进和更新,至少,它们不是在同一个层面上被使用的。而且,也不是哪一种特殊的原则(单一原则)在起作用,而是许多原则相互支撑着辩证逻辑的体系,从而保持了绝对精神在概念环节上的流动。比如,就否定性原则来看,普罗克洛仅仅是在一与多的相互关系上使用了它。但黑格尔对这个原则的使用,则包括了各个层面。在细节方面,黑格尔曾说过那样一句名言,即一切规定都是否定。这与一般哲学史的观点是完全相悖的。但这却是黑格尔理念哲学的本质的规定。在体系的设定上,黑格尔也仍然使用了否定性原理。比如在逻辑学的那三个主要的环节上,即存在、本质及概念的关系上,黑格尔也运用了那个原理。因为在黑格尔那里,正是否定性原理展开了思辨方法的内容。实际上,黑格尔是把理念(绝对精神)自身就设定为是绝对的否定者,理念首先表现为概念的形式,概念向前进展,就是否定性的东西。用黑格尔的话说,正是这个否定性的东西构成了真正的辩证法。实际上,黑格尔的辩证法只是概念的发展和分化那种方法。这个方法是被否定性原则所支配着的。概念的各个环节都由否定性所联结。在(概念展开自身)最初的关系中,概念表现为纯有。纯有是一种无规定性的存在。它要被否定掉,从而建立起实有。实有是否定之否定。在实有中,事物获得了质的规定。质的事物在进展中又获得了本质，本质仍是否定性的反思。它是从实有而来，但也要超越实有，而进入概念。本质的运动就是要在实有那里建立起规定，也即否定实有，建立起自身的自在之有。这个过程，则表现为映现。也即是通过反思，显现自己。这样，它（概念）也就从自身内（本质内）外化出来，成为现象。并也在自身显现的过程中，把自身造就为是根据。在根据中，绝对物建立起来。在绝对物中，有和本质过渡为实体。实体被建立为是与自身等同的否定性。它又是作为否定物那样的否定物。这样，实体也就是和普遍性同样的同一性。它已经是一种自身否定的关系。在这个关系中，事物便进入到概念阶段。实际上，黑格尔认为，概念是以实体为直接前提的，而实体也不是别的什么，它自在地就是概念所表现出来的东西。实体本身的那种运动，实际上就构成了概念的发展史。但在概念的关系中，否定性也仍然起着决定性的作用。概念通过规定建立了判断。判断是概念自身的一种分离，因而也就是一种否定。当这分离的两端——作为主词与谓词的区别与普遍性和特殊性的区别，实现了一种否定的统一时（它是消失于判断的两端之中而又从判断中发生的概念的统一），那种在自身中分裂的方式便发展到推论。在推论中，那在概念中分化出的判断又重新返回到概念自身。因而，推论就被黑格尔看成是概念的恢复，但它又是重新建立起来的概念。这正如黑格尔所说："推论的活动可以说是本质上保持否定它在推论过程中所建立起来的规定性那种规定。换言之，推论的活动也可以说是扬弃中介性的过程。也可以认作使主词不与他物相结合，而与扬弃了的他物相结合，亦即与自身相结合的过程。"①

这里，我们看到了这样的关系，黑格尔使用的否定性原则已经完全成为了一种内在化的原则。否定不是两个不相干的东西的否定，像普罗克洛所设定的那样，也不是外在关系的相互分离，而是概

---

① 黑格尔:《小逻辑》，贺麟译，商务印书馆，1997 年版，第 370 页。

念(理念)自身的本性关系。绝对理念自身就是绝对的否定者,而理念运动的辩证过程,也就是在自身中设定区别,从而再返回到自身。这也即是把自身的普遍性特殊化为客观性,通过扬弃那个客观性的活动再回到绝对的主观性。在这样一种过程中,由于理念统摄了主观性和客观性,理念也就达到了绝对的统一。这里,黑格尔的观点已经远远超越了普罗克洛的观点,也把普氏的观点进一步深化了。一与多的那种外在关系的辩证法,在黑格尔这里已经转化为概念自身的否定关系。正是通过这种否定性原则,理念才从自身中生成(异化成)自然的关系。实际上,在黑格尔这里,自然本身就是否定性的东西,自然是理念的否定物的形式。其原因是自然本身是被设定起来的东西,它是一种设定起来的存在。而它的存在本身就是一种矛盾。因为它只是概念的外在的规定,因而,它也就表现出某种必然性和偶然性。而这种必然性和偶然性作为消逝的环节,在纯粹的概念中也就会被扬弃掉,因而它也就显现为否定式的关系。否定性是概念的绝对的威力,在概念内部,它要通过判断和推论返回到自身。而在概念外部,概念作为本质又要映现出现象,现象在实存中要获得自然的规定,并把自然的世界构筑起来。从这个意义上说,否定性这个绝对的威力又是一个终极的创造者,持有这个威力的绝对主体就是绝对理念本身。是绝对理念创造了自然,自然关系也即是绝对理念通过否定其自身的差别而在其自身中外化出来的关系。这里,黑格尔已把否定性看作是一种整体性的关系,而不是一种单一的原则。否定性在黑格尔这里始终联结着各个环节,并在概念的运动中完成了自身的回归。因而,否定性也就不是单纯的否定,而是一个向着更高的主体返归的过程。正是在这种返归的运动中,自然作为那种不断消逝着的环节才被扬弃掉。低级的自我意识返回到较高的自我意识中去,而存在的东西也返回到精神的东西中去。这个运动,也即是绝对精神的分化的过程,它就是理念的辩证法运动的过程。最后,它还是自然不断地被提升到精神境界中的过程。

可以看到,黑格尔所运用的否定性原则已经远远地超出了普罗克洛的形式辩证法,而进入到理念的辩证法了。在这个过程中,主体性的关系也被确立起来。而作为上帝的那个绝对主体的概念也第一次完成了。在普氏那里,上帝是绝对者和创造者,但上帝的关系还没有形成一个绝对主体的关联。换言之,上帝在普氏那里,仅仅是一种自身流溢的外在关系。尽管普氏通过分有的原则建立起存在的区别,但分有的原则也仍然是外在化的关系。它曾使柏拉图的辩证法受到了限制,这里,也同样限制到新柏拉图主义的方法。这也是前面黑格尔批评普氏的一个理由。即普氏的辩证法还没有达到心灵的关系,也即是说,它还没有达到思维的环节。很明显,流溢的关系并非思维性的关系。它实际上是一种外在性原则。因为流溢本身是一种外在性的表象关系,它是一种直观化的现象界的内容。尽管普氏也曾引用了数的原则,并把数一看作是绝对者和最高的本原,但数的关系仍然不是主体性的思维关系。早在对毕泰戈拉的批评中,黑格尔就强调过,说数是介于思维和实在之间的一种关系,它实际上是一种外在的关系。黑格尔认为,数并不是作为概念的环节而存在的,它只是在一种量的方式下,纯粹以不相干的区别的环节而存在的。因而,黑格尔认为,数的原则不能代表纯粹的思维。因为它其中包含了物质性的规定。这样,它也就不能够形成思维的主体性。黑格尔曾这样明确地说:"但数是,一种以一为元素和原则的思想,一是一个质的存在的范畴,而且是自为存在的范畴,因此是自身同一的。排斥一切其他,自身决定,对其他不相关联。至于进一步的规定,则只是一的组合与重复,其中一的成分永远是固定的。而且永远是一个外在的东西。数是最死板的、无思想性的、漠不相干的、无对立的连续性。我们数着一、二,把每个加上一,完全是一种外在的不关紧要的过程和接合,这种过程在什么地方中断,是没有必然性的,并且没有关联。因此数不是直接的概念,而是思想、概念的另一极端,是思想、概念在高度外在性中,在量的方式中,在不相干的区别方式中的表现。"①这里,黑格尔对于毕泰戈拉的批评,也完全适用于普罗克洛。在本原的形式上,毕氏与普氏所采用的那个数的原理基本上是一致的。区别只是,普氏在数的原理中,又加入了太一的流溢原则,但这也正如黑格尔所说的那样,流溢原则本身,也仍然不属于主体的思维性关系。

我们可以看到黑格尔对普氏太一原则的进一步的改进的形式。黑格尔不赞成事物是从外在的区别中(即太一的流溢关系中)分化出来,但他却赞成分化原则本身。对于普氏所设定的分化原则,黑格尔做了形式方面的改造。他扬弃了普氏的外在化的数的关系,而把绝对的分化原则引入了理念,换言之,引入了一个绝对思维的主体。这个主体,也即绝对精神。在这个地方,我们既可以看到黑格尔与柏拉图的一般区别,也可以看到他与普罗克洛的一般区别。而这个区别的本质,则由概念的主体性所设定。实际上,黑格尔是在实在和世界的源头上去设定主体性的。这个主体性的思维,不是由人所作出的思维,而是绝对者自身的思维。正是在这种思维的关系中,外部的自然世界才被设定出来。这个地方,正是黑格尔超越普罗克洛的地方。在黑格尔那里,具体的环节乃是这样的:绝对精神首先在思维中运思,主体(绝对主体)在思维中要设定思维的对象。但一个思维的对象就是一个有限的意识,它是绝对精神的一个差别者。这个差别意识的出现,就是对绝对精神那个自我意识的否定。作为绝对理念的判断的形式,它就是绝对主体的一种分化。绝对主词设定出一个谓词,谓词便是主词的一个区别。与此同时,主体又要扬弃这个区别,在绝对思维的逻辑关系中,判断将演化为推论。推论也就是概念扬弃了判断的形式,又回到自身的统一。也就是说,谓词又重新返回到主词,回到概念的同一性中。但在这个过程中,则显示了概念的分化,逻辑关系是在理念的内部运行的,在理念

---

① 黑格尔:《哲学史讲演录》第一卷,贺麟、王太庆译,商务印书馆,1981 年版,第219~220页。

的外部,则显示出概念的自然关系。这是因为,概念所设定起来的对象,由于它是一个否定者,它也就是一个异化者。绝对主体要把自身的否定物(作为绝对理念外化出的那些环节)否定掉,否定掉也即是把它们排斥到理念自身之外。在概念的本质环节,这个被排斥到外面去的东西就是现象。而这个现象界的存在,也就是自然。绝对精神最初是纯粹的思维的形式,但在思维的过程中,它要把自身的异己者排斥在外。那些被排斥到外面的思维的异在,也就是作为否定物所外化出的自然。显然,自然是思维的异在的环节,它是绝对主体在思维中所扬弃掉的东西。它是从绝对主体的内部排斥出来的否定的环节,这些环节,由于是思维的否定性的形式,也就体现出异于思维的自然的特征。这种由外部现象所构成的总体,也就是不断消逝着的自然世界。

这里,黑格尔把外部世界的关系从理念的关系中引导出来。他在这样两个方面发展了普罗克洛的原则:一是用理念的思维原则取代了太一的流溢原则,把终极的绝对者引入到思维的主体中去,这样,绝对的生成便是一种思维的形式,而不再是一种外部流溢的形式。而最高的主体也从太一的那个规定中转移到绝对理念的规定。在这样一种规定中,思维的逻辑关系被确立起来,外部世界的关系被理念的逻辑关系所支配,绝对理念(绝对精神)便成为终极的设定者。第二个方面,是黑格尔建立起一种理念的有机关联。绝对理念自身具有绝对的同一性和统一性。它建立了外部的对象,但也仅仅是在自身之内建立对象。这样,它在自身中所建立的差别,也就是一种自身差别。它所扬弃的东西也仅仅是自身的扬弃物。那个被扬弃者,作为更高的形式,又重新返回到自己。因而,在黑格尔这里,绝对理念的运动便是一种自身展开的关系。它尽管分化出许多环节,但那些环节又都是理念自身的。内在的纯思生成了外部的自然,而外部的自然又会消逝掉,重新展示理念的内容。整体上看,这也就是黑格尔的绝对理念的特征,也是黑格尔超越普罗克洛哲学的核心环节。

第二节 从三一体概念向思辨原则的过渡

一、太一三一体的分化形式

在另一个环节上,普罗克洛发展出了一个三一体的概念。这个概念在普氏的哲学中占据着重要的地位。从某种程度上看,它相当于黑格尔的那种理念的环节。也是最高本原(实体)的一种分化的形式。尽管普氏的三一体概念还是较为抽象的,它缺少较为细化的规定,但黑格尔还是认为,普氏对于三一体概念发挥得还是很出色的,在那个概念中,普氏已经达到了完全正确的观点。不过,我们也可以看到,普氏的三一体概念在细节的设定上还是较为混乱的,一方面,它具有理念化的哲学特征,在这个地方,它超越了柏拉图的分有原则,而进入到更高的规定中去;另一方面,它也把神灵那样的内容糅入到一般的概念中去,同时使用了许多异教和魔术的术语。这就使他的哲学蒙上了一层神秘主义的色彩。神秘化的影象常常在概念的关系中浮动,由那些妖术所唤起的符语也常常遮蔽了思维。用黑格尔的话说,意识的个体性有时在现实中表现为魔术和妖术的形式。

三一体概念实际上是一种本原的分化原则,每个三一体既是一个元一,又是一个三一体。这是太一(神)一分为三的过程。第一个三一体是统一的,它以神秘的方式拥有全部的事物,在自身之中拥有权能和存在。权能是隐匿的,存在于太一和存有之间。但它通过与那两者间的沟通成为可见的。这样,权能便作为第二个三一体展现出来。它以最初的可理知的权能为特点。在最高(最初)的三一体中,所有的东西都是混合在一起的,没有区别。第一个三一体保持着自身的同一性,但在第二个三一体中,分离和分别显示出来,存有和权能现在彼此分开了。权能自我显现出来,作为中间者,它将一和存有联结起来,使一成为了存有。通过它与一的沟通,又使存有成为一。这样,一的存有便由两部分组成,即以一为特点的存有和以存有为特点的一。绝对的太一分化了自己,向下层流溢。而下层的存有又通过分有的关系(即分有一的关系),获得了一的那种规定。到了第三个三一体,便出现了可理知的生命。在这个三一体中,充满了界限、无限及二者的混合。而生命的层面,也就是可理知的理智的层面。它把一切可理知的生命都包含在太一里。普罗克洛认为,第一个三一体是一切可理知者的合一体,它是稳定的、权能的供应者,万物也都是因为它而确立。它有一种终极的稳定性,永恒地向下层存有提供自己的能量。第二个三一体是依照第一个三一体产生的。第二个三一体的持久性,通过它而得以持存。因为存有的确定性,正是通过这种依照而建立。它是由于分有着第一个三一体才有的。这样,第二个三一体就是存在的尺度。它与被度量的事物是等同的。它自身中就包含着界限和无限。而第三个三一体中也有界限、无限及二者的混合。普氏把这种混合称之为是可理知的理智。它包含了一切可理知者以及可理知的等级界限。而永恒者与界限和无界限的混合,正反映了可理知生命体的本性。从这三者的相互关系去看,那第一个三一体是包含一切于自身之内的,而另外的那两个三一体也包含第一个三一体。这样,每个三一体就都是相等同的,只是被设定在不同的三种形式之中而已。实际上,普氏在这里确立了分化形式的复多性,即太一(神)从自身向外扩展的原则。太一是第一单子,绝对的一。其次是多。多本身便是多个单一体。在这个意义上,多就是无限。这也是柏拉图所设定的概念。而第三个分化形式就是限度,限度与无限的统一便是尺度。普氏把这些分化的形式说成是混合者,即它们是混合地出现于三一体之内的,但黑格尔认为,混合这个概念表达了一种外在化的关系,只表现了一种外在关系的结合,它没能更好地反映三一体之内的统一原则。这个原则在黑格尔看来,应该是一种主观性的思维原则。大体上看,普氏在这个地方确实没有达到理念思维的主观性,而只是反映了一种外在的联接关系。

不过,从另一方面来看,形式的区分还是建立起来了。这个关系表达了一个最高的实体(神和太一)向外面分化的过程。太一首先分化了自己,把自身神秘化的本质向下层传递。在传递过程中,下层的三一体便被建立起来,下层的三一体分有到太一的本质,成为理智与存有的结合者。这里可引用普氏的一段较为经典的话,来解说这个过程。他这样说道:"第一的,不可分的一在全体事物之前预先存在,不仅超越于分有的统一体,也超越于那些被分有的统一体。这个一通过第一个假说得到阐述,被表明是万物不可言喻的原因,但自身不在任何事物中被规定。也没有任何类似于其他神的权能或特性。在这个(不可分的一)之后,那完全超本质的超越的未与一切混合的东西,是一个被存有分有的统一体。它围绕自身建立第一本质。并因此增加了这种分有,比起那原初是一的东西就显得分有了多样性。这其实是一个超本质的 hyparxis,第一个可理知三一体的 hyparxis,既然第一个三一体里有这样两样东西,即一和存有,前者是产生者,后者是被产生者。前者使后者完全,后者因前者得完全。那么两者的中间者必然是权能。一通过它并联合它进行构造,使存有完全。因为存有的进程出于一,它向一的回归是通过权能。试想,除了权能,还有什么东西使存有与一联合,或者使一被存有分有?它就是一的进程,是一向存有的伸展。因此,在所有神圣的种里,权能先于进程和形成。这个三一体,即一,权能和存有,是可理知领域的顶点,其中第一者生产,第三者被生产,第二者从一垂溢下来,与存有结合。"①这里,普罗克洛确立了分化的一般原则。即太一如何作为预先存在的源头向下层分化的原则。在这个原则中,普氏建立了一种自我区分关系,正是在这种关系中,三一体的形式才完成。普氏这里已经揭示出这样的思想,即太一在自身等同的关系中是不能产生万物的。万物作为太一的创造物是与太一有别的

---

① 普罗克洛:《柏拉图的神学》,石敏敏译,中国社会科学出版社,2007 年版,第 174~175 页。

东西。它正是在太一的区别中产生的。从这个意义上说,太一创造万物的过程实际上也就是自我区分的过程。当然,在这个过程中,太一仍是主导者,它是绝对的本质。它通过建立自身的联系,即自身对象性的形式,建立起另外两种关系。这样,在第一个三一体中,就有了另外两种东西。中间者是权能者,而第三者则是存有。太一通过联合它们,才会向下层分化并产生下层的存在。这个联合的过程即是太一分化的过程。同时,也是存有分化权能的过程。太一本来是自身的单一体,但现在,通过区分,三一体的形式建立起来。权能这个概念是普氏所建立起来的概念,它并没有得到较为详细的规定,它是一个中介者,通过这个中介关系,存有便被产生出来。实际上,这里也可以看到亚里士多德的影响。亚氏就曾把质料设定为是实体的一种形式,事物的产生要借助于质料才能形成。但质料本身又是被推动的,并不是自我推动者,质料要由形式来推动,最后在形式的推动下才能产生出存在。大体上看,普氏这里吸取了亚氏的原则。这里,权能是太一所建立起来的形式,它前面联结着太一,后面联结着存有。它是使太一和存有发生关系的环节。太一通过它产生了自己的异己物,而存有通过它又分有到太一的存在。因而,权能就是上下联结的一个中介点,通过这个中介关系,第一者生产自己,第二者成为一种垂溢,而第三者,作为被生产者,则分有到太一的内容。

尽管这里普罗克洛还没有建立起概念分化的关系,但一种绝对主体差别化的形式却被建立起来了。正是在这个差别化的原则中,世界才形成了差别化的多样性。这样的思路,实际上也即是黑格尔绝对理念的思路,也是黑格尔绝对精神分化的具体性的原则。我们在黑格尔的哲学史中,读到了他对普罗克洛这样的赞誉,黑格尔写道:"普罗克洛对理念的三个形式,三一体的进一步规定是很出色的。关于三一体,他首先加以抽象的规定,把它当作三个神灵,现在必须特别提出来谈的,是他如何去规定三一体。这种三一体在新柏拉图派那里是很有趣味的,特别是在普罗克洛这里,因为他没有停留在它的各个抽象的环节里。他认为绝对的这三个抽象规定中，每一个规定本身又是一个三一体那样的全体，这样一来他便获得了一个真实的三一体。所以那三个规定就构成一个全体。而每一规定又被认作本身是充实的、具体的。这应该被认作他所达到的一个完全正确的观点。理念中各个差异，既然保持着自己的统一，因为它们是理念的各个环节，各个差异，本质上也被规定为全体。所以统一在它的差异里仍然完全是它本身那样，它的每一个差异都具有全体的形式，而全体又是一种过程。在这过程里这三个从属的全体彼此相互建立为同一的东西。因此普罗克洛比柏罗丁说得更为明确，走得也更为深远。我们可以说，从这方面看来，在新柏拉图派中，他具有最优秀的，最发展的思想。"①这里，黑格尔高度肯定了普氏的三一体思想，并指出他在这个环节上说得比柏罗丁更为明确，因而，黑格尔也认为普氏的这个三一式的思想，是新柏拉图派中最优秀的东西。事实上，黑格尔的这种赞扬并无夸张之意，至少在这样两个方面，普罗克洛的三一体思想直接影响到了黑格尔。一是三一体的三个环节的关系，它们是太一、无限和限度。黑格尔吸收利用了这个原理，并发展出了正题、反题及合题那样的关系。二是一切存在都是三一式的观点，即每个三一体中又包含着别的三一体在自身之内。因而存在将表现为是自己对立物的形式。存在通过这种对立物的形式，又返回到绝对理念的统一中去。这样两个方面的规定，都曾直接影响到黑格尔。黑格尔也确实更好地运用了这两个原则，并把它们作了更为全面的改造，使之完全融入了自己的绝对精神的理念体系中。在这个地方，普氏的哲学对于黑格尔的哲学的形成，起到了基础性的作用。尽管黑格尔从费洛和柏罗丁那里吸取了很多思想，但关键性的三一体的思想，则是从普罗克洛那里借鉴过来的。而这个思想的框架，也结构起黑格尔的那个绝对理念的大厦。

---

① 黑格尔：《哲学史讲演录》第三卷，贺麟、王太庆译，商务印书馆，1981 年版，第214～215页。

这也是为什么黑格尔会更加赞赏普罗克洛的原因。

就形式的规定来看,普罗克洛的哲学更为细化,原则的展开也较为合理(就其接近黑格尔哲学的那种意义上说)。更主要的方面是,普氏设定了一种辩证化的否定原则。这个原则把存在的绝对形式(绝对本源的形式)规定为是差别化的设定者,这接近了黑格尔的逻辑分化原则。在普氏那里,绝对物从自身的存在中分化出其自身的区别,这个区别作为分化的环节便是否定者。这个否定者作为一种中介又联结了下层的存在。下层存在通过分有的形式使自身获得了实存,但作为三一体的运动,存有作为一种限度又重新回复到开始。每个向前的环节本身就是一个全体,这三个环节又都要返回到太一。精神的力量就在于把所有的三一体都统摄在自身之内。用普罗克洛的思路去说,那就是,第一个三一体是被思维的神,第二个三一体是能思维的神,第三个三一体则是纯粹的神。它本身就是一种回复,回复到自身的统一。在这种回复的过程中,那三个环节都要联系起来,最后又形成全体。而三一体那个绝对统一的全体,也即是神。神就是三一体中的全体。在另一个方面,普罗克洛也发现了本质和限度那样的关系。这也就为绝对实体的分化充填了细节,也为黑格尔的那个绝对精神充填了内容。比如,普氏就曾把太一规定为绝对本质,它是绝对的存在者,是无限与限度的统一。而限度则是一种具体的理智。限度规定了第一个三一体,但纯本质作为最高层面的东西,又是一种潜能。它是诞生一切的东西,使各个层次显现出来。作为神的实体性的存在,它又表现为一种质料。它潜在地存在于神的原初规定之内,并形成一切存在的原因。在这个地方,普氏也曾把这种(神的)无穷的潜能规定为量。通过这个量的关系,各个层面的存在也就显现出来。它们通过混合而分有到绝对的本质。这个量的转化关系,也即是普氏所说的那种权能。从形式规定来看,它具有中介的性质,是中介者和过渡者。从内容规定来看,它则具有质料的性质。因为它将通过把自身的基质提供给分有者,从而使分有者获得实存。从这方面说,它必须要有质料性的实存,以建立起下层存在的实有关系。这样,权能作为中介者,就既有形式方面的规定,同时又具有内容方面的规定。它是它们二者的统一。在这个地方,普氏已经把太一分化过程的细节设定出来,从某种程度上说,它已经非常接近黑格尔的理念关系了。黑格尔所要做的事情也不是别的,就是要从太一的那种外在性的思维中超越出来,从流溢的分有原则中超越出来,而进入到纯粹概念化的思维。这个地方,正是黑格尔对普罗克洛三一体原则的改进和超越之处。同时也是黑格尔的绝对理念建立起来的更高的环节。正是三一体的思想,成为了黑格尔哲学原则的绝对核心,也构成了他逻辑理念的思维发展框架。

二、概念变易向自身返归的三一体

我们可以看到,黑格尔不但运用了普氏的三一体原则,而且还把这个原则推进到了极致。在黑格尔的那部最为艰深的著作《逻辑学》中,他就全面地使用了三一体的原则。不仅是在大的框架上面,而且框架内细小的环节也都是三一式的。这样的做法,在整个哲学史上也是绝无仅有的。它使《逻辑学》这部巨著整个被环绕在三一体的架构上,那些小的标题如同装饰物保持着三一体的外观。如同不断缠绕着的花瓣装饰着花体,一种外在的形式上的美感在人们的视觉上闪动。《逻辑学》就其内容来说,是一部空前绝后的书,它的体例运用在形式上也是独具匠心。这如同沃·考夫曼所说:"《逻辑学》在组织方面确可称惊人之作。对注释的运用也是独具匠心。黑格尔凭此而能够预见到异议,然后详尽阐述。继而离开主题,而同时反复出现的三一体型式又使提出的纲要异常整齐。该书结构清晰,简洁至极,读来令人赏心悦目。然而却毫不为此而有损于一个博大超群的眼界所具有的广度、深度和丰富性。"①实际上,黑格尔确

---

① 考夫曼:《黑格尔——一种新的解说》,张翼星译,北京大学出版社,1989 年版,第 199 页。

实把心思花在了如何把三一体那个原则贯穿到他的整个体系中去，在这方面，黑格尔耗费了巨大的心力。他要做的事情，是要把哲学的形式与内容结合起来。从绝对精神的内容来看，概念的分化必须是三一式的，要保持正题、反题及合题那样的形式。从外在的结构去看，标题设定的环节也必须是三一式的。一个大的标题下，要设立出三个小的标题。层层标题的设定，都要保持三个环节。黑格尔极力要做到内容与形式的统一，在这个方面，他表现出了一种对体系的那种执拗的偏爱。当然，这也避免不了在一些环节上的牵强，有时候，形式的外观也会占据上风。比如，在《逻辑学》自为之有那一概念的设定中，黑格尔是把自为之有分为三个环节。甲是自为之有，乙是一与多，丙是排斥与吸引。可以看到，这三个部分并没有正题、反题及合题那样的形式。甲作为自为之有是正题，一与多是自为之有的否定形式，可以看作是反题。但排斥与吸引则不能看作是这二者的合题。实际上，乙与丙这二者是同一性的东西，它们具有同样的内容。对于这个同样的内容，乙与丙只是两种不同的说法而已。因为一与多的概念是自身分化的形式，它们可以被看作是自为之有。也即概念自身设定的内在之有。但一与多之所以可以被设定出来，不在于别的，而正是在于概念的排斥与吸引。概念首先分化自身，把自身设定为是差别者，即把自身设定为是自己的对立的形式（否定者的形式）。这个过程，本身就是一种概念的排斥的过程。这也即是说，排斥造成了分化，造成了概念的为他的形式。而这个为他的形式，即是概念自身所分化出来的多。多首先是概念自身排斥的结果，是排斥本身直接产生的东西。另一方面，概念的吸引乃是对于否定性的否定。换言之，它又是对于排斥的否定。概念一方面要排斥自己，成为多的形式，但另一方面，又要扬弃那个多而回复到自身的统一。这也即是说，概念乃是自身运动的过程，这是黑格尔对概念设定的最为根本的环节。它要在自身的排斥中成为多，同样，它又要通过更高的否定（否定之否定）返回到一。概念自身的运动就是这样一种自我区分的运动。一与多也就是排斥与区分的那个同一过程的表现。它不是对于排斥与区分的否定。类似这样的环节，我们在其他一些地方也可以看到。这里表明了黑格尔对于三一体概念过于迁就的情形，实际上，为了屈从于那种三一式的辩证法的原理，黑格尔在有些地方确实走得过远。追求形式完美的那种要求常常牺牲了细节方面的真实，这一点，黑格尔也仍然像柏拉图一样。

黑格尔超越于普罗克洛的地方，是在于他给了三一体这个形式以思辨的内容，并首次以概念的关系去设定三一体内部的对立同一的关系。这一点，他超越了此前的所有哲学家。实际上，三一体的雏形早在毕泰戈拉那里就已经形成了。毕氏已经把数规定为是绝对的本质，把数一看作是单纯的和直接的东西，数二是差别者和中介者，而数三则是这二者的统一。这是最早的三一体的形式。这个规定也影响到柏拉图。柏拉图就把数的三一式关系引入到神的创造性关系。他在一个地方曾这样写道："神利用一物与他物的本性造成这个世界，他把这两者组合到一起。由此构成第三种东西。这第三种东西具有一物与他物的本性。"①这里，柏拉图已经建立起本质，对立者及差异之统一那样的规定。而这三个环节，本身又是统一的。对立，第三者虽然是外在的，但最后又回复到初始的开端。神把自身造成是与对方的混合，而神是那个统一者。在普罗克洛这里，三一体的概念得到了更加细化的规定。本原的关系转化为太一与多那样的关系。太一首先产生了多，而多就是太一自身所分化出来的环节。作为环节，多不再是多，而是一种二元性，也即从太一中分化出的另一种实体。第三者则是一与多的统一，即规定者与无规定者的统一。这个统一，也就是实在，自存者。这样，创造过程就在三一体中实现出来。普氏的这个规定基本上被黑格尔所利用，只是黑格尔改造了那种外在化的形式，把三一体的关系贯注了思维性的内容，并把那个关系引入到概念的各个环节。而黑格尔的那部巨著

---

① 黑格尔:《逻辑学》,梁志学译,人民出版社,2002年版,第182页。

《逻辑学》,就是三一体形式的最高的范例。我们在那部书中,可以看到黑格尔对于三一体原则的最为精细的改造和运用,这里,我们以第一章为切入点,来分析黑格尔是如何运用了概念的三一体关系的。

在逻辑学中,黑格尔把概念的存在划分为三个大的环节,即存在、本质和概念这三个环节。这三个环节既是绝对理念的一种区分,同时也是上帝关系的一种区分。至少黑格尔认为,使用绝对理念这个称谓,是用思维的意义和形式去表达上帝的那个最高的范畴。但绝对理念的思维只是在运动中(思维过程中)区分开来的,概念在不断地自我区分环节中才逐渐达到了理念。而概念思维的第一个形式(第一个环节)就是有(纯有)。有是思维在主体(自我意识)中建立起来的第一个对象。从某种意义上说,它就是一种纯粹的东西。黑格尔也把它称作是纯粹直观。由于它的纯粹性(即还没有获得任何内容方面的规定),这种纯粹的直观也就是空的直观。因为在这个纯有中,是没有什么可以被直观到的(即思维到的)。这样,这个纯有作为对象就是一种空的东西。而这个空的东西,由于它并不比无多,实际上它也就是无。黑格尔这样写道:"有是纯粹的无规定性的和空,即使这里可以谈到直观,在有中,也没有什么可以直观的,或者说,有只是这种纯粹的空的直观本身。在有中,也同样没有什么可以思维的。或者说,有同样只是这种空的思维。有,这个无规定的直接的东西,实际上就是无,比无恰恰不多也不少。"[①]这里,黑格尔引出了存在的前两个环节,即有与无的环节。有是直接的东西,由于这个有是空的,所以它又等同于无了。这样看它们好像就是绝对等同的东西,有与无的区别消失了。黑格尔很快就取消了这样的形式等同,并设定了它们之间的区别,使有与无对立起来,在对立中,它们每一方都消失到对方之中。而这种一方消失到另一方之中的运动,也就是变(变易)。变成为了有与无相互过渡中的第

---

① 黑格尔:《逻辑学》上卷,杨一之译,商务印书馆,1966 年版,第 69 页。

三者。它与有与无那前两个环节联合起来,共同构成了存在关系的三一体。用黑格尔的话说:"变不单纯是有与无的片面的或抽象的统一,它乃是由于这样的运动,即:纯有是直接的,简单的,纯无也同样是如此。两者有区别,但区别又同样扬弃自身,而不是区别。结果是有与无的区别同样成立,但只是一个臆想的区别。"①这里,黑格尔利用了否定性原则,即纯有否定自己,成为了无,而无通过自身的否定,又成为了纯有。这样两者对立的形式就建立起来了。正是这种对立的关系,才形成了变易。变易的出现,使三一体的第三者(第三个环节)出现了。这个第三者,又联合前两者共同形成存在的关系。黑格尔明确地说:"有与无是统一的不可分的环节,而这统一又与有、无本身不同。所以对有无来说,它是一个第三者,这个第三者最特征的形式,就是变。过渡与变,是同一的。只是由此过渡及彼的有无两者在过渡中,更多被想象为互相外在的,静止的。而过渡也是在两者之间出现而已。无论在什么地方,用什么方式谈到有或无,都必定有这第三者,因为有,无并不自为地持续存在,而只是在变中,在这第三者中。"②

这里,黑格尔引出了变易那个概念。变易作为第三者将前两个环节(有与无)联合起来。这样就构成了真正的三一体的形式。比较普罗克洛的三一体概念,黑格尔的三一体获得了真正的辩证法的内容。在普氏那里,尽管太一、无限和限度这三者也具有了对立的形式,但它们却不是一个完整的三一体。因为它还不是一个思维性的规定,因而缺少思维能动的形式。但黑格尔把三一体的关系注入了思维的内容,有、无及变易的关系都不再是外在的关系,而是作为概念的环节联系在一起了。它们都被引入到统一的主体性之内,并在主体活动中转化为思维对象的形式。在黑格尔那里,有与无都是作为思维的对象而被设立在主体之内的,有不是别的,是主体中的

---

① 黑格尔:《逻辑学》上卷,杨一之译,商务印书馆,1966年版,第81页。
② 黑格尔:《逻辑学》上卷,杨一之译,商务印书馆,1966年版,第83页。

第一个纯粹的思想。但作为纯粹的思想，它就是一种自身等同的形式。也即是说，它是一种无差别的东西。主体(作为自我意识)在自身内确立一个对象，但那个对象由于是一种纯粹的直接性，也即是空有那样的有，因而在主体那个对象中就没有获得规定。换言之，对象也没有获得主体的规定。这样，主体就保持在自我等于自我的形式关系中，而没有得到差别化的规定。这是绝对理念(也即上帝)开始的第一种认知形式。黑格尔认为，在这样一种形式中，概念本身是不能获得具体的规定的。也即概念不能获得确定的自我认知。要想获得确定的思维关系，纯有的那个形式就要过渡到它的对方中去，也即应该过渡到无中去。通过无这个环节，纯有的直接性(即空性)就遭到了否定，有的那种空的性质也就得到了扬弃。有通过与无的结合，开始获得了实在的规定。这个规定也就是在变易中完成的。变易把有与无的关系结合在一起，从而形成了存在。黑格尔认为，变易是第一个具体的思想范畴，同时也是一个真正的思想范畴。因为在变易中，尽管这个环节在整个的概念发展中还是一个贫乏的形式，但它却获得了思想的最初的规定。它将转化到更为深层的逻辑内容中去。这里，黑格尔通过变易这个概念建立起中介的关系。存在(作为思维对象的规定)就是由变易引导出的概念的规定。它不是直接形成的，而是通过概念中有与无那样的相互过渡与转化关系形成的。因而，存在自身就包含着那两者相互关系的中介。在这个地方，黑格尔也举出了那样的例子，即光明与黑暗的关系。通常人们把这两者看成是相互对立的完全不同的东西。但黑格尔直接指出："在绝对的光明中所看见的，和在绝对的黑暗中一样，不多也不少。前一种视见和后一种视见，都是纯粹的视见。也就是毫无视见。纯粹的光明和纯粹的黑暗，是两个空的东西，两者是同一的。只有在规定了的光明中——而光明是由黑暗规定的——即在有荫翳的光明中，同样，也只有在规定了的黑暗中——而黑暗是由光明规定的——即在被照耀的黑暗中，某种东西才能够区别得出来，因为只有有荫翳的光明和被照耀的黑暗本身才有区别，所以也才有规定了的有,即实有。"①这个例子,非常精准地说明了纯有及无那样的关系,它们像光明及黑暗一样,不能在自身中获得具体的规定,而只有在与对方的结合的形式中,才可以获得规定。实际上,这是一个较为经典的辩证关系的例子,黑格尔在这里较为直观地解释了事物对立同一的关系。

我们可以看到,黑格尔较好地运用了普罗克洛的三一体原则。并最终把这个原则纳入到概念发展的环节。这里,黑格尔在两个方面超越了普氏:一是黑格尔把三一体关系引入到了概念的主体,使概念的运动变成了思维的运动,这样,三一体的关系就改变为主体分化的形式,而不再是太一流溢的外在形式。在普氏那里,纯粹的太一还没有被规定为是思维者,是绝对主体的环节。这样,太一自身分化的关系就转化为外部实在的关系,而不是概念的内在思维关系。黑格尔彻底改变了这个规定,把外部实在的关系从绝对思维者那里引导出来,这样他也就改变了自然产生出来的路径。自然不再是从太一中直接流溢出的东西,而是作为一个思维的环节而存在。自然世界是绝对理念把否定的对象(即异于精神的环节)排挤出自身之外的产物,它是作为一个精神的异变者而存在的。它是一个精神的产物,但它不是一个直接被设定起来的产物,而是在精神的外化中被建立起来的东西。这个地方,黑格尔改造了新柏拉图主义的流溢原则,他所建立起来的三一体关系,是概念的主体自我分化的关系,而这种关系,是从绝对精神的主体性中引出的。第二点,黑格尔的三一体是一个概念化的整体,它是绝对主体自身分化的形式,因而,它也会回复到自身的统一。并在此过程中,不断地达到理念的更高的阶段。有、无及变易的三一体是开始的环节,它要通过不断的扬弃(即否定性的环节)推动思维向前发展,这正是概念不断向前演进的辩证形式。黑格尔指出,这种概念向前的迈进,不是别的什么,正是概念回复到原始根据的过程。绝对精神正是在这种自身

---

① 黑格尔:《逻辑学》上卷,杨一之译,商务印书馆,1966年版,第83页。

回复的运动中,才能发展出来。黑格尔这样明确地说:"必须承认以下这一点是很重要的观察,它在逻辑本身以内将更明确地显示出来,即前进就是回溯到根据,回到原始的和真的东西。被用作开端的东西就依靠这种根据,并且实际上将是由根据产生的。这样,意识在它的道路上,便将从直接性出发,以直接性开始,追溯到绝对的知。作为它的最内在的真理,于是这个最后的东西即根据,也是最初的东西所从而发生的那个东西,它首先作为直接的东西出现,这样,绝对精神,它出现为万有的具体的最后的最高的真理,将更加被认识到它在发展的终结时,自由地使自己外化,并使自己消失于一个直接的有形的形态——决意于一个世界的创造。"①这里,黑格尔将绝对精神发展的道路揭示出来,即概念要从直接性(纯有)那里开始,通过不断地扬弃自身,最终返回到自己的根据。而在概念的初始的环节,即概念的存在阶段,变易又构成了第一个三一体的统一。有与无通过变易的中介获得了转化,这种转化关系,就形成了概念存在环节的那种思维的运动。在黑格尔那里,概念所有的环节都会产生出三一体的形式。这个三一体,也就是矛盾所建立和扬弃的表现。概念最初是否定者,它要建立否定性的环节,也就是要建立对其自身否定性的否定关系,在这样一种双重的否定关系中,肯定的形式就建立起来。概念通过这样的形式就重新返回到自己。在概念的存在阶段,有与无通过变易得到了联系。有与无每一方都过渡到对方之中,同时每一方又在自身中扬弃自己。这样,在变易中,概念的矛盾就过渡到有与无皆被扬弃于其中的那种统一中。那种统一所得到的结果,则是一个新的内容。黑格尔把这个新的内容称为是实有。实有是概念的一个新的环节,它通过有与无的相互转化和运动而获得。实有在概念的更高层面(更深层面),又分化出新的概念的三一体,这也即是实有自身、限度及质的无限。而这个三一体又将在新的思维规定中相互转化,从而形成更高规定的概念关系。

---

① 黑格尔:《逻辑学》上卷,杨一之译,商务印书馆,1966 年版,第55~56页。

整体上看,这也即是概念本身的无限的思维运动的过程,也是黑格尔的绝对精神在思辨的关系中自我实现的过程。

我们可以看到,黑格尔已经把概念(思维的主体形式)建立为自在自为的关系,这是概念所具有的两个环节,即潜在的存在和现实的存在。黑格尔把这两种内容都归属到主体性的形式,而理念作为一种绝对主体,也即是一个自我(向自身)回归的运动。理念分化自己,它是其一,也是其他。而这二者合一,又构成其三。这也就是绝对理念的三一体关系。正是在这种三一体的关系中,绝对理念从差别化的为它之在中不断返回自身。它向外不断扩展,并通过现象界的外化表现为自然世界。而它向内回溯的过程(扬弃现象而重返本质之过程),则表现为返回到自己根据。这里,黑格尔也仍像普罗克洛一样,为我们描绘了一幅世界演变的景象,只是在黑格尔这里,世界已是一个概念化的产物(思维的产物)。它只是绝对理念自身运思的一个结果,自然的世界只是一种思维的异在物而已。这里,黑格尔以一种思辨的神秘性取代了普氏的流溢的神秘性,世界的外部命运掌握在绝对精神的手上,而那个绝对精神的业绩则取决于上帝的精神创造,这就是黑格尔宗教哲学的思维理念,也是黑格尔宗教精神的基本原则。

第三章　融合与扬弃——绝对理念对中世纪哲学的超越

第一节　黑格尔对经院哲学的一般性评价

　　经院哲学是在双重的精神背景中展开的。一是以古希腊的理念哲学为背景,这其中也包含着新柏拉图主义的神秘主义因素,二是以基督教神学为背景,在这个背景中,诞生了教父神学及教会的概念。在这样的关系中,哲学的任务就有了新的改变,它不再是面对自然的对象(像早期希腊哲学那样),而是将教义作为科学的体系去陈述和发展。它所形成的一般性的理论,也即是所说的经院哲学。实际上,经院哲学无论从哪一种意义上去看,都是一种混合物,哲学和神学这两者巧妙地杂糅在一起,很难区分开。可以说它是希腊时期的哲学渗入了神学,这首先产生了新柏拉图主义的那种神秘理念。而那种上帝自身流溢化为逻各斯的理论,也进入到基督教哲学的框架。这样,上帝的那种通过逻各斯而道成肉身的观点,也就获得了哲学的支撑。在这样一个过程中,经院哲学与神秘主义是互相支持、互不排斥的。神秘主义的核心原则,也基本上可以看作是基督教哲学的核心原则。这正如文德尔班所说:"中世纪哲学便是教会的教育科学,即经院哲学。另一方面,新柏拉图主义走的方向是领导个人通过知识达到生活与神合一的路线。就中世纪科学将此定为自己的目标而论,它便是神秘主义。"①

在黑格尔那里,经院哲学与理念哲学的关系表面上并不是太紧密。因为经院哲学的主旨和内容是与绝对精神有着较大距离的。即使是代表着经院哲学最高权威的奥古斯丁的哲学,在黑格尔看来也是无聊和空疏的。它只是具有着哲学的形式和外观而已,而没有达到理念的内容。真正的哲学在黑格尔那里,只是绝对理念自身运动的形式。它代表着一种自在自为的实体的客观性,而不是纯粹主体(人的自我意识)的知性的形式。经院哲学则恰好表现着一种形式化的论证。它的范畴是现成的,所运用的方法是形式逻辑。因而,在黑格尔看来,它也就陷入了外在概念的无穷运动中。比如把上帝看作是一种绝对的对象,哲学的任务(在经院哲学那里)就是要在那个绝对的对象里找出一些宾词。但这样的宾词通常都是无限的,因为它们是外在于上帝那个绝对的实体的。这样,哲学就变成一种翻来覆去的反复推论,流于一种恶性的外在循环。黑格尔曾在许多地方都指出,这样的推论方式是空洞的,远离了理念的内在内容。他在一个地方就曾这样写道:"经院哲学家这种通过抽象概念来处理范畴的办法,正是受了亚里士多德哲学的支配,不过他们并没有接受他的哲学的全部规模,而只是采取了亚里士多德的工具论,即他的逻辑学。既采取了他的思想律也同样采取了他的形而上学的概念、范畴。……这些抽象的有限的概念构成经院哲学的理智,这种抽象理智不能超出其自身达到自由,也不能把握住理性的自由。"②

从上面黑格尔的批评看,他对经院哲学的内容基本上是持否定态度的。至少经院哲学作为哲学史中的一个重要的环节(它差不多

① 文德尔班:《哲学史教程》上卷,罗达仁译,商务印书馆,1996年版,第357页。
② 黑格尔:《哲学史讲演录》第三卷,贺麟、王太庆译,商务印书馆,1981年版,第281~282页。

经历了一千年的发展时间），在黑格尔那里并没有受到重视。他在自己的哲学史关于中世纪部分的那段引言中，就那样写道："我们打算穿七里靴尽速跨过这个时期。"①实际上，黑格尔也确实那样去做了。他只给了中世纪哲学一百页左右的篇幅，这相当于他整个哲学史篇幅的十五分之一。而从时间跨度上来说，经院哲学（算上前期教父哲学）的发展历程却占整个哲学史的二分之一。实际上，从公元前550年泰利士的哲学一直到黑格尔的哲学出现为止，哲学的发展也仅为两千二百多年的时间。从这个数字看，经院哲学（作为一种特殊类型的哲学）所持续的时间可以说是相当漫长了。但黑格尔把这段漫长的岁月简化了，他以高度的归纳和概括了结了这段哲学史，对那些经院哲学家中最有影响的人物，甚至也只是略加提及而已。比如基督教哲学最重要的人物奥古斯丁，黑格尔只是提了一下他的名字，只是说他的辩证法和范畴论是很空疏的，然后就去讲其他东西了。这其中的缘由，表面上看较为简单，那即是黑格尔不喜欢教父哲学的那套理论，至少是不喜欢那种缺少理念内容的形式论证，而奥古斯丁恰好代表着教父哲学的最高形式。因而，放弃对奥氏的讨论应该说是显示了黑格尔对于教父哲学的基本态度。但问题是，黑格尔却给了另一位哲学家安瑟尔谟较多的篇幅，并对安氏的那个三位一体的理论给予了很高的关注。可实际上，安瑟尔谟的哲学内容却大多是来自于奥古斯丁，安瑟尔谟对于哲学的经久不衰的贡献，正是他的上帝存在的证明理论，而这种证明（其理论的根据），则是出于奥古斯丁的理论。安氏曾在自己的书信中多次提到，被他本人引用的理论上的唯一的权威，不是别人，只是奥古斯丁。在一个地方他指出，他在自己的著作《独白》中所强调的理论，是与奥古斯丁的理论完全一致的。我们能够想象到，黑格尔对于这个情况应该是了解的，因为黑格尔是非常精熟于哲学史的。他曾多次为

①　黑格尔：《哲学史讲演录》第三卷，贺麟、王太庆译，商务印书馆，1981年版，第233页。

学生们开设过哲学史的课程,而对每次的讲稿都曾做出重新的修正。我们可以在他的哲学史中了解到这种情况,他通常不会随意忽视哪一种哲学,因为在他看来,哲学是作为理念的全体而存在的,而每一种哲学都是一个不可缺少的环节。但为什么黑格尔会忽略奥古斯丁而关注安瑟尔谟,对于这种情况我们就不得而知了。这如同黑格尔自己的哲学中有很浓厚的神秘主义成分,但黑格尔却很少提及对他影响较大的那几位神秘主义的哲学家一样。比如狄奥尼修斯,他的上帝自我区分的观点,可以直接过渡到黑格尔的哲学,但黑格尔只是在自己的哲学史上略提了一下他的名字。对他的哲学没有做出任何介绍。另一位神秘主义哲学家埃克哈特,也曾深刻地影响过黑格尔。他的上帝是永恒的理念的观点,基本上已接近了黑格尔自己的观点。黑格尔非常熟悉他的理论,但在他的著作《逻辑学》和《精神现象学》中,黑格尔却没有引述过他,甚至在他自己的哲学史神秘主义哲学的那一部分,黑格尔也没有提到他的名字。只是在黑格尔晚期的著作《宗教哲学》中,黑格尔才首次提到埃克哈特,这不能不说是很让人费解。黑格尔真正关注的神秘主义哲学家是雅各·波墨,不过真正说来,理念哲学的核心性的内容是在更早的神秘主义者那里确定的。波墨的三位一体的原理也只是一种修建而已。黑格尔之所以重视波墨,或许是因为他把近代的主体性原则带入了神性,从某个角度去看,波墨更接近于斯宾诺莎。黑格尔尽管在一些地方批评过斯宾诺莎,但对于斯氏的哲学原则却是高度赞誉的,这可能是黑格尔稍加偏爱波墨的原因。但另一方面的情形也很重要,那就是黑格尔并不赞成神秘主义的哲学。无论作为内容、原则和方法,黑格尔都不赞成。这就是为什么黑格尔会尽量除去神秘主义哲学对他的影响,从外在的方面看,就是他不愿意提及神秘主义哲学家。但从理论的关系上看,黑格尔在这个地方也是有矛盾的。因为他自己的哲学本身就是理念哲学与神秘主义精神的混合物——甚至还包括基督教原理渗透到这二者之中去的混合物。因而,在黑格尔那里,神秘主义的气息始终是存在的。只是在我们理解他的哲学时，必须要把握住适度的分寸感，在哪一环节和内容上，我们应该把他看作是一位神秘主义者，在哪一环节和内容上，我们又应该把他看作是一位思辨性的理念哲学家，这样一个区分点，在黑格尔那里始终是存在的。但在另一个方面，我们也完全可以那样说，即使黑格尔不想让人们把他当成是一位神秘主义哲学家，人们还是会根据黑格尔本人的哲学去判断他。因为判断一种哲学性质的东西，只能是这种哲学本身，而不会是哲学家对于读者的某种希望。即便是对于黑格尔这位伟大的哲学家来说，也是如此。哲学乃是对于他本人之精神取向的最好的注释。

黑格尔这样一种对于神秘主义哲学的矛盾态度，是被他自己特定的哲学理念所决定的。从内容方面来说，黑格尔的哲学确实保持着与神秘主义哲学的许多联系，特别是与新柏拉图主义者的联系。他的绝对精神是一种颇具神秘性的最高实体。但从形式方面来说，黑格尔的哲学又完全是近代的。它是康德以来的德国古典哲学的直接产物。因而，它也就具有近代哲学的纯正形式。这种形式的最明确的特点，就是以逻辑结构支撑起来的体系化的理念为框架，同时又以自我意识的绝对推演为内在原则。黑格尔所坚持的理念原则，是一种以纯思为内容的逻辑化原则，这个原则发生在绝对精神的自在自为的自我意识的内部。绝对精神的自我意识是绝对的本质，而本质的那个设定者作为绝对的思维就是自我意识本身。这样一种关系，在黑格尔看来，就是世界精神。世界精神要在绝对的思维中认识自己。它作为一种被思维到的直接性，直接地就存在于自我意识的内部。思维认识自己，思维自己，同时又要在纯粹的同一性中建立自身的区别。在区别中，绝对精神一面扬弃自身，一面又保持统一。这也即是绝对精神的永恒的运动。因而，在黑格尔那里，绝对精神（作为最高的本质和实体）是作为自我意识的运动而展开的。概念形成了逻辑的运动的环节。而这些环节，也即是思维关系的演变。思维是在绝对精神那里发生的，那个设定思维对象的绝对主体，也就是把自身区分为概念关系的纯粹理念。由于黑格尔坚持了这样的理念的原则,神秘主义哲学的那种简单的方法便被他扬弃掉了。因为从整体上看,神秘主义哲学还是一种直观化和表象化的哲学。黑格尔始终认为,它还没有达到自在自为的理念,而只是停留在感性的原则上。比如,在新柏拉图主义者费洛那里,尽管已经具有了绝对者的那种设定,但黑格尔也指出,费洛的那种感性化的规定没有得到思维的把握,它实际上是混杂到各式各样的奇思怪想中去了。而在柏罗丁那里,黑格尔也批评了他的那种充满异灵色彩的神秘力量。黑格尔在一个地方这样写道:"在某种意义之下,人们谴责柏罗丁和新柏拉图学派狂想也是应当的。因为在这个派别的大师柏罗丁、波尔费留、扬布里可的传记里,我们确实找到许多说到制造奇迹的话。因为他们相信异教的神灵,至少神像的崇拜,他们说是因为这些神像里充满着神圣的力量,神灵就在神像里。一般来说,亚历山大里亚学派是没有摆脱奇迹信仰的束缚的。"①对另一位黑格尔更为推崇的新柏拉图主义者普罗克洛,黑格尔也同样作了这样的批评:"新柏拉图派还是没有对他们的学说,即三位一体乃是真理这个学说给以证明,它缺乏内在的必然性的形式。人们必须达到唯有这才是真理这个意识。新柏拉图派从那个一出发,这个一规定自身,限制自身,从而有定的事物就产生出来。但这本身就是一种直接的方式,所以它使得柏罗丁和普罗克洛等人那样令人厌倦。"②

　　这里可以看到,黑格尔与神秘主义哲学(包括新柏拉图主义的那个流派)所保持的距离。这样一种距离,也同样反映在黑格尔与经院哲学家的关系上。这主要是由于经院哲学本身的复杂性所致。经院哲学只是一种较为笼统的说法而已,它的内容实际上包含了三重维度。一是基督教哲学的内容,二是对希腊哲学特别是对柏拉图

---

① 黑格尔:《哲学史讲演录》第三卷,贺麟、王太庆译,商务印书馆,1981 年版,第183～184页。
② 黑格尔:《哲学史讲演录》第三卷,贺麟、王太庆译,商务印书馆,1981 年版,第235页。

和亚里士多德哲学的诠释,三是经院哲学家所自生出来的内容,它主要包含两个方面,一是唯名论与唯实论之间的争论,主要围绕着共相与殊相的问题。另一方面的内容,则是有关上帝存在的证明问题。从这个问题,引申出那个较为复杂的上帝的三位一体的关系。黑格尔对经院哲学的关注点,只是在第一个方面,即基督教哲学方面。这主要是因为基督教哲学的原则更接近黑格尔自己的哲学理念。而且,基督教哲学的那种(上帝的)三位一体的关系,也为黑格尔提供了辩证逻辑的思维方法。在黑格尔看来,基督教哲学是与理念哲学有着密切联系的。从最高的原则去看,基督教的上帝关系的内容也就是哲学的内容。他在自己的哲学史中引用了斯各脱·爱里的一句名言:"真正的哲学就是真正的宗教,真正的宗教就是真正的哲学。"[①]实际上,黑格尔是非常支持这个观点的。黑格尔认为,正是在基督教那里,精神才为自己造成一个前提,精神开始把自然的东西当作是对立物,使自己与自然的东西划分开,并将自然的东西当作是客体,然后对这个客体进行加工,陶铸,从而使那个客体对象产生出精神。在黑格尔看来,正是精神的本性要求文明的世界必须由精神创造出来。而这种创造正是通过对物质对象的反作用,即同化作用而实现的。这一要点正是基督教哲学所强调的内容。黑格尔认为,基督教的理念中本身包含着精神的和解因素,也即精神是从个体内心中产生出来的精神。个体的特殊性与敬神的普遍性融合起来,神圣的精神被设定在个体的主观性之内。自我意识因而构成了人与人之间的纽带。这样,人也就在其现实的关系方面保持了与普遍性的和谐。黑格尔这样写道:"反之,自在自为的精神不能把和它相关联的主观精神当作和它相敌对的外在的服从的奴隶,因为后者本身就是精神。所谓精神的统治必须取得这样的态度,使得精神在主观精神中即和它自身相谐和。这种态度、谐和、和解已包含

---

① 黑格尔:《哲学史讲演录》第三卷,贺麟、王太庆译,商务印书馆,1981 年版,第 289 页。

着那最初好像是一种对立的东西。在这对立中，只有一方面于征服对方时才能够取得统治权，但却是作为和解的统治权。这种性质的统治权不仅包含主观意识、心情、心灵，而且有世界的统治、法律、制度、人生等等。只要这些东西是建筑在精神上并且是合理的。"①这里，可以看到，黑格尔是赞同基督教哲学的那种和解性的，他只是不赞成教会的那种僵化的外在原则罢了。

对于经院哲学的另外两个方面的内容，黑格尔基本上是持否定态度的。至少那两个方面的内容并没有引起黑格尔的关注。因为从原则上说，那些内容是远离绝对理念关系的，它们（在黑格尔看）只具有一般哲学史的意义。比如，对于亚里士多德的诠释者（主要是那些阿拉伯哲学家），尽管黑格尔承认他们的哲学具有自由的和深刻的想象力，但还是批评了他们的哲学缺少兴味，并陷入了经院哲学家的那种形式化的流弊。黑格尔以一段很简短的话，概要地对阿拉伯哲学做出了这样的总结："关于阿拉伯人，我们可以这样说，他们的哲学并不构成哲学发展中的一个有特性的阶段。他们没有把哲学的原理推进一步。在这种哲学中，正如在较后的哲学中一样，主要的问题是，世界是不是永恒的，以及证明神的统一性。但是其中最大的考虑之一，乃是辩护回教的教义，因此，哲学思考就被限制在教义之中。阿拉伯人正像西方的基督徒一样，被教会（如果人们可以这样称它的话）的教条所限制住，如果说，阿拉伯人所有的教条要比较少些，那么，他们也就更自由些。但是就我们所知，他们实在并没有在原理方面有任何真正的进步。他们没有建立起什么自觉的理性的更高的原理———一种外在的东西———之外，没有任何别的原理。"②从这段话，可以看到黑格尔较为明确的观点，对于阿拉伯哲学，除了肯定它所具有的历史意义，其他的评价则都是批评性的。

---

① 黑格尔：《哲学史讲演录》第三卷，贺麟、王太庆译，商务印书馆，1981 年版，第270～271页。

② 黑格尔：《哲学史讲演录》第三卷，贺麟、王太庆译，商务印书馆，1981 年版，第255～256页。

实际的原因也正如黑格尔所说,他们在理论的原理上仅仅提供了解释性的东西,而没有将古希腊哲学(特别是柏拉图和亚里士多德哲学)的理论向前推进一步。

至于经院哲学的那种特定的内容,即唯名论与唯实论的那种争论,黑格尔也基本上是不太关注的。这主要是因为,那些争论在黑格尔看来过于空洞,流于形式化,与绝对理念的原则相去甚远。黑格尔对于经院哲学家所争论的那些问题及方法,通常也是持否定态度的。在这方面,黑格尔也表达过明确的观点。比如,就形式方面看,黑格尔对经院哲学就很不满意。这主要是因为经院哲学在名词上使用了粗野的拉丁文。黑格尔认为,拉丁文本身是一种较为粗野的语言,它是不适于表达哲学范畴的。他明确地说:"经院哲学家所用的名词完全是粗野的拉丁文,不过这不是经院哲学家的过失,而是拉丁文构造本身的缺点。这缺点是包含在语言中的。这种拉丁语是不适合于表达那样的哲学范畴的工具。因为这个新的精神文化的具体内容不是通过这种拉丁语所能表达的。如果我们勉强这样做,我们就是对于这种语言施加暴力,西塞罗的美丽的拉丁文是容纳不下这样深刻的思辨的。"①这里,可以看到,黑格尔从形式上对经院哲学做出了批评,并在语言的方面指出了经院哲学的缺陷,说明了黑格尔对于经院哲学有着文化上的反感,这样他也就在一般的形式上与经院哲学保持了距离。

在哲学的内容方面,黑格尔对于经院哲学的那些特定的问题也提出过批评。特别是唯名论与唯实论的那个争论。黑格尔对于那种争论是持有异议的。这两派争论的焦点集中在这样的问题上:即普遍性的概念自在自为的是一个独立的种呢?还是作为一个思想之物而存在?这个问题,支配了经院哲学数百年的历史,也成为经院哲学家所长期关注的焦点。凡主张共相是存在于主体之外的,区

---

① 黑格尔:《哲学史讲演录》第三卷,贺麟、王太庆译,商务印书馆,1981年版,第277页。

别于个体事物,是一种独立存在的实存,并把共相看作是事物本质的人,即是唯实论者。而主张概念关系只是心灵的产物,仅仅是由人的心灵构造出来的主观的东西那种观点,则是唯名论者。唯名论坚持的是个体事物的真实性,而把思想概念那样的规定认作是主体的虚构物。实际上,这样一种争论也并非是偶然形成的。关于共相(概念,理念)和个体哪一方面为真的问题,在希腊哲学家那里就被关注了。柏拉图就完成了理念的实在论,并把理念和共相的存在看作是现象世界的基础。真实的存在(实体性的存在),在柏拉图那里被规定为理念的形式,而现象世界的个体事物只是分有和模仿了理念而已。理念世界是真实的和恒久性的,而个体事物由于只是分有了理念的形式,它也就成为不断消逝的环节。这也就是现象界的那种流动和变化。从某种意义上说,柏拉图本人就是一位典型的唯实论者,尽管他还没有直接宣称理念就是一个独立自在的种,但把理念的共相看作是一种真实的关系,则基本上具有了唯实论的性质。只是柏氏的理念接近于一个绝对主体的关系,因而,更接近于黑格尔的那种绝对精神的原则。在这一点上,柏拉图超越了经院哲学家。这个问题更为进一步的形式,发生在亚里士多德那里。亚氏改变了柏拉图的共相理论,而引出了形式原则。亚氏在柏拉图那里看到了这样的问题,即作为共相的理念是如何在分有的关系中成就个体事物的,这一点,在柏拉图那里说得不够清楚。这样,亚氏就引申出形式概念,形式相当于灵魂和共相,但形式不像理念那样存在于虚幻处,而就是存在于个体事物之中。这样,亚氏也就建立了一种新的推动关系。事物是由灵魂(形式)推动起来,但灵魂作为形式就存在于个体事物之内,它是在个体事物之中来推动事物的,这样,形式就成为个体事物之内的推动者。理念作为形式就统一到个体事物之中,而不像柏拉图的理念那样,是与个体事物相互分离的。亚氏的这个观点尽管不能代表唯名论,但它却为解决理念与个体事物相互分离的问题找到了路径,这样的思路也曾出现在经院哲学家那里,并引起过广泛的争论。比如唯名论者奥康,在自己的观点中就具有明显的亚里士多德的个体性原则的痕迹。他曾这样说道："有一种意见认为每一共相、共名是一个实在地存在于灵魂之外的实物，并且存在于每一事物和个别东西之内。而且认为每个个体事物的本质实在地同每个个体事物有别，这就是说，个体事物与其个体性有区别，并且同每个共相有区别。所以普遍的人是一个在灵魂之外的真实的实物。这个人的共相真实地存在于每一个人之中，与每一个人有区别，与一般有生命的东西有区别。并且与普遍的实体有区别，因而与一切种和属有区别，不论是从属的或非从属的。"①这里，奥康指出了个体事物与个体性有别那样的观点，很明显，他的理论已经糅入了亚里士多德的形式化的因素，实际上，这里的观点已经是对唯名论观点的一种改造的形式。

　　整体上看，黑格尔对于唯名论与唯实论那种争论，是给予了批评的，并指出他们双方都不能正确地从一面过渡到另一面。黑格尔承认，他们之中的一些人曾意识到否定性那一正确的思想，但却没有把那个思想在理念的环节中发展出来。按照黑格尔的看法，理念乃是一种绝对的普遍性，它是一个最高的主体。这个最高的主体在其自身运思的过程中，在意识的对象中分化了自己，形成了主体自身的差别。在这个过程中，绝对的普遍性（作为绝对理念的那个普遍性）便产生出特殊性和差别性。在黑格尔那里，概念作为绝对的主体，实际上它既是普遍性本身，同时也是普遍性所产生出的那个差别的形式。黑格尔在一个地方曾这样明确指出："概念以其单纯的自身关系，便是绝对的规定性。但这一规定性，作为自己仅仅与自己相关，同样也直接是单纯的同一。但规定性的这种自身关系本身，作为规定性与自身的消融，同样是规定性的否定。而概念作为这种与自身的等同，就是共相。但是这个同一也仍然具有否定性的规定。这个规定是否定或规定性，它与自身相关，这样概念就是个

---

① 黑格尔：《哲学史讲演录》第三卷，贺麟、王太庆译，商务印书馆，1981 年版，第 310 页。

别。概念与个别两者,每一个都是总体,每一个都在自身中包含另一个的规定。这两个总体并且因此就全然只是一个。"①这里,可以看到,黑格尔通过否定性原则,把普遍性和个别性有机地联系起来。理念的共相与个别者不再两分,而是各自作为一个同一的整体而存在。是普遍者(绝对理念)产生出个体的形式,同样个体也不是别的什么,恰恰是普遍共相自身所分化的形式。它们是差异者,但同时又是统一者。共相与个体就是在这种否定的形式中相互依存的。它们不是毫无关系的差异物,而是在概念的联系下自身等同的差异。在《逻辑学》一书中,黑格尔又以更为明确的方式谈到了这二者的关系。他进一步指出:"特殊的东西包含普遍性,普遍性构成特殊的东西的实体。类在其属中是不变的。各属并不与普遍的东西相差异,而只是彼此相互差异。特殊的东西和它所对待的其他的特殊的东西,具有同一个普遍性,同时,它们的差异,由于它们与普遍性的东西同一之故,本身也是普遍的。差异就是总体……特殊的东西是普遍的东西本身,但它是后者的区别或说对一个他物的关系。是自己的向外映现,不过除了普遍的东西本身而外,并不存在什么他物,使特殊的东西会有区别。普遍的东西规定自己,所以它本身就是特殊的东西。规定性是它的区别,它只是自己与自己相区别。它的属因此只是:(1)普遍的东西本身;(2)特殊的东西普遍的东西作为概念,是它本身及其对立面,这个对立面重又是普遍的东西本身作为自己建立起来的规定性。普遍的东西侵占了它的对立面,并且在对立面中也就是在自己那里。所以普遍的东西是其差异的总体和原则,差异完全只是由普遍的东西本身规定的。"②

我们可以看到,黑格尔在这里已经在绝对理念的体系内,把普遍的东西与特殊的东西结合起来。也即把作为绝对主体的共相与作为分化形式的殊相结合起来。这样,共相与其个别事物便不再是

---

① 黑格尔:《逻辑学》下卷,杨一之译,商务印书馆,1991年版,第245页。
② 黑格尔:《逻辑学》下卷,杨一之译,商务印书馆,1991年版,第273~274页。

对立的了,而只是同一主体的相互转化关系了。这里,黑格尔运用了否定性的原则,但不像在经院哲学中那样,仅仅坚持了一种形式的否定性,而是一种自身关系的否定性。在黑格尔这里,普遍的共相主体,是自身思维的绝对的普遍性。思维(绝对主体)在设定对象的过程中,否定了主体自身的纯粹共相形式,把自身造就为差别者。差别者作为主体的对象性的形式也就是否定物。这样,主体在运思过程中便成就了特殊者,它是个体的环节,是作为与普遍者对立的环节而存在的。但另一方面,这个对立又只是一个同一性的对立,因为特殊者作为差别,恰恰是从普遍者身上分化出来的。它们仅仅是普遍者本身的差异,换言之,那些从普遍共相中分化出来的特殊形式(它们是作为对立物的形式而存在的),也仅仅是普遍者本身的形式罢了。这里,概念(绝对理念)的同一关系与统一关系被确立起来,这是黑格尔绝对理念的本质性的特点。由于这个同一与统一的关系又恰恰是通过差别化的规定而被确立的,因而,没有差别,也就没有理念的具体过渡(即概念转化的中介环节)。也就不可能有理念的真实内容。黑格尔在自己的哲学史和逻辑学中曾一再强调,概念的关系(也即真理的内容)是具体的,那个具体的内容是在思维设定对象的过程中完成的。也即是在概念(主体及自我意识)自身的差别化过程中完成的。从形式的规定来看,绝对主体(绝对理念)不能缺少自身的谓词,我们不能说上帝(绝对精神)是全知全能的,因为那导致了一种形式的说法,缺少具体的规定。从某种意义上说,黑格尔也认为它是一种自身等同的说法,属于同语反复。因为上帝在黑格尔看就是全知全能的,这样的说法不但没有说出上帝自身属性的关系,而且还把上帝的概念弄得空洞和抽象了。真正的规定乃是把上帝(绝对理念)看作是自身运思的绝对主体。它思维,也就是把自身分化为差别,也即把普遍的共相转化为特殊的形式。在这样一个过程中,绝对主体(作为上帝)才完成了自身的规定。把自身的实在性的内容通过差别化的对象转化出来。正是在这种转化的过程中,才形成了实在化的世界,形成了被普遍共相设定出来的个体存在。而这,正是黑格尔绝对理念的基本规律,也是他对理念体系所作出的超越和贡献。他把柏拉图理念的共相与亚里士多德的个体性的形式原则结合起来,并把经院哲学家弄成对立的那些原理统一到辩证逻辑的体系中,因而,黑格尔也就完成了唯名论与唯实论的真正统一。共相与殊相的形式在黑格尔那里不再是对立的两个属,而是同一个属之下的不同的种罢了。正是在这个地方,黑格尔完全超越了经院哲学,他对经院哲学家的那种形式化的论证最后做出了这样的评价:"经院哲学也正好是经验科学的反面……他们可以用有限的三段论式和有限的形式尽量予以发挥,他们的这类研究已经蜕变为一种完全空疏形式的无聊争辩。"①实际上,黑格尔对于经院哲学的主要批评集中在这一点,即经院哲学尽管达到了形式的辩证法,但其实质性的内容却并不是理念化的精神,而是一种外在化的感性关系。他们(经院哲学家)把精神的内容弄成某种非精神性的理智了。黑格尔对于大多数经院哲学家的批评,也体现在这个方面。比如,他认为奥古斯丁关于辩证法范畴的那些著作,是很空疏的东西,仅仅达到了一种逻辑表面的最形式化的规定。对于安瑟尔谟,尽管黑格尔认为他是经院神学的奠基人,但也同样指出了他的形式逻辑的缺陷。黑格尔认为,安氏没有揭示出主观理智扬弃自身以进展到实在的那样一种过渡。对于阿柏拉尔,黑格尔认为他的哲学只是一种神秘主义的继续,他的贡献只是把哲学引入了神学而已。黑格尔这里的看法,与大多数哲学史家的看法相去甚远。而对另一位更为重要的经院哲学家托马斯·阿奎纳,黑格尔也仍然没有给予应有的尊重,对于托氏的那部重要的著作神学大全,也只是稍加提及。而对于托氏的评价,也没有高出其他经院哲学家。黑格尔一方面认为,托氏的理论达到了深邃的形而上学的思想,另一方面,也只是附带性地说,托氏的那种形式逻辑的论证,并没有达到细致

---

① 黑格尔:《哲学史讲演录》第三卷,贺麟、王太庆译,商务印书馆,1996 年版,第 315 页。

的辩证法。它仅仅表现了一种理智的博学。对于另一位经院哲学家大阿尔柏特，黑格尔也同样下了批评性的断语。黑格尔肯定了大阿尔柏特对于亚里士多德著作所具有的丰富的知识，但对于他所使用的方法，黑格尔则指出："但主要的事情是对于亚里士多德的熟习，特别是对于他的逻辑学，这是从早期就保持下来的。通过亚里士多德的逻辑增加了辩证的繁琐，抽象理智的形式发挥到了极致，而亚里士多德的真正的思辨思想却被这种外在性亦即非理性的精神置之脑后。"①实际上，黑格尔对于经院哲学家的冷淡只是因为他们的那种形式化的哲学。它只是运用了一种抽象的理智，只是对固定的对象、范畴进行形式化的推演，因而，它就只是停留在一种形式的辩证法上。这种形式的辩证法不是从思维的关系中得到，即绝对主体的分化原则中得到，而仅仅环绕在一种现成的形式关系中。用黑格尔话说，他们"研究辩证法的兴趣达到了很高的程度，不过这种辩证法带有很形式的性质。其次就是专门名词的无穷尽的制造，因为这种对形式辩证法的兴趣很巧妙地造出一些没有任何宗教和哲学意义的对象、问题、疑问，借以练习使用辩证法"②。可以看到，黑格尔对于经院哲学家们所使用的那种形式化的逻辑是很反感的，因为它们游离了理念精神的内容，而把哲学建立在纯粹外在化的形式关系上，那样一种外在化的关系，又是相互割裂，相互矛盾的。它们没有达到绝对理念的那种自在自为的实体统一关系。

从上面的分析可以看到，黑格尔对于一般经院哲学家所持有的那些观点，基本上是予以否定的。一方面，黑格尔认为，经院哲学作为一种特定的形式，实际上是一种抽象和野蛮的理智，尽管它在一些细微的环节上保持了某种深度，但从整体上看，特别是它从所使用的原则和方法来看，经院哲学却是一种空疏的东西。即使是宗教

---

① 黑格尔：《哲学史讲演录》第三卷，贺麟、王太庆译，商务印书馆，1996 年版，第 306 页。

② 黑格尔：《哲学史讲演录》第三卷，贺麟、王太庆译，商务印书馆，1996 年版，第 314 页。

的内容和实在的理念,它都把它们弄得形式化了,这种形式化是一种理性的野蛮状态。黑格尔这样写道:"我们看见神圣的世界,但只是外在地在表象中,在枯燥、空疏的抽象理智中。这样一来,那神圣的世界,虽说按其性质是纯粹思辨的对象,却被抽象理智化了,被感性化了。并不像艺术那样的感性化,而是相反地作为鄙俗的现实性的情形。经院哲学完全是抽象理智的紊乱。"①黑格尔认为,正是由于这种抽象的理智作用,哲学也就远离了理念的基础,实际上也就远离了思维的基础。它导向了一种神秘化的宗教内容,但却没有在宗教的关系中把握住自在自为的理念。这样,也就使上帝的关系外在化和空疏化了。黑格尔进而指出,那样一种外在化的关系既缺少本质环节(内容方面)的规定,同时也缺少思辨的逻辑,它只带来了一种毫无内容的形式关系。"理智完全是从这样的对象获取内容的,它对于那对象是极端生疏的,而那对象对于它也是极端生疏的。理智的抽象推论一般是没有限制的,所以它毫无准则地做出许多的规定和区别,就好像一个人想要任意造出许多命题、名词和声音,并任意加以连缀,而并不要求这些词句和声音本身应表达什么意义(因为意义、意思是具体的),只求可以说得出来,除了(只在形式上要求)没有自相矛盾的可能性外,没有任何限制。"②正是这种形式化思维的特征,使经院哲学游离了希腊哲学的传统,尽管它也信奉亚里士多德的哲学理念,但却偏离了亚氏哲学的原则和内容。在亚氏那里,思辨(灵魂)的原则始终是存在的,主体性的内涵没有陷入到形式的反思中。因而,事物的对象性形式就导向一种思维性的规定。主体乃是作为绝对的活动而被设定起来的,而对象作为个体的事物也就是那个思维中的活动者。在黑格尔看来,亚氏的哲学是思辨性的,高度明确清晰的,同时它又具有个体性的概念自我展示的

---

① 黑格尔:《哲学史讲演录》第三卷,贺麟、王太庆译,商务印书馆,1996 年版,第 323 页。

② 黑格尔:《哲学史讲演录》第三卷,贺麟、王太庆译,商务印书馆,1996 年版,第 326 页。

形式。但与此相反,"经院哲学家把亚里士多德的哲学作为外在的东西接受过来,他们并不是从那些足以指导考察的对象出发,而只是从那里跳到外在的理智,并据以展开抽象论证。因为这种理智进行思考时并没有准则,既不以具体的直观,亦不以纯粹的概念本身为准则,因此这种理智无规范地停留在它的外在性中。他们把抽象的理智规定加以固定化,以致永远不适合于它的绝对的材料"①。

在更进一步的意义上,黑格尔还指出,经院哲学的那种形式化的研究不但脱离了理念的原则,而且还脱离了健康的常识,也即脱离了从自然的内容中获得的那种直接的经验。这样,经院哲学也就成了一种非常空洞的教条式的东西。它的内容事先被设定出来,并且事先就作为不可动摇的法则被接受下来。哲学的精神在那里消失了,程式化的东西成了哲学的原则。希腊化的自由精神被放逐了,而作为哲学基础的那种自我意识的理念,也在教条中隐退。黑格尔恰如其分地写道:"在经院哲学家那里,思维本身没有内在的原则,反之,他们的抽象理智却得到了一套现成的形而上学,却感不到有与具体的内容相关联的需要。这种形而上学被他们勒死了,形而上学的各部分是毫无生气地被肢解了,孤立化了。关于经院哲学家,我们可以说,他们是没有表象,亦即没有具体内容地而在那里作哲学思考,因为真实的存在,形式的存在,客观的存在,本质都被他们转变为抽象讨论的对象了。"②

从上面黑格尔对于经院哲学的批评中,我们可以得到这样一种结论,即黑格尔否定了经院哲学的那种形而上学,并对那种非精神性的抽象理智原则给予了弃斥。与此同时,黑格尔也坚持了那样一种信念,即认为经院哲学只是向自由哲学演变的一种前奏,尽管这个前奏所保持的时间有些过长。黑格尔在许多地方都曾表达过那

---

① 黑格尔:《哲学史讲演录》第三卷,贺麟、王太庆译,商务印书馆,1996 年版,第 328 页。

② 黑格尔:《哲学史讲演录》第三卷,贺麟、王太庆译,商务印书馆,1996 年版,第 328～329页。

样的思想,即精神的进化所需要的时间本身是漫长的。它不能像自然的进化那样,采取一种直接的道路。精神必须要通过迂回和曲折,通过无数的概念的中介关系才能达到目的,而精神的理念也正是通过那些具体的关系(迂回曲折的关系),才会成长起来,逐渐成为丰富的理念,并向更高的自我(意识)回复。在黑格尔看来,那正是绝对精神逐渐形成自身的过程。绝对精神必须要分化自身,形成差别即对立的哲学形式。但又要把分化对立的形式联结为整体,在更高的理念形式内,保持其更高的统一性。因而,那些具体的理念,也就是作为自身中介的关系而具有价值和意义。而经院哲学,用黑格尔的话说,人们之所以对它还保持一定的兴趣,也仅仅是因为人们是从理念的具体的观点去看,而不是从一种直接性的观点去看。经院哲学代表了理念差别化的形式,但也仅仅是过渡的形式。这个形式最终也只能在理念的联合中具有意义。"更高的阶段乃是这些分别的联合,在怀疑派那里,这种联合是发生在这些分别的取消中,但这更高的阶段是肯定的。理念是与概念关联着的,概念是普遍者,普遍者是自身决定自身的。不过也在自身中保持其统一。并且存在于它那些不能独立的范畴的理想与透明性中。"①接下来,我们转入对经院哲学的较为具体的考察,在那里,黑格尔接受了经院哲学形式内的基督教的精神,并把那个精神注入了他自己的绝对理念的内容。

第二节　黑格尔的宗教观与哲学史的联系

从整个西方哲学史的内容去看,黑格尔的理念体系是一个最为庞大而又复杂的体系。他的宗教观也有着高度的复杂性和神秘主义的特点。这一方面是因为,黑格尔的宗教理念来源的多重性及复

---

① 黑格尔:《哲学史讲演录》第一卷,贺麟、王太庆译,商务印书馆,1996 年版,第 103 页。

杂性,另一方面,也同样是因为他自身的那种神秘主义的精神气质。从纯粹宗教的角度看,他可以被看作是一位基督教的信奉者。他在自己的哲学史上曾明白地讲过,说自己是信仰新教的。但黑格尔的神学观(也即他独特的宗教理念),却与正统的新教有一定的差异,尽管黑格尔在许多方面都追随路德,但也同样与路德保持着一定的精神距离。与其说黑格尔信奉新教教义所设定的上帝,还不如说他信奉柏拉图主义(包括神秘主义和新柏拉图主义)所设定的上帝。在纯粹哲学的层面上,黑格尔也对基督教的某些信仰的形式做出了批评。他反对信仰是可以直接来源于情感及直观,认为那只是信仰的一种初级的形式。黑格尔坚信,真正的信仰必须要通过知识的中介(即思维形态)才能获得。在这一点上,黑格尔否定了经院哲学家的观点。至少,他否定了通过感性直观直接就可以建立起来的那种简单的信仰形式。

至于黑格尔宗教理念的元素构成,则是一件更为复杂的事情。黑格尔创造了一个无所不包的繁复的理念体系,其体系的完备性及包容性在整个哲学史上都是独一无二的。而黑格尔的宗教哲学,也只是他理念哲学的一种特殊的理论而已。尽管上帝在黑格尔那里是至高无上的,但那个至高无上者也仍然要符合绝对精神内容的规定。因而,上帝作为一种至高的理念,就仍然要符合哲学理念内容的构造,符合绝对精神对于自身展开形式的那种需求。黑格尔在许多地方都曾明确地说过,哲学的发展不是突发式的,而是要包涵无数的中介的环节,即以不同的体系所分化出的各种概念的环节。其中每一种概念的环节(作为不同形式的哲学而出现),都有其独立存在的价值。较高的哲学形态,自身则包含着许多较低形态的环节。它们一定拥有着更为完备的形式及更为丰富和细化的理念原则。而最高的哲学形态(即他自己的哲学),是把整个哲学史的内容作为中介过程的。因而,它也就达到了最高的理念,达到了哲学的那种最为完备的形式。在那种形式里,理念与逻辑结合到一起,原则与方法结合到一起,表述形式与真理(实体)的发生规律是统一的,最后,哲学的内容与绝对精神的思维是统一的。之所以会出现这种统一性,正是在于黑格尔的那种独特的哲学理念与方法。在黑格尔看来,哲学表达的不是别的,只是理念自身的发展形态。而理念作为一种绝对精神,必须要通过思维(概念的演化)去实现自己。绝对精神的思维,本身是一种分化着自身的理性,绝对精神(或上帝)作为理念是一个最高的种,用黑格尔的话说,它是一种最高的普遍性。那种最高的普遍性不会停留于自身之内,进行一种纯粹的思维,即对纯粹主体自身的思维。在黑格尔看来,思维在其对自身的思(主体对其自身的纯思)中,是一种同语反复的形式。在这样的形式中,不可能达到真理性。这就是为什么黑格尔会设定出主体的差别形式,即对象性形式。绝对主体思维的时候,实际上也就是把自身分化到对象化的形式上去,让主体在对象的意识中看到一个与己不同的区别。这个区别作为差别化的意识也即是主体之内所设定的一种他物,一个建立起来的对象化的意识。由于这个对象的意识是主体自己所建立的,它也就是主体自身的一种差别。主体思维,也即是分化自身,把自己变为自己的他物(通过设定对象的方式)。这也即是主体差别化自己,使自身的普遍性成为特殊意识对象的过程。主体从绝对的普遍性中分化出来,在对象意识中成为特殊者。但由于这个特殊者是在普遍者身上建立起来的环节,它也就仍属于绝对主体的自我意识。只不过它与绝对主体相比,已经变成一个较低形态的种属了。而当这些差别化的意识对象异化了自己(即它们被绝对精神扬弃掉的时候),它们也就变成存在的形式。世界只是绝对精神异化自身的一种结果,存在的差别就是绝对精神在自我意识中所排斥掉的那些差别。因而在黑格尔那里,世界和事物也就是绝对精神差别化自身并将其从思维的异化物中排斥出来的那些结果。

至于哲学,在黑格尔那里,也仍然是绝对理念自身分化的一种结果。任何一个哲学派别,都只是一个特殊的理念的形态。而只有最高形式的哲学,才代表了理念的全体。它包含了全部的特殊的理念,因而它才具有绝对理念的特征。黑格尔直言不讳地指出,只有他自己的哲学才代表了这种绝对理念。从这个意义上说,也只有他的哲学才是一种最高的哲学。我们不必计较黑格尔这里的稍显自负的态度,因为对于哲学(包括他自己的哲学),黑格尔就是这样去看的。他的特殊的哲学原则决定了他对于哲学的看法,而他所采用的方法,则进一步把这样的看法加强了。从某一方面看,黑格尔体系强大的包容性是一种自然的结果。因为,理念哲学在希腊哲学家那里形成之后,就一直没有间断过。所有的大哲学家都以不同的方式探讨过理念的规定,而黑格尔所要去做的事情,就是要超越以往所有的哲学家,去建立一种最终形态的理念哲学。这样的愿望决定了黑格尔的抱负,这种抱负体现在他与整个哲学史改造及超越关系的关联里,同时也体现在他把那些零散的原则糅合到统一概念中的过程里。可以看到他那个理念的体系是通过与其他哲学家的关联而展开的,我们也能发现到,他与前期哲学逻辑关联的内在性和必然性,实际上,那是他对整个哲学史所作的全面综合的过程。在这里,黑格尔展示了一种前所未有的强大的精神包容力量,差不多所有的哲学形态都被他吸收了,每一种哲学作为一种特殊的原则,又被运用在他理念体系的某一环节上。任何一个尝试着进入黑格尔思维进程中的人,都会在他意识体系的迷宫里有一种迷失的感觉,这是因为黑格尔的哲学吸纳了一切,要理解他思维的本意,至少也要求人们熟知以往的哲学史。

由于上述这样一些原因,黑格尔的宗教哲学在思想元素方面的构成,也自然是较为复杂的。他的宗教哲学理念含有希腊哲学的成分,阿那克萨戈拉的奴斯说和毕泰戈拉的数的神秘主义都曾影响过他,而柏拉图的理念论和巴门尼德的存在理论,则又把那一影响继续扩大了。尽管柏拉图的神学观还具有迷信和神话的色彩,但把上帝看作是一种最高理性的思路,已经被柏拉图确定下来。在柏氏那里,世界不是一种偶然的无序的存在,而是由一个最高的理性设计出来的合乎目的的存在。黑格尔从柏拉图那里接受了两点:一是世界是被一个绝对的主体,也即是上帝所设定的,二是世界被设定出来,要符合上帝自身的目的性。黑格尔认为,柏拉图的原则从根本的规定性上看是正确的,但上帝作为一种最高的理想,却不应该是抽象的自身等同的。上帝作为神是一种完全的主观性和活动性,他是在自身内进行着区分,把自身分化为无限多的环节。这个分化过程,又会在自然形态中显示出来。黑格尔同时也指出,神在区分自身时依然是与自身等同的。神从自身上分化出的每一个环节,都是完整的理念。黑格尔这样明确地说:"上帝是精神,并非个别的精神。而是这样的精神。他对于自身来说是对象,而在他者中则将自身作为自身予以直观。精神的至高规定为自我意识,它包容这一对象性于自身。上帝作为理念,对客观者来说是主观者,对主观者来说是客观者。如果说主观性环节继而规定自身,作为对象的上帝与认识他的精神之间将从而出现区分,那么,在这一区分中,主观方面将自身规定为属有限者的范畴者,而且两方面将相互对立,以致两者的分离构成有限性与无限性的对立。"①

如果说黑格尔从柏拉图那里直接吸收到理念的原则,他在新柏拉图主义者那里,则吸收到更为细化的理念规定。在新柏拉图主义者那里,纯粹哲学的兴趣转移到了神学的方面。因而,对于绝对理念的考察,就变成了对于上帝本身的考察。黑格尔就恰如其分地指出了这一事实。他说:"就是从这里起,精神向前进了一步。在自己身上造成了一种破裂,又摆脱了它的主观性而进到客观的东西。但是同时也进到一种理智的客观性,进到一种存在于精神和真理里面的客观性。这种客观性不在个别对象的外在形式中,不在义务和个别道德的形式中,而是绝对的客观。这种客观性据说是从精神和真正的真理里面生出来的。换句话说,一方面,这是回到上帝,另一方面,这是上帝对于人的关系显现和显示。上帝是自在自为地存在于

---

① 黑格尔:《宗教哲学》上卷,魏庆征译,中国社会出版社,1999 年版,第 52 页。

他的真理之中,他是为精神而存在。"①实际上,在新柏拉图主义者那里,特别是在费洛那里,认识上帝的存在已经成为了首要的事情。上帝的本质被费洛规定为是太一,太一也即是纯粹的存在。他又把太一设定为纯粹的光明,那是世界最初的东西,它是绝对的实体,而绝对的实体也就是一种绝对的光明(纯粹的光明)。在这个地方,黑格尔曾受到费洛较深的影响。他在自己的宗教哲学中,曾反复提到费洛的名字,并在许多地方引述过费洛的思想。而在黑格尔自己的《自然哲学》那部书中,他则直接就把光作为一种灵魂的原则来使用。光被黑格尔表述为是一种光子的形式,它与意识具有一种平行的关系。黑格尔甚至还认为,光实际上就是一种普遍的自我意识,一种纯粹的知性。它也就是单纯的思想本身。在《逻辑学》一书中,黑格尔直接把光设定为是纯有,也即概念的纯粹规定。绝对主体正是借助于这样一种纯有(一种带有纯精神性的中介),才把概念转化为一种更高的形态。我们可以看到黑格尔已经借助了费洛的思想,并巧妙地把绝对理念糅入到了神的概念中去

　　至于另一位新柏拉图主义者普罗克洛,又在更大的程度上影响了黑格尔。普氏更进一步地发展了柏拉图的理念形式,同时,又把柏拉图的神学原则体系化了。在普氏那里,神以太一的形式出现,但却获得了更高的规定。从普氏起,神的概念便获得了近代神学的那种意义。神不再是僵死的存在,而是活动者了。他开始分化自身,把自身造成一种对象,并又从对象那里回复到自身。太一作为无限者已经是一种绝对的活动性,在它活动的时候,就在自身中设定了规定,从而也就产生了否定性的东西。普罗克洛把否定看成是二元化的,也即太一分化自身的对立的形式。进而普氏还指出,这一分化的形式,作为太一身上所分化出的差别者,也就是一个第三者。它是规定和无规定者的混合物,这样一种混合物才是真正的实

----

　　① 黑格尔:《哲学史讲演录》第三卷,贺麟、王太庆译,商务印书馆,1981年版,第151页。

存。它是绝对的实体,也是一与多的混合体。普氏的这个原则,被黑格尔非常有效地吸收了。黑格尔一方面把神看作是一种最高的理念,一种绝对精神,另一方面,他也坚持了普氏的原则,把上帝自身就看成是自我区分者。上帝创造万物,实际上也就是在自身内进行着自我区分。正是这样一种自我区分,才产生了神灵。黑格尔这样写道:"如果不承认上帝存在,而且又是作为他者,作为区分自身者,这样一来,这一他者便是上帝自己。自身具有神的自然。而且,这一区分、异在存在的扬弃,这一复返,这一爱,乃是神灵。"①这里,黑格尔的基本思想就是来自普氏三一体的思想。神在自己的无限性中首先是一个肯定者,他要创造万物,就在自己身上设定了区别,使自己成为一种二元的形式。这是对于自身的否定。但神又通过自己的创造性,消除了有限性,把区别的形式从自身扬弃掉。这样,神也就否定了对于自身的否定,取消了有限形态,又成为一种自身无限者。按照黑格尔的意思去看,也即理念是作为自身区分者的自我规定者,同时,它又是区分性永恒的扬弃者。神在自己身上设定了矛盾,又在自己身上扬弃了矛盾。这样,神也就实现了永恒的和解。当然,我们也可以看到,黑格尔的神学理念要更加复杂化,神的分化形式已经引入到逻辑推论的进程,神的各个环节的区分也被纳入到思维的形式。这也就增强了上帝创世的那种思辨的色彩,使上帝切入到绝对精神的思辨原则中去了。

如果说在上帝的形式理念方面,黑格尔借助了新柏拉图主义的原则,那么,在上帝和人的自然关系上,黑格尔则借助了神秘主义的原则。神秘主义运动的伟大代表人物埃克哈特,对黑格尔的神学理念曾产生过深刻的影响。尽管黑格尔在自己的哲学史中没有提及埃氏的名字,但在其巨著《宗教哲学》中,却引述了埃氏的思想。埃氏把上帝看作是一种自身包容的关系,在这种关系中,上帝作为一个终极的创造者,也包容了其创造对象的关系。这样,上帝就既是

① 黑格尔:《宗教哲学》中卷,魏庆征译,中国社会出版社,1999 年版,第 690 页。

在万物之中,同样,万物也被上帝包容于自身之中。而人的灵魂与其最高的智慧的结合,并不是人自己的行动,而是上帝通过人去实现的上帝自身的行动。埃氏曾这样写道:"上帝用以视我之目,是我用以视他之目。我之目与他之目同一。理所当然,我在上帝中,他亦在我中。倘若没有上帝,也就没有我。倘若没有我,也就没有他。"①在黑格尔自己的宗教理念中,我们可以看到,他把上帝与人这种关系发展为无限者与有限者的关系。上帝作为一个最高的理念是一个无限者,而人作为一种个别的意识则是有限者。上帝创造了自然,但自然对上帝毫无所知。于是上帝便创造了一种有限的精神来认识自己。这个有限精神的存在,就是人。按照黑格尔的说法,人作为一种有限的意识,其实正是上帝的一种意识的对象。因为上帝不能做出纯粹性质的思维(即主体思维自身的那种形式化的思维),他必须要将思维设定在特定的规定中。而人,就是上帝的一种特定的思维的规定。人是一种自然性的存在,从这方面看,人是一种有限者。但人的有限性又正是上帝所设定的。因而,人作为一种自我意识,也就是上帝那个绝对主体之内的有限性。上帝作为一种绝对精神,正是通过设定有限意识的对象即人的意识,才成为一种具有规定内容的精神。黑格尔在许多地方都反复强调了这一点:即上帝之所以是上帝,乃是因为他知道他自己,而他对于自身的自我意识,就是他在人身上所设定的自我意识。从某意义上说,黑格尔是给了人一种神性,但也同样可以说,他也是给了神某种人格化的特征。在这个地方,黑格尔保持了神人同一的神秘化倾向。

除此以外,黑格尔与另一位神秘主义者雅各·波墨也有着深层的联系。黑格尔在自己的哲学史中,就给了波墨较大的篇幅,其页数甚至超出了法国哲学部分的总和,这足以看出黑格尔对波墨哲学的高度重视。实际上,波墨是德国的第一位哲学家,其思想具有颇为浓厚的神秘主义的情调。我们或许不能确定,波墨的哲学会直接

---

① 黑格尔:《宗教哲学》上卷,魏庆征译,中国社会出版社,1999 年版,第 169 页。

促成黑格尔的神秘化的理念,但我们却可以肯定,他的那种高度的神秘主义的原则,曾相当深切地影响过黑格尔。至少,他的那个三位一体的理论,已经超出了安瑟尔谟的思想,直接被黑格尔所利用了。在波墨那里,上帝是一种绝对的神圣的统一,他是圣父,宇宙间唯一的本原的力量。圣父为了认识自身,就在自己身上造就了区别,使自己成为了殊异者,那也即是万物和世界。它们是圣父在自身中并通过自身而产生出来的东西。这些被产生之物,也即圣子。它们是圣父内心深处的光明。它们虽然异于圣父,却并不是另一位神。而是与圣父同为一体。最后,光明与分离者极力统一起来,这种统一,即是圣灵。按照波墨的看法,人是按三位一体的神的肖像由神力造成的。因此,人就是凭借着圣父给予之光来进行认识。而人的自我意识实现的过程,也就是按照圣灵之光来进行认识的过程。人一身兼有两种生命,作为人的生命他是个暂时者,而作为一种具有神性的意识,他又是一位永恒者。黑格尔曾对波墨这里的思想给予过高度的评价,认为这是高度深刻的思想,尽管其表现形式有些粗糙,但却可以满足人们对于思辨内容的要求。我们觉得黑格尔这样的肯定并不是随意做出的。对于洛克及休谟这样伟大的哲学家,黑格尔都没有给出过这样高度的赞誉,究其原因,正是因为波墨的神学原则满足了黑格尔的那种思辨精神的气质,黑格尔也确实把波墨的神秘理论引入了自己的宗教哲学。当然,在这里,也像在其他地方一样,黑格尔也把波墨的神学原则更进一步地发展了。我们可以看到,黑格尔在自己的宗教哲学中,把他在逻辑学中所运用的推理的原则表象化了,这正是受到了波墨的影响。在逻辑学中,绝对理念作为上帝,是以纯粹的概念的方式被演绎的。概念分化着自己,首先以纯有的形态存在,然后进入到本质,获得概念自身的映象关系。最后,本质又把自身从纯有状态中建立起来的实有扬弃掉,从变易的环节进入到实体的环节。但在其宗教哲学中,黑格尔则把他的概念(绝对理念)的原则神学化了。思维的逻辑原则被表象化的内容所取代,在保持了与基督教整体理念相一致的前提下,黑格尔也将神秘主义因素糅入到宗教哲学中去。

从对波墨的继承关系上看,黑格尔一方面把上帝规定为是绝对的创世者,永恒的理念,另一方面,他也把上帝规定为是圣灵的精神。作为圣父,上帝就是自我区分者。黑格尔自己所建立起来的观点是:上帝作为一种抽象的普遍性,会扬弃自己的直接形态,并在自己身上建立起差别。这样一种上帝自身区分的过程,黑格尔称之为是启示。启示在黑格尔那里被规定为是上帝开启自身,将自身蕴含的存在的环节显示出来。而所显示之物,则就是自然的存在及世界。自然是神在自己身上进行自我区分的结果。那些被区分出来的环节,即是圣子。按照黑格尔的观点,圣子是一种无限的特殊性。从存在的角度看,它也就是自然。自然不是别的,它就是上帝之子,在自然身上,体现了上帝永恒之爱。这样一种爱,也就是圣灵。在这里,黑格尔是把理念的逻辑关系表象化了。我们可以看到他曾这样描述上帝之爱的关系:"爱意味着,成为外在于自身者。我并非在自身,而是在他者中具有自我意识。……上帝是爱,也就是这样的差别和这样的差别之毁弃,这样的差别之戏弄。这样的差别,未予以认真对待。正因为如此,被设定为被扬弃者。即永恒的单纯的理念,这一永恒的理念,昭示于基督教,并称为神圣的三位一体。这也就是上帝本身,永恒的三位一体者。"[①]这里可以看出,上帝在自身进行区分,把自身建立为是一种特殊的规定,乃是出于一种情感的因素。爱贯穿着一切自然的过程,而这,也就是上帝区分自身,把自身显示为一个圣灵的过程。黑格尔进而指出,圣灵也就是圣父,其实它也是圣子。既然上帝创世的过程也就是爱的过程,那么,他(上帝)所爱的东西也就是它爱的一种结果了。圣父,圣子,圣灵这三者融为一体,用黑格尔的话说,即它们是朴素的直接关系,同时,它们也是一种直观的自然形态。

这里我们可以看到,黑格尔在对上帝的设定上,并没有采用逻

---

① 黑格尔:《宗教哲学》中卷,魏庆征译,中国社会出版社,1999 年版,第624～625页。

辑的方法。即把绝对理念划分为概念、判断及推理的形式。而是继承了基督教哲学的方法,把绝对者直接就规定为上帝。虽然这个上帝仍然是代表一种最高的理念,代表绝对精神的活动,但它却不以逻辑的方式运思了。绝对精神在思维中分化出世界的过程,被上帝直接的创世过程取代了。这一点,比较逻辑学的那种概念推演的思路,有了一种很大的改变。我们并没有看到黑格尔试图要把那两种不同的思路结合起来,事实上,黑格尔自己也完全清楚,有效的结合是根本不可能的。上帝的创世(包括三位一体的原则)并不是逻辑的原则,从某种意义上说,上帝的创世活动甚至是前逻辑的或超逻辑的。它更具有新柏拉图主义者的那种神秘的不可言传性。黑格尔本人在多大程度上相信这一点,我们很难察知。但至少,在上帝创世这个问题上,黑格尔的观点是保持了神秘化倾向的。它更多的是接近于新柏拉图主义和基督教的观点,而远离了他先前的那种绝对理念的逻辑框架。他在自己宗教哲学中就这样写道:"从根本上说来,这一自在存在的统一,或者尤为确定地说,人的形象,神(上帝)的人化,乃是宗教至关重要的成分,应存在于其对象的规定中。在基督教中,这一规定获得充分发展,然而,它并见诸低级宗教,——尽管是以这样的理解,无限者在同有限者的统一中显现自身为这一存在,这一直接的定在,显现自身于星辰和动物。同时应当指出:神无非是短暂地现身为人形或定在之某一形象,他显现自身于外在世界,在梦中或作为内在的感应显现与人。"①黑格尔还这样描述了作为绝对精神的那种上帝的行为:神作为一种最高的精神必须要牺牲自己,要把自己分化为一种对立的形态,即自然的形态。通过自然,精神才可以维系和创造。而维系和创造本质上是一回事。维系即是创造,创造也即是维系。这二者的根本性的规定,乃是为了神在自己身上建立对立者。上帝正是通过将自身的这种对立之物(即自然物)扬弃掉,才成就为一种精神性的。精神也就是神

---

① 黑格尔:《宗教哲学》上卷,魏庆征译,中国社会出版社,1999 年版,第 56 页。

自身的否定的环节。它要把自身中所建立起来的他者否定掉,把自身中的异在存在否定掉,从而成为一种自为性的存在。但在这一过程中,即自然向精神转向的过程中,自然也将作为自我牺牲者。它将燃烧自我,以便在神的祭火中升入理念的范畴。在此过程中,自然会显示为级次系列的某种进展,黑格尔写道:"神圣的理念的意义在于,神圣的理念是绝对的主体。自然的和精神的世界的宇宙之真,而不是某种抽象的他者。因此,质料在此毫无二致。理性的世界,神圣的世界,自在的神圣的生活的发展,而这一神圣生活的诸范畴,与世界生活诸范畴一般无二。这一生活,上帝以显现为形象,以有限性为形态之生活,以永恒的形象和永恒的真,在那种永恒的生活中被直观。"①这里,黑格尔发展了基督教的神学观。上帝在黑格尔那里既不是一种僵化的理念(像柏拉图的共相的理念那样),也不是一种彼岸世界的存在者(像康德的自在之物那样),既不是一种单纯的自身流动之物(像柏罗丁和普罗克洛的太一那样),也不是一种思维和广延的汇聚者(像斯宾诺莎的实体那样)。最后,神在黑格尔那里也不是简单的三位一体的形式,即基督教哲学所表现的那种形式。而是一种自身思维并通过思维之对象把世界呈现出来的上帝。黑格尔把上面的这些原则都吸收到自己的理论中,进而又用一种统一的原则把它们贯穿起来。这样,那个作为绝对精神的上帝便自身运动着自己。它把自身变成了自己的对象,这个对象作为精神的否定物便是自然。而人在自然的规定中也就成了一种有限的意识。上帝通过人去认识自己,而人在上帝所给予的自我意识中,又通达到神的属性。实际上,这里的观点已经完全是黑格尔自己的观点了。它已经超越了基督教的神学观,因而黑格尔的上帝也就具有了更为复杂的属性。他的上帝既有纯粹思维(主体性)普遍共相的性质,同时又有人的自我意识的特征。从某种意义上说,黑格尔的神学观也引申出了双重自我意识的理论。他一方面把绝对的普遍性

---

① 黑格尔:《宗教哲学》上卷,魏庆征译,中国社会出版社,1999年版,第87~88页。

归结为上帝的主体,另一方面,又把认识上帝的那种活动归结为人的自我意识。在这个地方,黑格尔也就把上帝的关系纳入到了神人理论的关系。而这是我们下面重点要去考察的事情。

第三节　黑格尔神人性理论的最新建树

一、神人性理论在新柏拉图主义中的雏形

神人性理论在哲学史上与三位一体理论有着密切的联系,黑格尔在继承三位一体的理论时,发展了中世纪的神人性理论。从早期的哲学史上看,安瑟尔谟曾较完备地确立了这个观点,并把这个观点上升到一个新的高度。但整体上看,安氏的观点仍然没有摆脱传统神人性理论的框架。黑格尔在这个问题上,一方面肯定了安氏理论的重要性,认为安氏是用纯粹哲学的方法考察了这个问题,并由此奠定了经院哲学的基础。另一方面,黑格尔自己也从经院哲学的框架中超越出来,把安氏的理论与基督教的神人性理论结合起来,从而发展出一种全新的神人性理论。

神人论理论的原始雏形,是在新柏拉图主义和基督教哲学的双重关系中产生的,这二者都为这个理论奠定过基础。它们之间的相互中介关系和相互影响,无疑是非常深入的,详尽地考察谁更全面地奠定了这个基础,似乎是一件不可能的事情。因为经过相互融合的观点已较难看清它们之前的原初的痕迹了,当然,指出它们某些独立的因素和相互作用的程度,这样的事情则也是必要的。可以肯定地说,黑格尔是吸收了这二者的元素,并把它们统一到自己的宗教哲学中去。这一方面包含了新柏拉图派的逻各斯的原则,另一方面,也包含了基督教的启示的原则。黑格尔把这些原则统一起来,并最终把神人性的关系引入到绝对理念的关系。在这个地方,黑格尔始终是坚持着新教的原则,那也即是相信上帝将过渡到它的对方,并在自身中成为他者的原则。至少在黑格尔看,精神的验证是

一种证明,同时又表明自身是验证者。这样上帝也就会过渡到它的对方,而自身浸透着精神的那个实体便会过渡到表象里。一个绝对的自我意识便要于一个有限的意识里被体验。这也即是说,作为个体生命的有限的意识将在这种体验里直观到神性。这个过程在黑格尔看,也就是通过双重的思维所达到的神人和合的过程。神在绝对的思维中设定出一个有限的意识,它通过那个有限者的意识而成为自身之对象,那个有限意识,正是凭借那个普遍性的思维,而达到自己的本质。黑格尔始终认为,绝对精神要使自己的对象成为自己的一体,也即是它要把自身发展为分化的形式后再重新回归的关系。它一方面是绝对真理,是永恒者,是自身思维的绝对主体;但同时,它又要分化自己,作为精神的对象而进入有限意识。因为永恒的事物所寄托的精神乃是有限的,精神意识到那个无限者的方式实际上是包含在有限意识的关联里。即使是在宗教里,无限者也都将展示出个人的有限理智。而宗教也正是借助于那些有限者的关系,才达成了神的无限理智的精神内容。黑格尔这样指出:"如果无限思想、绝对精神曾启示其自身或正启示其自身于真正的宗教里,则它所藉以启示其自身的媒介就是内心、能表象的意识和有限个人的理智。宗教并不仅是一般地向着每一种形态的文化而传播的,福音是向着贫穷的人宣说的。但宗教既是宗教,必须明白地指向内心和性灵,打进主观性的范围,因而进入有限的表象方式的领域。在知觉的和对知觉加以反省的意识里,人对于绝对者的思辨的关系,他所能凭藉的只是一些有限的关系,唯有通过这些有限关系,他才能够(无论在完全真实的意义下或仅在表征的意义下)认识并表示出无限者的本性和关系。"①从这里的表述可以看到,黑格尔是把有限意识看作是与绝对精神统一的东西。有限的精神意识,乃是神圣理念的显现,它是作为特殊形态的理念而显现的。而宗教哲学也即是

_____

① 黑格尔:《哲学史讲演录》第一卷,贺麟、王太庆译,商务印书馆,1981 年版,第 69 页。

考察那些通过绝对精神而显示出来的具体对象。尽管这些对象是有限的形态，但黑格尔指出，自然的世界和有限的精神，却正反映着绝对理念（上帝）的分化方式。在人的有限意识中，也即在有限的精神中，则也凝聚着上帝的那种无限的精神。人的有限精神只是神的无限精神自身运动的一种结果而已。这正如黑格尔所说："我在神中，而神在我中，并使这一具体的统一得以形成。"①

从纯粹理论的层面去看，神人论的理论实际上也是上帝三位一体理论的一种更为推进的形式。在新柏拉图主义的理论中，这样的观点已经建立起来，即上帝是一种自在自为的精神的形式，它是绝对的设定者。作为万物的本质，这个绝对的设定者也就是世界精神。这个精神的理念在基督教那里被规定为是上帝，但在新柏拉图主义那里，它则被规定为是从太一中流溢出来的神。在新柏拉图主义这里，普遍的东西下降到特殊的形态了，流溢的那个普遍性的源头特殊化了自己，从而创造出了一个具体的世界。这也即是太一分化原则的展示。在这样一种关系中，二元的东西显示出来，那个被规定为太一的神，一方面是自身关系，它是自在自为的实体。另一方面，作为设定区别的东西，它又是否定者。它要在自身内设定自己的规定，同时，也就把有限物创造出来。用黑格尔的话："上帝与世界的联系，是上帝自身中的规定。也就是说，一的另外的存在，二元，否定性的东西，一般的规定，主要地是应该想成在上帝里面的环节。换句话说，上帝是在自身中具体的，是在自身中显示的。因而在自身中树立各种不同的规定。就是在自身中的区别这一点上，自在自为的东西与人，与世间的东西联系起来。我们说，上帝创造了人，创造了世界，这是一种在自身中的规定，这个规定首先就是一种在自身中对于自身的规定，这个规定就是有限事物开始的一点。在自身中作区别这一点，就是使自己与有限的世间的东西调和的一点。有限事物就是在这一点上开始于自在自为的存在之中。有限

---

① 黑格尔：《宗教哲学》上卷，魏庆征译，中国社会出版社，1999年版，第162页。

事物的根源,就在于上帝在自身上作分别,就在于上帝的具体本性。"①

这里,新柏拉图派的理论已包含了那样的观点:即上帝是在自身内设定自己的区别,使自身的那种普遍性的共相特殊化,从而形成有限事物的存在。而人作为有限者,也就是直接从上帝的普遍共相中分化出来,正是从这一意义上讲,人才具有神性。我们从费洛的理论中,可以看到这个观点的原型。在费洛的逻各斯的理论中,就含融了上帝向下层分化的原则。在这个地方,费洛曾受到阿那克萨戈拉的影响。因为阿氏的奴斯(NOUS)概念就具有心灵及灵魂那样的含义。心灵是作为最高的原则被使用,它是宇宙间最高的主体,同时也是外部事物的分化原则。根据这个思路,费洛又结合了斯多葛派的逻各斯的原则,并把逻各斯的理念注入了新的内涵。在费洛那里,逻各斯不是别的,它就是上帝之言。换言之,它也就是上帝的被说出的思想。上帝在费洛那里是绝对的本质,它是一种人的感知所无法体验的超验的存在。但上帝要表达自己的思想,就要有所言说。上帝在自己的言说中所使用的话语,就是逻各斯。逻各斯不是别的,就是从上帝那里流溢出的思想和智慧。由于上帝是在自己的思想中创造万物,逻各斯作为上帝之思也就是创造万物的圣言。在费洛看,它(逻各斯)也就是上帝的原型和光源。太阳是它的摹本和形象。由于这个形象模仿了上帝,它也就成为了第二上帝。第一存在是上帝,而逻各斯由于是上帝的言说,也就变成了上帝的智慧,它是作为中介者而存在的第二上帝。第二上帝由于是从上帝的言说中流溢出的智慧,它就是一种最高的思想。但同时它也具有一种表象化的特征。因为费洛也把它看成是上帝的形象和影象。这一点,费洛也是继承了希腊的前辈,有把逻各斯拟人化的倾向。但整体上看,逻各斯在费洛那里还是代表圣言,也即上帝之思想。

---

① 黑格尔:《哲学史讲演录》第三卷,贺麟、王太庆译,商务印书馆,1981年版,第160页。

这一点,也是费洛坚持希腊化哲学的一个较为具体的表现。实际上,把逻各斯看成是上帝影象的那个观点,就是柏拉图式的。至少摹仿原型的那个关系,直接就是来自于柏拉图。当然,在较为重要的方面,费洛对于希腊哲学还是有所超越。这表现在逻各斯作为中介者的那个环节。费洛首次提出了"切割者"那个概念,切割者实际上就是逻各斯,只是费洛把它建立在圣言的形式里,这是对柏拉图理念关系的改造形式。这里,费洛表述了这样的全新的思想:即物质作为一种质料是没有形式的,而逻各斯在上帝的圣言里找到了形式。它通过上帝的思想和影象进行划分,这样也就把上帝的思想带入到具体的理念中来。通过上帝的圣言(流溢之思),物质就得到了它的形式。这个形式,便是受造世界从逻各斯身上切割下来的上帝的范型。尽管费洛在这里带来了双重原型的困难(即上帝和理念谁是更为本源的原型),但切割者这个概念还是使上帝获得了更为具体的规定。逻各斯作为中介关系就是一个切割者,而理念则是从上帝那里切割下来的影象。上帝是第一存在,通过逻各斯的思想,本质(本源)的存在便表现为一种思想的分割。那个作为被分割出来的事物就是理念,从这一意义上讲,理念自身就具有逻各斯的形式。它把质料性的元素组合起来,最终通过组合,也就把上帝的思想在影象关系的中介中转化为存在。这里,上帝创造世界的过程已被区分为不同的环节,每一环节都具有内在的逻辑关系。上帝作为一个最高的存在已不是一个抽象物,而是从最高的本质那里被切割到具体环节(理念)中去的事物,在这个地方,费洛的理论超越了柏拉图。

我们在这里,可以看到一种把本源的形式还原到上帝那里去的努力。在这个过程中,费洛也把希腊哲学继承下来,并把希腊化精神糅入到犹太教的体系之内。而他的切割者的概念,则直接补充了上帝的三位一体的关系。黑格尔本人对费洛的这个原则是赞赏的,他就曾这样写道:"适值耶稣诞生及数百年后,哲学的观念产生,其基础则是关于三位一体关系的表象。在一定意义上说来,这是哲学体系本身,犹如曾研究毕达哥拉斯和柏拉图的哲学之费洛的体系。……这里可以看到不可胜计的形态:第一位是圣父,他被表述为深渊、深层,亦即虚空的,不可捉摸的,不可领悟的,高于一切的概念者。虚空的不确定的,实则是不可领悟的,它是否定的概念。其最概念的规定在于,成为否定者。……这第二位,异在存在、规定、实则规定自身的活动,乃是作为逻各斯、理性规定的活动,以及言。所谓言,无非是允许对自己有所闻并未进行严格的区分,并未成为严格的区分。而被直接听取,在其这一直接性中,所谓言被接纳于内在世界,复返其初源,继而,活动将自身规定为智慧,初始的,完全纯粹的人,某存在者,他者——犹如该初始的普遍性,特殊性,被规定者。神(上帝)是创造者,而在逻各斯的规定中,则是显示自身,昭示自身之言。则是神(上帝)之观瞻。"① 黑格尔这里的观点,可以算作是对费洛理论的一种肯定。而且,黑格尔还把费洛的逻各斯的关系,扩展为上帝昭示自身之关系。这是对费洛观点的一种独到的诠释,也基本上反映了黑格尔自己的神学主张。那也即是:上帝是一种自在自为的存在,它是绝对的本质和设定者。但上帝也是一种自我昭示的关系,通过圣言(逻各斯的言说),上帝显示了(昭示出)自己的本质。而上帝的实存,也就在圣言的自我昭示中,渐渐显露出来。上帝是自身的倾诉者,同时又在逻各斯的圣言中,显示为他者。但这个他者作为切割者,也仍然是上帝自身。它模仿了上帝的光和影象,在自身区分的关系中成为了第二上帝。

从理论的层面看,第二上帝在费洛那里是一个分化者。它是从圣言的逻各斯那里切割出来的东西。但它是否就是圣子,或者是某个具有神意的个体,在费洛那里还是不确定的。圣子的概念实际上是在基督教哲学中逐渐形成的。在费洛的哲学中,这个概念还停留在模糊的运用中。尽管费洛曾提出一个神人的概念,但那个概念的意思却是很狭窄的。在费洛那里,神人通常是指摩西,而不是指其他普通的人。在这个地方,费洛表现出一种较为矛盾的态度。费洛

---

① 黑格尔:《宗教哲学》中卷,魏庆征译,中国社会出版社,1999年版,第638~640页。

一方面把逻各斯看成是第二上帝，看成是上帝的言说那样的东西。另一方面，他也想把上帝与人结合起来，形成一种神人。在这两者关系上，费洛是徘徊不定的。并经常做出相互矛盾的解释。他的本意是要通过逻各斯在上帝和人之间建立一座桥梁，从而使人类的行为与上帝发生关系。但在具体的环节中他却没能较好地表达出这一点，至少他是在不同的地方说了不同的观点。比如，他在一些地方曾强调说，上帝非人，而且上帝也不能被人的感官和理智所领悟到。这是因为上帝是一种超自然的存在，是绝对的本质。他是绝对地超越于人的理解力的。他也不可能被人所认知。他自己也曾说过那样的话，即从来没有一个真正的上帝的名字会显现给任何人。那也即是说，上帝就其本性而言，是不能被人看见或察知到的。他明确地这样写道："所以，当万物的这位最高也是最老的祖先之本身没有我们能够使用的名时，不要以为他不可描述乃是一种难以忍受的冷酷说法，确实，如果他是不可描述的，他也就不可想象，不可理解。所以，我们必须明白，主向亚伯拉罕显现这句话，一定不要理解成意指这万物之因已经出现，且变得为他可见（因为人的心灵怎能包容如此巨大的一个显像呢？）而宁可理解为说的是围绕在他周围的一种力量。即王者似的力量的出现。"①

但在另一方面，费洛也提出了一个神人的概念。费洛认为，成为一个神人，是一个完美的人所能成就的事情。因为神人也就是朝着上帝所指引的方向进展，正是在这样一种进展中，人才能被上帝承认并拥有。这也即是说，上帝（有时候）会成为人的上帝，此种情形的发生，会出现在人已成为上帝的人那个时候。这样一种关系是否意味着上帝也需要人去充实自己，在费洛那里是不明确的。至少，近代神学的那种神人关系的思路在费洛那里还未出现。费洛的意思是指，神人也就是模仿圣言而成为的那种人。在费洛的逻辑框

---

① 罗纳尔德·威廉斯：《希腊化世界中的犹太人》，徐开来、林庆译，华夏出版社，2003年版，第85页。

架内,它应该是逻各斯或第二上帝。但费洛把神人关系赋予人类时,并不是赋予了人类的整体,而只是赋予了具有神人属性的个体。而最具有代表性的个体,也就是摩西。在费洛那里,只有摩西才具备了神人那样的条件。因为只有摩西(在费洛看)才是一位现实中的神,他就是逻各斯的化身。按照费洛的理解,一方面,摩西身上具有一种单一的本性,凭着这样的本性,他进入了上帝的精神形态,并与上帝相融。这样,他就具有先知的特权;另一方面,摩西也是逻各斯本身和立法之言,他代表了上帝的言说。只有他才可以把人类从一种奴役状态中拯救出来。实际上,在费洛那里,摩西就是按上帝的精神成为一种逻各斯启示的人。作为一位人,他与上帝不同。但按其本性来说,他也仍然具有神的性质。他是第一位符合上帝形象的人,他就是第二上帝本身。这里的观点与基督教哲学的观点略有不同。摩西作为一个神人还只是逻各斯的影象,而不像基督教哲学所主张的那样,神人就是一种神性意义内的人。作为圣子,他已经道成肉身,并成为了上帝的三位一体的关系。这种关系引导出基督教哲学的人子概念。在费洛这里,这样的概念还未出现。摩西作为神人,也只是逻各斯的化身而已。因为费洛认为,摩西是有死的,他与最高的上帝和太一是有别的。逻各斯造人也只是模仿上帝而造。由于这种模仿的关系,摩西也就只是第二上帝。我们在费洛的思想中,可以发现一种深层的内在矛盾。这个矛盾是这样产生的:即一方面,他想把神人摩西看作是具有上帝的属性,并代表上帝行使权力,拯救人类;另一方面,由于只有属于第一因的那种善的名称,才是上帝,而这个上帝作为宇宙之父,并不需要具有任何人的情感属性的特征。换言之,他不需要具有任何人类情感,不需要像人那样对各种欲望有所需求,这就并非摩西那样的肉身。费洛曾这样写道:"不要任何人把相似比拟成肉体形式,因为不仅上帝不具有人的形式,人的肉体也不像上帝。上帝甚至与最高贵的生成物之间,也没有丝毫相似之处。"①很明显,费洛这里的观点是有矛盾的,因为在他谈到摩西时,是把摩西看作是一种神人规定的,而那个神人规定又是在人的肉身中成就出来,这与上帝不具有人之属性的观点相背。

我们在这里遭遇了神人性问题的关键之处:即上帝是如何过渡为一个人的?换言之,人以何种方式才可以分享到无限的神性,从而成为神人?在这个地方,费洛的理论遗留下了一些问题。尽管费洛也曾把摩西认作是一位尊神,并且是连接神与人之间的一个中间体。但神与人各自的特性,还是独立地保持着,相互间的交融仍作为问题留滞在那里。这一情形,正如罗纳尔德·威廉逊所指出的那样:"如果摩西在某种意义上真是上帝的化身,如果人们能够学得的关于上帝的重要训诫都将在摩西那里学到,那么,就会导致这个更为一般的问题:如何能够认识上帝,摩西是怎样认识他的,费洛如何终于认识了他,费洛的读者又怎样能够有这种知识?"②实际上,威廉逊所提出的问题正是费洛理论的薄弱之处。费洛在一些地方曾说过,说人的心灵也可以像摩西一样,领受到神的灵感,人也会心同上帝。但他还是断言,大多数人的心灵是被断绝在上帝的火光之外的。因为看不到那至高无上的光华,因而大多数人也就不会有接近上帝的机会。从这一点说,费洛也就排除了上帝是可以被大多数人所认知的那种可能性。但这也正如威廉逊所质疑的,费洛自己是如何知道摩西那个人是可以认识上帝的,而大多数人不能呢?

尽管费洛的理论留下了许多问题,但他的一些核心性的思想还是对黑格尔有所启发。特别是费洛的切割者那个概念,黑格尔就把它发展为异在存在的概念。那个异在存在(在黑格尔那里)不是别的,也就是费洛所说的作为切割者的逻各斯。当然,黑格尔已经把

① 罗纳尔德·威廉斯:《希腊化世界中的犹太人》,徐开来、林庆译,华夏出版社,2003年版,第51页。
② 罗纳尔德·威廉斯:《希腊化世界中的犹太人》,徐开来、林庆译,华夏出版社,2003年版,第56页。

费洛的观点做出了改进,他已经把异在存在的概念引入了三位一体的关系。黑格尔在自己的著作《宗教哲学》一书中,就对异在存在的关系做出了这样的解说:"自在的永恒者以及自为存在,乃是自身的昭示、规定,将自身设定为不同于自身者。……另一规定为圣子、爱与感情相适应,在尤为高的规定中,在于自身的精神是自由的。在这一规定的理念中,区分的规定尚未完满,这只是普遍者中的抽象的区分。……圣子获致名副其实的他者之规定,他是某自由者,为自身而存在者,他是呈现为某外在于上帝,无上帝的现实者,某一存在者。其理想性,其永恒复返于自在自为存在者,在初始的理念中被设定为直接同一者。为了使差别存在,并使这一差别获得可能,则需要异在存在,以期被区分者成为作为存在者的异在存在。其理念的绝对自由在于,它在其规定中允许他者作为自由者,独立者。这一被允许作为独立者的他者,实则为世界。绝对的初始分离,赋予异在存在以独立性,我们亦可称之为善,后者将全部理念赋予其异化中异在存在的这一方面,既然它(善)可予以承受并呈现理念,而且在它可借以如此行之的形态中。"[1]这里,可以看到,黑格尔已把费洛的切割者的概念转化为异在存在的概念,并在这个概念中引申出了理念的绝对自由的关系。这种关系,结合了基督教哲学的神人性理论,又进一步深化了黑格尔的神人性神学理念。我们在基督教哲学的神人理论中,可以看到黑格尔对这一理论的更为深入的推进形式,黑格尔的思辨形态的神学观,也逐步在那个形式里建立起来。

二、从基督教哲学展开的神人性关系

在基督教哲学中,三位一体的关系逐步被表象化。新柏拉图主义的逻各斯的理论开始过渡为基督教的道成肉身的理论。这在早期的护教士的哲学中就有所体现。比如,查士丁就曾引用保罗和约翰的用语,用逻各斯基督称呼化身成人之前的基督。而里昂主教雷

---

① 黑格尔:《宗教哲学》中卷,魏庆征译,中国社会出版社,1999 年版,第643～644页。

内斯则认为,逻各斯是圣父的儿子和启示者,它通过上帝的言说,化身为基督本人。实际上,基督教哲学逐渐转变了早期的教父哲学的理论,而开始把关注点集中到上帝的道成肉身的关系。在这样一种关系中,神与人的关系也逐渐被引导出来。

早期基督教神学是以圣经的启示为真理,并逐步将对神的信仰转移到耶稣基督那个人身上。在基督那个时代,历史意识已经从希腊人的那种循环的观念中突破出来,改变为按照上帝的绝对意志而逐步获得进步的线性法则。这样一种法则的建立,需要有一位支配宇宙运行的绝对力量的驾驭者,耶稣的出现,则正表明了这样一种历史的契机。上帝作为造物主,不但会呈现在宇宙空间,而且作为天父之子,也将以肉身的形式出现在人间。犹太教首先确立了这一思路,稍后的基督教则又把这一思路发展了。按照基督教的观点,上帝通过其道言逻各斯,按照自己的样子造出了亚当。亚当本与上帝一样,是不会死亡的。但由于他的堕落,他便失去了上帝的那种自身不死的性质。为了恢复或保持与上帝的同一性,保持上帝的原始样式,人类就必须重新开始。但这就必须要有一个最接近上帝的人去代替亚当,这个人就是耶稣基督。通过耶稣基督,人这个种便获得了与上帝的联系。人一方面恢复了神性,另一方面,通过耶稣基督这个神,人类也获得了自身的救赎。实际上,在基督教的理论中,暗涵着这样的内在意义:即上帝是爱人类的,通过耶稣基督这个人物,上帝已经从超然的状态中伸出援助之手,使人类从罪恶的状态中超脱出来,从而获得永生。神(上帝)通过耶稣基督而进入世界,进入世界也就意味着对人类和自然救赎的开始。在这里,上帝的那种本体论的关系脱离了希腊哲学的传统,带上了新柏拉图主义的烙印。而(上帝的)宇宙原型的关系也从创造万物的关系转移到救赎人类的关系。这样,基督教的上帝就发展出一个新的维度,这也即是上帝显现其自身,通过耶稣基督那个神(人)去拯救人类的维度。理查德·塔纳斯在他的《西方思想史》中较为精确地概括了这一情形,他说:"保罗的神学理论的实质在于,他相信耶稣不是普通常人,而是基督,即上帝的永世的儿子,他化身为男人耶稣,来拯救人类,使历史得到可称颂的结局。按保罗的看法,上帝的智慧虽是以一种隐秘的方式支配历史,但终于在基督身上变得十分明显。基督使世界和神一致起来,一切事物皆以体现在基督身上,因为基督就是神智的原则。基督也是万物的原型,因为万物皆是仿效基督的,皆汇聚在基督身上,皆在基督的化身与复活中找到自己胜利的意义。这样,基督教开始将人类历史的整个运动,包括其在宗教与哲学上的所有的各种努力在内,理解为是于基督再临时完成的上帝的计划的一种展现。"①塔纳斯的这段话,基本上概括了基督教救世意义的内涵,它也发现了基督教在终极原型关系上的转变。这里,上帝显现为一个人的关系乃是一个核心。耶稣基督这个神,通过道成肉身而降生到一个人的世界。圣母马利亚从圣灵中怀孕而生下了他,而他作为神(上帝)性的体现者,又把上帝的神性传达给人类。在基督身上,体现了相异的二性,一方面基督是神,具有神性,另一方面,他又在肉身中成为人的个体,具有人性。因此,耶稣就一方面是一位真神,另一方面,则又是可生可死的个人。耶稣基督身上就有了皆然不同的性质。在基督那里,逻各斯成为个体的人,历史的东西与超历史的东西,绝对的东西与有限的东西,人性的东西与神性的东西,联结为一个整体。基督以救世的身份出现,解救人类于苦难之中。因而,耶稣必须要以一个人的身份出现,他必是一个血肉之躯。这样,他就必须是一个有生有死者,这是基督教哲学逻辑框架内所预设的东西。救赎者必须本身有死,这是一个本质性的命题,也是督教精神力量的一种内在的张力。通过耶稣基督之死,人类也就获得了拯救。"因为通过耶稣基督这一人物,上帝已从其超凡的状态中伸出援助之手,向全人类永久地显示了自己对芸芸众生的无限的爱。这里是一种新的生活方式的基础,这种生活方式以对

---

① 理查德·塔纳斯:《西方思想史》,吴象婴、晏可佳、张广勇译,上海社会科学院出版社,2007年版,第115页。

上帝的爱的体验为后盾,而上帝的爱的普遍性,则引起了一个新的人类社会。"①实际上,救赎那个原则在耶稣那里是一个主要的事件。基督甚至舍弃了他降临之前的形态,而采取了人的外形,并成为上帝的仆人。他以这种形象舍身在十字架上,并以这种方式拯救了人类。正因此,上帝才把他提高到更高的品位,承认耶稣基督就是主,他就是神。在保罗的神学中,耶稣基督也被认作是神,是上帝的儿子。上帝在自身内生成了他,他就是世界的创造者。圣经的《歌罗西书》也记述了这样的内容,即耶稣基督是上帝的爱子,是无形的上帝的形象,是一切被造物中的首生者。他之被上帝生出,也只是为了拯救人类。可以看到,保罗神学关注的焦点不是逻各斯的本体或新柏拉图主义的那种自身流溢的神,在保罗那里,宇宙起源问题已经被人类拯救的问题取代了。因而,保罗的福音是十字架的福音,上帝之子基督降生到人间,死在十字架上。通过基督之死,人类便得到了拯救。同时,又通过他的复活,赐予了人类永恒的生命。穆尔曾在《基督教简史》中这样写道:"基督的死与复活是基督教的基础。没有基督的死与复活,便没有犹太人与外帮人的得救。全人类也无从获得拯救。基督的死蕴藏着代替一切人死的潜在性,在他的复活中,人类战胜了死亡,获得了永生。但是,只有跟他一体同心,一起钉在十字架上,一起从死里复活的人,才能真正得救。"②穆尔这段话,准确地概括了十字架神学的要义,这是保罗所持有的信念,也是救赎神学所展开的内容。

不过在这个地方,耶稣的特殊地位便成为显著的问题。他是一个神,同时又是一个人。他既是上帝的创造者,同时,又代表了上帝本身。由于他还是道成肉身者,他又显示了逻各斯的内在规定。约翰就曾把基督与具有神性的逻各斯等同起来,而保罗则把基督称为

① 理查德·塔纳斯:《西方思想史》,吴象婴、晏可佳、张广勇译,上海社会科学院出版社,2007年版,第131页。

② 摩尔:《基督教简史》,郭舜平、郑德超等译,商务印书馆,1996年版,第24页。

是第二神。实际上,有关于耶稣基督的地位问题,基督教的内部也一直有所争论。正统的观点是上帝的三位一体的理论,但这个理论也是从不断地分化和对抗的形式中逐步成熟的。在早期,查士丁曾结合保罗的学说及约翰的一些用语,把逻各斯基督称为是化身成人之前的基督,这样,逻各斯或逻各斯基督,就被看成是第二等的神。他和上帝并不是同一者,他只是从上帝的思想和意志中流溢出来的。这种理论具有多元论的特点,上帝在自身中分化出他者,这样,就在形式上把圣父、圣子及圣灵区分开来。这种观点构成了三位一体理论的初级形式。此后,这个理论在里昂主教艾雷内斯那里,得到了进一步的发展。艾氏就把逻各斯直接看成是圣父的儿子,他通过先知发言,然后又化身为基督。在此意义上,逻各斯基督便成为启示者,他具有了人子的身份。借助于他,传达出上帝的道言。在艾氏那里,基督仍被说成是化成肉身的神的圣子。他一直与天父同在,具有同样的本质。与艾氏同一时期的神格唯一论派,则反对艾氏的观点,他们坚持神在本质上和数目上是统一的理论(也称神体一位论)。按照这个理论,基督化身成人的就是上帝本身,而不是某个别位。同一位上帝既是圣父,也是圣子。他既可以是无形的,也可以是有形的。既可以是非生的,又可以是童贞女所生。神体一位论还认为,上帝作为圣父会表现出不同的角色,作为圣父,他是造物主和立法者,作为圣子,他从道言化成肉身而升天,在教会的事件中,他便是圣灵。神体一位论的核心观点是要强调,圣经中的那些名称,只是表明上帝显现的不同形式或方面,而不是表明在上帝之外,还有两位隶属于他的其他的神。实际上,这个派别只承认了上帝是一个单一的神。

比较全面而翔实的理论,是从奥利金的神学理论中展开的。他的《基督教原理》一书,是一部关于基督教神学的较为系统的论著,他曾对旧约做出过评注,并对新约的大部分做出过比较详尽的诠释。他的理论在某些方面借助了德尔图良,即认为耶稣基督是神人二性的。耶稣道成肉身这一事件,并不会影响上帝作为神的单一

性。奥利金也提出了一个较新的三位一体的观点,这个观点的主要
方面,是把上帝看成是一个精神实体。这个实体显现为圣父、圣子
及圣灵的形式,而这三者,又是一个完整的统一体。由于上帝是精
神,他就是一个无形者,他是绝对的形式。而绝对的形式不显现其
自身。圣子通过圣灵,将不可见的影象转化为耶稣基督,显示为人。
这乃是对最高形式上帝的分有。分有是对最高形式上帝的分割,在
分有中,被造物便从上帝那里获得实存。在这个地方,奥氏的理论
也掺杂了费洛的流溢思想。圣子从上帝的智慧中流溢而出,上帝通
过逻各斯的智慧,向下层流溢自身的智性,实际上,圣经的《箴言》中
也有类似的语句,即把上帝说成是全能者之荣耀的流出物。这样的
观点,或许也曾影响到奥利金。奥利金本人也发展了费洛的观点,
而将流溢这个概念改造成生出。上帝通过逻各斯向下层流溢便是
永恒的生出。这样,在奥氏那里,圣子就是从圣父的本质中生出,圣
子虽然与其圣父有相同的本质,但却不与圣父相等。只有圣父(上
帝)才是来源于自身的神,而圣子是来源于上帝。在此意义上讲,圣
子就是第二位的神,他自身还不是善,而只是上帝的善的映象,与此
类推。圣灵又低于圣子,这如同圣子低于圣父。圣灵只是位于启示
之中,它是逻各斯的媒介,通过它上帝的精神才传达出来。

　　至于基督,则是上帝的显示。他是作为无形的上帝的幻影而存
在的。这个地方,奥利金在暗中迎合了幻影论。逻各斯在基督身上
成为启示者,基督为了拯救世界,便化逻各斯为肉身。而基督出现
在人间,则是为了召唤那些具有肉体的人,使他们顺应化成肉身的
逻各斯,然后带领他们达到成为肉身之前的他们自己的形象。那个
形象,就是神性的逻各斯。这个地方,奥利金也支持了保罗的观点。
因为保罗就曾认为,灵魂在今生之后将取得一个灵魂的身体。但这
个身体则是由寄居于肉体中的逻各斯的萌芽状态演化而成。只是
奥氏把道成肉身的过程解释为是人化的过程。基督从逻各斯那里
获得了神性,但由于他道成肉身,取得了肉身的形式,他也就人化了
自己,使自身成为了神人两性。这是基督教哲学神人理论的最初的

形式,它远远早于安瑟尔谟的神人性理论。在奥利金那里,神—人是一个复合体的词。使用这个词,也表明了奥氏把基督耶稣就看作是一个复合体,他具有神人两种属性。但由于基督也被规定为是圣子,是一位低于天父上帝的神,奥氏的理论也留下了一些疑点,其最主要的疑点是:基督作为一个圣子,他身上到底哪些是属于神的,而哪些又是属于人? 由于这个问题在奥氏那里解释得并不清楚,奥氏的三位一体的理论便产生出歧义,这使之遭到了教会的批评,并在很长的一段时间内,受到了教会的排斥。奥氏虽然为上帝找到了一个形而上学的基础,但在圣父、圣子及圣灵这个关系中,则制造了等级。这一点,违背了基督教理论三位一体是自身等同的正统的观点。穆尔在《基督教简史》中恰如其分地指出了这个事实,他说:"基督教神学的中心问题,始终是基督作为神,如何与一神论的观点相调和的问题。护教士是用逻各斯理论来解决这个问题,奥利金赋予这个理论以形而上学的形式和基础。但是在他的体系中,神性的统一是形而上的统一,不是形体的统一。他从绝对的圣父引导出逻各斯的圣子来,这过程就是被诺斯替派弄得声名狼藉的流出过程,只是他用了另一个名称而已,而圣子成了地位较低的神。以后几代中,在圣子和圣父的关系问题上,出现过根据不同的哲学基础提出其他理论,但都遭到了教会的排斥。奥利金使基督教神学永远留下了新柏拉图主义的烙印。但他的体系整个来说,没有被接受。尤其是圣子从属于圣父,圣灵又次于二者这一基本方面,遭到了否定。而这是他的形而上体系所必然得出的结论。"①大体上说,穆尔的概括把握住了奥利金的三位一体关系的实质。

实际上,奥利金是用了本质这个概念来表示神自身的统一性。同时又用了本体那个概念表示了上帝本体中的位格区分。但由于这样的区分制造出上帝与其区分者(即圣子,圣灵)之间的差异,他的这个理论便被正统的教会排斥了。在稍后的一段历史中,恢复上

① 摩尔:《基督教简史》,郭舜平、郑德超等译,商务印书馆,1996年版,第80~81页。

帝自身统一性的努力在教会内部一直持续着,直到尼西亚信经的出现,三位一体的关系才被理顺到正统的形式。尼西亚信经以巴勒斯坦凯撒利亚教会应用的信经为蓝本,以较为明确的话语肯定了上帝三位一体的同质性。其中一段非常著名的话,我们这里援引如下:"我们信独一上帝,全能的父,创造有形无形万物的主。我们信独一主耶稣基督,上帝的儿子,为父所生,是独生的。即由父的本质所生的,从神出来的神。从光出来的光,从真神出来的真神。受生而非被造,与父同质,天上、地上的万物都是借着他而受造的。他为拯救我们世人而降临,成了肉身的人。受难,第三日复活,升天。将来必再降临,审判活人死人。(我们)也信圣灵。"①这里,可以看到三位一体关系的较为确定的表述形式,耶稣基督的身份以较为明确的话被规定为是与上帝等同的。尽管这里的观点还有模糊之处(比如上帝为何是受生的而非受造的),但却把上帝三位一体的本质确定下来。这样的关系,又在拉丁语系的教会中被保留下来。

实际上,尼西亚信经确定了上帝神圣本质的统一性。圣父、圣子及圣灵这三者被界定为是有区分的,同时又是同一的和统一的。它们分别是三个不同的本体位格。其区别是:圣父是非出生的,作为圣父,他是永恒者和先在者。圣子则是由圣父所生的,他是圣父的分化形式,而圣灵是从圣父那里出生的。它是圣父的灵动。致此,在正统的基督教哲学中,耶稣基督便不再是较圣父次一等的神,而是代表了具体的逻各斯。与圣父一样,具有同样的本质和独立的位格。在哲学的本体论方面,尼西亚信经也确立了一种去希腊化的原则。其主要方面,是把实体这一希腊化的概念从上帝的关系中排除出去,而植入了上帝的三位一体的关系。从这一点看,耶稣基督的人的关系被加强了,而幻影者们所主张的那种基督只是一种身体的假象(上帝的幻影)的观点则被取缔。同时,早期的诺斯替派的那种陌生上帝的观点,以及把上帝看成是神秘的圣像人的观点,也

---

① 摩尔:《基督教简史》,郭舜平、郑德超等译,商务印书馆,1996 年版,第 85 页。

都被排除。尼西亚信经基本上坚持了《新约》的观点,即基督作为圣子,使上帝的灵在耶稣的肉身上得以显现。这样,耶稣基督的神性也就从上帝的创造性方面转移到救赎方面。上帝要通过耶稣基督那个人,实现对其整个人类的拯救。因而,耶稣就是现世中的上帝。他首先是上帝,其次才能道化肉身显现为人形。这正如卡斯培所说:"并不是因为他是人,后来才成为上帝,而是由于他是上帝,为了使我们成为上帝,他才成为人。因此,关于耶稣基督真正神性的教义必须放在整个早期教会救恩论的框架内加以理解。其救赎的观念可理解为人类的神性化。当今人们对这种神性化的学说大加批判,仿佛它在提倡某种魔法般的本性转化,在错误地救助于伊格纳修的基础上,释经家尽力将其贬低成一种药物学过程。他们忽视这样的事实,即阿他那修的神性化学说,其实不过就是指通过圣子的行动,我们通过上帝的恩典和接纳,成为上帝的儿子。"[①]可以看到,尼西亚信经实际上是把圣子的形式固定下来,并把耶稣基督作为圣子引入到与上帝等同的位格。这样,上帝的三位一体的形式便被定型,从第四世纪起,它便成为了正统基督教徒所信奉的准则。而基督教的一神论的色彩,随着上帝三位一体关系的确立,也进一步加强了。随着这种统一位格形式的形成,耶稣作为神性人的那个概念也被确立,逻各斯和肉体已经如此融合无间,它们所形成的那个统一的关系,作为灵,它就是上帝的智慧,作为自然,则就显现为肉身的基督耶稣。肉体既然是上帝的肉体,则那个肉体也就是上帝本身。由于逻各斯穿上了人性的装束,上帝也就具备了逻各斯肉体化的同质性。同时,由于耶稣作为人而具有了神性,人这个类也就被提升为可以接近上帝的自然。在第四次普世教会会议上,基督的神人性关系又进一步得到了确证。大体上讲,这也就是基督教神人关系的较为正统的形式,这个形式也一直延续到近代的基督教神学。

---

① 卡斯陪:《现代语境中的上帝观念》,罗选民译,华东师范大学出版社,2008 年版,第275~276页。

三、一种黑格尔意义上的神人性理论

我们在黑格尔的宗教哲学中,可以看到一种完全不同的神人性理论。这个理论既有对基督教神人关系的一般性继承,同时,又在概念(内容)及形式的规定上有所突破。最为重要的一点,是黑格尔把上帝的神人性关系引入了绝对精神(绝对理念)的范畴,这样,神人性关系就摆脱了基督教框架内的圣灵受孕及道化肉身的外在规定,而进入到黑格尔所设定的那种绝对思维的内容了。在这个方面,黑格尔展开了一个全新的思想维度,这个维度不但把基督教哲学的神人性关系融入在概念之内,同时它也融合了柏拉图的那种理念哲学的传统,把宗教哲学长期关注的焦点(即肉身、位格等问题)引入到一种思维的进程。通过绝对精神的思维,人和神在意识(概念)的形态中获得了统一,思维不但是上帝的主体融入人的自我意识的过程,它也是人通过其精神(自我意识)的规定而通达到上帝的过程。这样,在黑格尔那里,神和人就通过自我意识的活动而达到了真正的融合。上帝通过绝对的主体,把自身分化为差别化的形式。那个差别化的形式也即是圣子。圣子通过耶稣基督这个人而显现出来,他带着上帝的灵而思维。而那个灵作为精神,也即是上帝传达出来的圣灵。这样,圣灵通过耶稣基督那个人便被带到人间。人在其自我意识中接受到圣灵,这样,人便在其思维活动中认识到上帝。上帝既是一个绝对主体在其最高的理念中运思的思维者,同时又是把自身的绝对思维转化为个体形式的本质规定。因而,在黑格尔那里,上帝通过思维而显现其特殊规定的关系便从肉身关系中转化出来,三位一体的关系从位格之间的外在关系转移到绝对理念的内在关系。

在黑格尔的哲学中,完成这样一种转变的过程是历经时日的。在早期(1795年到1810年左右)黑格尔的观点还基本上与基督教的观点是相近的。在神人关系的问题上,他也保持了与基督教较为一致的看法。他在1795年所撰写的《耶稣传》中,就基本上秉持了基

督教的原则,即把耶稣基督看成是与天父之间的一种血肉关系。在
《基督教的权威性》一文中,他也强调了作为一种权威性的宗教,首
先要确定人性的概念及人性与神性的一般联系。这样的观点,基本
上还是被基督教的理论所支配。我们在黑格尔早期的其他一些文
章中,也可以看到许多类似这样的观点,这些观点基本上是按照基
督教的观点展开的,还没有展示出黑格尔较为独立的理论。比如,
黑格尔在《基督教的精神及其命运》那一篇文章中,他一方面批评了
基督教的那种简单的神人一致性,另一方面,则也肯定了那种神人
关系的统一的本质。他曾这样明确地写道:"但是耶稣不仅称自己
为神的儿子,而且又称自己为人的儿子。如果神的儿子表示他是神
的一种变形,那么人的儿子表示他是人的一种变形。但是人不是唯
一的本性,唯一的本质像神性那样,而乃是一个概念。一种思想物。
人的儿子在这里就意味着一个从属于人的概念之下的东西。耶稣
是人,是一个正规的判断,这里的宾词不是一个本质,而是一个共
相,一个人或人的儿子。神的儿子又是人的儿子,神在一个特殊的
形态下表现为人,无限与有限的结合当然是一种圣洁的神秘,因为
这个结合就是生命本身。"①

　　这里黑格尔显然是坚持了基督教的理论。尽管黑格尔使用了
本质及共相那样的概念,但黑格尔还没有在绝对理念的形式上去确
定神人结合的关系,而只是把神与人那种无限与有限的结合看成是
一种神秘的结合。这基本上反映出黑格尔早期对神人关系的那种
理解。在这种理解中,黑格尔坚持的是基督教哲学的一般原则。在
其他一些地方,黑格尔也曾表达过类似的观点,即耶稣的形象由于
缺乏永恒的生命还不能达到美和神性,但在耶稣复活这个事件中,
耶稣又获得了崇高性,因为精神与肉体重新结合,生与死的对立也
就消失了。从这一意义上说,耶稣作为一个有限者便又在精神中统
一起来。黑格尔把这样一种统一看作是个体精神进化的过程:"但

---

① 　黑格尔:《黑格尔早期神学著作》,贺麟译,商务印书馆,1988 年版,第 358 页。

是精神与物体没有任何共同之点，它们是绝对的对立面。它们的合一（在这个合一里它们的对立停止了），是一种生命。生命就是具体化的精神，当这个精神作为一种神圣的，不可分的东西在起作用时，那么它的行动乃是同一个有血缘的存在。同一个神圣之物的结婚，并且是一种新事物的创生和发展，这个新事物乃是精神与物体的合一的表现。"①

　　实际上，个体生命的精神化的过程，是黑格尔建立新的神人关系的一条主线。这样一种关系的建立，也花费了黑格尔近二十年的时间。这一情形，也如同绝对理念关系的发展在黑格尔哲学中的发展一样。我们可以看到，甚至在精神现象学时期，黑格尔的理念哲学也还没有真正建立起来，这时黑格尔所运用的观点尽管有了许多新的变化（比较康德、费希特及谢林的哲学），但其主要的理念关系（辩证逻辑的关系）还没有被运用。在《精神现象学》那部书中，黑格尔在认识的关系中还是使用了双重共相的观点。但显然，那样的观点来自于经院哲学的共相理论，而不是柏拉图和亚里士多德的理念的关系。实际上，黑格尔哲学真正的形成，是在《逻辑学》那部书中。绝对理念（绝对精神）的体系是在那部书中建立起来的。而理念关系的系统化和逻辑化，也是在那部书中完成的。黑格尔在逻辑学中所形成的观点，才是他理念哲学最为成熟的观点，它代表了希腊哲学以来理念哲学的最高形式，同时也代表了黑格尔对德国古典哲学的全部的吸取和发扬。许多人都认为《精神现象学》是黑格尔最为重要的著作，从某个视角去看，这样的观点并没有错误。但是如果人们不能指出《逻辑学》才是黑格尔理念哲学的精髓，只有它才展示了黑格尔真正的思辨理念，那么，上面的那种观点就无足轻重了。至少它没能真正理解黑格尔哲学的要义。《精神现象学》那个阶段，黑格尔还在尝试着去建立一个体系，那部书的视角是多维化的，也没能建立起理念哲学的关系。它的方法从某一角度看是人类学的，

---

① 　黑格尔：《黑格尔早期神学著作》，贺麟译，商务印书馆，1988 年版，第 394 页。

同时也夹杂着意识心理学的成分。尽管它具有无限繁复的内容及庞杂的线条，但其主线却缺少理念脉络的支撑，也缺少辩证逻辑的运用。实际上，《精神现象学》那部著作，还是黑格尔在摸索时期的产物，在这个时期，黑格尔还在追随着谢林，而没有从绝对理念的关系上完全独立出来。因而，尽管《精神现象学》是一部伟大的著作，但它并不能标志着黑格尔哲学的真正形成，绝对精神的关系真正被确立起来，是在《逻辑学》那部书中，而那部书的出版，则是在《精神现象学》之后的第五个年头了。

　　我们可以看到，黑格尔的神人关系理论也是如此。它也经历了从早期较为一般的观点向较为成熟的观点的转变。他渐渐地把基督教哲学的神人关系转入到他的绝对理念的框架，并把基督教的逻各斯肉身关系改造为精神思维的自我意识的关系。这一点，在黑格尔的《哲学史讲演录》中，也有所体现。而在他晚年的较为成熟的著作《宗教哲学》中，这一点又得到了更为充分的发挥。在《哲学史讲演录》中，黑格尔已经确立了这样的观点：即绝对者作为神不是一个表象，而是一个精神。神是作为一个启示者而被人们意识到的。而人们也只能在意识（自我意识）中才能达成神与人的统一。在这个地方，黑格尔开始很自觉地把基督教的原理纳入到他的绝对理念之规定，这也即是把基督教的外在的肉身关系（上帝通过其肉身显现为存在的关系）纳入到内在的思维关系，在此意义上讲，黑格尔也就借助了基督教哲学，并在原则上改进了它。他把基督教哲学的那些外在规定去掉了，而在精神的层面，则切入到绝对精神纯粹思维的形式，这也正是黑格尔哲学的超越之处。尽管黑格尔在许多地方都讲到，他自己是路德教派的信奉者，但在神人关系问题上，他却超越了新教的规定，而建立起一种全新的神人统一理论。他在《哲学史讲演录》的导言上就表达了这样的观点，即宗教与哲学尽管在内容上相同，但在形式上却是相异的。因而，神人关系在哲学的层面上，就不应该是一种外在的肉身及位格那样的联系，而应该是一种思维性的联系。用黑格尔的话去说，也即是通过一种思维的知识去达到神人和合。而上帝的关系只有通过思维的活动,才能成就为一种纯粹的精神。因为精神是无限地高于自然的,神性的表现在精神里也要多于在自然里。黑格尔这样确定地表达了这一层意思:"如果认为上帝是自然界的主宰,为一切事物的顶峰,那么,什么是自由意志呢?难道它不是超出于精神世界的主宰,或者既然它自身是精神性的,难道它不是内在于精神世界的主宰吗?"[①]这里,黑格尔正是指出了那样的观点,即生出肉身的自然关系从本质上说,乃是一种内在的精神关系,生命与其更高者的联系是一种精神本性的联系。从外在的现象形态看,它表现为是与自然的联系,但从其绝对精神的内在规定来看,生命者正是精神者的外现,作为自然的规定,它是一种异化者,而作为精神的内容,它乃是无限的精神与有限精神的关联,换言之,人的存在乃是神的无限精神与人的有限精神的一种关联。

我们在黑格尔较为成熟的理论中,一再可以看到这样的观点,即上帝作为绝对者乃是一个普遍性的绝对精神,而人则是在有限的自我意识之内去认识上帝。人和神之间的联系乃是精神性的联系,而这种联系是通过思维内容去实现的。黑格尔在一个地方这样写道:"作为上帝的肖像,人之优越于动物和植物是谁也承认的,但一问到在什么地方去寻求神性,去看见神性,于是像前面那些说法,却不从优越方面而从低级方面求。同样,即就关于上帝的知识而论,最值得注意的,即基督不把对于上帝的知识和信仰放在对于自然产物的赞美上面,亦不放在所谓对自然的主宰的惊叹或对于预兆与奇迹的惊叹上面,而乃放在精神的证验上面,精神是无限地高于自然,神性表现在精神里较多于在自然里。"[②]这里可以看到,黑格尔是坚持了绝对精神的立场,把基督教哲学的观点进行了改造。实际上,也就是把基督教的外在原则引入了思维的概念关系。我们在黑

---

　　① 黑格尔:《哲学史讲演录》第一卷,贺麟、王太庆译,商务印书馆,1981 年版,第 66～67 页。

　　② 黑格尔:《哲学史讲演录》第一卷,贺麟、王太庆译,商务印书馆,1981 年版,第 67 页。

格尔的宗教哲学中,可以看到黑格尔渐渐完成了这项工作。这项工作的首要任务,就是把上界界定为是精神(绝对精神)。这一点,正是黑格尔的宗教哲学所要达成的目标。黑格尔在自己的《哲学史讲演录》中就表达过这样的观点,即把上帝看成是绝对的本质,绝对的精神。在那里,黑格尔已不再把上帝看作是一个彼岸者,一个过渡到肉体形式的存在。而是把上帝看作是一个精神性的主体。这个精神性的主体具有绝对的自我意识,它的本质是思维,通过思维,它分化了自己。从思维的形态来说,它产生了差别化的意识。那个意识在人的形态中成为了自我意识。而从存在的形态说,上帝作为无限的存在则产生了有限者。上帝在自身中显示出差别化的规定,那个规定作为自然的环节(那个自然的环节是作为精神扬弃物的形态而出现的),也就是人的躯体及自然形态。黑格尔这样写道:"我们说,上帝创造了人,创造了世界。这是一种在自身中的规定。这个规定首先就是一种在自身中对于自身的规定。这个规定就是有限物的开始的一点。在自身中作区别这一点。就是使自己与有限的世间的东西调和的一点。有限事物就是在这一点上开始于自在自为的存在之中。有限事物的根源,就在于上帝在自身上作分别,就在于上帝的具体本性。"① 这里黑格尔强调了上帝的那种具体的本性,那个具体的本性不是别的什么,就是一种精神性。作为绝对的主体,它就是上帝。作为绝对的思维者,它是设定差别者。而作为绝对的本质,它又是自然的创造者。这里黑格尔改进了基督教哲学的上帝观,把它引入到绝对理念的形式。黑格尔的核心思想是,上帝是精神,但上帝也是存在于自我意识之内的精神。

正是在这个地方,黑格尔才建立起一种以自我意识和精神为中介者的神人关系。这样一种关系是以思维的理念为内容的。这里,黑格尔一方面把绝对理念的关系扩展为上帝的三位一体的关系,另

---

① 黑格尔:《哲学史讲演录》第三卷,贺麟、王太庆译,商务印书馆,1981 年版,第 160页。

一方面,也把圣父、圣子及圣灵那样的关系解释为理念自身分化之形式。而分化者上帝作为绝对的主体,就是一种纯粹精神。绝对精神就是在三位一体的形式中实现出来。在黑格尔看来,缺少这种三位一体的规定,上帝则成不了精神。因为精神(作为绝对者的精神)不是别物,正是自我区分者。所谓自我区分者,也即把自身区分为对象的那种关系。只有上帝,才具有这样一种能力。上帝是绝对的本质,这种本质作为一种理念的力量,则不可能存在于世界之外。它是存在于一切之内的精神,而存在于一切之内的那种精神,恰恰是通过上帝的绝对思维所展示出的绝对精神。精神的本质就在于自我展示,以便作为精神而存在。从这一意义说,上帝也就是最高的具体者,也就是构成绝对运动的那个思维的主体。它一方面表现为一种理念的纯粹思维,另一方面又表现为由那种思维关系所构成的实体运动。这也即是说,上帝作为一种精神既是绝对主体之思维,同时又是由思维转化出来的那种存在。因此,上帝的精神也即是绝对理念的自身运动。通过理念自身的运动,上帝才实现出自己的内容。黑格尔直接写道:"上帝是精神,并非个别的精神,而是这样的精神,他对自身来说是对象,而在他者中则将自身作为自身予以直观。精神的至高规定为自我意识,它包容这一对象于自身,上帝作为理念,对客观者来说是主观者,对主观者来说是客观者。如果说主观性环节继而规定自身,作为对象的上帝与认识他的精神之间将从而出现区分,那么,在这一区分中,主观方面将自身规定为属有限者的范畴者,而且两方面将相互对立,以致两者的分离构成有限性与无限性的对立。"①

这里非常明显,黑格尔已经把上帝引入了绝对精神的规定中。正是从这里,黑格尔把基督教的神人关系切入到他的绝对理念中。这样,神作为上帝就不再是一个抽象的普遍者(像基督教所设定的那样),而是一个具体的普遍者了。作为绝对主体,上帝就是绝对精

---

① 黑格尔:《宗教哲学》上卷,魏庆征译,中国社会出版社,1999年版,第52页。

神,黑格尔在自己的主要著作中,都曾再三地强调过这一点,即上帝是作为绝对者而存在的。绝对者不是抽象的自我等同,即主体所作的那个形式化的规定,自我等于自我那个规定。而是通过思维的差别设定出具体的规定。从这方面看,具体者就仍是自身普遍者。在思维中(绝对理念的自我意识中),它包含了自己的对象在内。这个过程,它也就把自身分化为异己的东西。在自身内造就了差别化的意识。这样,它也就形成了外在的差别。这个差别,正是绝对理念从自身的思维中排斥出来的外物(异己之物)。它们是一种异在之物(异于精神的外化之物)。用黑格尔的话说,它们是一种对象形式的存在,是绝对主体在自身设定出来的对象性的存在。由于这些对象性的存在是主体差别化的自我意识所设定的,绝对主体的思维就不再是一种抽象形式的同一(自我=自我那样的同一),而是一种具体化的同一了。这就是为什么黑格尔会认为,上帝作为一种绝对精神,对于客观者来说是主观者,对于主观者来说是客观者。其原因,就是因为上帝是在自身内设定其对象,上帝通过运思在自我意识内设定差别,然后将那些差别转化为存在。这样,上帝也就是通过思维运动在自身内创造了对象世界。那个对象性的世界在黑格尔那里,也即是自然。比较基督教哲学的观点,这里有一个明显的区别,在基督教哲学中,上帝是在无中创造了世界,《圣经》的创世记就这样描述道:"神说,要有光,就有了光。神看光是好的,就把光暗分开了。神称光为昼,称暗为夜,有晚上,有早晨,这是头一日。"①可以看到,《圣经》所谈到的神的创造与黑格尔绝对精神的那种创造有本质的不同。其一,《圣经》中所说的上帝是在无中创造了世界,而黑格尔的绝对绝对精神是在思维中外化出世界。其二,在基督教中,现实(实在,实存)并不是被当作自然来看待,而仅仅是被当作受造物来看待。受造物一方面完全依赖于上帝,另一方面,又与上帝有天壤之别。物作为自然在基督教里并没有真正的独立性。而在黑格

---

①　中国神学研究院:《圣经》,福音证主协会出版 2000 年版,第 6 页。

尔那里,自然却是绝对精神的外化物,它是绝对精神自我异化的结果。它是被排斥出(由于纯粹思维的否定和扬弃作用)精神之外的东西,因而物质作为自然有着相对的独立性,这也即是物质所表现出来的自然规律。其三,基督教把上帝的创造看作是在语境中完成的,即上帝通过言说创造了世界。这样,在基督教哲学中,上帝所说的话语就是最高层面的东西。上帝只要说出那个想要被创造的对象,那个对象也就可以被创造出来。这也就产生了语言的逻各斯,它是上帝所说出来的话语,正因为它是上帝的话语,它也就是道言。在黑格尔那里,绝对精神作为最高的主体并不说出具体的话语,它是在思维中去完成自然建构的。思维从某种意义上说,并不含有预先设定的含意,也即绝对精神在运思中并不会有提前预知的情形。那种提前预设的情形在基督教的神意里,就是要创造某物。实际上,在黑格尔的绝对理念(绝对精神)中,创世甚至是一种消极的含义。自然是被绝对精神创造的,但自然也仅仅是精神异化后而被排斥出主体(自我意识)之外的东西。因而在黑格尔那里,物质作为物质尽管不是终极性的东西,但它也不是一种事先被预想过的(设想到的)存有。它不可以被回溯到意识预先就打算建构起来的那种存在。我们在约瑟夫·拉辛格的《基督教导论》中,可以看到他对基督教创世理论的深入评价,其中一段话,则正代表了我们在这里所作的分析。他写道:"有一点是确定的,基督信仰也会讲,存有是被想过的存有。物质指向它自己之外的理念。而将其作为较早的、较本原的因素。但是基督信仰与理念论(观念论,唯心主义)有所不同,理念论将所有存有都变成涵容性意识的暂时表现,而基督教对天主的信仰则认为,存有是被想过的存有,但这并不是说,它只是理念。它乍一看是独立表象,但深入理解它时,就发现它只是现象。恰恰相反,基督徒对天主教的信仰意味着,事物是一个创造性意识,一个创造性自由的被想过的存有,这个支持一切的创造性意识释放了所思想的东西进入一个独立存有的自由,如此一来,这远远超越了任何纯粹的理念论。正如我们所讨论的那样,理念论将所有真实的事物解释成某个意识的具体内容,而基督信仰则认为,支持一切事物的是一个创造性的自由,这个创造性的自由把在他自我存有的自由内所想过的东西摆放出来,这样一来,一方面,事物是一个意识的被想过的存有,另一方面,它也是一个真实的自我存有。"[1]拉辛格这里所表达的观点,正是基督教的核心性的观点,显然,这与黑格尔的绝对理念的观点是不同的,这个地方,表现出基督教和理念哲学的分野,不过也正是在这个地方,表现了黑格尔对于基督教哲学的那种精神维度方面的超越。

在黑格尔那里,上帝作为普遍者被设定为绝对精神。但精神的本质是自我区分者。它是绝对的自我意识,同时又是设定对象的意识。因而,在黑格尔那里,精神就是双重的意识运动。一方面,它是绝对的思维者,是绝对主体;另一方面,它又是设定对象的东西,它要在自身内设定差别,把自身绝对的普遍性转化为具体的普遍性,即成为对象化的形式。由于这个对象化的意识是在绝对精神之内建立的,它也就仍然是自我意识。只是这个对象化的意识已是主体中的一个差别者了,因为对象化的意识已是纯粹的我思转化为特殊者的那个意识了。也就是在这个特殊者的(特殊对象)的意识中,一种具体化的思维形态才算达成。我是我那种抽象的普遍性才会被扬弃,而实在性的关系才会被建立起来。因为实在的关系乃是特殊本质的产物,而那个本质在绝对精神中,也就是某种对象化的意识。它一方面是绝对精神主体化的产物,另一方面,也是主体把自身的自我意识差别化的产物。在这个地方,作为绝对精神的上帝便表现了一种思维的运动关系。上帝不是在感受、想象或预设的状态中去创造,而是相反,上帝只是在进行纯粹的思维运动,正是在思维的运动中,上帝才完成了自身的显现。而那个显现出来的世界,也就是自然。

与基督教哲学不同的是,黑格尔不但把上帝规定为第一者,同

---

[1]　约瑟夫拉辛格:《基督教导论》,静也译,上海三联书店,2002年版,第117页。

时也规定为显现者。上帝一方面在精神的设定中向自身显现，同时也向本质以外的他者显现。这样的显现，正是由绝对精神的本性造成的。绝对精神作为主体，要把一个对象化的存在设定出来。这也即是精神向自身之内显现一个对象，另一方面，这个对象的外化形态又显现为一个他者，也即作为特殊的实存独立于主体的情形。这二者，正是绝对精神自身区分的环节。上帝是被规定为意识（绝对的自我意识）而存在，同时也是被规定为向外部显现的他者而存在。正是在这种关系中，个体者才能存在于神中，而神也才能表现为外部的生命个体。上帝本质上是绝对的意识，而绝对意识就是外现出差别的那种意识。黑格尔这样明确地说："就此而论，上帝是绝对第一者，而过程则在于绝对精神之理念在自身的活动和运动。精神为自身而存在，亦即使自身成为对象，面对概念的自为存在。乃是我们称之为世界，自然者，这一区分是第一环节。另一环节在于，这一对象自身复返其渊源，它依然从属之并应复返。这一运动成为神圣的生命，作为绝对精神之精神，首先是自我显现者，为自身而存在的自为存在，显现本身乃是自然，而精神并不仅是显现者，不仅是为某者的存在，而是向自身显现的自为存在，它是作为精神的自身之意识。"①这里，黑格尔提到了自为存在这个概念，这是黑格尔哲学的一个较为重要的概念。这个概念包含了理念运动的内在原则，也包含了理念的那种自身设定环节的特征。自为存在是从自在存在中发展出来的概念形式，自在存在为概念的潜在阶段，通常在黑格尔那里，它为概念的原始环节。在《逻辑学》中，概念的运动就被黑格尔规定为是由自在存在向自为存在那样的发展形式。实际上，自在存在与自为存在并不是对立的形式，而是作为理念发展的不同阶段而被设定出来的。在自在存在阶段，理念（绝对精神）还处于存有的形式。那是有（存在）所显示出来的较为低级的形式。在那个阶段，概念还处于自身等同的状态，还没有发展出差别化的环节。而在概念

---

① 黑格尔：《宗教哲学》上卷，魏庆征译，中国社会出版社，1999 年版，第 160 页。

的自为存在阶段，概念已经分化了自身，它已经在自身内设定了差别，这样概念也就把自身内深层的东西展示出来。作为对象性的形式，它们是思维的特殊环节，而作为思维扬弃物的形式，它们则是外部的自然存在。这就是为什么黑格尔把自然的存在看成是理念的自我区分者，并把理念身上显示出来的那种区分看作是自然。黑格尔称精神为显现者，而在精神中显现出来的那种存在，也即是自然。从这一意义说，自为存在就是发展出自然关系的那种存在。它是绝对理念实在化的表现，而自然的出现，也正体现了这种实在化的关系。

在黑格尔那里，自然尽管不是被预设出来的，像我们先前所提到的那样，但是自然的存在也并非无足轻重，因为它反映了一种绝对精神（上帝）的自我区分的关系。这种关系不但反映了显现与自身者，同时也反映了个体生命的对象性的形式。正是在自然的关系中，神与人才形成了一种结合，神的精神性与人的自然性才得到了贯通。黑格尔一直认为，神作为上帝就是精神者与自然者的统一。这种统一本身是由精神所设定的。那也即是说，神本身并非直接作为精神而存在，它是在人的自由中作为扬弃的自然的形式而存在的。那也意味着，人作为一种自由的形式，乃是达到精神存在的个体者。这个个体者尽管被自然所规定，但同时又是超越于自然规定的精神的。在这一点上，黑格尔也曾有这样明确的说法："神直接被规定为自身蕴涵自然的规定性的抽象，然而并非规定为绝对的无限的精神。既然这一自然的规定性在其中被设定，它便将其并确定地包容于自身。诚然，它是这一自然的规定性与精神者的统一。然而，既然这一自然的规定性继续存在，那么，两者的统一则是直接的，仅仅是自然的。而非真正的精神的统一。"[①]实际上，真正的精神统一在黑格尔那里，则是扬弃了自然的形式，它是一种人在自我意识的自由中与绝对精神的统一。在一般的意义上，人的这种自我意

---

①　黑格尔：《宗教哲学》上卷，魏庆征译，中国社会出版社，1999 年版，第 179 页。

识,是作为有限者的有限的意识。它是一种与普遍者的分裂,同时也是与自然的一种分裂。但黑格尔也指出,正是这一分裂,才形成了与绝对精神和解的载体。绝对精神会将自然的实存显示为对立者,同时,绝对精神又会借助于对异化的否定而重新回归自身。黑格尔认为,为了复返自身,精神者必须在其途程经历无数的分裂,唯有通过双重的分离,精神的自由才可以达成。一方面,它(精神)要从原初的纯粹性中分离出来,使自身成为有限者及自然存在;另一方面,它又要超越于自然的有限性,从有限精神那里再返回到绝对精神,用黑格尔的话说:"个别者的使命在于,复返普遍者。偶性者的使命在于,复返实体。这一过渡之成为中介,乃是由于它是从始初的,直接的规定性向他者,向无限者普遍者之运动。……这一运动是必然的,它设定于概念中。这一有限者是自在有限的,这便是其自然,向神之擢升(上升)。正如我们所知,在于有限的自我意识未停留于有限者范畴,离之而去,予以摒弃,并成为无限者。这发生于向神之擢升中,亦为有限的自我意识中的理性者。这样的发展过程,是深度内在者,纯逻辑者,然而,如作这样的理解,它只是表现全体的一方面,有限者消失于无限者中,其自然便在于此。"①

这里,黑格尔提出了向神擢升的概念,这个概念正包含了思维的规定,即精神必须要扬弃自然性才能复返为精神。正是在向精神的复返中,人才能接近神。在黑格尔看来,自然精神是可以意识的精神,而人则是发生于机体中的可意识者。神是精神存在的己内本质,这一本质作为主体来说,便是纯粹的自我意识。而神作为自身形式的客体,也即是自在精神的自然。自然真正的诡异性乃是精神的显现,这表现为人的精神及其对于自然本质的自我意识。上帝作为绝对者是自由的精神。正是由于上帝是绝对的自由者,他才创造了他自身的他者。上帝是一种自由之神,他通过创造自身之对象的关系创造了人。这个人也即是(上帝)自身之他者的规定。通过这

---

① 黑格尔:《宗教哲学》上卷,魏庆征译,中国社会出版社,1999年版,第249~250页。

一规定,他扬弃了自然性,人在其精神性中是对自然关系否定性的存在。因为他在自我意识中建立了与神的和解的关系。这样,人也就在精神中获得了自由。这种自由表现在,人是通过自己的精神而塑造自己的神。由于神是绝对的精神,是纯粹思维,神也就成为自身之中介。而人作为中介者则直接在神中。用黑格尔的话讲,人和神述及对方时皆可表述为:此乃是来自我的精神之精神。神和人皆在其精神规定中实现自己。当然,在此关系中,神是作为精神本质的己内存在,而人则是精神的个体化的显现,他是(从精神中)外化出来的神之形象。黑格尔这样写道:"只有当神显示自身并展现为这一个别的人,而精神,对如此的精神之感性的知,成为神的真表现。只有当感性成为自由的,亦即它不再与神相关联,而显示为与其形象相应者,感性,直接的个别性才被钉于十字架上。然而,在这一转化的过程中,似乎神的这一外化,神取人之形象,无非是神圣生命的一方面,因为这一外化和自身显现为独一者所反向行之。于是独一者始而为思和社团呈现为精神,而个别的,实存的,现实的人被扬弃,并作为环节,作为神的异体之一,设定于神。只有这时,人作为这一人最先呈现为真正内在于神内者,神圣者之显现成为绝对的,精神本身成为其表现的范畴。"①

黑格尔认为,上帝作为绝对者实际上就是绝对精神。而精神则是概念与实在的统一。概念的总体作为自然,也就是实在。既然绝对的概念,也即是神的自然之表现,那么神的自然与人的自然的统一,也就是精神与实在的统一。这种统一本身就是绝对精神的表现。正是在这种统一中,人与神便从自在者转化为自为者。黑格尔在许多地方都强调过,说神创造世界,实际上也即是从精神(理念)向客观性的过渡。在这样一种过渡中,上帝的三位一体的关系才实现出来。上帝作为整体之普遍者乃是圣父,圣子则是无限者的特殊性,是上帝之显现,而圣灵则是名副其实的个别者。在黑格尔看来,

---

① 黑格尔:《宗教哲学》中卷,魏庆征译,中国社会出版社,1999 年版,第 541 页。

作为一种统一的存在,这三者皆为灵。绝对精神之内在关系也即(上帝)自身映现之关系。上帝自己设定自身,在设定自身的同时,也设定出自然。自然作为神之异在乃是作为扬弃者而存在的,这样,绝对精神就必须通过扬弃自然而返归自身。人作为有限者乃是有限的精神,但这个有限的精神则正是无限者的范畴。因为自然对于人来说,不仅显现为直接的外在世界,而且也显现为人在其中的识神之世界。正是从这一点讲,上帝对于人来说才是一种精神的启示,上帝是自身启示者,在精神与自然的关系上,人通过启示而获知。启示在基督教中含有光照之意,而黑格尔的启示概念,则蕴涵了精神的传达和昭示。这也即是精神使自身成为自身之对象的含义。黑格尔自己就曾表述过,说精神的目标就在于使自身成为其对象,而这也就是昭示。昭示是一种精神的性质,这也即是通过设定对象之关系而显现自身之性质。当然,黑格尔也曾运用过基督教的那种表象化的解释方式,比如,他就曾把普遍者上帝说成是照耀之光,因为纯粹的精神(上帝)除光之外,并无其他内含。在另一个地方,他也把自然比喻为光照,他直接这样写道:"在思的观察中,自然对我们来说则是理念。这样一来,这一对自然的光照,精神,则属另一范畴。精神外在于自然,反之,精神的规定则在于,理念在于精神中,而绝对者,自在自为之真则为精神而存在。"①这里,黑格尔是以表象直观的方式对上帝进行了解说,这也表明了黑格尔与基督教传统的那种联系。但在大多数情形下,黑格尔还是以理念为其精神的特有内容,理念不但是区分三位一体关系的本质,也同样是最高主体显现的本质。在这个地方,黑格尔基本上还是坚持了思维关系的一致性,而没有采取基督教哲学的那种外在的位格关系。

在黑格尔这里,因为精神乃是神自身昭示之关系,人作为有限的精神则是一个被昭示者,因而,人也就成为精神的中介者。换言之,人不只是作为自然生命而存在的,同时还是作为识神者(识神的

---

① 黑格尔:《宗教哲学》上卷,魏庆征译,中国社会出版社,1999年版,第85~86页。

对象)而存在的。这样,人就处在双重的关系(规定)之中。一方面人是自然生命,作为自然存在,他是有限者,服从于自然律的规定;另一方面,人又具有精神性的规定,人是自我意识,他在其意识对象那里领受到普遍性,而那个最高的普遍性,则是上帝的精神。在黑格尔那里,由于绝对精神是绝对本质,是绝对的自我的分化者,因而,自然就是作为被分化的产物而存在的。因为精神就是要借助于精神而生,这样,人作为精神者也就从最高的精神中衍生出来。直接的自然并非知性,它虽为上帝所造,但精神的关联还并不被自然所知,而只被人的自我意识所知。正是人的自我意识通达到了上帝的意识,既然人可以通达到上帝的意识,人也就具有神性。神性在黑格尔那里不是别的,正是思维性,正是精神的思维的本性。上帝作为绝对者(绝对精神)也就是纯思,而人作为有限的自我意识则是对思之思。而这二者,又都是由思维的普遍性所构成的。在黑格尔看来,神和人的关系就是被思维的关系所联结,神是作为终极者的意识而存在,而人是作为有限意识而存在。神与人的关系就是普遍与特殊的关系。这也正是黑格尔改造了基督教哲学的地方。黑格尔把基督教的第二亚当的关系(即亚当作为上帝之子的肉身关系)改造为人的自我意识的关系。这样,普遍者便被表象为初始第一人。这个人从自然的关系上说,是人的存在,从精神的关系上说,则又是神的存在。用黑格尔的话说:"初始第一人,据思来看,应是这样的人,并非某一个别者,偶然者,众多中之一。而是绝对第一者,与其概念相应的人。这样的人是意识,他因而进入这一分裂——意识,它在其进一步的规定中则是认识。"[①]这里,黑格尔表达了这样的思想,即人是作为自我意识者而存在的。正是这种自我意识的特征,人才表现了神性。基督作为初始第一人,乃是上帝和普遍者。而人在其类的存在的意义上,则是普遍者身上分化出来的特殊者。上帝是初始的普遍之思,而人则是对象化的自我意识。正是在这一

---

① 黑格尔:《宗教哲学》中卷,魏庆征译,中国社会出版社,1999 年版,第 657 页。

关系中,人才获得了绝对的意义,他成为神所关注的对象,并在神的关注中获得神性。在黑格尔那里,神的自然与人的自然是一种统一的关系。这种统一之所以可能,乃是在于精神的那一主体性的基础。其中基督是绝对第一者,作为普遍者,他是人的思维及绝对精神的自在自为的理念。而作为其理念的客观性,他又与自然合一为人者。正是在这个基督身上,完成了神的自然与人的自然的统一。这也即是说,一个个体的生命在此规定中被设定为具有神性者。正是在这一规定中,神的那种彼岸性才被扬弃。黑格尔认为,这里正是基督教立于真理的地方。在这个地方,基督显示为一个活生生的人。这样,它也就把神所显示的真理带到人间。就此来说,上帝之国也就破天荒地出现在世界之内。这正是基督教所带来的无限的价值。当然,由于基督作为神具有人的自然属性,这就使基督具有了自然的限制。这一限制表现为自然生命的死亡。但黑格尔用自己的观点指出了这一事件的另一种性质,即死亡是有限性的顶点,这是因为它是自然的有限性,这一自然的有限性是神圣理念自身的表现。它通过一种自然的死亡而向精神(绝对者)回归。用黑格尔自己的话说:"这一死亡乃是被设定为上帝之一环节的爱,而这一死意在求得和解。在其中,绝对的爱被直观,神者与人者的同一在于:神在有限者中在于自身,而这一死中的有限者是神(上帝)的规定。通过死,神(上帝)使世界和解,并使其同自身永恒和解。这一从异化状态的复返,是向其自身的回归,正因为如此,他是灵,基督的复活因而是第三环节。这样一来,否定被克服,否定之否定因而是神之自然的环节。"①这里,黑格尔指出了第三环节,即否定之否定的概念。这个概念是黑格尔逻辑学的核心概念。它表现为理念分化自身,又扬弃分化而回归到自身的运动。实际上,这也就是绝对精神不断上升到更高环节中去的运动。这里,黑格尔把这个概念运用到宗教哲学中,表明了黑格尔在哲学原则和方法上的统一性。他既在

---

① 黑格尔:《宗教哲学》中卷,魏庆征译,中国社会出版社,1999 年版,第 687 页。

纯粹思维的环节中采用这一方法,也在具体的环节中采用这一方法。从这一点,也可以看出黑格尔哲学的一贯立场:即理念是绝对精神的思维,而绝对精神的运思者也即上帝。这充分表明了,在黑格尔那里,原则和方法的贯通始终是存在的,只是在不同的地方,有着差别化的应用罢了。黑格尔始终把基督教的自然关系看成是绝对精神的外化的关系,它是理念的否定者,是作为差别而被扬弃的东西。但正是在这种关系中,自然的外在性也被扬弃了。精神的异己者将再次被否定。这样,基督之死的那种自然关系也同样作为外在的关系被扬弃,精神将通过基督那个神返回到自身,返回到绝对精神的内在性之中。而这也正表现为基督的复活。这样一种运动,也即是绝对精神的否定之否定运动。上帝作为内在的绝对精神是自身的肯定,那个思维对象的自然化则又否定了纯粹思维的关系,基督外化出来,获得了实存和定在。但自然作为有限者则消亡自己,生命的死亡便是这一消亡的表现。因而,自然的那种否定性(对绝对精神之否定)便丧失了,精神又扬弃了这一否定,扬弃了自然的那种有限的形式,并在扬弃的过程中复返自身。而这也即是否定之否定的精神运动,通过这一关系,精神便从异化的状态中复返到自身,而这个运动所借助的,正是思维的自我分化的原则。这也就是为什么黑格尔会把上帝的三位一体的关系称之为灵的关系。因为正是借助于灵,上帝(绝对精神)才分化出圣子,而联结圣父与圣子那一纽带的,则正是圣灵。黑格尔明确地指出:"因为上帝作为灵是三位一体的,它是这一自我显现、自我客观化以及在这一自我客观化中之与自身的同一,它是永恒的爱。这一客观化充分发展,达到上帝的普遍性和有限性的极点。死亡,乃是以扬弃爱与无限痛苦这一尖锐对立的形态之复返自身,——它(痛苦)在爱中同时获得医治。"①可以看到,黑格尔正是在灵的关系中完成了三位一体的分化,也是在灵的关系中建立了精神与自然之爱。黑格尔还认为,正是通

---

① 黑格尔:《宗教哲学》中卷,魏庆征译,中国社会出版社,1999年版,第698页。

过这样一种灵的关系,基督教才完成了在精神之内与上帝的结合,这种结合又通过基督耶稣在现实的世界中实现出来。我们可以看到,灵的关系在黑格尔那里已经有了思维性的规定,它已经不是基督教的那种神秘的灵动,而是绝对精神在其自我意识之内的运思了。这一点,正是黑格尔宗教哲学的核心之点,也是黑格尔从基督教的那种道化肉身的外在关系中超越出来的具体表现。

实际上,灵的关系在黑格尔那里也即是思维的关系。灵不是别的,它是圣灵,是绝对精神(上帝)内在思维的表现。它是上帝与其自身之对象关系的中介者。正是通过圣灵的中介,上帝才完成了向耶稣基督的肉身过渡。黑格尔也认为,精神复返于这一中介的,正是上帝的圣灵。上帝一方面是绝对精神,绝对主体;另一方面,它又通过圣灵的关系完成了自身向他者的过渡。在圣灵的关系中,人的自我意识便被设定出来,而人正是凭借着精神性的存在,才超越了自然,并在有限的精神(自我意识)中返回到无限的精神(绝对精神)。从这里看,神人性的关系在黑格尔那里就有了完全不同的设定。人不是向基督教哲学所规定的那样,从无中被上帝所创造出来,而是从自然过程中转化出来。这种转化是一种精神的超越事件。它是精神的一种擢升。它超越了自然的简单规定,使人成为精神性的存在者。正是在这种精神性的擢升中,人才逐渐获得了神性。实际上,神性在黑格尔那里就是被设定为精神性的。但精神的本性不是别的,正是思维。上帝作为绝对精神,正是在思维关系中显示出威力,是思维的威力生成了外在化的自然。黑格尔之所以把基督看作是神人,乃是因为基督作为圣灵(之显示者)成就了与人的关系。通过基督,人者获得了思维的意识,也正是在那种思维的意识中,人才可以上升到思维的普遍性(神的普遍性)。正是在思维的普遍性里,人才获得了精神化的神性。

这里,黑格尔表述了一种双重自我意识的观点。这个观点尽管重要,但也有一些困难之处。按照黑格尔的理论,上帝作为绝对者是一个最高的主体。它思维,也就把思维之对象设定出来。而人那

个对象作为一种自然物是一种生命,作为一种自我意识的主体,他
又是个别者。人具有自我意识,正是在其自我意识中,人才可以领
会到上帝的精神。但这里,显然存在两种不同的自我意识。前者是
上帝的绝对精神,后者则是人的知性主体。在黑格尔看来,它们是
有差别的,但同时又是统一的。其区别在于,绝对主体的自我意识
是绝对精神,它是绝对者,是设定差别的东西,它在自身的绝对精神
中把对象化的差别物转化为自然形态,换言之,转化为生命的实存。
而人的自我意识则来自于人的知性活动,它不是绝对者,而是被设
定起来的东西。它是上帝在运思活动中设定出来的差别化的意识
(作为特殊者的有限的意识)。从这一意义上说,人的自我意识就是
有限的东西,它是绝对精神(绝对理念)的一种差别化的存在。它不
是绝对实体。黑格尔自己也曾区分出这样的关系,即人的思与真的
思,人的思在黑格尔那里被看成是一种抽象的主观活动,而真的思
则是神思本身。黑格尔曾这样写道:"实际上,我也就是这一纯粹的
思,我甚至是其表现。因为这样的我是这一抽象的,并无规定的,我
与我在我中的同一。我作为我之为思,无非是作为以主观的,对自
身反思的实存之规定所设定者,亦即思者。因此,反之亦然,作为这
一抽象的思的思,以其实存而具有的正是同时表现我的这一主观
性,因为真的思即是神,并非这样的抽象的思或这一单纯的实体性
和普遍性,而只是作为具体的,绝对充满的理念之思。"[1]这里,黑格
尔把真的思看成是神思,而神思与人思之不同,也即人思是抽象的
普遍性,而神思则是具体的普遍性。在黑格尔的理论中,暗含了这
样的观点,即上帝创造了自然,但自然对上帝毫无所知。于是上帝
便创造了一个有限的精神去认识自己。这个有限的精神,就是人。
黑格尔也基本上肯定了这样的思想,即人作为一种有限的精神,其
实正是上帝的一种绝对意识(绝对精神)的对象。上帝是通过人去
做那些特殊化的思维运动的,普遍者(上帝)为了避免一种形式化的

---

① 黑格尔:《宗教哲学》上卷,魏庆征译,中国社会出版社,1999 年版,第 290 页。

反思(即自我＝自我那样的同语反复)，他就把思维之对象设定在特殊的规定之中，而人那种特殊的自我意识，就正是上帝自身设定的结果。人是一种自然性存在，从这一方面看，人是一个有限者。但人的有限性正是上帝规定的结果，这样，人作为一种有限的自我意识，也就成为了绝对主体之内(上帝绝对精神中)的有限性。作为绝对精神，上帝正是通过设定有限意识的对象(即人的自我意识)，才成为一种具体的精神的。黑格尔在许多地方都强调过这一点，即上帝正是通过人的自我意识，才获得了对于自身的认识，而人也正是在那种对于上帝的意识中，才逐步获得了神性。

从某种意义上说，在神人关系方面，黑格尔给予了人一种神性，同时也给予了神一种人格化的特征。在一些地方，他的神人理论也显示出基督教神人关系的影响。比如，在他的宗教哲学理论中，他就直接表达过那样的观点：即我在神中，神也在我中。神是普遍者，绝对者，而我(作为个体生命)是有限者，消逝者。人与神的关系表现为那样的关系：神在其自身中是一中介，神通过设定其对象而成为具体精神。而人则是这一中介者，通过绝对精神之设定，人才获得了自我意识。而那种自我意识所专注的普遍性，则就是对于神性的思维。黑格尔似乎是认为，只有当神显示了自身并把自身显示为一个个别的人时，绝对精神才算是完成了自己的使命。因为绝对精神乃是使个别者获得精神的精神。而人作为独一的可接受精神者，也就在其自然外化的过程中，显像为人者的形象。用黑格尔意思去说，也即人作为这一人，是最先呈现于神之内的。他取之于人的形象，只是神在其自身内设定异体的一个方面。他这样明确地写道："上帝则是自由的人之神。既然属于上帝本身之规定者为：他在自身是自身的他者，而这一他者是在于其自身的规定。在其中，他复返于自身，人者与其和解，人者在于上帝本身。这一规定从而被设定。这样一来，人知人者为神圣者本身的环节，并在其与上帝的关系中如今成为自由者。"①很明显,黑格尔这里已把人看成是上帝自身之他者的关系。正是通过这种外化的关系,作为自然存在的人才与绝对精神求得了统一。精神正是通过其自然性(之扬弃)才复返到自身,那也即是通过人的存在向其神的内在性复返。也正是在这样一种复返中,人才获得了神性,而神也呈现为人,并以耶稣基督为第一人者,达成了与神性实体的统一。

实体在黑格尔那里是绝对理念自身的表现。它一方面表现为绝对的主体,设定差别者,建立对象的东西;另一方面,它又表现为客体,实存,以及绝对主体所设定起来的对象。它在自身的共相存在中设定差别,同时它又运用否定性的力量再把那些差别扬弃掉。也即是把那些外部现象的环节抽离出来,使它们消逝。实际上,这个过程也就是使自然消逝。在神人关系的统一中,实体(绝对精神)作为概念也仍然发生着作用。从理论的环节看,绝对精神的实体即是上帝。上帝在其绝对理念中运思,因而就外化出圣灵。而圣灵的关系便分化出三位一体的关系。上帝是三位一体,这也正表现了从自身的绝对主观性向客观性的过渡,而中间环节则正是圣灵。由于圣灵被黑格尔设定为思维运动,这样圣子便从思维运动中产生。三位一体是统一体,但也仅仅是一种思维关系的统一体。这里,绝对者为上帝,绝对思维也为上帝在自身中产生。因而三位一体的关系就是一种自身关系。它也就是上帝在自身运思,又把那个思维对象转化为实在存在的关系。从另一个方面即实在化的方面看,上帝在其思维中创造了人,人在上帝的灵中成为了个体。这个最先的个体是耶稣基督,因而耶稣作为一个灵的中介者便具有了神性。同时由于耶稣具有自然生命,他就会步入死亡。但死亡是作为自然的否定性环节而被设定起来的。通过个体生命的死亡,精神便复返到普遍性和本质性。这可以看作是黑格尔在外在方面对神人关系所作出的规定。这个规定是对基督教哲学的一种改进和发展。在黑格尔

---

① 黑格尔:《〈宗教哲学〉》中卷,魏庆征译,中国社会出版社,1999 年版,第 514 页。

这里,死亡并非单纯地是自然的事件,它还是一个精神性的事件。正是在耶稣个体生命的死亡中,人类才获得了拯救。通过扬弃自然的生命,也就扬弃了自然的恶(即自然的个别意志那种恶),这就使自然存在者又返回到普遍意志。尽管从表面上看这是一种分裂,但这个分裂却正是向更高的和解返回。黑格尔这样描述道:"该分裂的一方面,其存在因而归之于,人上升至上帝之纯粹的、精神的统一体。这一痛苦和这一意识,乃是人对自身之深入,因而正是对分裂,恶之否定环节之深入。这是对恶之否定的、内在的深入。被肯定地理解的内在的深入。乃是对上帝之纯粹的统一体之深入。对此来说,值得关注的是,我,作为自然的人,与作为真者之不相适应并为众多自然特殊性所累,而在我中,独一之神的真如此无限坚定不移,这样一来,这一不适应则被规定为不应有者。"①

　　这里,黑格尔从两个方面把神人关系确立起来。一方面,上帝是绝对精神,是思维的绝对主体。在其思维的对象中把人的关系设定出来。而这个人作为神人,则是耶稣基督的显现。这样,另一方面,耶稣作为个体生命就具有了自然性,这是需要扬弃的环节。通过扬弃自然性,精神便获得了复返和擢升。黑格尔这里的观点,既有一种鲜明的独创性,同时也有许多关联上的模糊之处。黑格尔似乎是认为,当我思及对象之时,我就作为意识者而成为特殊主体。但我所意识到的内容不是别的什么,正是绝对精神的普遍性。换言之,我(作为个体意识)所作出的思维只是对于上帝的绝对精神之思维。正是在我思中,我的自我意识才切入到神的普遍性。上帝乃是我的意识之对象,我是通过自身的意识与对象的意识区分开来,而我们思维中所呈现的东西,已涵盖了上帝所传达下来的理念的普遍性。这样,人的自我意识中就被糅入了上帝的内容。人是按照自我意识去思维,但真正思维的内容则只是上帝的绝对精神的内容。因

---

　　① 黑格尔:《宗教哲学》中卷,魏庆征译,中国社会出版社,1999 年版,第661~662页。

而,人在其自我意识的运思中,实际上就是在思维上帝的那个绝对的普遍性,它只是一种个体化的意识对其绝对精神的思维。这里,黑格尔展示了这样的思想,即认为思维的普遍性的内容是由上帝去实现的,但思维的特殊内容则发生在具体的环节,发生在作为中介者的耶稣基督的环节。正是在基督那里,神思转化为了人思。这里,基督作为思者已从普遍性下降到了具体的神性。用黑格尔的话去说,也即从普遍的概念下降到特殊的概念。另一方面,基督(作为神人)被设定出来,也正是为了完成把纯粹思维转化为具有内容规定的思维。通过耶稣基督那个人,上帝也就完成了从普遍性思维向特殊性思维的过渡,从纯粹概念的关系中发展出实存的环节。不过在这个地方,有一种关联黑格尔始终解释得不够清楚,那就是上帝的绝对精神的普遍性与人的自我意识的普遍性之关系。有时,黑格尔把绝对的普遍性看作是本质性的东西,从黑格尔逻辑学的观点看,绝对的普遍性也就是绝对精神的思维进程。但在其宗教哲学中,他又在许多地方把这种普遍性归结为人的自我意识。人思维其对象,也就是在自身中建立起神的普遍性,并通过这种普遍性去认识上帝。在这个地方,我们始终不清楚,黑格尔的那种上帝的神思与人的自我意识是否就是一回事。从外在的规定看,黑格尔认为神在自身中就是一中介,而人正是神在自身中所建立的存在,人是在神中的存在。但从精神的本源性规定来看,黑格尔却没能较好地诠释出神思是如何转化为人思的。换言之,神思的普遍性是如何转化为人的特殊化的自我意识。按照黑格尔的观点,人是通过绝对精神的设定才获得自我意识的,人的自我意识需要一个上帝的绝对理念的意识为内容。但黑格尔的观点也包含这样的内容,即上帝也需要依赖于人,因为正是在人的自我意识中,上帝的普遍性思维才获得规定。这也即是说,普遍的绝对精神的思维要在人的有限自我意识中去实现其精神目标。上帝不是在自身中,而只是在人的自我意识中,才可以达到对于自身的认知。人之所以可以返回到上帝的精神,是因为人作为精神者扬弃了自身的自然性,扬弃的设定发生在上帝那里,而扬弃的路径则发生在人身上。从这一点上看,人就是上帝那个绝对精神的最终成就者,人的自我意识不仅是对于自然关系的一种认知,同时也是对于设定那种关系的本质的认知。正是从人这里,上帝才建立起对于自身之知。黑格尔曾在自己的宗教哲学中提出过自性的概念,自性也即神的精神性与其自身所建立的对象之关系。神在自身中是一个自我意识,但这个自我意识也需要一个基础。这个基础则是作为一个精神者的人。黑格尔自己就这样写道:"神因而实质上为精神,为整个思想而呈现。至于他为精神而呈现为精神,至少是关系的一方面。可构成全部关系的为:神被崇奉于精神和真中。而在本质上,这至少是一个规定。继而,我们看到,概念应被规定为目的。然而,目的应不只是执着于目的之形式,它不仅应独存于自身,依然是某其自身者,而且应成为实在化者。就此而言,问题在于,如果说智慧应有所作用,目的应实在化,那么,这一切的基础何在呢? 就此来说,基础不可能是别的,实则只能是精神,或者,更确切地说,是人。他是力之对象,力规定自身,并因而是积极有力的。是智慧人,有限的意识,是有限规定中的精神。实在化是不同于绝对概念的(作用)方式之概念的设定,它因而是有限性(作用)的方式。有限性同时又是精神的,精神在此只是为精神呈现,它在此被规定为自我意识。它使自身实在化于其中的他者,是有限的精神。它在其中同样是自我意识。这一基础,即普遍的实在性,自身成为某种精神者,应成为精神赖以为自身而存在之基础。于是,人被设定为本质的目的,被设定为神圣之力,智慧的基础。最后,人从而处于对神之肯定的关系中,因为其基本规定为:他是自我意识。因此人,这一实在性的方面,具有自我意识,他具有作为某一属于他者之绝对本质的意识。意识的自由因而被设定于神中,人在其中在于自身。自我意识的这一环节是本质的,它构成基本的规定,而它尚非关系的全部充满。人从而为自身呈现为自我目的,他的意识在神中是自由的。在神中是被证实的,实质上趋向于自身,趋向于神。"①

很明显,黑格尔这里不但把人看作是绝对精神的一个分化者,而且还看成是绝对精神的一个基础。正是在这个基础上,神的绝对精神从人那里产生出来。从另一方面来说,那个无限者(上帝)的绝对意识也被有限者的意识所通达。这里,尽管黑格尔运用了双重实体的理论(神是内在的理念的实体,人是外在的自然实体),但仍未能说清上帝是如何向人者的过渡。从理论层面看,如果人的思维是绝对精神分化的环节,人在其自我意识中就是在思维神之共相的意识。那么,认识的规定就不应该在人这里,而只是在作为本质的那个绝对理念中。但这就把上帝的绝对精神限制到了抽象的层面上,这是黑格尔所反对的。但如果上帝自己不能认识自身,他只有通过人的自我意识才能够意识到自己,这样的观点,又违背了黑格尔哲学的基本前提,即上帝本身就是一个绝对者和无限者那样的规定。在这个地方,黑格尔的理论陷入了悖论。这也是黑格尔神人理论的一个较为薄弱的环节。至少黑格尔忽略了从一种纯粹的精神向一种个体精神转化出来的自然进程的关系。黑格尔的确肯定了神性和人性的同一关系,肯定了人者身上所产生出来的那种神性,但我们也不应该那样认为,即黑格尔就把人本身看成是神。在人与上帝的距离上,黑格尔有着很严格的限制。尽管他说过上帝已成为自由的人之神那句话,但他也同样说过那样的话,即上帝是永生的,而人是有死的。因而,黑格尔还是保持了神与人的差异性那种的区分。

我们在黑格尔这里,看到了一种全新的神人性关系的规定,它来自黑格尔所独创的宗教理念。在这种理念中,思维的关系统领了一切,上帝也从一个彼岸的创造者变为了一个此岸的思维者。而人,这个自然的存在,又被这个最高的思维者塑造为自我意识。人在自身的意识中洞见到了神的普遍性,这样,人也就在其精神的擢

---

① 黑格尔:《宗教哲学》中卷,魏庆征译,中国社会出版社,1999 年版,第470~471页。

升中获得了神性。神性是上帝的普遍性所带给人的那种灵（圣灵），也是人的自我意识被灵（绝对精神）所照亮的那束光。这束光作为照亮的通道往返于人和上帝之间，它使人者获得最高的察知，也使上帝获得了自在之知。人是借着圣灵去参透万物，但上帝那个深邃的思者也首先参透了人。因而，人者就是精神化的神者，而神者，也是在人那里成就为精神。绝对的神性乃是人性中的那个精神，而最高的人性，也就是上帝在自身的运思中让有限者通达自身的思。"神（上帝）亦作为有限者而存在，我亦作为无限者而存在。"①而这也就是黑格尔向我们所展示的精神互动的神人关系。

① 黑格尔：《宗教哲学》上卷，魏庆征译，中国社会出版社，1999 年版，第 154 页。

第四章 笛卡尔——近代主体哲学的开端

第一节 一般性的哲学原则与方法

哲学思维发展到笛卡尔这个阶段,才算是步入了近代。黑格尔把近代哲学看成是理智的形而上学时期,同时,也把笛卡尔看作是近代哲学的创始人。近代哲学的出发点,是以精神为原则的自我意识的立场,它从中世纪漫长的精神束缚中解脱出来,又重新回到古希腊哲学所坚持的那种主体化的原则,并以一种全新的视角重塑了思维与存在的关系问题。我们可以看到,近代哲学的思维已经从宗教的教条中解放出来,自我意识获得了更加独立的识见,而当这种思维以独立的方式把握世界时,哲学也就与神学脱离开了。自我意识更加注重思维与其主体性的关系,因而也就把思想的兴趣从外在的事物上移开,精神开始进入到自我意识自身所呈现的那种界面,在这一点上,笛卡尔走在了他那个时代其他哲学家的前面。用黑格尔的话说,从笛卡尔起,才算开始了近代哲学,开始了主体在自身内部建构起实在对象的关系。

在笛卡尔这里,内在的思维开始成为哲学的基础。思维的运动以自我意识为原则,也同样以自我意识为内容。因而,自我意识便成为真理的确定性的环节。自我意识以终极性的规定设定了对象的本质，并把实在性的内容从自然对象那里引入到精神的对象之内。从这一点上说，笛卡尔就开创了一种全新的思维方式，他是那些将一切从头做起的人们中间的一位，他引导出了一种新颖的近代思维的方式。黑格尔在自己的哲学史中，就曾高度赞扬笛卡尔的这种新的思维原则，他一方面指出，笛氏的这个原则把握住了思维的普遍性，把感觉中的那些个别化的东西转化为形式化的内容（也即自我意识的内容）；另一方面，黑格尔还指出，笛卡尔的思维原则在其自身的关系中把握住了思维与存在的对立，同时它也把握住了思维与存在的统一。在黑格尔看来，这正是笛卡尔哲学的真正要点。因为哲学关系就是从思维的内在性开始的。只有思维从我思的关系中被设定出来，自我意识的活动成为我思的对象化的活动，真理的关系才能最终形成。而这种关系，就是在笛卡尔的思维原则中第一次被确立了。在笛氏那里，思维是绝对的原则，一切真理的关系只有在思维的关系中才能被把握，与此同时，一个新的自我意识的主体，也在我思的关系中被建立起来。正是从这一点讲，思维的活动才奠定了真理的内容，意识的主体性才建立了对象内容的客观性。而这也就是笛卡尔所带来的贡献，从笛卡尔起，哲学就出现了一种全新的面貌，这正如黑格尔所描述："这个新的时期，哲学的原则是从自身出发的思维，是内在性，这种内在性一般地表现在基督教里，是新教的原则。现在的一般的原则是坚持内在性本身。抛弃僵死的外在性和权威，认为站不住脚。按照这个内在性原则，思维，独立的思维，最内在的东西，最纯粹的内在性顶峰，就是现在自觉地提出这种内在性。这个原则是从笛卡尔开始的，那独立自由的思维应当发挥作用，应当得到承认。这一点，只有通过我的自由思索，才能在我心中证实，才能向我证实。"①

---

① 黑格尔：《哲学史讲演录》第四卷，贺麟、王太庆译，商务印书馆，1983 年版，第59～60页。

正是从笛卡尔起,自我意识的此岸与彼岸的关系才得到了和解,新教的那种精神化的原则也就被发展出来。思维是一种内在的自为存在,这一点,在路德那里就已经被坚持,到了笛卡尔这里,这一原则被更加深化地发展了。思维关系在笛氏那里不再是执持于外在对象的独立性,而是在于思维是如何把那些外在的表象化规定从内部自我意识中发现(呈现)出来,并在思维的主体中得到理解。笛卡尔用我思那个本体性原则统一了我与对象的实在性关联,这样,他也就从单纯的内心信仰方面(比较宗教对象而言)转移到了主体化的实在性建构方面。我们可以看到,在笛卡尔的哲学中,一方面是神,它是作为纯粹的精神而被设定的,另一方面是人的自我意识,它通过神而完成了思维的运动。在这里,自我意识是主要的环节,至少通过人的思维,精神便可以通达到自然对象的各种规定中去。这是中世纪哲学所未能认知到的,笛卡尔则在这个地方开辟了一条通道。他毅然从思维的纯粹形式入手,带着思辨的反思考察对象,并首次把对象的关系引入到我思的自发性关系。这是近代现象学(从布伦塔诺到胡塞尔)的真正原初的形式,它早于胡塞尔的意向化关系将近三百年的时间。这就是为什么黑格尔会反复称赞笛卡尔,高度赞扬他是近代哲学的真正创始人。在黑格尔看,他的思辨原则构成了近代主体化哲学的基础,尽管这个基础还比较薄弱,但自我意识那座大厦的轮廓却清晰可见。后代的哲学家只是为这座大厦添加了更多的内部框架而已。

笛卡尔的生平没有波澜壮阔的事件。1596 年,他生于都棱省的拉爱伊。早年他曾在耶稣会学校学习。他天资聪颖,博览群书,很早就接触到了哲学、数学及天文学等方面的著作。十八岁时,他来到了巴黎,开始更加深入地研究学问。这期间他深入钻研了数学方面的知识,并有重大的发现。这些研究使得他后来建立了高等数学的理论。比较有名的是笛卡尔坐标系的建立,这使他成为解析几何的奠基人。30 岁左右时,他写成了一篇关于屈光理论的论文。除此之外,他还在气象学方面做出了贡献,因为他发现了彩虹的物理性质的关系。他一度在欧洲许多国家作过旅游,至少他去过波兰、普鲁士、瑞士、意大利及法国和荷兰。由于当时荷兰是一个更为开放和自由的国家,他便决定在荷兰定居下来。从 1629 年至 1644 年这一段时间,他一直生活在荷兰,他在那里刻苦钻研学问,安心著述,并在荷兰发表了他的大部分著作。荷兰时期是笛卡尔著述最为丰富的时期。他于 1650 年在斯德哥尔摩去世,年仅 54 岁。他的哲学文章是用通俗性的笔体写就的,这在当时是一种创新。至少他摒弃了经院哲学的那种枯燥繁琐的文风,而体现了一种新时代的活力。比如他的《方法论》那本小书,就具有生动、文雅及冷嘲热讽的特点,传达出笛卡尔那种近代思维方式的面貌。那本书的内容清晰易懂,文字优雅流畅,展示了笛卡尔深厚的文学修养和广泛的阅历的特点。笛卡尔自己也曾认为,自己的那本书完全可以当作小说来读,我们觉得,他的话并没有夸耀之嫌。不过这些都是外在的事情,我们接下来是要考察他哲学思维的一般性质。

笛卡尔的一个最为基本的原则,即他的第一个哲学命题,是判断(对于事物的确认)首先要从思维本身开始。对于任何事物的确证,都要由主体的思维去完成。这个规定包含两个环节:一是经验的东西不能构成真理,二是人们也不能依靠任何假定出发,直接获得确证性的知识。在此意义上说,人们也就不能获得直接的借助,也没有任何现成存在的真理判断。人们应该抛弃一切现成的规定和假设,怀疑我们眼前存在的对象。一切认识的前提(对于真理的判断),首先是怀疑。怀疑是认识对象知识的先决条件。这里,笛卡尔给出了他的那个主体化原则的基本轮廓:一切从思维出发,而不是从现成的规定出发。既然没有什么东西可以形成现成的判断,那么怀疑也就可以成为基本的准则。这个准则成为笛卡尔哲学方法的一般性原则。这里,笛卡尔并没有建立起一种系统化的认识判断(像康德所建立的先验统觉那样的规定),他的怀疑仅仅是一个认识的出发点,也即是要求一切确定的东西都要由思维来进行判断。凡是那些没有经过思维设定的对象,都要被怀疑一通。因而,怀疑的本质乃是一个进行判断的前提,而不是一个形成具体认识的规定。它主要是把对象的性质先搁置起来(这一点,很像是胡塞尔后来在现象学中所做的事情),在思维之前不对它作任何判断。而怀疑,则是第一个步骤。接下来的事情,是要把对象的关系纳入思维的过程。也即在我思中(即自我意识所设定的对象中)进行抽象,从而达到思维所确认的那种真正的知识。当然,由于怀疑只是一个初步的方法,这种方法还没有构成知识的内容,还只是形成知识的前提和条件。不过,它已经达成一个知识形成的原则了,因为它否定了把现成的(经验的或前人那里定型的)东西作为出发点,这也就改变了知识获得的路径,从而把知识建构在由思维所支撑起来的那个层面。黑格尔就曾指出,说这个怀疑的方法就其实质来讲,是深刻的,尽管它的形式较为朴素,但却达到了一种内在化的进程。因而黑格尔认为,这个怀疑的方法达到了一种客观性的要求,达到了一种思维与存在的统一关系。

但是我们还会看到,笛卡尔的怀疑方法与古代的怀疑主义还是有区别的。古代的怀疑主义是否定任何确定性的东西,他们的一般原则是:在自我意识面前,无论是普遍性的存在,还是感性化的意识对象,通通都是不真实的东西。因而,在怀疑主义那里,就不存在由思维(意识的判断)所确定的对象。怀疑主义只停留在意识的否定性方面,而没能通过思维达到普遍性和客观性。他们只是坚持了一种虚妄无实的观念,而又把一切确定的东西消解掉了。黑格尔就恰如其分地指出:"怀疑论实际上是这样的一种麻木不仁,就是一种对于真理的无能为力。只能做到确认其自身,而不能做到确认普遍的东西。只是停留在否定的方面,停留在个人的自我意识上。保持自己的个别性,正是一个个人的意志,谁也不能阻止他这样去做。可这样一来,一个人就不能单独存在了,当然我们是无法把任何一个人从虚无中赶出来的,但是思维的怀疑论却是另外一回事。它要从一切确定的和有限的东西中进行证明,指出它们的不稳定来。积极的哲学可以对怀疑论具有这样一种认识,就是:积极的哲学本身之中便具有着怀疑论的否定方面,怀疑论并不是与它对立的,并不是在它之外的,而是它自身的一个环节。然而是它的真理性中的否定方面,而这是怀疑论所没有的。"①黑格尔的这段话,一方面指出了古代怀疑论的缺陷,另一方面,则肯定了笛卡尔那种怀疑方法的有效性。因为它在自身的怀疑中坚持了确定的东西,这样,它也就不与真理的实在性对立了,而是成为真理自身的一个有效的环节。它构成了通达真理的有效方法。

笛卡尔也确实从自我意识的怀疑中超越出来,而进入到一种确定性的东西。这种确定性的东西就是主体性思维,是我思本身。那也即是说,真理的判断如果不能从现成的原则中给出,那么,它就应该以另一种更为实在的形式给出。这种形式,也即是主体化的自我意识的形式,也即是反思的思维的形式。在这个地方,笛卡尔引出了他的第二个命题,即思维的直接确证性。这种确证性把作为前提的怀疑的形式扬弃掉了,从而达到了肯定的形式。黑格尔认为,从这里开始,哲学就进入了一个完全不同的范围,这就是把认识转移到了主观性的领域,转移到了思维所确定的范围。我们也可以看到,笛卡尔正是在这里提出了他的那个有名的原则,"我思,故我在",这个原则开创了一种全新的认识的理念,正是这个理念,引出了近代哲学认识论的一系列的理论。它甚至也影响到了 20 世纪的现象学理论。尽管胡塞尔在许多地方都批判过笛卡尔的我思观点,但在核心性的原则上,他还是对笛卡尔的我思给予了肯定。他在《笛卡尔式的沉思》一书中,就直接表达了这样的观点:"然而,另一方面,具有重要意义的是,笛卡尔的这些沉思在某种完全独一无二的意义上,而且恰好是通过回溯到纯粹的我思,而在哲学中开辟了一个时代。事实上,笛卡尔开创了一种全新的哲学:通过改变哲学的整个风格,哲学做出了一种彻底的转向,即从素朴的客观主义转

①　黑格尔:《哲学史讲演录》第三卷,贺麟、王太庆译,商务印书馆,1981 年版,第 107 页。

向了先验的主体主义;这种主体主义似乎在致力于一些永远常新的
而又永远不充分的尝试,以达到某种必然的终极形态。"①这里,可以
看到,尽管胡塞尔与黑格尔的哲学理念完全不同,但还是对笛卡尔
做出了非常相近的评价。先验的主体性概念来自于康德,它构成了
康德的先验统觉的思维。把这个概念还原到笛卡尔身上,尽管有一
些牵强,但也还是指出了那样一个事实,即笛卡尔的哲学正是主体
性哲学的原初的形式。它产生了许多变种,但本源的形式却发生在
笛卡尔那里。正是"我思故我在"那个核心性的原则,引导出了思维
理念的全新的变革,这个原则第一次把实在性的关系从对象那里
(外部的自然形态及经验的感觉中)转移到自我意识的设定中,我思
不但是对象关系的终极建构者,而且,我思还是确定对象实在性关
系的本质。

我思,故我在,是一种思维形式的命题。它不是一个三段论式
的逻辑推论。这里没有大前提、小前提及推论那样三个项。笛卡尔
自己也认为,这只是一个心里构想的直观性结论。这样的条件是自
然形成的,无须再作三段式的推论。当一个人在思维时又直接可以
确定自己是存在时,这样一种直观化的判断也就形成了。一个人在
确信自己存在时,思维便是他确信自己存在的最直接的条件,他不
再需要其他条件来作为支持。笛卡尔自己就曾明确地说道:"当有
人说:我思维,所以我存在时,他从他的思维得出他的存在这个结论
并不是从什么三段论得出来的,而是作为一个自明的事情;他是
用精神的一种单纯的灵感看出它来的。从以下的事实看,事情是很
明显的,如果他是从一种三段论式推论出来的,他就要事先认识这
个大前提:凡是在思维的东西都存在。然而,相反,这是由于他自己
感觉到如果他不存在他就不能思维这件事告诉他的。因为,由个别
的认识做成一般的命题,这是我们精神的本性。"②从这段话可以看

---

①　胡塞尔:《笛卡尔式的沉思》,张廷国译,中国城市出版社,2002 年版,第 7 页。
②　笛卡尔:《第一哲学沉思集》,庞景仁译,商务印书馆,1996 年版,第 144 页。

出,笛卡尔确认了心灵的直觉能力。并把这种能力认作是思维确证性的有效前提。这也即是说,就思维的那种绝对的认知形式来说,它也需要有一种直觉能力去作为支持,因为我自身是否存在那样一个事实,并不是从思维过程中推导出来,而是从心灵的直观形态中获得的。笛卡尔自己并没有详细地讨论过这个理论,但在他有限的表述中,却把这样一种观点确定下来,即我思故我在是一种思维的形式原则,但确定我自身存在的却是我自身的心灵直观能力。缺少这种能力,我们便无法获得任何一种存在关系上的认知。

这里,笛卡尔把我思的关系确立的时候,也显现了我思的内容。那个内容包含了感觉和直觉。感觉和直觉都是作为我思的具体关联而存在的。他在第二沉思中就表达了这样的观点,他指出:"那么我究竟是什么呢? 是一个在思维的东西。什么是一个在思维的东西呢? 那就是说,一个在怀疑,在领会,在肯定,在否定,在愿意,在不愿意,也在想象,在感觉的东西。当然,如果所有这些东西都属于我的本性,那就不算少了。可是,为什么这些东西不属于我的本性呢?"①很清楚,笛卡尔这里把感觉和直观引入了思维的内容。这也即是说,思维不是单纯的形式化的思维,而是包涵了更为广泛和丰富内容的东西。这些内容,都是作为我思的一部分而成就着我思。这是笛卡尔的一个了不起的发现(规定)。因为他把思维的内容扩大了,思维不再是单一的纯思的关系,而是由感觉直观向纯粹形式无限上升的过程。这个规定,把那种割裂感觉与思维关系的认识扬弃掉了,从而也建立了思维内容各个层面的相互关联。这个观点,也正是黑格尔所认同的。黑格尔在许多地方都肯定过笛卡尔的这个观点,他自己也曾对这个观点有过较为详尽的发挥。比较集中的地方,是黑格尔在《哲学科学全书纲要》那部书中所阐述的一些观点。在那里,黑格尔较为细致地考察了思维内容的各种形式,并明确指出,感觉和直观活动本质上也是思维,只是它们还不是概念性

---

① 笛卡尔:《第一哲学沉思集》,庞景仁译,商务印书馆,1996 年版,第 27 页。

的思维而已。黑格尔认为,思维关系的内在性,是通过自然规定来实现的。这正是包涵了各式各样的感觉的形式。思维的本质只是将这些感觉的元素转化为纯粹形式的东西,即把那些感性的材料通过形式规定而转化为普遍性。因为自我意识的进步与发展,也就是向那种显示形式的概念转化。它们只是质料(感性的内容)向自我意识那个更高的精神性规定的移译。本质上也即从感觉及直观那些质料的限制中超越出来,而上升到纯粹的自我意识的概念的环节。黑格尔这样明确地写道:"理智作为灵魂,是直接被规定的;作为意识,它处于与这种规定性的关系之内,作为同一种外在客体的关系之内;作为理智,它发现自己同样是被规定的。因此,理智是感觉,是精神在自己本身内的模糊的活动。在其中它对于自己是质料性质的,并具有它的知识的全部质料。精神在这种直接性中是感觉的或进行感觉的,由于这种直接性,精神在其中全然只是个别的和主观的精神。"①很明显,黑格尔这里把感觉的形式(也包含直观)规定为是思维的内容,并在更为深层的意义上把它们看成是思维的环节。这里,可以看到笛卡尔的理论对黑格尔的影响,至少,黑格尔对思维本质的形式的划分,是建立在笛卡尔的我思的规定之上的。只是黑格尔的概念设定更为细化繁复,它已经达到了逻辑体系化高度的规定,这一点,是笛卡尔所不及的。这是黑格尔超越于笛卡尔的地方,也是黑格尔哲学更为丰富性和全面性的一个具体的表现。

把我思作为一种构成对象关系的基础,是笛卡尔主体性哲学的一个核心点。这里,自我意识的我思是一个联结点。它首先联结了主体对自身认知的关系,另一方面,它也联结了意识与它所呈现的对象的关系。在这种双重的联系中,主体作为我思的意识才是真正的关节点。它既是对于自我之意识,对于思者之知,同时它又是把对象纳入到意识之内的东西。在笛卡尔的我思关系中,我思的意识就是一种自主性的意识,它先于对象的东西而自我成就着,这样它

---

① 黑格尔:《哲学科学全书纲要》,薛华译,上海世纪出版集团,2002年版,第275页。

也就是一种自我呈现的主体。在笛卡尔那里，自然对象成为了第二性的东西，我思的自我意识才是有效性的对象的构建者，思维被设定为是自我发生的本原，在这个本原中，存在从我思中被设定出来。黑格尔认为，笛卡尔像费希特一样，发现了一种绝对的自我确定关系。因为他们二者都同样是把自我作为绝对的原则，都是把哲学的出发点设置在自我这个绝对的基础之上。但他们二者，还是有着一定的区别。费希特的自我是一种普遍性的范畴，它甚至具有自然发生学那样的形态（规定）。自我不但建构着个体的意识对象，它甚至还建构着自然的物理对象。在笛卡尔这里，自我仅仅是一种个体化的思维主体，它是一种个体化的自我意识的我思，而不是费希特的那种普遍化的我思。因而，它也就只是一种个体意识的思维。我思，故我在，也只是一种个体生命的思维与对象的关系。黑格尔在这个地方支持了笛卡尔前面的那个观点，即我思故我在并不是一种逻辑的推论关系，而只是表明了一种思维与存在的直接关联。黑格尔还称赞了笛卡尔的那种直观化的自我确定的规定，并认为这样一种自我确定的直观是在先性的。黑格尔写道："这种确定性是在先的，其他的命题都在后。作为主体的思维就是思维者，这就是'我'。思维就是内在地与我在一起，直接与我在一起，也就是单纯的认识本身。而这个直接的东西恰恰就是所谓的存在。这种同一性是一目了然的。笛卡尔当然没有像这样论证，他仅仅诉诸意识，后来费希特又重新从这个绝对确定性、从'我'开始，但他更进一步，由这个顶点发展出一切规定，所以说，这种确定性是 prius（在先的），我们虽然可以思维这件和那件东西，但是，我们可以把这件和那件东西抽掉，却不能把'我'抽掉。"①可以看到，黑格尔实际上是支持笛卡尔的那个直观化的判断原则的。

　　给存在的东西一个基础，把它们纳入到一种对象化的关系，这

---

① 黑格尔：《哲学史讲演录》第四卷，贺麟、王太庆译，商务印书馆，1983 年版，第 71 页。

就是笛卡尔所做的事情。而确定那种对象化的存在是否为真者,那也正是我思的功能。很明显,意识者(作为主体)要比它所意识到的对象更为在先,这样才能保持我思可以确定对象的关系。而确定对象在笛卡尔这里,也就是把存在的关系确定下来,把那种对象存在的性质确定下来。这也即是黑格尔所说的与思维相关联的那种直接性的东西。这里,思维的在先性有一种特定的含义,至少在笛卡尔那里,它只意味着通过思维才能确定对象存在的真实性,它与康德的那种先验统觉的在先性不同。先验统觉的在先性是指,主体可以先验于经验的关联而具有一种验前的联结能力,它仅仅是指意识的发生形态的关联,而不涉及思维的那个个体是否先于思维到的对象(存在)的那个关联。而在笛卡尔这里,思维作为在先者则具有本体论的性质,换言之,存在并不是我思的判定者,而我思乃是存在的判定者。我思是把我引入真实性规定的首要条件。这就是说,凡是对我所显现的东西,我是可以通过我思否定它们的存在的。但我却不能在我思的关系中否定我自己。这也即是说,我思的关系要比我接受对象的关系更在先。用笛卡尔的话说:"这就意味着思维(mens)对于我来说要比形体更确定。根据我摸到或看到地,我就作出判断说地存在,其实我更应当根据这个判断作出判断说:我的思维(mens)存在。因为纵然地实际上不存在,我还是有可能作出判断说地存在,然而我既然作出了这个判断,作出这个判断的我的心灵(mens)就不能不存在。"[①]很明显,笛卡尔这里所强调的,正是我思的本性关系。尽管它本身还不是发生学的关系,但它还是强调了思维关系的在先性和确定性。只是这样一种论证还过于简单,对象化的关联还没有从主体(我思)自身的分化和演变中被揭示出来。

但笛卡尔的我思还是确立了一个重要的原则。即主体化的自我意识可以在自身中把一种非存在的对象建立起来。这是对古希

---

① 黑格尔:《哲学史讲演录》第四卷,贺麟、王太庆译,商务印书馆,1983 年版,第 73 页。

腊哲学的一个重大的超越。也展现了近代主体化哲学的一种全新理念。古希腊哲学尽管建立了主体性关联，并把自我意识一般地理解为是最高原则，但古希腊哲学还没有建立起对象化意识那样的规定。在智者派那里，真理的尺度被建立在自然对象的形态中，存在的关系就处于一种流变的关系。自我意识的主体始终随着外在的对象而流转，这形成了智者派的相对性的立场。这个立场发展到怀疑主义那里，也就取消了思维的确定性。在怀疑主义的语境规定中（如塞克斯都的哲学中），总是用显得来代替是（存在），他们不把显现在意识面前的东西看成是实在的，这就是说，他们还不懂得实在的东西恰恰是由意识所造就的。这样，他们也就取消了自我意识的实在性关系，把自我意识引入了一个否定性的方面。用黑格尔的话说，它实际上导致一种意识的分裂。在笛卡尔这里，那被分裂的自我意识又被恢复过来，自我意识又重新获得了觉醒，它在自身的关联中，找到了支撑。思维是普遍者，又是在先者。思维只与自我意识的直接性相关联，而这个直接性也就来自我们的感觉和直观。那也即是说，思维不是别的，它实际上就是在我的意识中所呈现的一切，它就是构成我思对象意识的东西，它包括了我们的全部感觉和表象。伽桑狄曾批评笛卡尔，指出自我意识也可以受到愚弄。笛卡尔的我思故我在也可以表述为："我受到了意识的愚弄，所以我存在。"笛卡尔则反驳说，如果说我散步，所以我存在，这样的结论是不正确的。"可是，当我把思维了解为对于看或走的（主观）感觉或意识本身时，因为它（感觉和意识）那时与心灵（mentem）相联，只有心灵才能感觉到或思维到自己在看或是走，这个结论也就完全确定了。"[1]我们可以看到，黑格尔在这个地方是支持笛卡尔的。黑格尔指出，由于思维是作为普遍性的规定而存在的，因而，我也就是一个普遍者。在具体化的思维关系中，思维就是单纯的直接性。这个直

---

① 黑格尔：《哲学史讲演录》第四卷，贺麟、王太庆译，商务印书馆，1983 年版，第 72 页。

接性既是自身的一个中介,又是被自我意识所扬弃掉的环节。因而,对我所显现的东西,自我意识是可以认定它不存在的。但当自我意识认定自身不存在的时候,却显示出一个主体性的存在。正是从这一点上说,哲学也就获得了一个坚实的基地。因为思维能够确认自己的思维(是真实的),而这正是笛卡尔的我思概念所包含的一般性内容。

这里,显示出笛卡尔哲学的精髓,也是我思这个原则所蕴含的深意。思维是主体,是自我意识,它也就是真正的自我确证性。我们可以怀疑眼前的一切,但不可以怀疑由思维所确认的那个自我意识。外在的东西并不是独立自在的东西,只有思维的那个存在者是独立自在的。因而,在笛卡尔那里,我思就是一个真正的实体,是一切确切性的根据,是一切明见性原则的基础。通过自我——我思——思维对象这样的关系,笛卡尔也就把存在(作为对象的东西)引入了一个新的维度。存在不再是事物及自然对象的实存,而是自我意识所设定出的那种对象了。这就超越了外在实存的划分,而进入到自我意识的一般性范畴了。在爱利亚学派那里,特别是在巴门尼德的哲学中,存在被划分为现象存在与本质存在那样的规定。前者是自然对象的存在,它们是现象,是消逝的环节。而后者,则被爱利亚派规定为是纯粹存在。它是现象存在的本质,是恒定不变的真正的存在。但这两者与主体(自我意识)的关系都是外在的关系。换言之,它们都是感觉或思想之外的东西。因而,它们就只是一种外在于主体的对象。整体上看,爱利亚学派并没有达到(近代)自我意识的高度。它的真实性并不在自我意识之内,并不为自我意识本身所设定。因而,古希腊哲学真正来说,就还没有达到笛卡尔那样的深度。它还停留在一般表象化的区别中(它只是把自然现象本身区分为是内部的和外部的),而笛卡尔的哲学则把对象存在的方式纳入了我思之中,它开创了一种主体化自我意识的发生学。

我们在近代哲学中,可以看到自我意识形态的全面化的发展。这些发展正是从笛卡尔的哲学中引申出来的。从它的较为极端的形式中,我们可以见到贝克莱和休谟的哲学。只是贝克莱在感觉的形式中发展了我思,并把这一原则发展为存在即感知的极端形式,这是主体化哲学较为激进的形式。它也为休谟的怀疑论做出了铺垫。在休谟那里,由于知识被建立在知觉形态上,而知觉只可能发现(建立起)自然界的现象化的关联,因而,人们也就无法判断必然性的事物。理性(人的自我意识)并不能建构起普遍性的知识,而只能形成现象化关系的因果联系,正是从这里,发展出一种近代感觉论的怀疑论,它的雏形就是建立在休谟的哲学中。这样一种形式的怀疑论,在康德那里得到了纠正。尽管康德在许多地方都批评了笛卡尔,但他所建构的先验统觉的原则,则正是来自笛卡尔的我思概念。只是康德的理论更加形式化和系统化罢了。他把我思的原则引入到表象和先验直观的领域,这就为纯粹统觉建立起一个自我意识发生学的内在系统。在这个系统中,康德把意识化的对象纳入到先验的综合关系。也即他所说的,要把我思的一般性观点,理解为在一个先验统觉中被综合地联系起来的东西。康德在这个地方既超越了休谟,因为他取消了休谟的怀疑论,同时也超越了笛卡尔,而把一般性的我思扩展为由一个先验统觉的主体展开的对象系统。在那个系统中,我关于我所知道的就不是如实的我,而只是我对于我自己在自我意识中所呈现的认知。这就把笛卡尔的那个我思故我在的规定更为扩展了,也为后来的现象学的理论构建了一个发源地。至少,康德的那个想象力再生性综合的概念,直接就可以引导出现象学的意向化对象的关系。

我们在近代哲学特别是胡塞尔的哲学中,也能够看到他对笛卡尔我思关系的一种运用和发展。他一方面批评了笛卡尔的理论,认为笛卡尔的我思是一种先验的心灵存在,导致了一个思维化的实体。这就使得哲学陷入了唯我论。另一方面,胡塞尔也直接借助了我思的原则,并在许多地方称赞我思的原则应成为任何一种哲学的基础。在《第一哲学》那部书中,他就赞扬笛卡尔的我思原则是一个阿基米德点,是真正哲学的可靠的出发点。在另一个地方,他又给予了笛卡尔一种更高的赞扬。他这样写道："笛卡尔是哲学之真正的开始者,是哲学本身,真正的,但只是处于开端之开端上的哲学本身之真正的开始者。就是说,只有他的沉思的开端(这个开端在我思〔ego cogito〕中达到顶峰),才预先规定了那种对于《第一哲学沉思》是典型的风格的必然性的风格(尽管有其始终是朴素的和粗糙的思想进程),因为在其中占支配地位的不是有关在这里发生的东西之最终明晰的洞察,而是伟大天才的纯粹直觉。"①实际上,胡塞尔是把我思的原则更为深化地糅入到自己的系统之内,把自我意识的我思的关系转化为意向化活动的关系。由于意向对象在主体内是可以任意虚构的,这样,胡塞尔的我思就成为一种意向对象的构造性关系。实体的对象(即物理对象)对于我思已经不再重要了,它对我的意识(之建构)已经不再是必需的。人们不必再去检验它的真实与否,而可以将其置入括号之中——对它们进行现象学的悬置。而我思的关系将转向意向化对象的客体。只有意向性因素才构成了自我意识的内容。意向作用和意向对象之间是一种平行的关系,所谓对象的意识,也只是我思对于意向化关系的一种构造。这里,胡塞尔改变了笛卡尔我思的那种内容性的规定,把自我意识内的实在化的关系改变了。实际上,胡塞尔是取消了作为对象的东西而存在的所有的物理性的内容,而仅仅把关注点集中在由意向活动而联结成的表象化的构造性的内容。从这一点看,胡塞尔就走得比笛卡尔还要远。他把主体化哲学引入到了意向活动的更为深层的领域,从积极的方面看,胡塞尔的哲学扩展了意识对象的内容,把意向化的活动注入到自我意识。这是对笛卡尔自我意识建构能力的一种新的补充,而由此带动起来的意向化的思维关系,也在一种新的维度上,引领了 20 世纪的哲学。整体上看,由笛卡尔所确立的我思的关系,把哲学的深层的自我意识的内容发掘出来,它拓展到精神维度的更深的层面,也把主体及对象化的关系变得复杂了。这是近代

---

① 胡塞尔:《第一哲学》上卷,王炳文译,商务印书馆,2006 年版,第 112 页。

哲学的特征,自我意识是设定一切的意识,当它把一切对象还原为是从意识自身的变体中自生出来的对象时,一个绝对自由的主体形式也就建构起来。而这正是笛卡尔我思的核心内容,作为内在原则,它是笛卡尔哲学的最为重要的规定。

第二节　从我思之维进入到概念的实在性关系

在笛卡尔的我思关系中,存在的关系在思维的主体中,也即在自我意识中被重新设定。由于思维者的那个我思被设定为是绝对真实的东西,那么,相关联的环节也就是要设定作为对象存在的那种真实性。这里包括两个方面的环节:一是一般性的对象,这在笛卡尔那里,通常被设定为是由主体所构造出的东西。它们可以是真实的存在,这包括自然界的物理对象。但也可以是虚构的存在,它们在自然领域里没有对应物,比如像飞马那样的虚构物,它的存在(作为意识对象的)关系只是由我思所给出的,它们只具有自我意识与其自身的统一性之关系。另一方面的环节,则是作为神的存在的那种绝对的客观性。神(作为绝对者)是如何在我思中被设定的,这是笛卡尔所着手要解决的另一方面的问题。在这个地方,笛卡尔游离了我思的那个规定,而进入到中世纪哲学的那种套路了。

在对于神的确证性问题上,笛卡尔始终是摇摆不定的。他一方面认为神是一种直接性的存在,在神的概念中就直接包涵着存在的规定,因为神只是在更大的完满性上产生自身的实存,那种实存,便是自我意识之外的东西,它的存在与我思的关系无关。另一方面,他认为神的存在(无论是作为思维还是作为广延)又要由我思所接收,也即神的存在仍然要通过我思才能被确认,这两者显然是相互矛盾的。这主要是由于笛卡尔在证明上帝存在的关系时,切入到中世纪的上帝证明的理论,他没有从我思那个前提出发,而是采用了奥古斯丁和安瑟尔谟的方法,这使得他的某些观点陷入了混乱。在一个主要的环节上,他把上帝的那种存在归结为一个更高的概念,那个概念,也即上帝本身。他认为在上帝的命题中,本身就必然包含着存在(的环节)。否则,它(作为上帝的概念)就不可能是完满的。我们在安瑟尔谟那里,可以看到这种思路的原初形式,它可以表达为三段论的推论关系。安氏的三个环节是:作为大前提,上帝应该被设定为是无与伦比的东西,小前提则是,那样一个无与伦比的东西不但应该存在于概念中,它同样也应该显示一种现实的实存。随之而来的结论也即是,上帝实际上就是存在的,它必然存在。在安氏的这个推理中,实际上已经隐含着那个结论:即一个无与伦比的概念中必然要包涵它的存在。但前提则是不需证明的,因为无与伦比本身是一个最高的概念。换言之,它是上帝那个绝对完满的概念本身。这里,实际上运用了一种循环证明的方式,这种循环证明通常被精巧的推理环节所掩盖了,它支撑了中世纪经院哲学各种各样的衍生形式,并一直作为经典的形式被保留下来。

我们可以看到,笛卡尔在上帝存在的关系上,仍然是借助了这个原则。只是他把安瑟尔谟的那种三段论式的关联演变为因果关联了。笛卡尔一方面划分出了不同程度的实在性,认为无限实体要比有限实体更充实,更具有客观性。他指出,区别这两种实体就要有一个超越于个体化我思的主体,因为最高的内在性并不在个体化的我思中。另一方面,他又进一步认定,任何一件东西的现实的完满性,都不能以无为它存在的原因。因为如果无能够作为某物的宾词,则它就同样可以作为思维的宾词。但这在主体(我思)的关系上就等于说,我思(自我意识)是无。这就陷入了矛盾,是不可能的。于是笛卡尔就坚持说,尽管观念是可以从我思的内部发展出来,但理性却告诉我们,某物的存在却不能说来自于无。而且最完满的观念也一定包含着存在的属性。既然上帝是一个最完满的观念,则上帝之内也一定包含着存在。他在第五沉思中写道:"可是仔细想一想,我就明显地看出上帝的存在不能同他的本质分开,这和一个直角三角形的本质之不能同它的三角之和等于二直角分开,或一座山的观念之不能同一个谷的观念分开一样。因此,领会一个上帝(也就是说,领会一个至上完满的存在体)而他竟缺少存在性(也就是说,他竟缺少某种完满性),这和领会一座山而没有谷是同样不妥的。"①实际上,笛卡尔是把上帝的那个更高的观念当作是原因了,而它之所以是原因,乃是因为它(上帝的观念)具有更大的实在性。这里,笛卡尔也陷入了一种循环论的证明,它是因果关联方面的循环论。笛卡尔把最高观念看作是原因,因为它包含更多的客观性,同时又把上帝本身看作是最高的观念,最高观念包含着实在性的原因。这是一种形式化的论证,是同语反复的一种类型。它并没有指出实在(作为原因的上帝)自身的具体内容。因而,黑格尔批评说,对于思维和存在的同一性及它们的不同的规定,笛卡尔并没有做出证明。他只是以外在的反省式的方式来完成这一工作的。黑格尔认为,思维与存在是具有统一性的关系,但这两者实际上还是有区别的。哲学正是要对这一点做出区别,并指出思维外化出来的实在化的关系。神作为绝对者(绝对精神)应该被设定为是认识者与实在者之间的关系。通过认识神,建立起一种主观思维与客观思维之间的纽带,把神的真实性设定为是概念与实在方面的沟通。在黑格尔看,概念包含着实在的关系,如笛卡尔所指出的,上帝作为一种完满的观念包含存在的关系。但概念必须在自身的形式中进入到存在的规定。这并非是由我思所推导出来的。异于我思的那种概念(理念,绝对精神)的客观性只是在神的自我规定中,它不应该像笛卡尔所界定的那样,即我是一个人,思维只是作为一种主观的东西呈现出来,而绝对理念在本身中却未显示出存在者。黑格尔在一个地方对笛卡尔做出了这样的评述:"这一切都是十分天真淳朴地说出来的。但是不确定;这些话仍是形式的,没有深度,——就是这样。说不出所以然。神的真实性是我们明白洞察的东西与外界实在之间的绝对纽带。在笛卡尔那里,认识过程就是清明理智的认识过程。确定性是第一位的;从确定性并不能必然地推出内容,既不

① 笛卡尔:《第一哲学沉思集》,庞景仁译,商务印书馆,1996年版,第70页。

能推出一般的内容,也不能推出那种异于'我'的内容的主观性的客观性。可是他却说,我们在自己心中发现了最完满者的观念;在这里,他是把心里发现的表象设定为前提。"①

实际上,黑格尔这里所坚持的,是从理念自身的确定性进入到存在的形式。通常,黑格尔也把它看作是客观真理呈现出来的过程。在这样一种过程中,绝对者(绝对精神)自身的思维是第一位的。作为个体的思维必须是普遍者身上的一种特殊性。换言之,作为个体我思的自我意识只是以被建构者的身份结合在神里,在神自身中思维与存在是同一的,但那不是我思的规定,而是绝对精神自身的规定。笛卡尔的问题在于,他没有在神性之内推导出一个异于我思的存在关系,用黑格尔的观点去看,也就是没有建立起否定性的环节。因为在笛卡尔那里,存在并不是思维的一个否定的形式,而是直接在神之内的统一的关系。这样,神也就没有在概念的环节上显示出存在,神的概念中那种实体性的关系没能显示出来。黑格尔认为,问题不在于笛卡尔设定了神自身内包含存在的规定,而是在于神的概念本身缺少转化和中介的环节。在概念自身包含着存在这个问题上,黑格尔是支持笛卡尔的,并批评了康德的那种反驳。康德就曾反对笛卡尔,认为笛氏的那种概念包含存在的关系是不能成立的。康德的观点是:从完满的本体概念中,只能推出存在与本体是结合在思维里面,而不是结合在思维外面。康德曾举出一个有名的例子,即从一百元钱的观念(概念)中,是不能推导出一百元钱的存在的。这也即是对笛卡尔上帝存在证明那个理论的批评,按照康德的说法,即从上帝的概念中,人们是无法推导出上帝存在关系的。在这个地方黑格尔是支持笛卡尔的。他在自己的《逻辑学》中就批评了康德的那个观点,并指出康德在这个问题上是混淆了实有与纯有的区别。黑格尔认为,康德只是靠片面的抽象,丢掉了规定

---

① 黑格尔:《哲学史讲演录》第四卷,贺麟、王太庆译,商务印书馆,1983年版,第82页。

的实有关系,而单纯坚持了有与非有的关系。黑格尔很明确地写道:"还必须注意到这一百块钱以及一般的有限事物之提高,和本体论的证明以及上述康德对它所作的批判的直接关联。这个批判由于例子通俗而颇为动听;谁不知道一百块钱现实的钱与仅仅一百块钱可能的钱不同呢?谁不知道它们造成我的财产状况的区别呢?因为这种差异在一百块钱很突出;所以,概念,即作为空洞的可能性的内容规定性,与有也彼此不同;于是,上帝的概念也与它的有不同。我之不能从一百块钱的可能性得出一百块钱的现实性,正如我不能从上帝概念'推敲'出上帝的存在来。但本体论的证明,却又应该由上帝的概念推出它的存在这样的推敲来构成。假如概念与有不同,是对的,那末,上帝与一百块钱以及其他有限的事物不同,更是对的。在有限事物中,概念与有不同。概念与实在、灵魂与肉体可以分离,因为它们可以消逝、可以死亡,——这是有限事物的定义;抽象的上帝定义恰好相反,它的概念与有是不分离的和不可分离的。范畴和理性的批判,正是要阐明关于这种区别的认识,并防止将有限的规定和关系这类认识应用于上帝。"[1]

这里可以看到,黑格尔是批评了康德,支持了笛卡尔。因为上帝作为一种绝对的关系,它的概念与纯有是不可分的。从本体论的角度去看,纯有作为概念正是实有的基础。而实有也只是纯有的否定物及中介环节。这个视角的理念,正是黑格尔所坚持的,也正是基于这样一种视角,黑格尔才会去批评康德的理论,而肯定笛卡尔。正是在本质的环节中(概念的规定中),笛卡尔的观点是符合黑格尔的理念关系的。而康德在这一问题上的立场,则是停留在片面的观念论的层面。严格说起来,它不符合黑格尔绝对精神的规定。黑格尔对于笛卡尔的批评,主要表现在哲学的形式方面。至少,在黑格尔看,笛卡尔的那种哲学在形式方面是不完备的,这有两种主要的表现。一是笛卡尔的理论还停留在表象化的阶段,而没有达到纯粹

---

[1] 黑格尔:《逻辑学》上卷,杨一之译,商务印书馆,1966年版,第78~79页。

理念的自在自为的进展形式。这主要是由于笛卡尔把我思的关系直接引入了神的存在，并把神看作是被设定起来（由我思所设定起来）的关系。在笛卡尔那里，由于我与其思维的关系是不可分割的，而思维又包括直觉和表象的环节，因而笛卡尔便认定，当我具有了一个神的表象时，此时在我思的关系中也就拥有了一个神的存在。他认为神的概念呈现于我们的表象活动中，因而形成那个概念的原因也一定是神本身。在某些时候，笛卡尔也把那种表象化的活动归结为神的启示。由于神是绝对真实的缘故，它所传达给我们的启示也就形成了我们的知觉能力。而在明白清楚地知觉到的东西上面，即对于神的知觉上面，我思那种自我意识是不会犯错误的。因为那是一种最完美的概念在启示的形式下传达给我们的一种清楚的知觉。这在笛卡尔看来，它根本不可能是假的。人们应该自发地对它表示同意，至少在笛卡尔那里，这样一种知觉的确定性是第一位的。正是凭借这种我思的知觉，我们在心中才发现了最完满者（即上帝）那个概念。在笛卡尔那里，他也确实是把通过启示所得到的神的观念看作是绝对确定的东西。对此，黑格尔就曾指出，说笛卡尔的那些观点是以非常天真纯朴的方式说出来的，那些观点还是非常形式化的，严格说起来，它们还缺少深度。按照黑格尔的理解，实际上也就是缺少思辨的规定。因为神的观念中包含实在性这一设定（如笛卡尔所经常认为的），只是一种非常形式化的说法，它缺少真理在概念中自我分化和自我否定（扬弃）的环节。因而，神的概念也就并没有被设定起来。神在笛卡尔那里只是一种观念化（外在化的）的反思关系，而不是理念自身的自在自为的反思关系。因而，笛卡尔的这种观点也就会遭遇到困难。黑格尔这样写道："在自由这个方面，他遇到了一个困难。人既是自由的，就可以去做并非神预先安排的事。这就于神的全知全能发生冲突；但如果一切都是神安排的，那又取消了人的自由。这两个规定互相矛盾，解决不了……"①

　　这里，可以看到黑格尔哲学与笛卡尔哲学的区别：笛卡尔所建立起来的关系是有限反思的关系，意识和自我意识都是出自人的主体，它们是有限的思维形式，在这个形式中，不能形成概念的实体化的规定。我思在笛卡尔这里是被设定起来的规定，它并不是实体概念的设定者，只是自我意识知觉化的形式。在黑格尔那里，作为主体的自我意识是出自绝对精神，概念的环节就是绝对精神自我分化和自我否定的环节。纯有和实有是绝对统一的关系，概念的纯有中包含着它的实有，这两者都只是绝对理念不同环节上的规定。它们是在过程中显示出差别的，但在原初的形式中，它们则是同一者和统一者。上帝在黑格尔那里是作为绝对理念而存在的，但这个理念又必然要显现出外在的存在。绝对理念不是别的，潜在地就是发展出自身存在的精神。它不是形式化地在人的知性活动中被发展出来（如同笛卡尔所设定的那样）。上帝是在神的理念中发展出存在的关系，而存在又是作为否定的环节被设定出来。这也即是说，作为人的那种有限反思的运动，只是绝对精神否定性的环节，它扬弃了概念的纯有的形式（绝对理念的纯思形式），而进入到有限实有的关系。通过这种有限的实有环节，绝对理念才获得具体化的进展。有限性是概念自身的否定和分化，只有在这种分化的过程中，绝对理念才能完成自身的使命。它通过扬弃无数的有限性而得以进入到概念更高的环节，这一点，正是绝对精神本身运动的目标。我们在黑格尔的宗教哲学中，曾看到他所作的双重自我意识的论述，神的自我意识来自于绝对精神，而人的自我意识则来自于绝对精神分化的形式。在神思与人思的关系上，尽管黑格尔的理论相当模糊，但他还是传达了那样的观点：即神（绝对精神）的自我意识和人的自我意识都是普遍性的思维。有时，黑格尔似乎是认为，上帝对于其

----

　　①　黑格尔《哲学史讲演录》第四卷，贺麟、王太庆译，商务印书馆，1983年版，第92页。

自身的自我意识,正是通过人的自我意识而实现的。换言之,上帝通过人对其自身的认识,实现了其神思自我意识的那种可能性。正是人在对于上帝的那种认识中,上帝才完成了其自身的意识运动和设定。人思维神所设定起来的对象,也就是在自身的思维中设一个特殊的思维者。通过设定人那个自我意识的思维关系,上帝才完成了绝对精神的自身之思。黑格尔这里的观点非常晦涩,几乎难以读懂。但有一点是很明确的,那也即是思维与存在的关系是内在的统一关系。是思维(绝对精神的纯思)的形式建立了存在的形式,是上帝的概念建立了显像出来的外部存在。在这一点上,黑格尔与笛卡尔的观点是一致的,只是黑格尔的哲学更加深入化和体系化罢了。

黑格尔对于笛卡尔理论的第二个方面的批评,是笛卡尔的理论缺少一个完整的系统。黑格尔认为,它是在一种外在的联系上建立起来的。尽管笛卡尔把原因概念引入了神性关系,但神本身还是被设定起来的东西,而不是自身设定的关系。黑格尔指出:"我们看到,神的观念是一个设定的前提。现在有人说:我们在自己心里发现了神的观念;有这么一个观念,这是最高的观念。这就设定了前提。如果我们问这个观念是否存在,说的恰好是这个观念,这一问也就肯定了这个观念的存在。假如有人说这个观念仅仅是表象,这话就与该表象的内容发生矛盾了。可是,这种说法是不能令人满意的。它根据我们具有的关于神的表象,就把这个表象拿来当作前提;而且也并没有根据这个表象的内容指出:这个内容必定具有思维与存在的统一性。这里的这个采取神的形式的表象,是同我思故我在中的表象一样的,——存在与思维不可分地结合在一起。"[1]这里,黑格尔实际上是指出,尽管笛卡尔提出了神的观念中包含神的存在,但这个证明是不能令人满意的。因为在笛卡尔所坚持的这种证明里(即一般上帝存在的证明),存在的东西却变成了宾词。绝对

---

① 黑格尔《哲学史讲演录》第四卷,贺麟、王太庆译,商务印书馆,1983 年版,第 79 页。

理念变成了被设定起来的东西。因而，在笛卡尔这里，上帝作为绝对者也就停止其为第一性的前提，而成为一种被人的我思所设定出来的存在了。这样，在笛卡尔论证中，也就还没有把上帝作为一个绝对理念——一个终极性的创生存在关系的绝对思维。笛卡尔仅仅是追问了上帝的绝对性的关系，但也只是把上帝的那个绝对性的主体看作是一个宾词罢了。但上帝作为绝对理念恰恰不是宾词，而是绝对的主词。每个个体的自我意识，每个作为自我意识而独立存在的我思，都只是上帝那个绝对主词的一个环节。个体的自我意识是绝对精神的分化形态，它们只是从上帝那个绝对的意识中分化出来的意识，通过这种个体化的自我意识，绝对精神才可以回复到自己的内在本质，也即是理念通过意识的无限运动而擢升到最高的精神，这正是黑格尔哲学所要展示的内容。

在黑格尔理念哲学的系统内，上帝作为一个绝对精神是一个自我分化着的绝对主体。这个绝对主体既是最高的主观性，同时它又是一种绝对的客观性。它所使用的原则是一种思辨的原则，这也即是黑格尔所创造的那种辩证逻辑的原则。它通过自我否定的运动而使概念得以分化和进展，在概念辩证性的进展中，绝对理念才扬弃了外在的存在关系而重新返回到纯有（纯思）。因而，在黑格尔那里，概念（理念）乃是自身运动的环节，它不是停留在自身等同的规定中，而是要分化出差别成为一种自身的他在形式。通常，这样一种关系就表现为概念的自我否定的形式。在逻辑的关系上，这个形式也就是判断和推论那样的内容。在黑格尔所设定的思辨逻辑中，概念作为绝对者（绝对主体）便是主词，而判断则是概念自身分化出来的宾词。判断本身是概念自身实在化的一种规定，判断展示了概念潜在性的关系，把概念曾经是什么发展为实现出来的样态，即它实际上是什么。在黑格尔看来，只有宾词才能说清主词是什么，因为判断本身包含着概念还未曾实现出来的东西。这些东西在宾词（也即判断）中才显现出来。从这一点上看，宾词也即是概念自身的一种分离的形式。它的根据在主词（概念）之内。由于只有宾词才可以说清概念,而主词又总是表现为被规定的东西,这样,主词本身最初便只是一个名词。而宾词则包含着主词意义上的那些存在(有的规定)。那些有已是潜在于概念(主词)之内的,通过判断的形式(概念分化展开的形式),那些纯有便在宾词中展现出来。黑格尔在许多地方都强调过,特别是在逻辑学(大逻辑)中曾反复指出,只有具备普遍本质的那种东西,才能给予自身一个宾词。因为它在判断中的意义也即是用宾词去寻问。由于绝对精神是一个最高的普遍本质,因而,它自身所给予的宾词也即是寻问绝对者自身。正是通过这种寻问,才把绝对者自身的内在本质展示出来。绝对者通过判断的关系寻问自身,也即给予自身一种实在化的规定。而理念的宾词则是概念的直接实在化。不过,黑格尔也指出,并非把两个名词用系词"是"联系起来就形成了一个判断。因为一种外在的关系也可以将两个名词联结起来,但真正的判断则是按照概念的内在规定相联结。即一个普遍的东西与一个特殊的东西那样的关系,而不是一种个别的东西与另一种个别的东西之间的关系。黑格尔举例指出,如亚里士多德于115届奥林比亚节第四年,73岁时死的,这样的形式就只是一个命题,而不是一种判断。因为(在这个例子中)主词与宾词这两端没有特定的内在联系,而只是一种偶然的联系。换言之,那个宾词不是主词身上建立起来的规定,它们两者都同样是外在联系。

这里,恰好对照了笛卡尔的那种上帝证明的关系。很明显,笛卡尔的那种证明是以一种外在的形式展开的,上帝在我思之中的完满性并没有得到证实。因为上帝在我思之中的关系仅只是一个宾词,那个完满性也只是由我思(人的自我意识的规定)所给予的。那个我思真正说起来,乃是一种外在于上帝的关系。上帝(在笛卡尔那里)并不是作为主词而得到规定,这样,它也就没有在自身的关系中得到规定。他者(人的我思)所给予的一种言词上的证明是没有意义的,因为我思并不能构成上帝所形成的那样一种实体。正是基于这一点,黑格尔才不断地批评笛卡尔,认为他的哲学是形式化的,从根本上讲，是缺少理念的思辨性的规定。黑格尔在自己的哲学史上这样指出："思维是原则，我们应当承认的东西，只是通过思维得到承认的。有一种古老的成见，认为人只有通过反思才能达到真理，反思当然是基本条件，但这还不是从思维推演出万象，推演出世界观。还不是指出神的规定、现象世界的规定必然从思维中派生出来。我们所具有的只是思维。只是关于那种通过表象、观察、经验获得的内容的思维。"①

黑格尔这段话表达了这样的观点，即笛卡尔的那种形式化的思维并没有对神作出规定，它仅仅是停留在语义化的层面，并仅仅以外在的方式介入到上帝的关系。因而，从根本上讲，它也就没有表现出上帝的那种实体化（自我生成）的关系。至少在黑格尔看来，问题不在于人们是否从语词的层面上肯定了上帝的存在，而是在于，人们是否能展示一种自在自为的理念，让人们认识到，上帝就是那种理念关系的自身设定者，而世界，也仅仅是从上帝那种绝对精神中外化出来的存在。在这一点上，黑格尔达到了他自己的目标，这样的内容是在黑格尔的哲学中完成的，黑格尔也远远地超越了笛卡尔，他从绝对精神的设定上，找到了一条超越出全部哲学史新路。在那条道路上，他把神意的内容纳入到了思辨逻辑的框架。在这一点上，黑格尔仍是古往今来的第一人。笛卡尔的哲学后来被斯宾诺莎的哲学进一步地推进了，在斯宾诺莎那里，笛卡尔的二元论被扬弃掉，灵魂与肉体，思维与存在变成了统一的东西。笛卡尔的我思原则也被神性实体的原则所取代，神作为绝对的唯一的实体统合了一切，泛神论的观点也首次以体系化的形式出现在哲学史中。这是我们接下来所要去考察的事情。

---

① 黑格尔：《哲学史讲演录》第四卷，贺麟、王太庆译，商务印书馆，1983 年版，第 60 页。

第五章　斯宾诺莎——泛神论的实体观及黑格尔的融合

第一节　斯宾诺莎的生平及哲学特点

斯宾诺莎的哲学,通常被看作是唯理论的典型形式,人们也总是把他的哲学看作是笛卡尔哲学的改进的形式。因为斯氏借助了笛卡尔的那种几何学的方法,并在笛卡尔的实体定义中引出了神的属性关系。但严格说起来,斯氏的哲学与笛卡尔的哲学还是有着重大的区别的。这个区别不仅表现在哲学的一元论与二元论那种简单的划分上(笛卡尔通常被人们看作是二元论者,而斯氏则被人们看成是一元论者),而且,更表现在哲学的内容方面。笛卡尔的哲学是以我思为出发点的,我思是一般性的思维原则,同时也是对于神性启示的接收原则。也即是说,神作为一种确定性的存在,是要通过我思那个主体化的形式来认定的。因而,一般来说,笛卡尔的哲学就是把主体性的我思看作是绝对化的原则,对象的存在要在我思的主体里获得确认。对象的真实性取决于我思的真实性,我思是统领一切的东西。神在笛卡尔那里是一个表象化(通过启示达到的直观)的存在,只要我思不发生矛盾,与实在有某种对应关系,就可以在主体的联系中建立起神的观念。通常,笛卡尔也把这一情形看作是概念与实在的统一。在笛卡尔那个核心原则——我思故我在的原则中，我首先确知的是我自己。我可以抽掉一切对象化的存在，而仅仅把我思看作是一个绝对的联系。在这样一种关系中，实体（也即神）的规定便在人的主体活动中被设定下来。实体失去了自在自为的存在特性，而成为一种为他性的存在了。这是导致笛卡尔哲学产生二元论的根本原因。实际上，斯宾诺莎的哲学正是在这个环节上改进了笛卡尔的哲学。它不是简单地回复到一元论的形式，而是从根本上对笛卡尔的哲学做出了改造。我思故我在，是一种笛卡尔式的主体性原则，它成为笛卡尔哲学的核心原则，通过这个原则，也建立起一种近代的思维形式。但真正说起来，这个原则是不符合斯宾诺莎实体定义的，实体在斯氏那里是一种绝对的形式，从某种意义上说，实体也即是一种绝对的主体。它不是作为人的自我意识而存在的我思，而是绝对实体（作为神的最高主体）本身的运思。这个绝对主体的思维具有一种原生的创造性，思维使自身客观化（发生演变），成为存在。因而，在斯宾诺莎那里，实体的形式（也包括内容）发生了改变，实体不再是单纯的客体，而是一种思维和广延的统一体了。作为绝对的形式，它是神，作为概念，它是自在自为者。这样，实体在斯宾诺莎那里就不再是由我思所设定出来的关系，而是设定出我思的那种关系了。从这一点上看，实体在斯氏那里就是更加客观的形式，它既是绝对的主体，同时，又是那个实体所产生出来的存在。黑格尔就曾这样评论道："斯宾诺莎的哲学，是笛卡尔哲学的客观化，采取着绝对真理的形式。斯宾诺莎的唯心论的简单思想就是：只有唯一的实体是真的，实体的属性是思维和广延（自然）；只有这个绝对的统一是实在的，是实在性，——只有它是神。这就是笛卡尔那里的思维与存在的统一，也就是那种本身包含着自己的存在的概念的东西。"[1]

---

[1] 黑格尔：《哲学史讲演录》第四卷，贺麟、王太庆译，商务印书馆，1981 年版，第98页。

　　这里,黑格尔指出了斯宾诺莎哲学与笛卡尔哲学二者的区别,这个区别是本质的,它超出了一元论与二元论那样的对立关系。在黑格尔看,斯宾诺莎不但超出了(思维与存在关系上的)二元论,而且还超出了个体化的我思那种知性的规定。黑格尔这样指出:"在笛卡尔那里,自我、思维者本身也同样是一种独立的东西。斯宾诺莎主义扬弃了两个极端的这种独立性,两个极端都变成了唯一的绝对本质的环节。"①黑格尔这里所强调的两个极端的独立性。也即思维和广延的各自的独立性。在斯宾诺莎的哲学中,这二者被统一起来。神是绝对的统一者,神既是思维,同时也是广延。这二者都是作为神的属性而存在的。这样一种关系的设定,正是出于最高实体那个规定。尽管斯氏本人还没有直接提出绝对实体那个概念,但神的关系本身已经包含了这一设定。从某种意义说,斯氏也就是把哲学的方向引入到了亚里士多德和黑格尔的理念哲学的框架。因而,一般的哲学史简单地把斯宾诺莎看成是一位笛卡尔主义者时(或简单地把斯宾诺莎看成是一位唯理论者时),那样的划分都是很粗率的。因为它仅仅说出了斯氏与笛卡尔之间的联系,而没有说出它们二者之间的区别。实际上,由于在起点上设定关系的不同,斯氏的哲学与笛卡尔的哲学也就具有了本质的不同。后者是一种个体化的我思的关系,而前者(斯氏的哲学),则是绝对实体所支撑的思维和广延的同一性的关系。从某种意义上说,笛卡尔的哲学更接近于康德的哲学,而斯宾诺莎的哲学则更接近于黑格尔的哲学。这一点,在近代学者对他们二人哲学的各自比较中,也基本上达成了共识。在黑格尔与斯宾诺莎的关系上,罗森克郎兹就曾指出,说所有的斯宾诺莎的命题,都可以在黑格尔的哲学中找到。而戴洪德则认为,黑格尔主义如果去掉那种逻辑框架的包装,实际上就是斯宾诺莎主义。黑格尔的哲学只是在方法上有了改进而已,他的主要的原

———————————

　　① 黑格尔:《哲学史讲演录》第四卷,贺麟、王太庆译,商务印书馆,1981 年版,第 98 页。

理,即否定之否定原理,则仍是重复斯宾诺莎。在克劳斯·杜辛的那本小书中,杜辛本人也基本上持有这样一种观点,即把黑格尔的哲学看作是斯宾诺莎哲学的一个改进的形式。并认为斯宾诺莎的方法和原则,比我们通常在黑格尔的哲学中所了解到的,更加接近理念的道路。这样一些观点尽管有各自的限制和单薄处,对黑格尔及斯宾诺莎的哲学的比较还停留在较为抽象的层面,但在倾向性方面,则基本上是正确的。斯宾诺莎的哲学不是出自于我思的个体化原则,而是出自于绝对实体的原则。这一点,是斯宾诺莎哲学与笛卡尔哲学的分野,也是理念(实体,形式,共相)哲学区别于个体哲学的核心点。撒穆尔·伊诺克·斯通普夫在他所编撰的《西方哲学史》中,也表达了这样的观点,他这样写道:"笛卡尔从他自己存在的清楚分明的观念和'我思,故我在'的公式出发,继而推出他的哲学的其他部分。而斯宾诺莎则由于在事物的真实本性中上帝是先于任何其他事物的,就相信哲学必须首先阐述有关上帝的观念。所以,这个上帝的观念就会按部就班地影响到我们所引出的那些关与人的本性、行为方式和心物关系之类问题的推论。而由于斯宾诺莎关于上帝说了这样一些新的东西,这就不可避免地,他也会对人的本性说出新的东西来。因此,斯宾诺莎是从上帝的本性和存在这个问题开始他的哲学的。"[1]这里,斯通普夫很明确地指出了斯宾诺莎哲学的出发点,大体上看,他的这一论断是可以接受的。

至于斯宾诺莎从笛卡尔那里继承过许多东西,这一点,也是毋庸置疑的。因为斯氏的那个一元论的起点,也就是出自笛卡尔的那个实体的定义。区别是,笛卡尔把物质和有限的心灵也算作是实体,而斯宾诺莎则认为,最高的实体只有一个,那也即是神。但这种区别并没有妨碍斯宾诺莎去运用笛卡尔的几何学的论证方法。从某种程度上说,斯宾诺莎还把这一方法进一步发展和系统化了。他的《伦理学》作为最成熟的著作,就非常显明地体现了这样的特点,

---

[1]　斯通普夫:《西方哲学史》,丁三东等译,中华书局,2005年版,第353～354页。

那即按照几何学的形式,在哲学的开始处便从界说和公则出发。比如,关于实体的界说,斯氏就这样表述为:实体是一种在自身内并通过自身而被认识的东西。由于这样的特性,形成实体的概念就无须借助于他物的概念。而对于神的界说,斯宾诺莎则是这样界定:神是一种无限的存在,是具有无限多的属性的实体,其中每一种属性都表示永恒无限的本质。这种形式的界说,通过公则而进入命题。公则也是一种普遍性的形式规定。如公则一,斯宾诺莎就这样规定为:一切事物不是在自身内,就必定在他物内。公则就这样配合界说而展开命题的关系。大体上看,在斯宾诺莎那里,界说和公则之间并非是种属之间的关系,它们更多是一种并列的关系。在逻辑的设定上,它们都是各自独立的,没有概念之间的转换和包含。从这一点看,尽管斯宾诺莎的哲学本身具有几何学那样的形式化规定,但其概念之间却缺少严格的内在联系(如我们在黑格尔哲学中所看到的那样)。在笛卡尔那里,我们可以看到这样一种方法的原初形式。在一般的情形下,笛卡尔并没有采取这样的方法。只是在他的一篇较为精典的文章中(即《按几何学方式证明上帝的存在和人的精神与肉体之间的区别的理由》一文),笛卡尔是按照那样的方法去处理的。他首先从定义开始,分别对思维、观念及完满性等概念作出规定,然后便提出公理(也即斯宾诺莎说的公则),那些公理又配合定义展开了命题的形式,而证明的过程也即命题展开的过程。比如,在命题二中,笛卡尔就进行了这样的证明:"我们的每一个观念的客观实在性都要求一个原因,这个实在性不是客观地,而是形式地或卓越地包含在这个原因里(见公理五)。而在我们心里有上帝的观念(见定义二、八)并且这个观念的客观实在性既不是形式地,也不是卓越地包含在我们心里,(见公理六)它只能包含在上帝本身里。不能包含在别的东西里(见定义八)。所以,在我们心里的这个上帝的观念要求的上帝为其原因,因此上帝是存在的(见公理三）。"①

这里,可以看到笛卡尔把几何学的方法运用于哲学的一个经典的例子,而这种证明的方法则完全被斯宾诺莎所借助。他们的区别只是,笛卡尔只是在一些个别的问题上运用了这种方法,而斯宾诺莎则是把这种方法运用到了整个体系上。从这一点看,斯宾诺莎就更是一位注重哲学方法和体系的哲学家,用斯通普夫的话来说,斯宾诺莎对笛卡尔的方法所增添的东西,是对各种原理和公理的一个高度系统化的整理。我们这里则有必要指出,斯宾诺莎还把笛氏的方法更进一步地发展了。因为斯宾诺莎在运用这一方法时,已经有了一种把哲学的概念纳入到一个完整的系统中去的构想,斯宾诺莎也确实达到了他的目的,他的《伦理学》就是在这样一种目标中完成的。从这一点上说,斯宾诺莎就不是简单地追随了笛卡尔,而是在笛卡尔的方法中发展出了全新的体系。这就是为什么在哲学史上,差不多所有的哲学家都一致认为,斯宾诺莎是伟大哲学体系的创造者之一。我们这里引用奥康诺的《批评的西方哲学史》中的一段话,它恰好解说了我们这里的观点。对于斯宾诺莎哲学系统性的特点,它做出这样的评价:"这样,斯宾诺莎就对一切可能的经验对象赋予了一个系统的形式。他最大限度地使杂多的现象成为一个统一体。……在我们看到铺路石头的地方,他却看到自己铺成的道路。这个统一体不仅是实体的统一体,而且也是秩序的统一体。它在自然的共同秩序及扩展此共同秩序之种属等级结构的广大领域内是一普遍性发展原则。神(不像罗马)与规律统一,万有是一。"②大体上说,奥康诺的这个评价基本上接近了黑格尔的观点。

有关斯宾诺莎的个人生活,黑格尔在他的哲学史中曾作过简要的叙述。我们在沃尔夫所编撰的那篇斯宾诺莎的传记和罗斯所著的《斯宾诺莎》那本书中,又可以看到更为详尽的补充。作为一位独

① 笛卡尔:《第一哲学沉思集》,庞景仁译,商务印书馆,1996 年版,第167～168 页。
② 奥康诺:《批评的西方哲学史》,洪汉鼎等译,东方出版社,2005 年版,第364 页。

特的思想家,斯宾诺莎建立了一种新颖的哲学,那种哲学在哲学史上是独一无二的。而他个人的生活及人格,也同样充满了独特的魅力。在他身上,体现了一个哲学家与他自己所建立的哲学的完美的一致性。从外在生活去比较,在哲学史上也只有极少几位哲学家(也许塞诺芬尼或斯多葛派的芝诺)能与他相比。这就是为什么黑格尔会称斯宾诺莎是现代社会的一个奇迹。他于 1632 年出生在阿姆斯特丹,其族系来自于从西班牙宗教迫害中逃离出来的葡萄牙犹太家庭。早年时,斯宾诺莎曾受过正统的犹太教育,对希伯来神学和哲学都有较为深入的了解。他通晓犹太先知塔木德的经典,并阅读过犹太哲学家迈蒙尼德的著作。除此以外,他也很早就熟知基督教及阿拉伯教的经院哲学,以及希伯来的古典语言学和阿维洛依的神学等知识。他对那些由宗教所构成的错综复杂的世界有着非常直观的认识。这对于他后来所形成的那种深具宗教气息的伦理观应该有直接的帮助。但他很早的时候,就从宗教的教条中摆脱出来,这一方面是因为他接触到了自然科学的知识(这包括数学和光学),另一方面,则是因为他接触到了笛卡尔的哲学。对笛卡尔哲学的了解使他大开眼界,并从此开始深入到哲学的思辨中去。24 岁的时候,他触犯了犹太典籍,因而受到了革除教籍的处分。他被逐出了犹太教区,离开了阿姆斯特丹。他先后辗转于一些乡村,后来在海牙定居下来。这期间,他退出了犹太人的社团,按照黑格尔的说法,他也并没有因此改信基督教。尽管他年轻时一直过着流动的生活,他还是受到了很好的教育。他的知识既有用希伯来文和西班牙文写成的拉比的学问,也有关于修辞学和散文等方面的学问。从沃尔夫的记述中,我们还能够了解到他学习过拉丁文,并一度做过拉丁文方面的教师。他后来还学习过荷兰语、德语和意大利语,加上先前从父母那里学到的葡萄牙语和西班牙语,他至少掌握八种以上的语言。我们在他的书信中,还可以看到他对当时的人文理念及新兴科学的熟知。他的书信在许多处都谈到波义耳,还曾与许多具有科学教养的人探讨过诸如硝石、物体流动性及气体原理等问题。由于他研读了笛卡尔的著作,他对数学和几何学的知识也渐渐产生了兴趣,这样的兴趣也使他进入到了一种全新的哲学视野。我们可以看到,斯宾诺莎并非像黑格尔所说得那样是一位隐居者,实际上,他与当时的许多科学界(也包括文化界)的人士有着广泛的接触。通过这样的接触,他才保持了宽广的学术眼界和深厚的人文修养,他的哲学理论也包容了他那个时代最为前沿的所有环节。他的科学观曾受到过布鲁诺物理学理论的影响,这在他的《神,人及其幸福简论》那部书中有所体现。而在某一阶段,他经常提起培根,在他的《神学政治论》中,就常常可以看到培根式的术语。而另一位非常有名的学者霍布斯,也曾给斯宾诺莎留有深刻的印象。他的藏书中有《论公民》那部著作,那是霍布斯在阿姆斯特丹出版的一本书。尽管斯氏在他的政治观点中没有重复《利维坦》的理论,但霍布斯的民主思想则也为斯宾诺莎的政治理论提供了精神养料。至于笛卡尔的影响,则是更为直接的。他生前以自己的名字出版的唯一一部著作,就是《笛卡尔哲学原理》。通过笛卡尔,他在一种全新的视角中找到了神性实体的思路,并把笛卡尔的我思改造为是产生思维和广延的神思。从上面的种种迹象看,斯宾诺莎是一位走在时代前面的兼收并蓄的思想家,他像黑格尔一样,吸取了一个时代所能够提供的所有的养分而建立起一种哲学,这正如罗斯所说:"斯宾诺莎便进入了近代的思想世界。从笛卡尔那里,他吸收了新知识的实证内容;从霍布斯那里,他汲取了促进自然主义政治学的原动力;从培根那里,他接受了研究工作中实验的重要性的见解;从当时的逻辑学家那里,他借用了几个世纪的经院哲学所形成的术语。他继承了他能够继承的一切,然而他坚持自己原有的观点。"①罗斯的这段话恰好指出了斯氏身上的那种巨大的包容性,同时也揭示出斯氏的哲学与他那个时代的整体哲学的关系。但另一方面,我们也应该看到,就他哲学体系的独创性来说,他仍然是全新的构建者,这一点,他像

---

①　罗斯:《斯宾诺莎》,傅有德、谭鑫田译,山东人民出版社,1992 年版,第 216 页。

黑格尔一样。他一开始就是他自己的建筑师,尽管他是在许多不同领域取得他的砖瓦。

大约在 1644 年左右,他在海牙定居下来。以磨制镜片为生,在他以后的岁月中,他就是靠这个职业生存下来。他的经济状况是很困难的,但他对自己清贫的生活始终保持着平和的接受态度。他很少为金钱所困扰,他在金钱方面的想法是斯多葛主义的——不多的物质的东西就可以使他满足。实际上,他有许多机会使自己富有,他有许多有钱的朋友,还有一些身居高位的保护人。但斯宾诺莎从不接受朋友们金钱方面的馈赠。他的一位朋友西蒙·伏里斯就打算指定斯氏为他的财产继承人,但斯宾诺莎谢绝了,只接受了很少的一部分年金。他还把父亲留给他的遗产让给了妹妹们,只为自己留下了一张比较结实的木床。另外一件事情,也很能说明斯氏的性格,当时的一位很有名的贵族路德维希,极力引荐他到海德堡大学去做教授,他也婉言谢绝了。理由是,因为那个职位不能让他保持一种自由的生活,并安心地研究自己的哲学和著述。他对于宁静生活的热爱——那是对于思辨生活的需要和向往,要远远大于教授的那种世俗的荣誉。他在给海德堡大学教授法布里奇的回信中,表达了这样的想法。他这样写道:"但是由于公开讲学从来不是我的意向,因而考虑再三,我终不能接受这一光荣邀请。因为,首先我认为,如果我要抽出时间教导青年人,那么我一定要停止发展我的哲学。其次我认为,我不知道为了避免动摇公众信仰的宗教的一切嫌疑,那种哲学思考的自由将应当限制在何种范围。因为宗教上的争论,与其说是由于对宗教的狂热,无宁说是由于人们的不同倾向或不相一致的爱所引起的。这种不相一致的爱使他们惯常去曲解和指摘每一件事物,甚至曲解和指摘那些曾经正确被陈述的东西。在我个人的孤寂生活中,我已经经验到这些事情,如我有幸荣获这样高的职位,它们将更加会引起我的恐惧。尊贵的阁下,这样您就会看到我不是没有向往幸运的希望,但是由于一种对宁静生活的爱——这种爱我认为我在某种程度上能获得的——我不得不谢绝这一公共的教职。"①

斯宾诺莎就是在这样一种生活中度过了一生。他一直磨制镜片，于1667年死于肺病。现在看起来，他的病很大的原因是吸入了过量的玻璃粉尘所致。这是一个非常平静而安宁的生平的梗概，基本上，斯宾诺莎就是这样生活的。他被公认是一位善良温和的人，就连攻击他的教士们对他的死也作了善意的报道。在那些教士的眼里，那位面带愁容的受谴责的人，尽管带有忧郁的面貌，却保持着一个人的最高的温和与善良。我们在斯宾诺莎的哲学中，也可以看到这样的特点，从某种意义上说，他（的哲学）是把善的生活看作是最重要的。而当他看到人们所追求的大多数幸福都不能构成善时（这样的幸福包括人们通常所认为的财富、荣誉和感官快乐），他便毅然决然地抛弃了那些东西。他曾这样写道："但是当我仔细思考之后，才确切地见到如果我放弃这些东西，来从事新的生活目标的探求，则我放弃的就是按本性说是不确定的善，像上面所指出的那样，而我所追求的却不是在本性上不确定的善。"②斯宾诺莎所说的那种善，也即是爱好永恒无限的事物，用一种无限的境界去培养我们的心灵，并建立起人类与整个自然（神性）的相一致的知识。在另一处，他又这样写道："因此这就是我所努力追求的目的：自己达到这种品格，并且尽力使很多人都能同我一起达到这种品格，换言之，这也是我的一种快乐，即尽力帮助别人，使他们具有与我相同的知识，并且使他们的认识和愿望与我的认识和愿望完全一致。"③我们可以看到，斯宾诺莎做到了这一点，他的哲学追求一种善的信仰，而他的生活，也以善的品行成就了善的最高的典范。这正如黑格尔所指出的那样，他将一切个别性和特殊性都归之于唯一的实体，也即神的无限善的属性，他自己也在这种无限精神中，求得了生命的

---

① 斯宾诺莎：《斯宾诺莎书信集》，洪汉鼎译，商务印书馆，1996年版，第201页。
② 斯宾诺莎：《知性改进论》，贺麟译，商务印书馆，1996年版，第19页。
③ 斯宾诺莎：《知性改进论》，贺麟译，商务印书馆，1996年版，第22页。

和解。

斯宾诺莎在身后获得了更大的名声。他的哲学很快传播到欧洲的其他国家，并首先在德国传播开来。他的神性实体的观点清除掉了僵化的形而上学，并开始逐渐取代笛卡尔的我思而成为哲学的主流。至少是在后来的德国哲学的基调内，斯宾诺莎可以说是那一源流的真正先驱者。海涅曾诙谐地写出那样的句子，他说："所有我们现代的哲学家，虽然也许常常是无意识的，都是通过斯宾诺莎磨制的眼镜观看世界。"①这话尽管夸张，却也不失中肯之意。我们可以看到，莱布尼茨首先是斯氏哲学的受益者。他的单子个体化的观点尽管与斯氏的实体观不同，但其关于完满性，预定和谐以及自由和灵魂等观点，则紧紧依赖于斯宾诺莎理论的各个相应的观点。而他的关于活动地位的那个中心概念，也正是斯宾诺莎哲学的核心方面。莱布尼茨之后，斯宾诺莎在德国的影响更加扩大了。这主要是通过康德、费希特、谢林和黑格尔对它的赞赏和评价。康德曾批评过斯氏的哲学，认为那种哲学具有一种独断论的倾向。但晚年，他却非常赞许斯氏的那种无限性的思想。费希特则接受了斯氏伦理学中的自因的思想，并把它运用在他的自我—非我的理论中。至于谢林，他曾在公开场合承认自己是一位斯宾诺莎主义者（这在当时是有一定风险的，会遭到宗教人士的攻击。当时另一位哲学家施莱尔马赫发表自己的《宗教讲演录》时，就受到了普遍的诋毁和谩骂，其原因就是那本书坚持了斯宾诺莎的泛神论理论）。他在一封写给黑格尔的信中就曾表达了这个观点。谢林曾努力使他的自我概念成为一个绝对的客体的形式，那个客体的形式本身又具有绝对实体的属性。这一点，正是被斯宾诺莎的实体概念所提供出来。出自于斯氏哲学的影响，谢林就把作为自我的那个客体看作是绝对的范畴，它在自身内形成了对象化存在的关系。这基本上来自斯氏的

---

①　斯宾诺莎：《神，人及其幸福简论》，洪汉鼎、孙祖培译，商务印书馆，1987 年版，第 92 页。

（实体）内在关系的理论。谢林的这种思路，在黑格尔的哲学中达到了顶点。黑格尔不但借助了斯宾诺莎的绝对实体的观点，而且还把这个观点发展为绝对精神的理念，把在斯氏那里是静止不动的实体改造为是在思维中自我运思的精神。正是在黑格尔那里，斯氏的哲学才得到了真正的提升和复活。黑格尔给予了斯宾诺莎哲学一种更为全面和准确的评价，他也在公开场合说出了那样的话：即斯宾诺莎的哲学真正说来，并不是一种无神论，而倒是一种无世界论。既然（在斯宾诺莎那里）一切存在都只是神的存在的样式，那么作为自然存在的那种特性也就消失了。因而世界之内没有作为自然而存在的东西了，存在的只是神在自己的属性中所发展出来的样式。这个观点在当时缓解了一些教士们对斯氏哲学的恶意攻击，同时，凭借黑格尔那日渐隆起的名声，也使斯宾诺莎哲学的影响力更加扩大了。

从另一个方面看，斯宾诺莎的哲学之所以会产生后来那种巨大地声望，也是因为斯氏的哲学影响到当时知识界的一些最具威望的人。在德国，斯宾诺莎的哲学首先影响到莱辛。莱辛不但熟悉斯宾诺莎的哲学，而且还崇敬斯宾诺莎的人格。在他与耶可比的一次谈话中（这次谈话后来成文被发表出来），莱辛公开承认斯宾诺莎是他的精神导师。同时明确地指出，说斯宾诺莎的哲学是唯一真正的哲学。这一情形得到了黑格尔的确认。黑格尔曾在一个地方指出，说莱辛作为一位哲学界以外的人士，却比当时德国一些有名的哲学教授更了解斯宾诺莎的哲学。莱辛在那篇文章中也曾讲了那样的话，说斯宾诺莎具有一颗美好的心灵，宁静的精神以及在理智中所保持着的神性。那次谈话，由莱辛的朋友门德尔松整理发表出来，对德国当时的知识界产生了很大的影响。当时的德国，还处在一个多愁善感和思想保守的时代，而斯宾诺莎的哲学，则提供了一种纯净而深刻的思想。从某种意义上说，它也提供了一种对于（宇宙的）无限和（生命的）自由的前所未有的反思。这也是斯宾诺莎的哲学为什么会征服众多哲人和诗人的原因。我们在另一位诗人歌德身上，更能够看到斯宾诺莎的影响。歌德一生至少有两个阶段非常专心地研读过斯氏的哲学。一次是在 1783 年至 1786 年之间，另一次则晚一些，是在 1811 年至 1816 年之间。从这样一种年代上的跨度来看，足可以看出歌德是如何热爱斯氏的哲学。他还试图在《普罗米修斯颂歌》那个剧本中把斯氏的哲学思想表达出来，实际上，那也即是从斯氏的实体理念中衍生出来的历史客观性决定人类行为的思想。歌德在许多地方都谈到过斯宾诺莎和他的哲学，其中最有名的一段话是出自他的自传，在讨论斯宾诺莎的《伦理学》那部书时，歌德曾这样说道："或者说我能对这本书说些什么，这是我不能回答的。在这里我充分感受到了净化情感的东西：一幅超出物理世界和道德世界之上的广阔而自由的图景呈现在我的面前。但是，把我拉向斯宾诺莎的主要力量却是在他的字里行间闪闪发光的无限的无私精神。'真正爱神的人切勿希望神反过来爱他'这一绝妙的格言，连同所有支持这一说法的命题，所有从这个格言得出的结论，都是我一切思想的主旨。在每一件事情，主要是在爱和友谊方面无私是我最高的快乐、我的生活准则和我的一贯做法。所以后来我说了一句鲁莽的话：'如果我爱你，那么对你的爱是什么？'这句话是当我写到它时才真正感受到的。我不会忘记，在这情形下和别的情形下同样地承认真理，即最紧密的统一是显著对照的结果。斯宾诺莎的平静程度和我在各个方面的强烈努力形成了鲜明的对照。他的数学方法是对我的诗人的观察和描写方式的补充。他的形式处理，有些人可能认为不适用于道德主题，却促使我热切地向他学习，毫不保留地崇拜他。"[①]罗素在他的哲学史中谈到了这一事件，他认为歌德对斯宾诺莎还谈不上了解就开始崇拜他，歌德是把爱神者不会努力让神回爱他这一命题，当成了克制自己情感的一种高尚的原则。实际上，斯宾诺莎的哲学正是一种自我克制的哲学，它通过爱而提升了情感的

---

① 罗素：《斯宾诺莎》，谭鑫田、傅有德译，山东人民出版社，1992 年版，第194～195页。

质量,而通过善的概念,又矫正了人们精神上那些不健康的妄念。他的哲学是节制的(很接近于斯多葛派的哲学),而他的个人生活,则充满了对自由和无限的憧憬。如同罗素所说,他是伟大哲学家中人格最高尚,性情最温和可亲的。不过,这正如一切高贵的事物,它们是既稀有也同样是难得的。下面,我们进入到他哲学的具体内容。

第二节　以实体概念展开的神性内容

斯宾诺莎的哲学是以对神的概念重新界定而闻名的。从其论证的形式看,他的观点很像是出自安瑟尔谟的理论。但在细节的规定上,斯氏的哲学又是全然不同的。它既区别于基督教的哲学,同时也区别于传统的经院哲学。他从笛卡尔那里继承了几何学的论证原则,但在神的设定关系上,他又背离了笛卡尔,建立了属于他自己独有的神学理念。笛卡尔曾把神看作是一种超越性的存在(在这一点上,笛卡尔的哲学接近于基督教哲学),神作为一个绝对者不是存在于世界之内,而是超越性地存在于世界之外。斯宾诺莎所强调的核心观点,则是神的自因概念。神是世界之内固有的,它不是超越的原因,而是自然中一种内在的原因。这样一种神的概念很容易导致泛神论,因为斯氏在许多地方都曾强调说,任何东西都不能在上帝之外存在或被设想,不论什么东西,它都是存在于上帝之内的。泛神论是一个很方便的说法,对于界定斯宾诺莎的哲学尤其如此。但这一说法却未能较为充分地说明斯氏哲学的性质。至少在形式的区分上,它未能把斯氏的哲学与一般的神秘主义哲学(这包括柏罗丁和普罗克洛的哲学及犹太神秘主义哲学)区别开来。因为从大的方向看,斯宾诺莎的哲学是不同于纯粹犹太哲学的。尽管他本人受到过迈蒙尼德很大的影响,但那种影响远不如布鲁诺的影响为大。至少,斯宾诺莎从布鲁诺那里继承了这样两点:一是关于神的实体那种第一因的原理,二是世界的灵魂是宇宙的本质这个规定。

而且,布鲁诺所设定的那种有形实体可以区分为基质和广延的观点,也基本上被斯宾诺莎所吸收。我们在布鲁诺的那本《论原因、本原与太一》的小书中,能够看到这些观点的展开,大体上这些观点被斯宾诺莎巧妙地运用了。

比较核心的理论,是斯宾诺莎关于实体的那些观点。它们是独特的,是斯宾诺莎哲学最具独创性的理论。在一般的情形下,斯氏把实体规定为是事物的本质、自因,是产生事物的内在规定。有时候,斯氏也把实体定义为是实在的最终本性,是在自身中并且只是在自身中而被设想的东西。只有实体可以形成其自身的属性,在此过程中,它只凭借自身而无须借助它物。这是斯宾诺莎对于实体的一般性定义。在这样一种关系中,斯氏基本上保持了布鲁诺的实体是一种单一形式的观点。比较特殊的地方,是斯宾诺莎把实体这个概念引入到神的规定,从另一个视角看,也即是把神的概念引入了实体的规定。在这样一种相互规定的关系中,斯宾诺莎也就偏离了正统的经院哲学,而向着旧约所包含着的那种泛神论的理论靠近了。斯氏的处理方式是,把神与实体统一起来,用实体那个规定去解释神,同样地也用神那种无限的原因(规定)去解释实体。他对神的界定是:神是一种无限的存在,是存在的理由或原因,它是通过自己去认识自己,神是万物的原因,也是自因。可以看到,这些对于神的定义,也正是对于实体的定义,这些规定同样可以表述实体的概念。在《伦理学》那部书中,斯宾诺莎就曾把神与实体等同起来,在一个地方,他写道:"神,或实体,具有无限多的属性,而它的每一个属性各表示其永恒无限的本质,必然存在。"[1]在另一处,他则更明确地写道:"除了神之外,不能有任何实体,也不能设想任何实体。"[2]这里,斯宾诺莎就把神的概念引入了实体的概念。事物是作为实体的样式而存在的,也同样是作为神的样式存在于自然中,自然的存在

---

① 斯宾诺莎:《伦理学》,贺麟译,商务印书馆,1981 年版,第 10 页。
② 斯宾诺莎:《伦理学》,贺麟译,商务印书馆,1981 年版,第 14 页。

只是神的存在的一种样式而已。这也即是斯氏的泛神论所着重体现的地方。当他把自然设定为是神的存在的一个样式时,自然本身便具有了神性。而神,也从原初的(基督教哲学中的)那种彼岸性消失了。神在自然之内获得一个实体,这个实体正是通过自然存在而获得支持。从这一意义上说,神也就是一种现实中的存在。它存在于自然之内,这样它也就存在于一切事物之内。这样的观点尽管粗糙(在黑格尔看),但它却超越了思维与存在的二元论。

斯宾诺莎的理论自然导致这样的结论:神是万物的原因,也是自因,因而我们也只能在上帝身上观照万物。这里斯氏提出了一个自因概念,从哲学史上看,这个概念为斯氏所独创。其概念的形成受到了亚里士多德形式因的启发,在亚里士多德那里,形式(作为原因)被规定为是事物内在的形成者。斯宾诺莎的想法,也就是要给予自然存在一个原初的形式。这样,他就需要一个作为系统而存在的支撑点。我们可以看到,斯氏在结构这个系统时,使用了两个方面的概念,一是神,它是万物的本质;二是实体,它是事物的自因。在这个地方,斯氏的哲学是比较模糊的。至少,在神的存在与实体存在这二者的关系上,他的理论是摇摆不定的。在一般的情形下,斯氏是把神看作是独立自在的东西,有时候他又把神看作是实体本身。他在自己的《伦理学》那部书中,也多次表达过不同的观点。比如,他曾强调过,说实体本身不能为任何东西所产生,它是自因。这与他对神的那种界定基本上是一致的。在另一个地方,他又把神和实体并列起来,看成是同一的形式。他指出,神或实体,都是具有无限多的属性,而它们的每一种属性,也都可以表现无限多的永恒的本质。在一个比较明确的地方,他则直接这样写道:"因为神(据界说六)就是实体,而(据命题十一)实体必然存在,这就是说,(据命题七)它的本性即包含存在。或(换言之),根据它的界说便可以推出它的存在。"①很明显,斯宾诺莎这里已经把神和实体等同起来,这也

① 斯宾诺莎:《伦理学》,贺麟译,商务印书馆,1981 年版,第 23 页。

就产生出另一个问题,即自然作为一种存在,到底是出自于实体,还是出自于神?在这个问题上,斯氏的哲学始终是不明确的,这也是它导致神秘主义的一个主要的原因。

有一种观点认为,斯宾诺莎的哲学在三个概念上(神,实体,自然)是例属于三个不同的阶段。也即神——实体——自然这样的划分阶段。但我们可以指出,这样一种划分是不准确的,至少斯宾诺莎本人没有做出那样的划分。神在斯氏那里并不是一个最高的主体那样的关系。这一点,斯氏的哲学既不同于柏拉图的理论,也同样不同于新柏拉图主义的理论。斯宾诺莎的神(实体)是一种自身静止的关系。它不是通过自身的思维或流溢产生出存在,它被斯氏设定为是自身包含于万物的因果关系。在神的那个自身的原因中,必然包含着自然的实体性存在,这也就是斯氏的一般性构想。斯宾诺莎并没有去证明这一点(尽管这是一个核心的规定),他只是说,神作为一个自然的世界,已经包含在神是一种原因的规定中了。自然的存在(在斯氏看),就像三角形的定义会得出它必然等于二直角的结论。文德尔班在他的哲学史中曾指出这个事实,他认为在斯氏那里,因果关系的概念实际上是剥夺了在偶因主义者那里起着重要作用的创造性概念。从上帝到世界不存在流溢的系列,有限物被有限物规定着。只有神是万物中的唯一的本质根源。从这一点看,斯氏就没有把源头到存在的关系划分为不同的阶段。倒是相反,斯氏的模糊之处正是,他到底是在哪样一种关系上把自然归属于神,或把自然归属为实体。罗斯在《斯宾诺莎》那部书中,也指出了这样一种困难。他写道:"理解斯宾诺莎包罗万象的实在概念的困难之一,在于他用来表达这一概念的三个词。他把这一实在称为'神'、'自然'和'实体'。有人企图把斯宾诺莎的思想发展分为三个阶段,认为每一个词都是各个阶段的特有的表达方式。这个企图是不成功的。这不仅因为这三个词在用法上没有足够明确的规则,而且因为观点的三重性是基本的。正如我们已经看到的,神就是自然,而自然就是实体;这三个不同的词随着所涉及的问题的变化而出现,是不断变换的。思考的三个首要问题是起源问题、结构问题和材料问题，当斯宾诺莎考虑起源时，他似乎使用了'神'，当他考虑结构时，似乎使用'自然'，当他考虑到材料时，似乎使用'实体'。它们完全是同一个东西，尽管是从不同的观点来考虑的。"①

由于斯氏把神、实体及自然这三个概念并联起来，神的那种原初性规定（宗教性规定）的力量也就削弱了，神的自在自为的精神的规定也被取消。这是黑格尔反对斯宾诺莎实体观的一个关键之处。实际上，在斯氏早期的著作中，特别是在他的《神，人及其幸福简论》那部书中，斯氏还曾强调了一个最初因的观点。在指出了神是一个自因的同时，他还指出神是创造物的一个流出因。可以看到，这个观点具有新柏拉图主义的因素。但在他后来较为成熟的著作即《伦理学》中，这样的观点却消失了。在那里，斯氏不再提神的流出因，只是把神的自因发展为是致动因。也即把神看作是自我产生者，同时又是产生万物者。由于缺少细节方面的规定，我们并没有看到神向实体（自然存在）的转化关系。因而，像他的其他论证一样，这个理论也同样停留在形式规定上，即神作为公理的自明性上。这反映出斯氏的哲学缺少一个原初的主体性规定。斯氏是把神当作一个既定的存在者了，根据这一点，如果神在，则自然存在，反之，则自然不存在。这样的设定排斥了神作为致动因的那样一种活动关系。

从另一个层面看，斯氏也并没有把神看作是一个具有意识（精神）规定的全能者。换言之，斯宾诺莎并没有将实体看作是神性的思维者。神和实体（在斯氏那里）仅仅是一种等同的过渡。在这一点上，斯氏的理论也仍然是有缺陷的。他在有些地方承认神具有思维和理智，但在另一些地方，则又取消了这一规定，并否定神具有理智和意志。这是一种明显的矛盾。在《神，人及其幸福简论》那部书中，斯氏就明确地强调过，说神具有理智。正因为神本身具有理智，所以神才能通过自身来认识自己。用他的观点看，即万物是等同地

① 罗斯：《斯宾诺莎》，谭鑫田、傅有德译，山东人民出版社，1992年版，第57页。

存在于神的无限理智之中的。他这样清楚地写道："在神之外绝无任何其他东西，神是一个固有因（causa immanens），但是，只要主动者和受动者尚是不同的事物时，那么被动性总是一种明显的不圆满性。因为受动者必然是依赖于那个由外面使之成为被动的东西；因此被动性是同神不相容的，因为神是圆满的。再说，对于那个自身活动的主动者，我们永不能认为它会具有一个受动者的不圆满性。因为它是不能受其他东西作用的，比如理智就是如此。"①这里，斯氏不但指出了神是具有理智的，而且还指出了其理智具有主动者的完满性。但这样的观点与他后来的著作《伦理学》一书中的观点，是有出入的。在该书的第二十页处他就指出，说神既没有理智也没有意志。但在对这个观点进行解释时，他又说神是应该具有理智和意志的。只是神的理智和人的理智完全不同罢了。它们是具有天壤之别的，最多它们也只是名词相同而已。这一说法，又肯定了神是具有理智和意志的。他在一个地方还曾这样写道："观念的形式的存在只以神为其原因。但只就神被认作能思想者而言，而不是就神为别的属性所说明而言。这就是说，神的各种属性的观念以及个别事物的观念都不承认观念的对象或被知的事物为其致动因。但只承认作为能思想者的神本身，为其致动因。"②这里，斯氏又肯定了神是一个能思者，与其前面的观点是有矛盾的。

这样一种矛盾的发生，产生于一个特定的前提，那即是，斯宾诺莎既想把神看作是思想者，具有无限的理智性的存在，同时又认为，理智和思想应该是有限者（通常是人）的规定，而神作为无限者是包含于这个有限者的。因为在斯宾诺莎那里，神一方面是广延（它包含人），但另一方面它也是思维，是绝对理智。思维（包含理智）只是神的属性之一，而不是神的全部属性。人作为主体也能思维，但其思维并不能产生出实在（实体）的关系。因而，单纯的思维是有限

① 斯宾诺莎：《神人及其幸福简论》，洪汉鼎、孙祖培译，商务印书馆，1987 年版，第146 页。

② 斯宾诺莎：《伦理学》，贺麟译，商务印书馆，1981 年版，第48 页。

者的规定。用斯氏的话说,这一个人可以成为另一个人的存在的原因,但不能成为另一个人的本质的原因。只有神的理智才可以成为人的本质的原因。因而,神的理智就其被规定为是人的本质的原因而言,是不同于人的理智的。神的理智包含着人的理智及存在,但人的理智则既不包含神的理智,也不包含神的存在。因而,理智这个词在斯氏那里就有了一种双重性的含义,当它指神的理智时,作为绝对之思(神的无限者)的关系,而当它指人的理智时,则是指由无限的神思所分化出来的一种样式。这种样式是出于人的意识,因而发生在人那里。正如斯氏在许多地方所强调的,人的本质不是别的,正是某种特定的表示神的本性的一种分殊或样式。

黑格尔在自己的哲学史中,曾对斯氏这个神性实体的理论做出过评价。他一方面肯定了实体理论的那个绝对基础,指出它是每个哲学家在精神上所应达到的目标。另一方面,也指出了这个理论的一般性缺陷,即那个神性实体缺少一个活动性的主体,因而,它也就不能在精神活动中展开自身。在黑格尔看,斯宾诺莎并没有使普遍者和个别者得到统一。在斯氏那里,一切个体及整体的规定都是向里走(向实体的内部运行),而不是向外走。这样,各种规定性也就未能从实体内部发展出来。而只是成为互相外在的东西。样式外在于实体,实体也外在于样式。个体存在并没有显示出它从神(实体)那里转化出来的过程。黑格尔认为,真正的个别性及个体性并不是远离普遍性的特定存在,而是一种自在自为的存在。它们是从绝对的主体中分化出来的东西,但最后也仍然要返回到普遍者。用黑格尔的话说:"个别的东西是在自身内的存在者,因而是普遍者。这个返回的意思就是说,个别者本身就是普遍者;斯宾诺莎没有进而达到这种返回。在斯宾诺莎那里,最后的东西是死板的实体性,并不是无限的形式;他不知道这种形式。他那里始终是这个看不到规定性的思维。"①黑格尔这里的批评,可以说是本质性的。这既是

① 黑格尔:《哲学史讲演录》第四卷,贺麟、王太庆译,商务印书馆,1981年版,第106页。

对斯氏哲学的一种总结性的评价,同时也是黑格尔自己的哲学所要超越斯氏哲学的一个主要突破口。总体上看,在斯宾诺莎那里,尽管实体作为神被规定为是无限的东西,但那个实体本身却缺少思维的主体化规定。神的无限性不是一种精神的产物,而只是作为一种自身僵化的实体。从这一点看,斯氏的哲学就远离了柏拉图的哲学和新柏拉图主义的哲学。神作为实体既不表现为理念的形式,同样,它也不表现为从最高的太一向下层流溢的形式。因而尽管斯氏设定了神的绝对本质,但他却没有设定出神的主体。这正是黑格尔批评斯氏的原因。由于缺少一个思维性的主体,斯氏的哲学就丧失了主观性和个体性的特征。一切都依赖于实体,一切也只是实体的样式。这样的规定,自然陷入了抽象的自身同一性。实体的差别没有外显出来,尽管斯氏本人设立了分殊的原则,而且还不无正确地指出,一切规定都是否定(这是斯氏所建立的另一个重要原则,黑格尔曾给予高度的肯定),但他还是停留在抽象的规定中,按照黑格尔的理解,也即是在他的实体概念中看不到思维的运动,看不到思维作为主体分化对象的那种运动。因而,黑格尔指出,他的规定即是否定的那个界说,也就仍然是一种片面的东西。它只表达了事物(作为规定性)的否定方面,而没有过渡到更高的形式。那也即是否定的对立面——否定之否定的形式。黑格尔写道:"在斯宾诺莎主义里并没有主观性、个体性、个性的原则,因为它只是片面地理解否定的。一般的意识、宗教对此颇有反感。莱布尼茨的个体化原则(在单子中)成全了斯宾诺莎。理智具有一些并不自相矛盾的规定,否定是简单的规定性。否定的否定是矛盾,它否定了否定,因此它是肯定。但也同样是一般的否定。理智不能容忍这种矛盾;这种矛盾是理性的东西。斯宾诺莎缺乏这一点;这是他的缺点。斯宾诺莎的体系是提高到思想中的绝对泛神论和一神论。……所以精神并没有真正的实在性,斯宾诺莎把思维在自身中的单纯统一说成了绝对的实体。"①

这里,黑格尔所说的单纯同一性,正是斯氏实体概念的自我等同的形式。它是一种抽象空洞的同一性,没有揭示出实体自身的具体内容。为了避免这种抽象的同一性,黑格尔之前的许多哲学家都曾做出过努力。首先把一个主体的形式设定为差别者的哲学家是费希特。费希特继承了斯宾诺莎的实体性原则,并第一次把那个原则发展为主体。那个主体作为绝对的实体也即是自我意识。为了避免斯氏的那种抽象的同一性,费希特在设定了自我等同于自我的那个规定之后,又设定了另一个命题,即自我等同于非我。正是从非我这个差别化的命题中,作为实体的自我(意识)才得到了具体的规定。在费希特那里,一个绝对的主体性的自我是在非我那样一种意识对象中得到规定的,那些非我是自我本身(在自我中)所设定的对象,因而那些非我也就等同于自我。由于自我排除了我是我那样的抽象的自身等同性,自我(意识)也就获得了具体的内容,主体(思维)产生对象化存在的那种过程也就被揭示出来。这正是费希特对斯氏实体原则的一种改进的形式。黑格尔对于费希特的这个规定是非常赞赏的,他不但运用了费氏的这个自我—非我原则,而且还把这一原则提高到更加思辨的形式。黑格尔所要做的事情不是别的,正是要把(斯氏)实体那个自身等同的规定重新设定为是绝对精神外化出差别世界的规定。这是黑格尔哲学的核心理念,也是黑格尔试图超越斯宾诺莎的地方。

第三节 从单一实体向双重实体的过渡

一、纳入主体规定中的精神实体

在《精神现象学》那部书中,黑格尔就曾把实体表述为是主体。

---

① 黑格尔:《哲学史讲演录》第四卷,贺麟、王太庆译,商务印书馆,1981 年版,第101页。

黑格尔一方面接受了费希特的自我非我的原则,另一方面则把那个原则糅入到自己的绝对精神的理念中去。他在许多地方都强调,说如果上帝是实体,像斯宾诺莎所说的那样,那么上帝就更应该是主体。在黑格尔看,实体并非一般性的共相存在,像柏拉图的理念那样,隔离外部世界。也不像斯宾诺莎所说的那样,只是一种自身无限的等同。黑格尔认为,真正的实体不是别的,它只是一个绝对的主体。这个绝对主体便是上帝和绝对精神。这样一种表述尽管怪异,却正是黑格尔真实的想法。黑格尔哲学最大的特点也即是,在整个真理(实体化的主体)的体系内,上帝是作为绝对者在运思,是上帝的绝对精神产生了思维化的差别(对象化的意识),又是那些差别意识的异化产生了世界。黑格尔在相当多的地方,都表述了这样的思想,即主体作为实体是具有否定性的。它要对自身作出规定(设定意识的对象),即建立起特别的东西。但由于一切规定都是否定(这是黑格尔又一次利用了斯氏的原则),因而主体(作为思维者)也就分裂了自己。在思维中,绝对主体(神)由于设定了对象而成为自身的差别,那个差别者也即是否定(异于主体的东西)。否定使主体自身分裂为二,成为一种自身双重化的过程(即自身是普遍者也是特殊者)。但正是凭借这种双重化的过程,主体才摆脱了空洞的自身等同性。这样,主体也就避免了自我等于自我那样的形式思维,上帝是一个主体,但上帝也正是在对象化(把自身分化为外部差别)的过程中成为主体。换言之,上帝只有在思维到自身的他物时,才对自身作出规定。而不是在自我等同(我是我那样)的思维中得到规定。但由于那些差别化的规定是在上帝的主体中被确立的,它们也就仍然是上帝的自我意识本身。它们是自我意识的异在,它们通过自身的扬弃又返归到主体(自我)。这里正是黑格尔对斯宾诺莎否定性原则的一个改进。黑格尔把单纯的否定改进为是双重的否定。不但一切规定都是否定(黑格尔正确地利用了斯氏那个命题),而且否定的东西还要通过再次的否定而回归到自己。这也即是说,当个别化的意识对象作为否定物而出现的时候,这个意识又要异化自身而成为消解者。异化(在黑格尔那里)表明一个精神事物转化为自然的事物。有限物(在精神的异化中)作为自然的存在成为意识的反面(对立物)。它作为对象化意识的那种特性在自然性中消解掉了。对象化的意识否定了绝对主体,而自然作为一种存在又否定掉了对象意识。正是在这种双重否定的作用下,绝对精神才实现了自身。它首先设定对象(在主体中),那个对象否定了自己。但异化的作用又否定了那个特殊的意识。在这个双重的否定(即否定之否定)中,意识又回归到绝对精神,差别者回归到统一者,有限者回归到无限者,有限的否定通过再次否定而成为自身肯定的东西。这个东西不是别的,正是作为绝对精神承载者的那个上帝的主体。黑格尔这样写道:"哲学的要素是那种产生其自己的环节并经历这些环节的运动过程;而这全部运动就构成着肯定的东西及其真理。因此,肯定的东西的真理本身也同样包含着否定的东西,即也包含着那种就其为可舍弃的东西而言应该被称之为虚假的东西。正在消失的东西本身勿宁应该被视为本质的东西,而不应该视之为从真实的东西上割除下来而弃置于另外我们根本不知其为何处的一种固定不变的东西;同样,也不应该把真实的东西或真理视为是在另外一边静止不动的、僵死的肯定的东西。现象是生成与毁灭的运动,但生成毁灭的运动自身却并不生成毁灭,它是自在地存在着的,并构成着现实和真理的生命运动。这样,真理就是所有的参加者都为之酩酊大醉的一场豪饮,而因为每个参加豪饮者离开酒席就立即陷于瓦解,所以整个的这场豪饮也就同样是一种透明的和单纯的静止。"[①]

这里,黑格尔又一次批评了斯宾诺莎的实体观。指出斯氏实体的那种僵化性和自身封闭性。并且,对那个实体的存在方式也提出了质疑。实际上,早在耶拿时期(1801—1803),黑格尔就曾撰文写过有关斯宾诺莎的评论性文章。那时,黑格尔还处在谢林的影响之

---

① 黑格尔:《精神现象学》上卷,贺麟、王玖兴译,商务印书馆,1981年版,第30页。

下,基本上是按照谢林的思路思考问题。对于斯宾诺莎的实体概念,谢林曾给予高度的赞誉,谢林自己也从斯氏的哲学中获益甚多。由于谢林借助了费希特的自我非我的概念,他便把斯氏的实体概念引入到自我意识那个主体中。谢林一方面注意到实体乃是一种单一的最高本质,另一方面,他也注意到绝对实体与它的分化的形式是相互关联的。在这个地方,谢林超越了斯宾诺莎,初步建立起意识化的主体客观化的规定。在这个规定中,谢林已经把自然的关系表述为:纯主体—客体那样的规定。实体在自然中仍是一种基础,但谢林的实体已经从原来的自在性转化为了自为性。换言之,已经从纯粹的客观的东西转化为了意识的东西。在《先验唯心论体系》一书中,谢林就曾表达过这样的思想。其基本的观点是,实体(作为客体)是僵死的东西,但认识的道路则是自然界选择自己的道路。他批评说,斯宾诺莎尽管建立了实体这个规定,但他却没有把实体表述为是主体,因而他的实体理论也就不能令人满意。谢林认为,在自然界,精神和自然是同一的,这样一种绝对的同一也就是理性(这是黑格尔后来从谢林那里借助过来的一个最为核心的原则)。理性本身不是别的,就是反映着主体和客体的那种交互性的存在。它不是实体的自因规定(像斯宾诺莎所说的那样),而是主体(作为绝对的理性)和客体之间的交互运动。斯宾诺莎把绝对的同一(即神的抽象化的同一)看作是宇宙的原因,这是不正确的。谢林认为,那种差别化(意识和存在这两者)的同一才是实体的真正特征。在自然界的差别中,最高的本质是自我意识,不是斯宾诺莎那个无意识性的实体,实体(被谢林设定后)乃是一种自我意识的自身区分。但这种自我意识又是自然中的自我意识,持有这样一种看法也就是自然界的唯心主义。谢林认为,它要高于自我的唯心主义(即根据人的主观认识去判断世界的唯心主义),因为前者是原生的,后者则是派生的。自然的意识(即理性)决定了人的意识,人所形成的主体与客体的关系,只是从纯粹的自然的体系中引申出来的关系罢了。这里,谢林把一个僵化的实体引入到主体的活动中,同时,也把一种绝对的理性注入到这个活动的全部过程,自我意识的关系取代了斯宾诺莎的实体关系。

谢林这里的思路完全被黑格尔所接受。在耶拿时期,黑格尔就曾把生命概念扩展为同一性与非同一性的概念,用以改进斯宾诺莎实体的自身等同性的缺陷。同时,黑格尔还把"多"的关系引入了实体规定,把实体看成是单一与多的不相关联与关联的统一。后来在《精神现象学》那部著作中,黑格尔又把这一思路进一步发展了。黑格尔从单一的实体概念发展出自在自为的主体性概念,并把实体本身规定为绝对者,它是自我意识和绝对精神的活动。实体(作为绝对精神)不但有简单的否定性,同时它还会分化出相互对立的矛盾,并在自身之内成就着自己的差别。黑格尔指出,作为精神,实体就是绝对自为的东西,它产生自身的区别,它自己生成自己。同时,它又是自在的东西,它又以潜在的形式存在着,从潜在的形式发展为外在的形式。而这正是绝对者(绝对理念,绝对实体)自身的特征。他曾明确地强调过,说不仅要把真实的东西(包括真理)表述为实体,而且同样要把它们表述为主体。换言之,那些由实体所构成的东西,恰恰是由绝对主体所构成。这一点,正是谢林所坚持的自然唯心主义的原则。这里黑格尔继承了谢林的原则,他只是换了另一种概念的表述方式罢了。黑格尔在一个地方这样明确地说:"说真理只是作为体系才是现实的,或者说实体在本质上即是主体,这乃是绝对即精神这句话所要表达的观念。精神是最高贵的概念,是新时代及其宗教的概念。唯有精神的东西才是现实的,精神的东西是本质或自在而存在着的东西,——自身关系着的和规定了的东西,他在和自为存在——并且它是在这种规定性中或在它的他在性中仍然停留于其自身的东西;——或者说,它是自在而自为。——但它首先只对我们而言或自在地是这个自在而自为的存在,它是精神的实体。它必须为它自身而言也是自在而自为的存在,它必须是关于精神的东西的知识和关于作为精神的自身的知识,即是说,它必须是它自己的对象……"①这里，黑格尔发展出了两个完全不同于斯宾诺莎的概念，一个是自在的概念，一个是自为的概念。它们不同于斯宾诺莎的自因的关系。自因表现着一种静止不动的力量，在斯氏那里，实体由于是一种自身的原因，因而被规定为是静止不动的。黑格尔对于实体的规定，则设定在思维自身运动的各种环节上，它超越了斯宾诺莎的哲学，同时在这个地方，也超越了谢林的哲学。

自在和自为是黑格尔哲学中的两个重要的概念。实际上，它们是绝对理念自身所展示出来的两种不同的形式。前者表现为自在存在，而后者则表现为自为存在。在《逻辑学》一书中，黑格尔也曾用自为之有和自在之有分别来表示这两种规定。自在有潜在的含义，它是概念的原始环节，通常黑格尔也把它看成是概念发展出来的环节（因为只有潜在存在的东西才可以发展出来）。而自为通常表示绝对物（绝对精神）的精神力量，或绝对物的分化自身的能力，它是绝对物的自我意识的规定。在《逻辑学》一书中，黑格尔就曾直接指出，说自为之有也即是为一之有。而作为为一之有者，也即是上帝。只有上帝才能在自身中形成自己的他物，用黑格尔的话说，即上帝之所以是自为的，是因为上帝就是那个为上帝而有的东西。换言之，上帝不是别的，就是从他身上所分化出来的那些环节。因而，自为者作为自为之有就是上帝的绝对精神，它是绝对的自我意识。正是从这个绝对的自我意识中，它分化出其对立环节的存在。自在存在是从自为者（自为存在）身上分化出来的东西，作为中介者，它是概念的他物。而作为外在的反思形态，它又是一种建立起来之有。它是概念的否定的环节，通过对概念的否定，它外显为一种映象（存在的环节）。黑格尔认为，自在之物本质上就是一种存在，它是一种（概念）外在的直接性。由于它被扬弃而进入到一种外在的关系，那种外在性作为根据的反思而成为自在的。实际上，自在之有是一种（概念）本质的映现，是从无（纯有，纯概念）并通过无

---

①　黑格尔：《精神现象学》上卷，贺麟、王玖兴译，商务印书馆，1981 年版，第 15 页。

而返回到自身的纯粹运动。它通过否定的环节而构成概念的长在，它是一种映象和存在的统一。在这种统一的关系中，概念便获得了实有的规定。实际上，自在之有就是自为之有的否定的环节，通过这种否定关系，概念便表现为为他存在和实有，而世界也即是存在和实有的总体。用黑格尔的话说："自在自为之有的世界是存在的总体，在这个世界以外，别的什么也没有。但由于它在它本身中是绝对的否定性或形式，所以它的自身反思就是否定的自身关系。它包含对立，并且排斥自身到自身中去作为本质的世界，又排斥自身到自身中作为他有的世界或现象的世界。它所以如此，因为它是总体，而又只是作为总体的一个方面。"①这里，黑格尔就把实体那个概念引入了自己的规定。他批评了斯宾诺莎，指出斯氏的实体概念只是一种外在反思的产物，最主要的一点，是斯氏把自因的规定看作是前提，而不是一种（自我意识）自身运动的结果。因而，黑格尔认为，那样的实体就是一种无区别的同一，没有显示出上帝作为绝对者从自身分化出区别的特性。尽管斯氏使用了分殊及属性那样的规定，但那些规定都没有表现出它们是从绝对者自身所分化出来的形式。黑格尔这样批评道："因此，斯宾诺莎对绝对物的展示，在这种情况下，就既是完全的，又是从绝对物开始。属性跟随着来，而以样式为终结；但这三者都只是一个接一个地先后列举，没有内在的发展线索，第三者也不是作为否定那样的否定，不是否定地与自身相关的否定，而通过这个否定，绝对物的展示就会在自身中回到第一个同一中去，而这个同一就会是真正的同一。因此就欠缺从绝对物到非本质性的过程的必然性，同样也缺少非本质性本身自在自为地在同一中的消解；换句话说，既欠缺同一的变，又欠缺同一的规定的变。"②

　　这里，黑格尔的批评非常重要，它精准地指出了斯宾诺莎哲学

① 黑格尔：《逻辑学》下卷，杨一之译，商务印书馆，1991 年版，第 150 页。
② 黑格尔：《逻辑学》下卷，杨一之译，商务印书馆，1991 年版，第 189 页。

的缺陷,那也即是规定作为否定不是与自身(实体本身)相关的否定,而是一种外在的于己无关的否定。这样,斯氏的实体也就缺少了否定物返回到绝对者自身的过程(那也即是绝对者消解掉否定物的过程)。在黑格尔看,上帝作为一个绝对者(绝对精神)是一种实在的根据。这个根据会分化出自己对象的关系,从自在存在中发展出自然的形态。在黑格尔那里,自然本身即是上帝(精神形态)的中介。它通过自然形态构成一种建立起来之有,这也即是外在于自身关系的上帝的反思。但这个建立起来之有作为差别者,就成为一种存在的形态。它是自为之有所发展出来的自在之有的环节,也即是绝对者从其本质中所发展出来的环节。黑格尔认为,上帝作为一种绝对精神不可能是直接物(像斯宾诺莎的上帝那样),它是通过自然的环节所发展出来的理念。它并非纯粹的绝对者,即纯主体那样的纯思关系。而是在他物的关系中所逐渐建立起来的规定。黑格尔这样明确地写道:"即使上帝在其直接的概念中也不是精神;精神不是直接物,不是对立物的中介。而不如说是永恒建立其直接性并永恒从直接性回归到自身的那个本质。因此,上帝直接只是自然。或者说,自然只是内在的上帝,不是作为精神的那个现实的上帝,从而不是真正的上帝。——换句话说,在作为最初的思维那种思维中的上帝,只是纯有,或者也是本质,是抽象的绝对,但不是作为绝对精神那样;唯有作为绝对精神,才是上帝的真正本性。"[1]很明显,黑格尔这里发展了斯宾诺莎的实体概念,把上帝看成是内在于自然中的存在。同时也把上帝的概念直接引入了绝对精神,这样在黑格尔那里,上帝就不但是绝对精神性的自我意识,是一个绝对的思维者,而且还是从自然的关系中返回到自身中去的一种力量,这种力量,黑格尔把它称之为是威力。在威力的环节中,黑格尔发展出概念的因果关系范畴。

---

① 黑格尔:《逻辑学》下卷,杨一之译,商务印书馆,1991年版,第175页。

二、由威力导出的因果关系的对比

关于威力这个概念,黑格尔在他的《逻辑学》中曾作过明确的规定。一方面,他把威力看作是自为之有自身的反思,另一方面,黑格尔则直接把它看作是实体本身。换言之,威力不是别的,正是作为理念的自为之有所建立起来的实体。它是自为之有身上所建立起来的东西,是实体所建立起来的否定物以及那个否定物的扬弃运动。在黑格尔那里,自为之有是实体的原因,而它所建立起来的东西是结果。在此关系中,威力就成为了一种因果关系的对比。这是黑格尔所发展出来的又一个新的环节(概念分化的形式)。黑格尔用这个环节去解释实体自身的分化关系。黑格尔指出,当实体规定自身时,同时也就在自身设定了一个被规定者。它是一个被建立起来的东西,它是一个否定者。作为存在的环节,它排斥掉了实体本身的统一性,而成为一个差别者。在这个关系中,实体本身的威力(思维运动)是原因,而那个建立起来的差别者(即外部存在),则成为一个偶发事态中的建立起来之有。作为自在之有的映象,它也就是一个结果。因果对比的关系反映了威力自身运动是一个过程,原来是自在之有的东西,现在变成了建立起来之有。由于威力展示了那些建立起来之有的全部过程,威力本身就是一种内在的原因。而那些建立起来之有也就是外部的结果。这里,建立起来的东西本身成为威力的一种中介。但威力作为威力也同样要扬弃那些中介。因而,(威力)在向自身回归的运动中,就形成了原始的东西与建立起来的东西的对立。正是这个对立形成了因果关系的对比——即内在的东西与它所形成的外在的东西的对比。在这种对比关系中,就展示了一种双重实体的运动。双重实体是黑格尔哲学的一个独到的概念,在整个哲学史上,第一次由黑格尔所设定出来。尽管这个思路在柏拉图那里就出现了,但真正把它系统化地展现出来的哲学家则是黑格尔。这是黑格尔理念哲学的一个全新的观点,也是黑格尔超越斯宾诺莎实体概念的一个核心观点。正是在这个规定中,黑格尔揭示了实体作为威力的那种精神力量,并揭示出它把己内的自为存在转化为己外的自在存在的那个过程。

我们可以看到,由于原因在其结果中是现实的和自身同一的(威力总要扬弃差别而返回自身),这样,原因和结果在其作用中就是相互包含的。原因之所以是源泉,是因为它对结果起作用。而这个作用就是通过反思所建立起来的自身回归的统一体。因而在黑格尔那里,威力(作为实体)也就是反映着因果关系的交互运动。用黑格尔的话说:"因此,结果总之一点也不包含原因所不包含的东西。反过来说,原因也一点不包含不是在其结果中的东西。原因只有在它发生了一个结果时,才是原因,而且原因无非是具有一个结果这样的规定,结果也无非是具有一个原因这样的东西。结果就在作为原因那样的原因中,而原因也就在结果中。"[1]原因和结果的这种对比(从建立起来之有向实体本身的返归)运动,实际上就是概念自身的分化的结果。概念在黑格尔那里是绝对的基础,是绝对精神在纯有(纯思)阶段的出发点。它首先是(表现为)纯有和本质的关系,通过自身反思的运动(即概念的变的环节),从而成为直接物和反思的第三者。黑格尔认为,概念的演变实际上正是以实体为直接前提的,而实体本身也不是别的什么,就是概念从自在存在那里所表现出来的东西。实体就是绝对物,黑格尔在他的《逻辑学》中曾多次强调这一点,指出绝对物表现为因果关系的辩证运动。即自在的东西从其纯思中分化出来,成为自为者自身的差别物。而同时,它在(概念的)变中又扬弃自身,重新返回到它自身的根据中去。以前的纯思过渡为他物,这个他物随即又构成以前东西的真理。因而,概念本身便被黑格尔规定为是自在之有与自为之有的统一。用黑格尔的话说,概念作为绝对物,它是自在的,也是自为的。它本身是分化差别者,同时又是将差别统一起来的东西。这里,反映出黑格尔的更深层次的观点,那也即是,实体本身就是将那些自在自为的

---

① 黑格尔:《逻辑学》下卷,杨一之译,商务印书馆,1991 年版,第 217 页。

存在建立(联结)起来的威力。自在之有之所以能够存在,是因为它就是建立起来之有。自在之有也就是通过反思而不断地返回到自为之有的运动。这个过程在黑格尔看来,也正是概念的发生史,即概念从纯有到本质和理念的逐步上升的过程。

黑格尔在这个地方,也就引导出那个双重实体的概念。一个是主动(能动)的实体,它是概念自身的威力,是绝对物(绝对精神)自身的反思。另一个是被动的实体,它是概念的分化的形式,作为差别者,它是建立起来之有,作为否定物,它又是自为之有的异在。一般来说,主动实体表现为内在的东西,是精神化的反思运动,是威力的内在推动者。而被动实体则表现为外部的存在,它是本质的对象化关系,是存在的映象和显现。在黑格尔看,能动的实体是原因,它以威力的方式在事物的内部起作用,它因此规定了事物。而被动的实体是结果,它们是威力所建立起来的映象,是外部关系的建立起来之有。因果关系的作用,就是把概念自身原始的东西建立起来,把潜在的东西变为存在的东西,把概念在纯思中的规定转化为特殊(限定中)的规定,把思维化(内在的意识对象化)的关系转化为存在的外部关系,正是在这样的转化过程中,概念才完成(实现)了它自身,它逐渐从实体本身的那种客观性向更高的规定前进了,那个更高的东西,也就是概念的主体。它是绝对理念的自我意识,是真理的最高表现。黑格尔就这样总结性地写道:"能动的实体,通过作用,即当它把自身建立为它自己的反面并且是扬弃其事先建立的他有、即被动的实体那个东西时,就表现为原因或原始的实体性。反过来,作为建立起来之有那样的建立起来之有,由于受到作用,就表现为作为否定物那样的否定物。也就是表现为作为自身相关的否定性那样的被动的实体,而原因在它自己的这个他物中完全只是与自身消融而已。所以由于这种建立,那个事先建立的(作为前提的)或自在地有的原始性就变为自为的;但这个自在自为之有之所以有,仅仅由于这种建立同样又是事先建立的东西的扬弃,或者说,绝对的实体唯有从它的和在它的建立起来之有中才回到自身。并且唯有因此才是绝对的。这种相互作用因此就重又是扬弃自身的现象，是因果性映象的启示，在那里，原因便作为原因，因为映象就是映象。自在自为之有，由于它是建立起来之有才有的，因此这种无限的自身反思就是实体的完成。但这种完成已经不再是实体本身，而是一个更高级的东西，即概念、主体了。实体性关系由于自己特有的内在必然而出现的过渡，不过是它本身的表现。即：概念是它的真理，自由也是必然的真理。"①

这里，黑格尔也就把那个最高的存在从实体性上升为主体性了。这是黑格尔对斯氏哲学改进后的一个更高的规定。在这个地方，黑格尔坚持了斯氏的基本原则，但已经把斯氏实体那种静止的关系演变为是思维自身分化的关系了。实体是主体，但主体也就是绝对者，作为绝对的思维形式，它就是绝对精神。正是在绝对精神自身的运思中，实体本身才发生了分化。黑格尔对斯氏实体概念的改造之处是：在实体的规定上，他让思维与存在发生了一种必然的联系。思维不再是主观化的思维，而是在其思维中把意识对象客观化了。这样，就有了双重存在的规定。一种是精神自身的存在，它是由绝对精神所设定的自我意识的活动。另一种是从精神中异化出来的存在，它是绝对精神在外部世界的映象。前者，作为能动性的思维，就是主动实体。而后者，作为被动性的存在，就是一种被动实体。这样的划分使实体自身的那种威力体现出来，那个威力不是别的，正是绝对精神分化自身而又扬弃那种分化的己内返回运动。在这个运动中，原因和结果统一起来，自为之有与自在之有互为因果联系而消融在一起，那潜在的存在被建立起来，而建立起来之有又被扬弃掉。因而，那个绝对主体（实体）自身所建立起来的东西和建构者便也就是同一个东西，换言之，双重实体本身演变的过程不是别的什么，恰恰只是绝对精神在自身思维中的演变。那是（绝对的）自我意识不断设定思维对象的变化，同时，也是设定出的意识对

---

① 黑格尔：《逻辑学》下卷，杨一之译，商务印书馆，1991 年版，第242～243页。

象转化为一种异在的变化。但既然这些变化从根本上来说只是来自于主体本身，来自于绝对精神，那么，双重实体所产生的东西也就是同一个东西。黑格尔这样明确地写道："实体所失去的东西，就是那个直接性，就是那对它陌生的实体性。它作为一个陌生物所获得的、即作为一个建立起来之物所规定的东西，就是它自己也有的规定。——但现在由于它在它的建立起来之有中或说在它自己特有的规定中要被建立起来，所以它毕竟不会被扬弃。而只是与自身消融在一起，并且在它变为被规定者之时是原始的东西。——因此，被动的实体一方面将由能动的实体而获得或建立，即在能动的实体使自身成为被扬弃的实体时是如此；——但另一方面与自身消融并从而使自身成为原始的东西，成为原因的，又是被动者本身的行动。由于一个他物而变为建立起来的东西和自己特有的变，是同一个东西。"①

我们可以看到，黑格尔就以这种方式把斯氏的实体概念引入了他的绝对精神的规定。在这个规定中，他从两个方面超越了斯宾诺莎的实体观：一是他把主体引入了实体的规定中，使实体从原来的那种僵化性中解放出来，而成为一种自身思维着的主体。从这一意义上说，他也就扬弃了斯氏的那种泛神论的倾向，而让世界统一到绝对精神所设定的独神的理念中去。在黑格尔那里，作为最高者的神思也就是绝对的本质，神在其自身的思维中统领一切。它从其思维对象中重构自身，同时它又把建立起来之有消解到更高的自我意识中去。从这里看，黑格尔就又返回到柏拉图理念哲学的框架，区别只是，黑格尔的绝对理念是自我显现者，它显现存在，又把存在消解掉。而柏拉图的理念则并不作用到现象世界，它独立自在。黑格尔超越斯宾诺莎的第二个方面，是黑格尔在实体理论中设定了一个逻辑体系。那是一种绝对精神思维运动的辩证逻辑，正是在这种辩证逻辑中，实体（绝对理念）与它所分化出来的外在环节才统一起

---

① 黑格尔：《逻辑学》下卷，杨一之译，商务印书馆，1991年版，第228页。

来。概念与它的对象是统一的,自为之有与自在之有是统一的,因果关系的转化关系是统一的,双重实体的演变关系是统一的。而这一切关系的统一,则都是源于绝对精神(绝对者)是在自身中设定它的对象,因而,它也就是在自身中消解对象。从自身建立起来的对象那里返回到自身,因而,建立对象与消解对象也就是同一个运动。也正是在这个辩证运动中,绝对精神才保持了(思维的)同一律。概念是终极的建构者,它的分化形式是判断。而概念和判断这两者统一起来时,也就形成了概念的推论关系。推论不是别的,也就是在判断中使概念恢复起来的东西。实际上,它也就是概念返回到自身的一个更高的规定。在实体的关系中,黑格尔设定了自我意识的环节,而且还把这个环节引入了逻辑的规定。也就是在这个逻辑的规定中,黑格尔才建立起他的哲学体系。实体是绝对的主体,但绝对的主体也即是绝对精神那个最高的设定者。正是绝对精神自身的自我设定,理性的思维才产生出逻辑的辩证规定。因而,当戴洪德认为,黑格尔主义就是斯宾诺莎主义时,或者,当杜辛认为,斯宾诺莎的方法观,比黑格尔自己在绝对精神中所坚持的,更接近于理念的道路时,他们就根本没有理解黑格尔思辨哲学的精髓,同时他们也曲解了黑格尔对于斯宾诺莎批评的那种要义。问题不在于谁曾经使用过某些概念,而是在于谁让某些概念获得了更为丰富而详尽的规定。在这一点上,黑格尔始终是最伟大的哲学家,在实体这一规定上,黑格尔既超越了柏拉图,也同样超越了斯宾诺莎。当斯氏徘徊在自因的规定中时,黑格尔已经进入了自我意识,而那个绝对的自我意识,则也成就了最高实体的威力。

我们在黑格尔的双重实体概念中才进入思维的关系,这个思维者正是作为绝对精神的那个神的理念。尽管这个神仍是一种无限的实体,但这个实体已经是在做思维运动了。而这,也正是黑格尔所要显示的那种主体性——即外部世界的发展演变,必须只是从这个主体的思维中产生出来,最后又同样要返回到那个思维主体本身。而这也就是黑格尔本人的真实想法。当他把一种思辨意义上的实体(双重实体的规定)设定为是纯粹的主体时,他也就完成了早在耶拿时期就已经提出的辩证逻辑的设想,而那个设想也最终在《逻辑学》一书中得到了实现。不过我们在这里停留得太久了,下面我们要进入到德国古典哲学。

第六章　康德与黑格尔——从先验统觉到绝对精神

第一节　德国古典哲学发展的内在概念联系及演变脉络

哲学的反思（自我意识的我思）形式作为一种原则被确立起来，是从笛卡尔开始的。在笛卡尔那里，自我意识超越了朴素的直观形态，进入到由我思的主体去设定对象的形态。自我（意识）一方面，把自身看作是绝对的主体，是在自身中设定对象的形式，另一方面，又把那种对自身的确信，看作是纯粹思维的规定。自我意识是主体，但自我意识也仅仅是依靠思维的中介才成为主体。我之所以存在，乃是因为我是思维者并思维着，而我之所以确信我对于客观对象的那种设定，又是因为那个对象是从我思的关系中产生的。因而在笛卡尔的哲学中，那样的命题就形成了：我思故我在。我在思维中的那样一种对思维自身的确信性，也就成为终极性的东西。可以说，笛卡尔的哲学完成了对古希腊哲学的第一次超越，它把思维的关系带入到哲学的主体关系。但真正说起来，笛卡尔并没有很好地完成这一项工作，自我意识作为一种哲学的原则，第一次系统化地呈现出来，是完成于康德的哲学中。在康德那里，自我意识不再是从对自我的单纯确信开始,而是从一种确定的先验主体开始。只是到了康德这里,真正的认识论的体系才算是被确立起来,而康德的那种由先验统觉的自我意识去建构知识的原则,也成为德国古典哲学的开创性的原则。康德汲取了这样两方面的养分:通过沃尔夫的哲学,他汲取了必须要通过范畴去把握知识的观点,而通过休谟的哲学,康德则意识到普遍性与必然性的知识不能存在(建立)于自然界之中,而只能存在于主体的自我意识之中。正是这样两个方面的影响,使康德开始去注意知识的建构问题。这个问题的核心也就是,作为一种概念性的知识,到底是通过何种中介的过程,才可以在我们的主体中建构起来。也正是为了解决这一问题,康德才发展出了他的先验统觉的理论。这个理论的目标,也就是发现和建立知识在自我意识的关系中所形成的那些对象化过程的规律。

康德的基本思路是从知识(意识关系)的建构方式上引出的。康德首先关心的是,作为一种概念性的知识,到底是通过何种中介关系,才可以在我们的主体中建构起来。康德在《纯粹理性批判》一书中解答了这个问题。他的基本思路是,人的知识是从两个源泉而来的,其一是从人们的印象中获得的表象而来,其二是从人们的概念能力,也即是从知性活动能力而来。康德认为,对于知识的形成来说,这样两个方面的要素都是不可缺少的。直观表象作为刺激的方式,为我们提供了对象(印象)活动的源泉,而心灵活动作为一种知性能力,则又把那些表象整理好,通过主体的进一步的联结,使之转化为概念性的知识。这里,康德把知识的条件确定下来,知识需要表象化(直观化)的对象,但也需要联结那种对象的自我意识,而概念的形成就是知性活动的一种结果。概念作为概念就是主体在自我意识中所建立起来的东西,它就是主体在自我意识中自生性的存在。

比较详细而具体的观点是在范畴的演绎那部分完成的。康德自己非常清楚,光是指出知识的源泉是不够的。因为这个问题会伴随相关联的另一个问题,即直观表象何以会构成概念的先决条件,而知性又何以在直观表象的联结过程中建立起概念。正是为了要解决这个问题，康德才引出了他的先验统觉理论。康德先是从他的先验综合理论开始，康德确定地指出，任何一种知识，都包含着三种不同的综合。首先，要有直观的综合。他称这种综合为领会的综合。所谓领会，用康德的话来说，就是它笔直到直观去。康德这里的意思是说，主体在直观一个对象时，实际上主体就是停留在一种直观状态。但主体在直观中并不是停留在对象的某一点上，而是把对象的全部特征都直观到。正是在这一意义上，主体才能得到一种综合性的对象化的印象（表象），从而建立起完整的直观化的知识。这个过程，又为第二种直观即想象的综合奠定了基础。想象的综合康德称之为是再生的综合，实际上，它就是把我们在直观中得到的知识再生出来。这里，直观的因素便成了中介性的东西。因为主体在想象中所依靠的，正是先前的直观。不过，在想象的综合中，主体获得了更大的自由。因为主体已不再是从直观本身产生知识，而是在对直观的联结中产生知识。这样，主体也就在自我意识的内部获得了知识的规定。这比从直观那里获得知识前进了一步。有了想象的综合这种前提，过渡到更高的一层的综合也就可能了。康德称最后一种综合为概念的综合。在这种综合中，康德第一次提出了他的先验统觉的理论。

所谓先验统觉，是一种自我意识的纯粹联系。实际上，就是把从直观及想象中得来的那些对象融为一种单纯的概念性意识。用康德的话来说，先验统觉就是一种纯粹的、原始的、不可变的意识。这种意识是先验的，而不是经验的。因为在经验中，自我乃是变动不居的东西，在每一种特定的经验中，总会伴随一个特定的自我。但统觉的自我（意识）则不是这样，统觉是我与我之间的一种联系。在统觉的联系中，我总是要伴随我所形成的一切。黑格尔曾在自己的哲学史中批评过康德，说康德的这一说法是笨拙的。但黑格尔同时也认为，康德的统觉概念是一个伟大的意识，它是一种重要的知识，只是在康德那里没有得到较好的表达罢了。实际上，康德的先验统觉乃是一种自我意识的先兆,所谓自我意识,在康德那里就是主体自己设定自己的意识。换句话说,就是主体在自己的内部设定出自我对象的那种意识。但主体何以能够在自己的内部设定出一个对象呢? 这就是康德在三种不同的综合中所要回答的问题。大体上看,康德解决这一问题的思路是正确的。首先,要有直观的综合。缺少对象中的直观,主体就缺少原始对象的材料。用胡塞尔现象学的观点去说,就是缺少原始的明证性。其次,要有想象的综合。直观之综合可以得到原始对象,而想象之综合则可以建立知觉。主体通过想象力,把从直观中得到的原始材料重新组合,进而得到了表象及观念。这也就为主体在自身内获得概念性知识作了准备。最后,在概念的综合中,主体又依靠先验统觉,把在前两种综合中所得到的材料又作了进一步的加工整理,这样,就得到了一种纯粹的概念性知识。整个看来,这三种综合的活动就是自我意识的活动。因为自我意识不是别的,就是在自身内建立其意识对象的活动,因而,在自我意识中,自然就要反映着我与我的对象的那种联系。康德同时也指出,自我意识的对象真正说来也只是一种知觉或表象,它们是作为经验的内容而存在的。当我把那种特定的内容纳入到自我意识之后,那种内容也就融入自我的单一体了,即融入自我意识的单纯的规定之中。这里所谓的单一体,就是把许多经验材料转化为单纯的自我意识的那种状态,康德认为,这一过程就是靠统觉的先验综合能力来完成的。在康德这里,我们可以看到,自我意识是由先验统觉那个概念去充当的,其实质内容是完全一样的。尽管康德还没有像他的后继者费希特那样,直接从自我意识开始去建立全部知识学的体系,但把先验统觉作为一种产生知识的原则,则正是从康德这里开始的。这就是为什么黑格尔会称康德的那个先验统觉是一个伟大的意识。因为正是从这里开始,一种哲学认识方法的原则就被确立起来。先验统觉作为自我意识,既不是笛卡尔的那种简单的理性怀疑,也不是休谟的那种联结外部经验对象的心理作用,而是一种建立纯粹概念知识的原则和方法。也正是从康德开始,德国古典哲学便沿着自我意识的这一理念传递和发展开来。而第一位受到影响的哲学家,就是费希特。

无论从哲学上还是从个人生活上来说,费希特与康德都有着较为直接的联系。他可以算作是康德的学生,又是康德哲学的继承者和发展者。是费希特而不是别人,继承了自我意识的理念,并第一次非常明确地把哲学(也即费希特所说的知识学)建立在自我意识的根基之上。这就是为什么黑格尔会说,费希特的哲学完成了康德哲学的使命。费希特继承了康德先验统觉那个原则,并把那个原则发展出一个更为明确的概念,那个概念不是别的,就是自我。自我不但是自我意识发展的绝对基础,同时它还是知识发生形态的绝对基础。从费希特这里开始,第一次有了以自我意识为开端的哲学,这种哲学之所以与以往哲学不同,就是因为它把整个哲学的基础都安放到一个自我(意识)之上,全部哲学的内容都是从这个自我中推演出来的。因此,整个来说,哲学也就第一次变成了研究自我意识活动规律的一门知识,这也就是为什么费希特会称他自己的哲学是一种知识学。由于在费氏这里,哲学的原则和内容是从一个绝对的自我出发的,因而,这种哲学也就自然带上了主观性的外貌。我们在康德那里,已经见到了主观哲学的一般特征,但康德还是把知识的源泉之一归结为是对象的刺激作用,先验统觉还要借助于直观对象的中介才可以建构起纯粹的概念。但在费希特这里,康德的那些规定已经不见了,自我意识主宰了一切,整个世界及对象性的知识都从自我中推演出来的。这样看,费希特的哲学就比康德的哲学更具有主观性。黑格尔在自己的哲学史中就这样评价费希特:"他把自我当作绝对原则,因而必须表明宇宙的一切内容都是自我的产物。而自我同时即是它自身的直接确定性。不过,他同样只是对这个原则加以片面的发挥:自我自始至终是主观的,受一个对立物牵制着的。而自我的实现只是以有限的方式向前迈进,只是对先行的东西的回顾。"①这是黑格尔的一个较为中肯的评价,它概括性地指出了费氏哲学原则上的特征。

由于费希特的哲学把自我(意识)抬得那么高,因而也常常遭到误解。人们甚至认为个人的情欲、意志以及性情中的一切欲念都应该是高于一切的东西,因为这些东西都是来自于人们的自我意识。其实,这样的认识恰恰是曲解了费希特哲学的原意,也把一种严肃的思辨哲学弄得不伦不类了。真正说来,费希特的哲学乃是一种认识论的体系,他的自我概念是这一体系中的一个最高的原则,从这个原则出发,才可以演绎出哲学认识论方面的内容。黑格尔也认为,这正是费希特哲学的优点和特点。费希特的伟大之处正是在于,他找到了一种思辨原则的自我意识的那个入口。我们可以看到,费希特建立了一种更为超越的哲学表述形式,他发挥了康德的那种主体性原则,并且比康德更前进了一步。从纯粹认识论的角度看,费希特完成了概念的中介及相互转化的规定,他把对象确定为是自我所给予的东西,又把自我确定为是被对象所给予的东西。因而,他也就完成了自我意识相互转化的规定。这项工作深深地影响到谢林,同样也深深地影响到黑格尔。从这一点看,费希特就是一位承前启后的哲学家,他在哲学史上所应该获得的哲学地位,应比他今天实际获得的更高些才对。事实上,他应该站到所有伟大的哲学家之列。

从一个基本的方面去看,费氏是接受了康德的先验统觉的形式规定。这种规定把知识的先决条件归结为统觉的先验活动,即把概念知识的获得归结为自我在其自身的先验综合过程中所建立起来的规定。费氏把康德的这一原则作为了自己哲学的出发点,不过,他没有像康德那样,去列举各种范畴之间的演绎,费氏已经意识到康德那种做法的缺陷。因为康德一方面把先验统觉看作是建构出

---

① 黑格尔:《哲学史讲演录》第四卷,贺麟、王太庆译,商务印书馆,1983 年版,第 310页。

纯粹知识的东西,而范畴本身就存在于先验统觉之中,另一方面,康德又没有把先验统觉当作是产生知识的绝对原理。这正如费希特所指出的那样:"我们的作为一切知识的绝对原理的命题,康德已在他的范畴演绎中提示过了;不过,他从没把它建立为基本原理。"①这样,在费氏看来,由于范畴不是从原理出发的,再去演绎范畴就没有什么意义了。费氏认为,知识学必须要从一个最为基本的原则出发,这种原则不是派生出来的,而是直接被给予的。它应该是对于自身的一种直接确信,这种对自身的确信之物就是自我。我可以怀疑一切,抽掉一切,但是我却不能抽掉自我。而这个自我,也就是全部知识学的基础。自我作为一种绝对的原则,是产生全部意识规定的东西,它包括主体中的所有的范畴。它既是设定对象的东西,也是对范畴进行划分的东西。范畴只是在思维时自然而然地就被建立起来的,它所体现的也只是把自我意识分化为差别的那种状况。从根本上来说,是自我(意识)为范畴提供了存在,自我(意识)是绝对的原生者。由于自我(意识)是绝对的原则,是全部知识学的基础,那么,哲学的内容也就应该通过自我这个规定去演绎。因为哲学必须要从一种绝对无条件的东西开始。而只有自我才是这个最终的无条件者。费希特就曾这样明确地写道:"我们必须找出人类一切知识的绝对第一的、无条件的原理。如果它真的是绝对第一的原则,它就是不可证明的,或者说是不可规定的。"②事实上,费氏也确实认为,自我作为一种绝对的主体,是直接被给予的。这种直接的确定性,就是我对于我自己的直接确信。自我作为一种主体可以获得无限多的内容,但当我把所有的意识事实(内容)全部去掉之后,仍会有一种东西保留着。这种东西是不能被抽离掉的,而这种绝对不能被抽离掉的东西,就是我对于我的那种直观的意识,也即自我意识。这种意识事先就已经存在了。那也即是说,在自我中的

①　费希特:《全部知识学的基础》,王玖兴译,商务印书馆,1986 年版,第 15 页。
②　费希特:《全部知识学的基础》,王玖兴译,商务印书馆,1986 年版,第 6 页。

一切设定之前,自我本身就已经先设定了。

我们可以看到,费氏在这里吸取了康德和笛卡尔的精华成分。他改造了笛卡尔的原则,把思维的最高规定归结为是自我意识(即绝对主体),而不是思维本身。同时,他也改造了康德的先验统觉的理论,康德一方面把先验统觉看作是建构知识的东西,而范畴自身就存在于先验统觉之内。另一方面,康德又没有把先验统觉看作是知识的绝对原理,这样,康德再去演绎范畴的做法,就丧失了意义。费希特指出,知识学(他对自己哲学的那种称谓)必须要从一个最为基本的原则出发,这个原则不可能是别的什么,而只能是自我意识。这种自我意识作为知识学的基础,本身就包含了各式各样的范畴,自我意识在运用的时候,实际上也正是在作着划分范畴的工作。因而,范畴不是别的什么,只是自我意识在思维时自然而然地就被建立起来的环节,而范畴所体现的也正是自我意识自身分化为差别的过程(也即自我把自身区分为对象的过程)。由于费希特把自我意识当作是绝对的原则和基础,很自然,哲学的内容也就应该在自我意识中推演出来。在费希特看来,自我是先于自我的设定活动而被设定的,它作为设定者那样一种本性,是先验地被设定的。这一规定,是源于康德的先验统觉理论。但自我首先设定的东西,乃是对于自身的一种确知。这就是说,它在设定自身的时候,是不带条件的连同自己的宾词一起被设定的。我在对象那里发现的仍是一个自我,因而主词和宾词也就相等了。这样,自我从自身内设定的第一个命题,就可以表述为我是我(自我 = 自我)。这个命题确定了我与我之间的同一关系,但真正说来,这只是一种形式上的同一关系,缺少内容方面的规定。为了引入内容方面的规定,费希特便设定了自我的差别,也即非我的概念。非我是自我的一种对应物,一般地说,它就是自我的限制。费希特通常把非我看成是一种负量。实际上,非我也即是自我在自身内所设定的意识差别。这种差别为自我提供了一种实在性的内容。凭借对象性的意识,自我便不再是仅仅意识自身的东西了,而变为一种意识到对象物的东西了。这样,它

（自我）也就扬弃了与自身等同的那种形式化的同一关系，主词把自身分化为差别化的宾词，从而也就获得了内容方面的规定。这里，另一层关系显示出来，由于自我接受了非我的内容，自我就受到了非我的限制。非我是自我的一种否定物，它是一种有限的意识。一旦非我进入了自我，它也就破坏了自我的那种无限性，使自我（绝对主体）成为一种特殊的意识，即成为一种意识着非我的意识。这样看，好像非我是一种绝对的东西，是自我的一种主宰了。其实，这恰恰不是费希特的想法。费希特既没有让自我成为绝对性的东西，也没有让非我成为绝对性的东西。而是通过交互规定的原则，把自我与非我引入了一个统一体，并把二者交互作用的结果看成是实在的。这就是费希特所引出的第三条原则，即自我和非我都被自我所设定，并在自我内被设定为是彼此相互限制的。自我为了获得实在性的规定，把非我引入了自身之内，使自身受到了对象的限制。这也就使纯粹的自我分化为差别了。但从另一个角度看，这种差别恰恰是由自我本身建立起来的。换句话说，作为对象的那样一种非我，正又是建立在自我之内。是自我设定了一个非我，使自我获得了一个对象。那也即是通过一种活动把受动者设定出来。非我是自我的否定物，同时，自我也是非我的否定物。自我在自身内建立自己的差别，但也扬弃了那些差别。而非我对于自我所做的那样一种限制，也只是自我对于其自身的一种限制罢了。因为非我本身就是设定自己的那个自我的产物，它并不是什么在自我之外而被设定的东西。费氏利用自我和非我的这种交互运动，便把主体的内在化关系揭示出来。从费氏开始，哲学就变成了以自我意识为原则去建构对象化知识的体系了。对此，黑格尔就曾做出过这样的评价："除了自我之外，更无任何别的东西存在；自我存在于那里，因为它在那里存在着，凡是存在在那里的东西，只是存在于自我之内并为自我而存在。费希特只是提出了这一概念；不过他还没有使这个概念达到科学的体系……"①黑格尔这样评价费希特,并非是由于黑格尔反对费氏的那种自我的原则,而只是认为那个原则停留在自我意识的主观领域,而没有进入到客观实在的对象世界,那个自我(意识)与黑格尔的绝对精神仍有一个很大的距离。我们在费氏的哲学中,已经看到了一种全新的方法,这种方法已把自我意识作为一种绝对的原则,并在自我意识中推演出纯粹概念性的知识。从这一点看,费氏就发展了康德的先验统觉的理念,而他的自我理论也被谢林所接受。正是在谢林的哲学中,自我的规定才进入了客观的实在世界,从而更接近黑格尔的哲学了。

我们在谢林的哲学中,看到了自我(意识)原则的更进一步的发展。从谢林开始,自我意识便进入到对象化的客观实在领域,从另一个角度看,谢林的哲学也切入到自柏拉图以来的理念哲学的领域。因而,完全可以这样说,谢林的哲学在德国古典哲学中起到了承前启后的作用。一方面,谢林的哲学保持了康德和费希特所创立的那种自我意识的理念,把自我作为一个绝对的起点。另一方面,谢林又从前辈的那种主观化的自我中超越出来,把自我意识引入了实在、客观的领域。因而,在谢林那里,自我意识就不再单纯地是一种思维中的主体(人在自身的意识中思维对象的主体),而是一种自然之内理念化的主体了。谢林的哲学只是在(自我的)概念上与费希特保持了一致,但他的哲学方向却从康德和费希特的哲学中游离出来,而向柏拉图和斯宾诺莎的哲学靠近了。这也就是为什么谢林的哲学很容易过渡到黑格尔的哲学中去。因为从理念哲学的大方向看,是谢林的自我意识更接近黑格尔的绝对精神,而不是康德的先验统觉及费希特的自我。从一个主要的方面去看,谢林对于费希特哲学的改进,是在于他让自我意识超越了有限的主体而进入到无限的客体。在早年时期,谢林就曾受到费希特巨大的影响,但完全

---

① 黑格尔:《哲学史讲演录》第四卷,贺麟、王太庆译,商务印书馆,1983 年版,第 311 页。

追随费希特的时间是很短的。到1801年时,谢林与费希特之间的思想裂痕便无法弥合了。谢林在自己的新著《对我的哲学体系的阐述》一书中,就提出了自己全新的观点。其观点基本上是对费希特知识学的一种否定。在该书的一处,谢林曾明确地写出了这样的话:"费希特能够在完全主观的意义上提出唯心主义,而我则相反,是在客观的意义上提出唯心主义;……可以这样说,对于主观意义的唯心主义来说,自我就是一切。对于客观意义的唯心主义来说正好相反,一切=自我。"①这里,已经可以看出,谢林实际上已脱离了费希特的主观化的自我体系,而进入了他的那种客观化的自我原则了。在这个地方,他始终在做着一种调和的工作,因为谢林总想在斯宾诺莎和费希特之间保持一种平衡。一方面,他想坚持康德和费希特的那种自我意识的原则,但他反对他们二人把这一原则运用在人的知性领域。另一方面,他也反对斯宾诺莎的那种具有二元倾向的绝对同一理论,正如他反对笛卡尔的那种排斥同一的二元论一样。他只是坚持自己所提出的那种主体—客体的观点。事实上,谢林的哲学是在双重的影响下形成的,一是来自费希特的自我意识的原则,另一影响,则是来自斯宾诺莎的思维和广延的同一化的规定。谢林曾对纯主体—客体的原则作过这样的界定:纯主体—客体就是自然界,而意识的主体—客体就是自我。前者是原生的,后者是派生的。前者作为一种原则,可算作是自然界的唯心主义,而后者作为一种原则,只能算作是自我的唯心主义。在谢林看来,康德和费希特的哲学只是属于自我的唯心主义,而他自己的哲学,则超越了康德和费希特,已经进入到自然的唯心主义了。

从原则性的规定去看,谢林这里所作出的区分是本质的。他也较为清楚地界定了两种不同哲学的界限。谢林的哲学之所以不同于主观哲学(康德和费希特的哲学),乃是因为谢林的哲学所强调的是一种绝对的自我意识,即自然中的实体及绝对理念的自我意识,

---

①　阿尔森古留加:《谢林传》,贾泽林等译,商务印书馆,1990年版,第116页。

这样一种思路，在柏拉图那里就已经出现了。经过漫长岁月的演变，它最终又被德国哲学所吸收。从出发点看，谢林的哲学认为，做出绝对终极规定的不是人的自我意识，而是一种自然中的类似于绝对精神的那种理念。那个理念自身思维着，但理念也只在绝对的自我中思维。当它去设定（思维）对象时，自然的世界也就被产生出来。因此，真正来说，理念哲学的自我意识并非是属于人的，自我意识的运动规律也并非人的思维规律，它是最高主体（实体或绝对精神）在运思时所创造的规律。单从这一点看，理念哲学就与一般的主观哲学不同。这也是谢林哲学区别于康德和费希特哲学的根本之处。康德的先验统觉理论是针对人的主体而言的，而费希特的自我原则也基本上是在人的主观性中徘徊。他的非我概念偶尔涉及客体的知识，但在多大程度上是切入到自然对象的关系，则是不够清楚的。这就是为什么黑格尔会写出这样的话语："费希特提出的这种自我就有着模糊的意义，它既是绝对的自我、上帝，又是具有个人的特殊的自我。"①只是到了谢林这里，（客观的）自我意识的原则才算是真正被建立起来，它才又一次返回到希腊哲学家的理念，即柏拉图和亚里士多德哲学的理念。在谢林这里，自我意识已不再单纯地在主体中徘徊，而是与客体融为一体了。实际上，当谢林把自我意识看作是实在的绝对原则时，也就同时把它看作是自然和存在的绝对原则了。他称自己的哲学为同一哲学，即是认为绝对实在的东西是存在于本身既是原因又是结果的一个绝对之中。那也即是主体和客体的绝对同一性之中。而这个最高的同一性不是别的，也就是自然。自然中级次最高的同一性在谢林看，正是自我意识。因为从根本上来说，一切现实的存在都只是自我意识的变形，它只是在自我的思维中生成出来的东西。谢林就这样明确地说过："如果客观世界是某种独立不依地存在的东西，某种东西如何能从自由转

① 黑格尔：《哲学史讲演录》第四卷，贺麟、王太庆译，商务印书馆，1983 年版，第 341页。

变为客观世界,就会成为完全不可理解的,即使借助于一种预定的和谐,也是不可理解的,因为这种和谐也只有通过一种以理智与客观世界为其共同变形的第三者,因而通过某种能够取消一切行动自由的东西,方才有可能成立。世界本身仅仅是自我的变形,这就使我们的研究发生了完全不同的转向。"①

我们可以看到,谢林的哲学正是以这样的理念为切入点的。他所要阐明的原理也即是,作为存在和不断生成的自然,不是被别的什么,而只是被自我意识所创造出来。这样,谢林也就远离了康德和费希特的哲学,而事先进入到黑格尔的那种绝对精神的领域了。在谢林看,自然界虽然是被同一原则支配的,但自我意识的力量却是起主导作用的。因为作为存在物那样一种东西,并不是生成自我意识的原因,相反,自我意识却是生成存在物的原因。换言之,存在的生成正是自我意识构造自身的结果。至少谢林是那样去看的,即自我从第一种活动开始,就已经在不自觉地以构造物质为目标了。而自我在构造物质的那个过程中,也构造出了它自己。谢林曾指出,物质只是一种处于精神活动平衡状态中的精神,它是一种淹没(被遮掩起来的)的精神。但精神则是自我意识在生成过程中的物质,自然及存在物的生成也就表现为一种精神自身的转化,它在本质上也就是精神分化为意识对象的过程。谢林认为,纯粹客观的东西或物质不是什么根本性的规定,它们只是现象的存在。而绝对无条件的东西,作为一种实在的原则,则只能是自我意识。自我意识作为一种绝对的主体,并不是保持在静思状态中,而是在其思维中进行着创造性的直观活动。谢林称这样一种直观为理智直观。理智直观也就是自我通过直观自身而把自己变为对象的活动。在这个活动中,我在对象中成为了自身的客体。用谢林的话来说:"自我在原始的感觉内只是被感觉的东西,原始的感觉现在变成了一种直观,在这种直观内自我首次变自身为进行感觉的东西,但正因为如

---

① 谢林:《先验唯心论体系》,梁志学、石泉译,商务印书馆,1981年版,第217页。

此,也就不再是被感觉的东西。被感觉的东西对于把自身直观为进行感觉的自我来说,就是超于界限的观念的(以前进行感觉的)活动,但这种活动现在不再作为自我的活动被直观了。现实活动原来的限定者就是自我本身,不过自我不变成自在之物,也就不能作限定者得到意识。这里推演出来的第三种活动是这样一种活动,在这种活动中被限定者和限定者既是分离的,同时又是结合在一起的。"①

谢林进而指出,由于自我本来是一种纯粹的、无限进展的创造活动,单靠这种纯思的活动,自我是不能创造出物质对象的。这是因为自我不能在无限的思维中去思想它自己。那种思维只能得到一种抽象的同一性,即我是我(自我 = 自我)那种同一。抽象的同一由于自身毫无差别(也即主体没在自身内区别出自身之差别),也就没有真理可言。为了避免这种抽象思维,自我在思维时就要给自己设定一种界限,那种界限,也就是自我在主体内所直观到的东西。在此情形下,自我也就成了具有某种特定规定的东西。当自我把自身设定为是某种对象时,也就把自身限制在某种特定的直观中了。这样,自我通过一种创造性的直观活动,就把自身变成一种对象性的客体了,那个客体也就是自我在直观中被自己限定为是对象的那种东西。在谢林看来,客观事物仅仅是由于自我把自身限定为是有限者才产生的。自我在设定对象的同时(直观自身的同时),也就把自身的那种绝对的活动扬弃了。也即是说,当自我去直观它自身时,自我也就成为一种有限者了。这里,自然也出现了一个矛盾,即自我只有是不受限定的,它才是受到限定的。而自我只有通过不断地限定自己,它才能够成为一种无限者。谢林认为,这样一个矛盾是必要的,因为每一方只有同另一方对立,才能成为它自己所是的东西。缺少这种对立,自我也就不会产生扬弃运动。因为当主体无法在自身中设定(自身的)差异时,主体也就不会产生它自身的创生

---

① 谢林:《先验唯心论体系》,梁志学、石泉译,商务印书馆,1981 年版,第 87 页。

运动了。因而这样一个矛盾对于自我（意识）来说，就是必需的。我们可以看到，谢林就是在这样的规定中完成了他的自然哲学的建构。他称自己的这种哲学为唯心的实在论。正是在这个实在化的自我意识中，谢林把自我的主观性发展为实在的客观性，把意识对象的那种非我，演化为是客观存在的自然。正是这个思路，融入进黑格尔的绝对精神的概念中，也正是凭借谢林的哲学，黑格尔才得以创造出一个更为庞大的理念哲学的体系。可以说，谢林是黑格尔哲学的最直接的触发者，而谢林本人，也是德国古典哲学自我意识链条上的最后一环。用黑格尔的话说，他（谢林）找到了精神一般在客观的方式下的那种主观的投射。

德国哲学发展到谢林这里，已经具有了一个最高的形式。这个形式就是理念和自我意识。自我意识作为主体乃是概念的展开的规定，用黑格尔的话说，谢林的哲学完成了概念从自我的设定到客体的生成那样一种转换，在那种转换中，作为绝对理念的那种最高的同一性实现出来。这里，黑格尔给了谢林一种很高的评价，那是黑格尔对谢林哲学原则上的一种肯定和赞许。但真正说来，谢林的哲学也并未达到理念的那种绝对精神的高度，它只是停留在理念的自然阶段，而没有进入到理念的那种纯粹精神的阶段。把理念关系引入到绝对精神中去的哲学家，不是别人，正是黑格尔自己。是黑格尔完成了德国古典哲学的最后的工作，也是黑格尔最大限度地发展了从康德到谢林的自我意识的原则，最终又把那个原则切入到绝对精神的深度。因而，真正说来，黑格尔才是德国古典哲学最高的终极者，黑格尔不但全面地运用了自我意识那个核心的概念，而且，还把那个概念提高到自在自为的绝对自我意识的境界。正是在黑格尔那里，德国古典哲学达到了一种完满的结局。黑格尔完成了从自我意识向思辨理念转化的那样一种逻辑运动。用克罗摩尔的话说，黑格尔是第一个在一个单独的哲学体系中考察到理念和自然及诸多方面规定的思想家。我们这里也引述克洛纳的一段评价，它较为充分地肯定了黑格尔在德国古典哲学中的特殊地位。克洛纳这样写道:"黑格尔毕竟是一个终结;他结束了一个时代,他对这个时代的文化内容作出了最概括的而又总结性的哲学上的表述。'当哲学以灰暗的色调描绘它的灰暗时,一种生活的形态已经变老了。它不能因为以灰暗描绘灰暗而变得年轻,而只能因此而成为认识的对象。密纳发的猫头鹰只在黄昏到来时才开始起飞'……我们有根据认定黑格尔是一个终结,乃是有深刻意义的。发展的推动力在黑格尔这里已全部用尽,前进和上升已经完成。超过他已不再可能。康德在运动中所建立的思想不再能在已开拓出来的方向上前进;它已经到了非止步不可的地步。文德尔班有一次说过:'了解康德就是超过康德。'我们也可以说:了解黑格尔就是看到绝对不能再超过黑格尔。如果还可以有一个'后黑格尔',则必须作出一个新的开端。"①

　　我们觉得克洛纳的这段话并无夸张之意。它较为准确地说出了黑格尔哲学作为终极者的特性。黑格尔之所以能够把德国古典哲学发展到一个终极的顶点,就是因为他吸取了前人的一切养分。他把一切有利的哲学元素都变成(转化为)自己的材料,并重新按照理念(绝对精神)的内容锻造那些材料。因而,那些材料也就在黑格尔自己的哲学中被陶铸为新的思想。他在自己的哲学史中就曾说过,即精神总是通过自身之中介演化为更高的精神。受陶铸者自身又会不断地成为材料,并在更高的规定中发展成为新的形式。而哲学史,作为理念精神自身发展的历史,又会在不断上升的精神运动中回复到自身。各个特殊哲学形态的发展,也只是绝对理念那个绝对的自我意识分化自身所呈现的区别而已。在黑格尔看,没有哪一种哲学是能够独立自在的。真理只是概念(绝对精神)发展的全体的形式。而概念最初则只是潜在(自在)的精神。概念要通过自我意识的运动发展出自为的形式。而各种特定哲学形态在哲学史上的出现,与概念(绝对理念)对其自身内容的规定是有着逻辑关联

---

① 张世英主编:《新黑格尔主义论著选集》上卷,商务印书馆,1997年版,第530页。

的。而且,在哲学史上,理念发展的阶段与它时间出现的顺序也大体上相当。这就意味着那些在时间上较晚出现的哲学,它的意识发展的水准也自然更高一些。其原因很简单,因为它经过了更多的哲学发展(中介)的环节,因而就拥有了更深的内容及更高的精神规定。在黑格尔看,自然是采取最短的道路去实现它的目的。但精神则不同,精神的发展一定是间接的、曲折的。它也一定要经过扬弃和回归的往返运动。精神要从此前的精神中汲取养分,每一种哲学,也都是在此前的哲学中得到陶养并发展为更高的规定。黑格尔在自己的哲学史的导言中,就写下了这样的话:"既然发展的推进即是更进一步的规定,而更进一步的规定即是深入理念本身,所以最晚出的、最年轻的、最新的哲学就是最发展、最丰富、最深刻的哲学。在这里面,凡是初看起来好像是已经过去了的东西,被保存着,被包括着,——它必须是整个历史的一面镜子。开始的即是最抽象的,即因为它只是一种萌芽,它自身尚没有向前进展。由这种向前进展的过程所达到的最后的形态,作为一种进一步的规定而出现,当然是最具体的。首先须指明,这不是狂妄地对我们自己时代的哲学引为骄傲,因为全部陈述的精神,就在于认识到:时间较晚的进一步发挥出来的哲学乃是思维精神的先行工作所获得的主要结果;它为较早的观点驱迫着前进,并不是孤立地自己生长起来。"①实际上,黑格尔始终保持着这样的观点,即最初的东西(包括先前的哲学形态),又同样是根据。而最后的东西也不是别的,只是从最初的东西中演绎出来的东西(更高的精神环节)。哲学发展的路径将形成一个圆圈,自在的理念并不是进入他物,而是不断地通过自身的中介重新返回到自身。在理念自身返回的那个圆圈中,最初的东西将成为最后的东西,而那个最后的东西作为无限返回的精神也将成为绝对精神。在黑格尔那里,哲学史中曾出现的形态都是作为绝对精神自身

---

① 黑格尔:《哲学史讲演录》第一卷,贺麟、王太庆译,商务印书馆,1983 年版,第 44～45 页。

中介过的形态。它们存在着，并始终融入到最后的绝对精神之中。黑格尔自己也认为，他自己的哲学就是那个最后（最高）的综合者。在此意义上说，他的哲学也就是最深刻、最丰富以及最全面的哲学。它在绝对精神的最高的境界中，达到了精神（绝对理念）与自然的绝对统一。

我们并不觉得黑格尔过于自负，有自我夸耀之嫌。那种傲慢的倾向，是出在晚期的哲学形态中——如叔本华和尼采的哲学中。黑格尔对自己哲学的评价，实际上是很客观的，也较为公允。从哲学史的关联来看，黑格尔确实从所有重要的哲学家那里汲取了养分。他的哲学也确实综合了哲学史上的各种特殊形态的哲学。从柏拉图到亚里士多德，从柏罗丁到普罗克洛，从波墨到斯宾诺莎，又从莱布尼茨到耶可比。黑格尔都从他们哲学中汲取过营养，并把那些有益的元素发展为自己概念的内容。他借助过柏拉图的理念，又发展了亚里士多德的形式原则，从柏罗丁的太一分化原则中，他找到了理念自身分化的路径，又从普罗克洛的三一式中，引出了理念的三一体的规定。他从斯宾诺莎的哲学中，借鉴了神性实体的观点，又把那个观点发展为双重实体的概念。在莱布尼茨的哲学中，他从单子的理论中建立起个体性的原则，又把那个原则发展为绝对精神的具体化的规定。如果算上神秘主义哲学那个维度，这里还应该添加艾克哈特和波墨的名字，因为这两个人，使黑格尔的宗教哲学改变了逻辑路径，并最终增添了黑格尔宗教哲学的那种多重化的神秘倾向，使黑格尔哲学保持了多重的维度。到这里，所反映的也仅仅是他在整个哲学史中曾与之中介过的哲学环节的一些很有限的例子，如果我们熟知哲学史，我们上面所提到的哲学家的名单则还会加长。至少，从古希腊哲学到德国古典哲学这之间的全部重要的环节，黑格尔差不多全都借助过。谁认真完整地读过黑格尔的《逻辑学》那部书，谁也就会同意，《逻辑学》一书也就是对我们这一观点的最好的注释。我们还可以看到，他的辩证法理论来自于赫拉克利特，而本质的规定则来自巴门尼德的双重存在的理论，阿那克萨戈拉的心灵(灵魂)观与他的绝对精神在基础上是同源的,而恩培多克勒的元素分离与联合的界说,则正是黑格尔理念的扬弃与返回的形式规定。至于他与自己德国前辈的联系,则更是直接也更为密切。他熟知从康德到谢林的全部观念论哲学的发展,他自己就是在那种特定的观念论的哲学背景中成长起来的。因而,当他从康德的先验统觉及费希特和谢林的自我原则中超越出来的时候,那实际上是一种很自然的结果。他的绝对精神覆盖了一切(当黑格尔成为德国第一哲学家的时候),但黑格尔的绝对精神,也正是从康德和费希特的自我意识中发展出来的绝对精神。从关联上来看,他们所坚持的乃是同一种原则。只是黑格尔的理念更为强大,更具有包容一切的特点罢了。当康德和费希特还在(人的)知性原则中建立概念的时候,黑格尔已经在绝对精神的主体中去建立思辨逻辑了。因而,黑格尔也就是在绝对主体(绝对理念)之内去建立哲学。而那个绝对主体的真理真正说来,又是绝对精神的理念在自我演化过程中的逻辑运思。

黑格尔的哲学在两个主要的方面与他的前辈不同,这些不同正是黑格尔超出他前辈的地方。一是黑格尔的哲学是建立在绝对理念之上的,他所设定的主体不是知性的自我意识,而是绝对精神的思维。从某种意义上说,黑格尔的绝对精神更接近阿那克萨戈拉的灵魂和柏拉图的理念,而不是接近于康德的先验统觉和费希特的自我意识,这样一种区别是非常重要的。同样是自我意识,在康德和费希特那里,这样的规定是产生在人的知性主体中,产生在人的思维关系中。而在黑格尔那里,自我意识则产生在绝对精神中,换言之,产生在上帝的那个绝对理念中。黑格尔在《逻辑学》的最后一部分,即绝对理念的那一部分中,就曾明确地表达过这样的观点,即作为自在自为的那个理念的总体,实际上就是神的认识对自然关系的科学,而神的概念的体系化的完成,也就是神本身的实在化(即绝对精神的实在化)。在《宗教哲学》一书中,黑格尔又更为明确地表达过,说神(上帝)就是一切之始和一切之源,一切源出于上帝,一切又复归于上帝。上帝不是别的,就是绝对精神本身。而绝对精神就是绝对的理念,绝对的普遍性。黑格尔在宗教哲学中这样写道:"上帝是绝对第一者,而过程则在于绝对精神之理念在自身的活动和运动。精神为自身而存在,亦即使自身成为对象,面对概念的自为存在,乃是我们称之为世界、自然者;这一区分是第一环节。另一环节在于,这一对象自身复返其深渊;它依然从属之,并应复返。这一运动成为神圣的生命。作为绝对精神之精神,首先是自我显现者,为自身而存在的自为存在;显现本身乃是自然,而精神并不仅是显现者,不仅是为某者的存在,而是向自身显现的自为之存在;它是作为精神的自身之意识。"①

　　这里,黑格尔界定了绝对精神那个主体。那个主体也即上帝的绝对神意,它完全不同于康德和费希特的那种(人的)知性的自我意识。由于在绝对精神的关系中上帝是第一者,是自我区分者,这样,主体的性质就发生了改变。在黑格尔这里,主体作为绝对者已经是从自身的思维中分化出对象(自然)世界的主体了。因而,尽管黑格尔仍然使用了主体、自我意识及思维这样的概念,但那些概念的含义(内容)已经完全改变了。这也是黑格尔哲学非常晦涩和难懂的原因之一。实际上,黑格尔是从斯宾诺莎的实体概念中发展出自己的原则,他把斯氏的那个神性实体的概念演变为是神性精神(绝对精神)的概念,同时也把那个神性精神设定为是绝对主体的精神。由于这个主体关系发生了变化,黑格尔哲学的性质也就发生了彻底的改变。在与他前辈的关系上,黑格尔的哲学更是接近于谢林的哲学,而不是接近于康德和费希特的哲学。这也是为什么黑格尔会对谢林的哲学做出更高的评价(超过了康德和费希特),这与大多数哲学史上的观点是不同的。我们可以看到,黑格尔与谢林的哲学更具有一种内在的联系,正是谢林建立了自我意向客观实在的转化关系。谢林的精神与自然的绝对同一原则,也引导出黑格尔的绝对精

---

① 黑格尔:《宗教哲学》上卷,魏庆征译,中国社会出版社,1999 年版,第 160 页。

神外化出自然的原则。像黑格尔一样，谢林在利用斯宾诺莎实体概念的过程中，也发展出自己的全新的观点。那些观点可分为三个方面：一是从泛神论理论中引出基督教的理论，并对那个理论作了新的诠释，二是把新柏拉图主义的原则糅入了自我意识，使自我和实在（自然）发生关联，三是引入了神秘主义（特别是波墨）的思想，并把波墨光的内在分离原则转化为精神的自性原则。黑格尔对于谢林的这些具有创造性的思想，都给予了肯定和称赞。他认为谢林找到了理念的形式，发现了真理乃是主观与客观的统一。尽管它还缺乏逻辑的形式和概念的发展过程，但他还是把握住了精神的内在原则，从而也就掌握了自我意识的思辨关系。黑格尔先后于不同的时期都曾运用过谢林的思想，当然在《精神现象学》时期，这一情形就更为明显。在黑格尔后来更为成熟的阶段（即《逻辑学》时期），他已经把谢林的各项原则（包括谢林从斯宾诺莎那里继承下来的原则）完全转化为自己的原则了。黑格尔撇开了（谢林的）自我意识那个概念，而把绝对精神设定为是自己哲学的核心概念。正是在绝对精神的思辨体系（由思辨逻辑构成的体系）内，黑格尔最终超越了谢林的哲学。在《逻辑学》一书中，黑格尔就把绝对精神的观点建立在概念自身的关系上。逻辑学在黑格尔那里只是神的概念的科学。而概念本身作为绝对的主体则是一种绝对的否定物，它作为灵魂，使精神概念表现为一种冲动——也即是要实现客观性的那种冲动。正是那种冲动，才使概念（绝对灵魂）分裂自身，使普遍者开始转化为直接的东西，思维的理念开始转化为自然的东西。正是在这个转化过程中，作为绝对精神的最高主体才实现了自身的目标。这个目标也即是从精神中发展出客观实在，从主观的目的中发展出生命。黑格尔这样确定地写道："正是当理念把自身建立为纯概念及其实在的绝对统一，从而使自身凝聚为有的直接性时，理念便作为这种形式的总体——自然。——但这种规定并不是一个已变成的有和过渡，正如上面所说，主观概念在其总体中将变为客观性，主观目的也将变为生命。"①这里,黑格尔把理念的对立形式看作是自然,而自然作为总体也就是理念分化自身的结果。是绝对精神的主体在运思,也是绝对精神把思维的关系转化为自然存在的关系。这正如黑格尔在自己的《自然哲学》中所强调的:即自然自在地就是理性,但也只有通过精神,理性才会作为理性经过自然而达到实存。那也即是说,上帝才是绝对精神,正是在上帝绝对性的思维中,自然才从理念的自我意识中异化出来,而世界也即是上帝在自身思维(精神)中区分出来的异化物。从这里看,黑格尔的哲学就完全超越了康德和费希特的哲学,它完全从(人的)知性活动的主观领域超越出来,而演变为一种带有神意精神的理念哲学了。

黑格尔与他前辈第二个方面的区别,是在哲学开端的那个设定上。在这个方面,既显示了黑格尔哲学的独特性,同时也显示了黑格尔对于前期古典哲学的那种熟知。康德和费希特都曾为哲学的开端问题做出过贡献,他们都试图在自己的体系内建立一个哲学的出发点,进而形成整个系统的联接。但康德和费希特所设定的开端,都是一种固定的主观化程式,而不是一种概念(理念)最初的环节。康德就曾把先验理性的形式作为(哲学的)开端,它的对象的概念是理念。理念是一种纯粹的理性的概念,在康德那里,纯粹理性的概念是通过范畴表现出来的,而范畴在康德那里,只是在先验统觉中具有支配作用。按照康德的理解,人们的认识是从主体发生的,但认识本身(自我意识本身)则受先验统觉的支配。统觉具有理清范畴的功能,人们在认识对象的时候,也就是按照先验统觉的规定把实在的关系在自我意识中展开。因而,在康德那里,先验意识(先验统觉)就是哲学的开端,整个自我意识的内容就是从这个统觉的建构中发生出来。在费希特那里,先验统觉的概念被费氏发展为自我的概念。普遍性的知识不能从别的地方,只能从自我(意识)中产生出来。自我是一切的根据和出发点,同时它也是哲学(认识)的

---

① 黑格尔:《逻辑学》下卷,杨一之译,商务印书馆,1991年版,第552页。

开端。尽管费希特从康德那里继承了理念的规定，但像康德一样，费氏还是把自我看成是绝对主观的东西。在这一方面，他的自我就更具有主观性。可以看到，康德和费希特的哲学，都曾想建构出一个哲学开端的形式，而最终，这种形式都被固定到自我意识那个规定上。只是在康德那里，自我意识受到范畴的作用，由于范畴是客观的东西，自我也就通过范畴而认识到理念。而费希特则打破了这个限定，知识学(也即他自己的哲学)完全在自我之内建构出来，凡是存在于对象世界中的东西，都是存在于自我之内并为自我而存在。因而，哲学认识的开端在费希特那里，便从康德的先验统觉关系切换到自我意识的关系。

康德和费希特这样的思路也影响到黑格尔。因而，在哲学开端的问题上，黑格尔就比康德和费希特更为谨慎，也更为重视。实际上，早在精神现象学时期，黑格尔就曾注意到了这个问题，他一方面认为康德的自我(先验统觉)概念是一个伟大的概念，但黑格尔同时也发现，康德的那个概念也有某种缺陷。其问题是，康德总是封闭在心理学的观念和系统方法的层面，而没有指出概念的自在自为的形式。换言之，没有指出概念自身的自我规定及概念由低级形态向高级形态发展的过程。黑格尔认为，康德只是以经验的方式，而不是以概念的方式揭示了理念的关系，因而，自我意识的那个规定也就陷入了主观思维的开端，而没有进入到理念自身的规定。在《精神现象学》的序言中，黑格尔就这样明确地批评了康德，他写道：“康德的三一体，在康德那里还只是由本能刚才重新发现出来的，还是死的，还是无概念的。如果在这种无概念的三一体被提升到了它的绝对意义的程度，因而真正的形式同时在它真正的内容里被展示出来，科学的概念也呈现了出来，如果在此以后像上述那样使用这种形式，那么对这种方式的使用，同样也还不能视为是什么科学的东西。因为通过使用，我们眼见这种形式被降低为无生命的图式，成为一种真正的幻象,同时科学的有机组织也被降低成为图表了。"①这里,黑格尔明确地指出了康德的缺陷,即理念被范畴所规定,范畴又通过自我意识去设定对象,但那些范畴却被康德设定为是僵死的东西,它们不是运动着的思维,而是僵化静止的形式。这样,作为开端的那个规定也就变成了判断对于范畴的规定,而先验逻辑也就成了思维的形式功能,并无理念自在自为的内容规定。在黑格尔看来,这样的观点只具有按照思想现有的样子作自然式的描述的价值。尽管康德借助了先验统觉的综合概念,但由于那种综合回归到感性杂多的层面上,因而,也就游离了原始统觉那个规定。至少在黑格尔那里,概念(理念)的分化是出自思维的范畴,而不是出自心理层面的那种经验关系的规定上。对此,黑格尔也仍然提出了他独特的看法:"康德由先天综合判断这一极其重要的思想而引导到上述的看法。对于思辨的发展,这个原始的统觉综合是最深刻的原则之一,它包含着真正把握概念本性的开始,并且与自身并非综合的那种空洞的同一或抽象的普遍本性相对立。——可是以后的发展却与这个开端很不相应。——'综合'这个词,就已经容易重又引回到这样的表象,即本身分离的东西的外在统一和简单联结。以后,康德哲学便仅仅停留在概念的心理反映上面,并且又回到概念经常受到直观杂多物的制约这一主张上来了。"②

这段话写于黑格尔的成熟时期,即《逻辑学》一书中。在这个时期,黑格尔已经非常清楚地意识到了哲学的开端问题。在黑格尔的理念中,开端包含着这样两个方面的规定:一是开端必须是思维的纯粹的形式,是绝对理念的纯思的开始,二是作为哲学开端的那个纯思,不是静止的,而是自身运动着的。正是在自身的思维运动中,绝对理念才完成了分化自身的规定。出于这样两个方面的设想,黑格尔便在他的《逻辑学》中把绝对理念的开端首次建构出来,并首次

---

① 黑格尔:《精神现象学》上卷,贺麟、王玖兴译,商务印书馆,1981 年版,第 32 页。
② 黑格尔:《逻辑学》下卷,杨一之译,商务印书馆,1991 年版,第 253～254 页。

把哲学之开端设定为是哲学体系本身之必不可少的联系。我们可以看到,在《逻辑学》一书的最前面,黑格尔就破天荒地用了大量的篇幅去谈哲学的开端问题。他甚至用了"必须用什么作科学的开端"那样一个醒目的标题来引导正文。仅从这一点看,就足可以说明黑格尔对于哲学开端问题的重视。在黑格尔那里,哲学作为科学就是绝对理念(绝对精神)的展示,而绝对理念作为一种系统的辩证逻辑的体系,则应该具有一个确定的开端。它(开端)要表现为理念体系的思维运动,而运动就要从一个逻辑前提(开端)开始。但前提是什么,这正是一个难点,因为前提的设定一方面要符合辩证逻辑的体系,另一方面,它又必须要具有一个绝对主体的形式。在这一点上,黑格尔是颇费心力的,他花费了漫长的思索的时间。可以看到,黑格尔所设定的哲学开端,不是一个概念的形式,而是绝对精神自身的一个开端。它是一种主体,但却不是康德和费希特所说的那种人的知性活动的主体,从这个方面去看,黑格尔的哲学一开始就变成了一种完全独特的形态了。它既不同于柏拉图的哲学,也不同于康德的哲学。同样是主体,同样是自我意识,在康德那里这样的规定都是主观的东西,它仅仅是人的思维规定。但黑格尔的绝对理念的主体,则是绝对精神的产物(或绝对精神本身),它既是一种主观的东西,同时又是一种客观的东西。作为理念的主体,它是对象形态的设定者,从这方面看,它就是精神的主观化形态。而作为对象化的存在,理念本身又是自然,理念在思维关系中外化了自己,并构成了一种自然形态的实存。从这一方面看,它又是客观的。在黑格尔那里,对于作为主体的那个理念的基本设定关系乃是这样的:理念最初是主观的,在开端阶段,绝对精神只是一种纯思,因为在理念的初始阶段,思维还没有分化出自身的差别,主体的形式还是停留在自我等于自我那种抽象的规定上。它相当于谢林所说的那种纯粹自我的直观。但精神(主体)的本性是要思维,思维也即是在自我意识中建立对象,也即把纯思的关系转变为是对某种特定对象的思维关系。这也就是在纯粹自我的开端中把一个作为对象意识的东西建构出来,使对象的意识成为判断。判断(关系)使绝对精神的主词转化出宾词,宾词作为概念的分化形式,便构成了概念的实在化的规定。在这个过程中,由于差别的出现,概念(主体本身)也就摆脱了形式化的同一关系,而转化为具体的同一性了。那也即是说,最初的存在(纯有)作为中介者将返回到(概念)自身,最初者只是作为差别者(主体之对象)而存在,它只是概念的中项关系,并最终将作为理念的矛盾(作为思维的差别那样的矛盾)而被扬弃掉。对此,黑格尔曾这样明确地说过:"所以理念首先是一个推论的一端,作为概念,这概念作为目的,首先是以自己本身为主观的实在;另一端则是主观的限制,即客观的世界。两端在推论中是同一的,即它们都是理念;第一,它们是统一,是概念的统一,概念在一端中只是自为的,在另一端中只是自在的;第二,实在在一端中是抽象的,在另一端中则是在其具体的外在性中。——这个统一现在将由认识而建立;因为认识是主观的理念,这个统一就是作为目的而从自身出发的统一,最初只是作为中项。——进行认识者自身通过其概念的规定性,即通过抽象的自为之有诚然是与一个外在世界相关,但却是在它自己的绝对确定性中,以便把在自身那里的实在,即形式的真理,提高到实在的真理。认识在其概念那里具有客观世界的全部本质性;认识的过程是把客观世界的具体内容自为地建立为与概念同一,并且反过来也将概念建立为与客观性同一。"①

这里,非常清楚,黑格尔所说的认识的过程实际上也即是概念(理念)本身发展的过程,它并非是人的那种自我意识(像康德所说的那样)在先验统觉中联结对象的过程。也并非知性活动的自我设定非我的过程(像费希特所说的那样)。黑格尔这里所强调的,乃是绝对精神对于自身的认识。理念精神(通过设定差别化的对象)的分化乃是前进的,但前进也正是回溯到根据,回溯到理念的原始的和真正的东西。正是从这一意义上说,理念(作为哲学的开端)就必

---

① 黑格尔:《逻辑学》下卷,杨一之译,商务印书馆,1991年版,第482~483页。

须是绝对的,它必须是一个抽象意义上的纯有。它本身不是以任何东西为前提,它是绝对的中介的开始。它(纯有)是一个最为直接的东西,正因此,它才是绝对者(理念和哲学)的开端,是绝对者(绝对精神)对其自身认识过程的起始和根据。黑格尔认为,意识(绝对理念)的道路是从直接性开始的,但最初的直接性作为纯有(纯粹概念),则正是绝对者自身的直接性。它是绝对精神那个绝对的知的最初的环节。它一开始尽管是直接的发生者,但却是作为被理念规定过的纯有形态而发生。这样,它既是一个绝对的直接的东西,又同样是一个绝对的有中介的东西。黑格尔这样强调说:"为什么在纯科学中要从纯有开始,其根据早已直接在科学本身表示出来了。这个纯有就是纯知所要回到的统一体,或者说,假如纯知作为形式,还应该被认为与纯有的统一体有所不同,那么,纯有也就是纯知的内容。从这一方面来说,这个纯有既是这个绝对直接的东西,又同样是绝对有中介的东西。但同样很重要的,是必须把纯有仅仅片面地当作是纯粹直接的东西,因为正是在这里,纯有是作为开端的。只要纯有不是纯粹的非规定性,只要它是规定了的,那么,它就会被当作有中介的东西,已经进一步发展了的东西。一个规定了的东西包含着与一个最初东西不同的一个他物。所以,开端是有,而不是其他什么,这是开端本身的本性。因此,为了进入哲学,纯有既不需要其他的准备,也不需要别的思考和线索。"①可以看到,黑格尔这里把纯有当作是哲学开端的立场,实际上也否定了康德和费希特的以知性的自我意识为开端的立场。黑格尔所要表明的是,哲学所要研究的不是自在的或内在的现成的东西,而只是概念(思维)中的实有和那种实有的内在规定性。如果把自我意识(像康德和费希特那样)当作是开端,那么理念具体化的发展过程就丧失掉了。但在黑格尔看,哲学(作为理念)却必须要把其内在的必然性表现出来,这就不能靠一个绝对的已知的东西(即自我意识)去完成。即便是费

① 黑格尔:《逻辑学》上卷,杨一之译,商务印书馆,1991年版,第57~58页。

希特的那种理智直观也不能作为开端。因为理智直观是来自一种经验的立场,在那种立场中,作为开端的经验性的直观都是任意的,它与哲学本身的概念间的联系也是偶然的,不是一种必然性的联系,它没能反映出理念引导实在运动的关系,因而,它也就没能表现出理念的那种精神外化的特点。

　　理念的运动在黑格尔那里表现为这样的方式:首先,在开端中,它是作为纯思(纯有)而存在的,它是概念的最初的环节。它是一种直接的东西,但它却不是感性杂多的东西。其次,那个开端也将把纯思转化为特定的思维,在黑格尔的逻辑学中,它被规定为是限有(定在)的环节。在限有中,那普遍的直接性转化为特定的规定,使理念得到具体化的内容。这个过程,也即理念的自在之有转化为自为之有的过程。第三,理念进展的本性将返回到自身。理念将把自身的主观性转化为客观性,这也即是扬弃有限存在,上升到更高理念的过程。在这个过程中,理念的每个规定都会超越自身之外,同样,也会走入自身之内。开端与向下进行的概念的差异又都汇合了。概念每前进一步,离开那个不曾规定的开端时,也是后退一步更靠近开端了。而这,正是理念所做的圆圈运动。它是理念逻辑的运动方式,也是真理本身在扩展过程中向自身回归的轨迹。在理念返回到自身的那个纯有的开端时,一切此前的规定都熄灭了。它们通过逻辑的思维被扬弃掉,但不是成为空寂,而是成为更高更广阔的内涵。黑格尔这样总结了理念往返的特点:"走出自身之外,即是进一步的规定,它的每一新阶段也是走入自身之内,而更大的外延同样又是更高的内涵。因此,最丰富的东西是最具体的和最主观的,而那把自己收回到最单纯的深处的东西,是最强有力的和最囊括一切的。最高、最锋锐的顶峰是纯粹人格,它唯一地通过那成为自己的本性的绝对辩证法,既把一切都包摄在自身之内,又因为它使自身成为最自由的,——仍保持着单纯性,这个单纯性是最初的直接性和普遍性。"①到这里,黑格尔就完成了他对哲学开端的那种设定。那个开端作为理念的最初环节,也最终过渡到绝对精神中去。它远离了康德和费希特的那种自我意识的开端,在绝对理念的道路上,它将绝对精神的存在转化为实有。而这,才是黑格尔想要在哲学开端中所要建立起来的东西,它是绝对精神所建立起来的实在化的世界,也是绝对理念(绝对精神)本身所走过的思辨之路。

第二节 黑格尔哲学与康德哲学之比较

一、一般性原则的联系与比较

黑格尔哲学与康德哲学之间的联系,在哲学史上始终是一个未理清的话题。人们从各种角度对这二人的哲学做出比较,并想找到他们二者之间的核心性的纽带。基于他们二人各自哲学的那种复杂性,真正较为翔实地对这二者之间所作出的周全的评价,我们还没有看到。罗克摩尔曾在《康德与观念论》一书中,进行过这样的尝试。但他的努力也只体现在对于个别概念的那种关联的考察上,在康德的体系与黑格尔的体系那种根本性的区别上,他却没有做出任何说明。泰勒在他的那部巨著《黑格尔》一书中,曾不断提到康德对黑格尔的某些影响,但他也未能从根本上指出黑格尔哲学与康德哲学之间的多重联系与区别。晚近的这方面较有影响的著作应该算是克劳斯·杜辛的那本《黑格尔与哲学史》的小书,它独辟一章,从哲学史的视角分析了黑格尔与康德之间的一般性关联。那本书更注重近代学者的一般性观点的收集,在黑格尔与康德之间的关联上,也并未给出一些比较深入的观点,它只是指出了这二者哲学一般性的倾向而已。实际上,黑格尔与康德之间的联系,远比我们眼下所能见到的那些零散的观点要深入得多。那个巨大的空间未知

---

① 黑格尔:《逻辑学》下卷,杨一之译,商务印书馆,1991年版,第549页。

的东西要远远多于我们现在已知的东西。而这，也就意味着探讨他们二人之间的内在关联，对于丰富哲学史的内涵以及揭示近代哲学的各种关联，都是具有重大意义的。从整个哲学史来看，康德哲学和黑格尔哲学是两种主流哲学的终极者(主体哲学和理念哲学)，把它们从本来所具有的内容及关联中释放出来，是当代的哲学所应当努力去做的事情。这并非是返回到某个已经封闭起来的终点，而是把起源中还未得到理解的东西澄清出来，并在新的起点上提升人们对于哲学自身的认识。

从一般性的原理看，康德和黑格尔的哲学都是一种绝对化的主观哲学。区别是，康德哲学是个体观念论的(唯心论的)，而黑格尔的哲学则是绝对理念论的。前者源于英国的经验主义，特别是源于洛克和休谟的哲学;而后则源于柏拉图和斯宾诺莎的哲学。从近代哲学的关系来看，黑格尔的哲学更是靠近于波墨和谢林。尽管表面上看起来，黑格尔的哲学与康德的哲学有着巨大的分野，但它们之间的内在一致性也是多重维度的。黑格尔从康德那里借助过来的哲学原则也更是多方面的，远比人们在表面上所看到的要多得多。除了借助过康德的概念的关系、先验统觉的关系以及范畴的推演关系之外，黑格尔在其他一些环节也借助过康德的理论。这包括伦理学的自由理论，把概念的某物与他物联系起来的观点，概念的自生性原则及内在自我的统一性原则等等。这些理论都在康德的认识论中被设定出来，并在黑格尔的哲学中(经过黑格尔改造后)被重新使用。在纯粹范畴的演绎方面，康德的那种关于先验范畴的客观有效的主张也影响到黑格尔。实际上，黑格尔在实施概念同一性的扩展关系时，使用的正是康德的那种原则。在纯粹直观的那个概念上，康德所预设的那种时空关系，被黑格尔用概念的形式所取代了。在康德建立的那种概念的综合关系中，黑格尔衍生出自己的概念的纯有的形式。这个形式直接来自于黑格尔对康德那个纯粹直观概念的改造。至于康德所说的那种思辨的原则，黑格尔在其早期著作中是给予赞许的，但在黑格尔较为成熟的著作《逻辑学》一书中，他又把康德的那个思辨关系改进为是理念的分化关系。也即思维从一个概念的主体转移到概念的客体，并在理念的关系中建立起绝对精神的关系。除此以外，黑格尔还借助过康德的关于理念的那种界说关系，只是黑格尔把康德的理念从超验的性质中发展出来，变成了一种实在本身的根据。在一些细则方面，黑格尔从康德那里也借助过许多环节，这包括逻辑从最高的类向下分化为亚种的规定，范畴的三一体关系的规定，以及理性作为系统化的建筑术式的规定。黑格尔称康德的那种设定是伟大的辩证法的概念，黑格尔自己也正是通过这一点，把范畴的演绎扩展到绝对精神的思维运动中去，并在他独有的理念分化的原则中，把思辨逻辑的大厦第一次建立起来。

上面一系列的环节都表明了黑格尔哲学与康德哲学的那种密切的联系。我们可以看到，那些联系既是本质的，又是黑格尔从康德哲学中超越出来的基础。斯特林就曾正确地指出，黑格尔正是通过康德而认识到，任何具体的事物都是由两个对立面所构成，黑格尔从康德的视角中发现了事物是在矛盾的关系中发展出来的规定。在斯特林看来，那正是黑格尔从康德那里借助过来的概念。因为正是在矛盾的关系中，才发展出（黑格尔）理念的那种普遍性和客观性。而理念的那种内在的矛盾关系，黑格尔解决的就比康德要好。斯特林曾这样评价说："总而言之，我们找不出一点材料能使我们把黑格尔同康德分开；而且，这种材料即便能找出来，也只能一方面来源于最初的资料，另一方面来源于专门从事文献考证的人们的报道；而一般来说，在一切方面，正是黑格尔突出地继承和发展了康德所开始的所有问题，把它推进到充实的最终的形式。因此，真正的主要人物是康德和黑格尔；他们是胜利者，所有其他的人都可以高兴地忽略掉。"①斯特林的这段话不仅指出了康德哲学和黑格尔哲学密不可分的联系，同时，也指出了这二人在德国古典哲学中的地位。

---

① 张世英主编：《新黑格尔主义论著选集》上卷，商务印书馆，1997年版，第64页。

我们确信斯特林的观点,如果缺少了费希特和谢林,德国古典哲学仍然还会存在,它或许会由于环节的缺欠而失之于丰满,但如果缺少了康德和黑格尔,德国古典哲学则就名存实亡了,它不会具有被今天的人们所广泛地接受和探讨的那种价值和意义。

另一方面,我们也应该看到,黑格尔哲学与康德哲学在一个核心的原则方面,还是不同的。黑格尔所坚持的是柏拉图以来的理念哲学的道路,而康德的哲学,则是坚持着个体性的主观原则。那个原则在古代,接近于普罗泰戈拉,而在近代,则接近于笛卡尔和休谟。尽管康德在许多地方都批评过笛卡尔的观点,但在主体我思的那个规定上,康德的系统化理论正是从那里发展出来的。它来源于人的自我意识的规定,尽管康德把我思的关系发展成具有先验统觉之联系那样的规定,但那个主体仍然是来自于人的知性,而不是来自于绝对精神的最高理性。实际上,理念那个概念在康德那里是一个彼岸性的概念。它不是实存的东西,而是一种超越性的东西。从某种意义上看,康德也把理念那个规定看作是物自体(自在之物)的规定。在《纯粹理性批判》那部书中,康德就曾批评过柏拉图的理念规定。康德认为,柏拉图的那种理念的设定只是一种任意的想象,它根本不能通过人的理性的必然性而被设定出来。因而,那样的理念也就只能作为一种悬拟的本体(实体)。人们对那个概念的应用也就是一种空白,这是由于人们无法构想出理念本身所被给予的方式。康德还在一个地方批评了莱布尼茨的理念的观点,因为莱氏把自然界的现象化的表现看作是物自体自生的关系,并把自在之物本身看作是纯粹知性的对象。康德认为,莱氏实际上是陷入了一种世界的智性体系,那个体系由灵魂性的单子元素所构成,这就把单子的灵魂性关系还原为自在之物的关系了,表象化的存在被引入到物自体的外部存在。康德对莱布尼茨的单子观这样评价道:"现象在他看来则是自在之物本身的表象,虽然按照逻辑形式来说与由知性而来的知识是有区别的,因为前者由于通常缺乏分析,而把与那些附带表象的某种混杂引入了物的概念中,知性则懂得把这些附带表象与这概念分离开来。总之莱布尼茨使诸现象智性化了,正如洛克按照某种理性发生论体系(如果允许我使用这一表达方式的话)将这些知性概念全都感性化了一样,也就是把它们打扮成不过是经验性的或是被抽离出来的反思概念。"①可以看到,康德这里是对理念哲学进行了批评和排斥,康德拒绝理智化哲学的实体关系,也拒绝产生现象关系的自在之物的客体。在康德那里,客体不是别的,只是一个由我思而设定起来的对象化关系,它是自我意识之内的客体,而不是独立于自我意识的实体规定。从某种意义上说,康德的理论正是想证明作为自在之物那种超验客体的虚妄性,克洛纳曾以精准的眼光指出了这个事实,他就曾这样评价康德:"在《纯粹理性批判》中,有一个从事于自然与理性、必然与自由的包罗万象的统一的理念,这就是'理性的理想'的理念。康德虽然把这个理念了解为神的理念,但是,他却把这个理念解释成超验的、因而在哲学上不可实现的。在康德看来,这个理念是人类理性的一个单纯的边界概念。它不能通过任何经验从感性方面得到证实;它'超越'了一切经验知识。然而,这种'超越'不正是哲学思维的本质吗?难道一切哲学思维本身,不是因为要确定一切经验的条件,而成了超验的吗?一个涉及一切经验和一切感性存在的根本条件的理念,如何会通过感性材料得到实现和证实呢?只有极其非理性的奇迹信仰或原始魔术才要求这样的'经验'。理性的理想决不想跟任何种类的东西同一,否则,这个理想就会被弄成为一个'客体',而这个结论正是康德想竭力证明为错误的和虚妄的!"②

　　这里,我们可以较为清楚地了解到康德哲学的一般性原则。那个原则是观念论(唯心论)的,同时,又是反理念主义的(即反对客观形式的观念论)。观念论较为狭窄的界定,是指由康德所开创,并由费希特及谢林包括黑格尔所完成的那个哲学传统。但与黑格尔哲

---

① 康德:《纯粹理性批判》,邓晓芒译,人民出版社,2004 年版,第242～243页。
② 张世英主编:《新黑格尔主义论著选集》上卷,商务印书馆,1997 年版,第616 页。

学的区别处,也发生在这里。因为康德坚持的是一种个体化的观念论,它探讨的是人的知识在主体(我思)的结构中所形成的路径,以及知识所能达到的自身界限,因而,自在之物就被排斥在外。而黑格尔的观念论则是一种理念论,它探讨的不是人的自我意识的能力,而是一种绝对理性的体系。在黑格尔那里,那个体系的核心的东西是绝对精神。从某种意义上说,黑格尔的哲学是斯宾诺莎哲学的一个翻版,只是它具有了一种更高的逻辑的思辨性。因为在黑格尔的哲学中,始终贯穿着一种理念(精神)发生关系,它不但是思维的理性自身运动的反映,而且还是一个绝对的思维者把自我意识转化为实在世界的反映。正是在这个焦点上,黑格尔超越了康德的那种个体化的自我意识。同样的唯心式的观念论,康德只是停留在人的主体关系之内,而黑格尔则把自我意识的关系发展到了极致。那种极致的关系,在本质上依赖的正是柏拉图的那种理念的关系。在黑格尔那里,绝对精神不是别的,正是实体和主体,它相当于柏拉图的那个隐含的共相。罗伯特·皮平在《黑格尔的观念论》一书中就这样指出:"所有这样的关于思想对现实性的规定、关于在'其真中的对象'的'绝对知识'、关于逻辑与上帝心智又与形而上学这种联系(充满悖论)的主张,连同黑格尔在他的历史哲学和其他未出版著作中、那些讨论绝对或世界精神的更为著名的段落,似乎都使一点不可避免:黑格尔的充分理论立场,在本质上依赖某种形而上学精神实体学说(一个绝对的主体),这个实体在历史和自然中是'活动的',它的活动'蓝图'就可见于'逻辑学'。"①如果说皮平的观点揭示了某种事实的话,那么,一种相对应的事实也是存在的。那即是黑格尔的逻辑学不是别的,就是实体哲学。它不是康德的那种形式逻辑的体系,而是一种思辨逻辑的体系。正是在一种思辨的逻辑中,黑格尔才建立起他的绝对理念的大厦。那是一种绝对精神自我反思的蓝图,在那里,黑格尔构建了他的绝对精神生成世界的学说。

---

① 罗伯特·皮平:《黑格尔的观念论》,陈虎平译,华夏出版社,2006年版,第248页。

在黑格尔看来,理念乃是概念的自在自为的形式。理念并不是虚拟之物,像康德所说的那样,存在于现象界的彼岸,而且不能被人们认知。在黑格尔那里,理念作为形式原则是终极者,但其内容则是现实的东西。它不但可以被人们所认识(因为人的意识从某种意义上说正是理念自身的一个对象化的形式),而且,也正是在现实的关系中被认识到。黑格尔在许多地方都批评了康德,指出康德是把最高的理念设定在了人的思维之外,康德不是在理念自身的规定中去寻找事物之间的联系,而是把事物之间的联系还原到了心理学的层面,因而,康德也就陷入了他自己所设定的二律背反的关系。在他自己的哲学史中,黑格尔就对康德的这一缺陷提出这样的批评:"理性除了具有我们所谓范畴的那些思维形式外,什么东西也没有,范畴虽能给我们以康德所谓客观的规定,但它们本身却仍然是一种主观的东西。但如果我们把这些只能应用于感性直观的范畴应用去规定无限者,那么我们就会纠缠在错误的推论(背谬论证)和矛盾(二律背反)之中。"①实际上,黑格尔还曾在多处批评过康德,主要是认为康德把现象的东西与自在之物对立起来,这样,现象也就成为人们知性关系的某种形式,而不是客观实在(理念自身)的某种形式了。在此情形下,绝对者(绝对精神)就被隔绝在彼岸,现象界的认识自然就成为了矛盾。黑格尔认为,这个矛盾是由于没有把理念看成是当前的和现实的东西,而是把它(理念)看成是现象之外和现象之后的东西而发生的。从这一点看,康德也就停留在有限的和片面的规定上,并把理念本身的规定降低到个体化的主观形态。在《逻辑学》那部书中,黑格尔更为明确地指出了康德的这个缺点,他写道:"但进一步说,康德的思维的客观性本身又仅仅是主观的,因为按照康德的看法,思维虽然是普遍必然的规定,但只是我们的思想,而被一条不可逾越的鸿沟同自在之物判然区分开。与此相反,

---

① 黑格尔:《哲学史讲演录》第四卷,贺麟、王太庆译,商务印书馆,1983 年版,第 276页。

思维的真正客观性却在于思想不单纯是我们的思想,而且同时也是事物和对象本身的自在东西。"①

这里,黑格尔强调了理念的那种客观性。理念的客观性在黑格尔那里有着独特的含义。实际上,黑格尔在自己的逻辑学中就曾区别了三种不同的客观性。一是外部实存的东西,它有别于人的主观意谓和梦想,二是康德所确认的那种具有普遍性和必然性的存在,它有别于人们特殊形态的感觉,第三种客观性,则是理念自身的客观性,它是现实的存在,是概念形成(从思维中发展出来)的形式。在黑格尔那里,只有第三种客观性才是真的,具有真理的内容和形式。因为第三种客观性是绝对形式本身提供的内容,它不是一个知觉和意谓的内容,同时,也不是一种表象化的存在。黑格尔指出,尽管康德在范畴的形式中发展了普遍性和必然性的规定,但康德只是把范畴看作是知性自身的关系。范畴的内容及形式都是由主体本身提供的,因而范畴的规定也就被引入到纯粹的主观形态。它没有进入到理念本身的那种客观性。黑格尔认为,客观思想这个概念本身是表达真理的,它本身只能是一种绝对理性(精神)的对象,它不是由人的知性活动提供出来,反之,理念的客观性乃是给人们提供概念的基础。理念本身的活动规定了人们思维的活动,理念的内容决定了人的自我意识。当康德把先验统觉看作是真理内容的提供者时,康德也就是把主观的东西与客观的东西颠倒了。黑格尔这样明确地指出:"康德对于思维规定的考察主要有一个缺点,即这些思维规定不是自在自为地加以考察的,而是仅仅从它们是主观的还是客观的这样一个观点加以考察的。在日常生活用语中我们把客观东西理解为在我们之外存在的、通过知觉从外部达到我们这里的东西。康德否认各个思维规定(例如原因和结果)具有这里提到的意义上的客观性,即否认它们是在知觉中被给予的,反之,他认为它们是属于我们的思维本身或思维的主动性的,并且在这个意义上是主

---

① 黑格尔:《逻辑学》,梁志学译,人民出版社,2002年版,第104页。

观的。但是康德又把所思的东西,具体地说,把普遍必然的东西,称为客观的东西,而把单纯所感的东西称为主观的东西。这样一来,上述用语就显得首足倒置。"①这里,黑格尔批评了康德的那种客观性的缺陷。即客观的东西仅仅是我们思想中的普遍对象,而不是理念的自在自为的性质。这样,康德在摧毁了客观独断主义的那种理智形而上学的同时,又把那个原则转变为主观的独断主义,因为康德只是把人的有限意识活动转化到范畴的层面,而放弃了更为重要的问题。那个问题在黑格尔看来,也就是追问什么是自在自为的真理的问题。这里,我们可以发现,正是在这个核心原则上,黑格尔绕开了康德,换言之,他扬弃了康德哲学的那种个体化的自我意识,而让哲学思维进入到一种绝对理念(精神)的形态。在这一点上,黑格尔拒绝了康德的先验统觉的关系,返回到柏拉图共相化的理念关系。

我们可以看到,成熟阶段的黑格尔,对于理念是有着非常严格的限定的。在逻辑学时期,黑格尔已经更为深化地界定了理念的各种关系。其核心性的关系是,理念不是别的,只是一种精神。作为概念的最高形态,它就是一种绝对精神。黑格尔在许多地方都说过,作为逻辑对象的那种东西,就是精神的理念。它远不是康德所说的那种先验统觉的意识对象,而只是绝对者,也即上帝自身的理念。尽管在《逻辑学》一书中,黑格尔很少(几乎是非常谨慎地)提到上帝那个概念,但还是在绝对理念(大逻辑一书)那个核心部分,指出了神的理念也即是理念的总体那个规定。并指出从概念的关系达到(认识到)理念的关系,也即是神的认识对自然科学的关系。这与康德把神看作是一种无法察知的物自身之性质,是有本质的不同的。在黑格尔那里,由于理念是一种精神的对象,理念本身也就是一种理性。其理性不同于康德所设定的那种知性。而是绝对精神的理性关系。这个理性,也就是概念和客观性的统一。客观性作为

---

①　黑格尔:《逻辑学》,梁志学译,人民出版社,2002 年版,第 103 页。

客体,在黑格尔那里也与康德的客体不同,在康德那里,客体乃是知性建立起来的对象,客体不是作为自在自为者,而是作为对象形态而被设定出来。而在黑格尔这里,客体是作为精神(绝对意识)所建立起来的东西,它只是精神自身所分化出来的环节。它是一种概念性的存在,按照黑格尔的意思去看,客体的过程就在于表明自身同时是主观的,客体已经把主观性的环节包含到了自身之内。而绝对的客体也不是别的,它就是上帝。黑格尔曾在晚年撰写的《小逻辑》一书中,更加直接地表达了这个观点。在那里,黑格尔把客体直接说成是概念的潜在的形式,它是绝对理念的内在的形式,是理性的自在自为的环节。它并非是外部独立的存在(像康德所说的那样,现象的存在是自我意识的外在的表象化的关系),而是理念本身的差别者的形式。用黑格尔的话说,客体本身是与外在性不同的,因为客体能够在自己的独立性中否定外在性,并在否定的环节中仍能返回到理性的主体。这是因为客体本身不是别的,就是理念设定出来的环节,它是作为理念的否定物而被设定出来的。黑格尔这样写道:"客体在它的直接性里是单纯潜在的概念,它拥有的概念是主观的、最初在它之外的,并且它的一切规定性都是一种外在地设定起来的规定性。因此,作为各个有差别的事物的统一,客体是复合体,是聚集体,并且一个事物对其他事物的影响也依然是外在的联系。"①

从这里的规定可以看到,黑格尔扬弃了康德所设定的那种客体关系。客体作为对象是理念分化的一种形式。它不是主体的外在的东西,而是绝对理性自身的一种内在的规定。客体沉浸到某种外在性之中,正是沉浸在绝对精神的理念之中。黑格尔还指出,康德只是用一种合目的性的概念唤起了一般理念而已,但真正地说,康德的先验统觉理论并没有达到理念。在黑格尔那里,理念是自在自为的真理,也是概念和客观性的绝对统一。这个统一不是一下就实

---

① 黑格尔:《逻辑学》,梁志学译,人民出版社,2002 年版,第 338 页。

现出来,它是在绝对精神自身的思维过程中完成的。这个过程不像康德所说的那样,依靠一种概念的构造,而是依靠绝对者自身的分化运动。构造在黑格尔看,只能建立起一种没有概念的主观性,因而,由构造而建立起来的体系(如康德的认识体系),就仅仅是外在于概念而发生的形式。从本质上来说,它与理念自身的关系是漠不相关的。黑格尔认为,尽管康德发现了综合认识的形式,并想用那种形式去证明知识的联结关系,但由于康德只是外在性地利用了理念的原则,因而,康德并未完成理念与对象形式的统一关系的设定。在一个地方,黑格尔还曾以揶揄的口气说,康德在灵魂的口袋里尽量去摸索里面还有什么认识的能力没有,碰巧他发现了还有理性。可见,理性在康德那里,只是一种偶然发现的东西而已,至少,黑格尔自己是那样看的。

在黑格尔的哲学中,理念被规定为是理性的概念。这一点,黑格尔是从康德那里接受过来的。但对于什么是理性的概念,黑格尔则完全有自己的见解。理性在黑格尔那里是一种绝对的思维,它是绝对精神自身的反思。而由这样一种反思所建立起来的环节,则是理性的概念。在黑格尔那里,概念是理念(绝对精神)的分化的形式,绝对精神作为主体首先是普遍性的东西。它思维对象的过程,也即是从普遍到特殊分化自身的过程。因为普遍者作为概念的基础乃是事先建立的东西,它只有过渡到特殊的环节中去,才能使自身具有特定的内容。在黑格尔那里,这样一个过程也被定义为是概念的分类。康德在他的哲学中也曾做出过类似的分类,比如在范畴的划分方面,康德就曾做过努力。但在黑格尔看来,康德的那种分类都是外在的划分,缺少概念之间的必然的联系。黑格尔自己所做的分类,乃是对于理念自身的一种划分。它通过思维的运思从一个普遍的东西和一个开端开始,通过反思的中介不断攀升到更高的概念。理念的开端最初是一种纯粹的主观性,黑格尔把它称之为纯有。这个纯有不是某种物质性的存在,它不是某种元素或质料。这里,亚里士多德所说的那种质料性的关系是不存在的。纯有一开始就不是质料。它大体上相当于莱布尼茨所说的单子,但也只具有相似性而已。因为单子是某种成形的存在,而黑格尔的纯有,作为一种纯粹的概念,则不具有特定的形式。它是一个发展中的产物,要在精神的自我意识的发展中得以界定。在一个较为重要的地方,黑格尔很谨慎地对那个纯有作了这样的解释:"对于方法说来,开端除了是单纯的和普遍的东西以外,就更无别的规定性;这一点本身就是规定性,开端为此之故,是有缺憾的。普遍性是纯粹的、单纯的概念,并且作为这个概念的意识那样的方法,知道普遍性仅仅是环节和在此普遍性中还不曾自在自为地规定的概念。但这种意识只是为了方法之故,才愿把开端再引向前进,但以这种意识,方法将仅仅是一个形式的、在外在反思中建立起来的东西。但方法既然是客观的、内在的形式,那末,开端的直接的东西在它本身那里,就必定是有缺憾的,并且赋有引自身向前进的冲动。但普遍的东西在绝对的方法中不被认为仅仅是抽象的东西,而且是作为客观的普遍的东西,就是说,它自在地是具体的总体,但这总体还没有建立,它还不是自为的。"①

　　这里,黑格尔指出了概念(理念)开端的那种缺陷,但也把作为开端的那种最初的意义揭示出来。开端是一种纯有(纯粹意识),也是一种普遍者。由于分类是一个最高的种向下行的分化(在黑格尔那里,也是较低的种返回到更高的种的过程),因而,那最初的普遍的东西也就从纯有中转化出来。它从开端的普遍性中设定自己,并把自己区别为一个他物。这个他物不是别的,正是理念自身的一个差别者。作为理念的分化形式,它即是判断。判断是概念的主词中产生出来的差别物,作为主词的规定,它是宾词。而作为主词之内所分化出来的东西,判断也就是概念的实有。用黑格尔的话说,绝对理念的主词是被规定的规定性,而宾词则是主词身上建立起来的规定性。正是通过这样的规定性,理念(作为绝对精神的神)才可以

---

① 黑格尔:《逻辑学》下卷,杨一之译,商务印书馆,1991 年版,第534～535页。

回复到自己。因而,绝对精神的那种判断的形式就是概念的恢复,它是概念实有关系的建立。那最后建立这种实有关系的形式是推论,推论在黑格尔那里是概念的返归形式,它作为中项联结了概念和判断之间的统一。正是在那种统一的关系中,概念才得以上升到更高的概念。因而,推论在黑格尔那里,就作为中项联结了两个环节,由于它使概念达到了客观性,推论也就在更高的意义上达到了真理。由这样一些环节我们可以看到,理念在黑格尔那里是一种思维的过程。首先,它是单纯的真理,是被绝对者规定起来的规定性。其次,它要显示为本质的那样一种冲动,即要把自身造成一种分裂的形式,作为区别和否定物而存在,这也即是理念的判断的形式。最后,推论作为一种自身的(返回之)关系,又扬弃了判断的那种分化,使概念重新返回到自身。在此过程中,概念通过中介的各个环节丰富了自己,这样,在它返回到自身的时候,也就上升到更高的概念。它也就更加接近绝对理念了。这正如黑格尔自己所说:"所以理念首先是一个推论的一端,作为概念,这概念作为目的,首先是以自己本身为主观的实在;另一端则是主观的限制,即客观世界。两端在推论中是同一的,即它们都是理念;第一,它们的统一是概念的统一,概念在一端中只是自为的,在另一端中只是自在的;第二,实在在一端中是抽象的,在另一端中则是在具体的外在性之中。——这个统一现在将由认识而建立。因而认识是主观的理念,这个统一就是作为目的而从自身出发的统一,最初只是作为中项。——进行认识者自身通过其概念的规定性,即通过抽象的自为之有诚然是与一个外在世界相关,但却是在它自己的绝对确定性中。以便把在自身那里的实在,即形式的真理,提高到实在的真理。认识在其概念那里具有客观世界的全部本质性;认识的过程是把客观世界具体内容自为地建立为与概念同一,并且反过来也将概念建立为与客观性同一。"①这里,我们便可以看到黑格尔在理念的关系上与康德的区

---

　　① 黑格尔:《逻辑学》下卷,杨一之译,商务印书馆,1991 年版,第482～483页。

别,也正是这样一种区别,才引申出黑格尔与康德在一系列哲学问题方面的分化和对立,而这正是我们下面所要考察的事情。

二、康德知性化的理性与黑格尔的绝对理性之比较

我们首先要考察的关系,是理性这个概念所包含的内容。在康德那里,理性作为一个主要的原则构成了他认识论的基础。在理性这个概念上,也衍生出康德与黑格尔的重大分野。在《纯粹理性批判》那部书中,康德就曾考察了理性的认识形态。他曾把理性意识的几种形态列举出来,在他的设定中,认识的方式分为直观、知性和理性三种形态。直观形态是较为独立的,但在知性与理性的关系上,康德还是做出了区别。这个区别非常重要,因为它构成了认识的边界与区域。在一般的意义上,康德把知性设定为是知识的一种综合能力。这一点,与理性的一般能力并无区别。区别处只是在于它们所应用的对象关系上。因为在康德那里,知性就是知识的联结者,它通过范畴关系,把杂多的对象建构为统一的概念。康德认为,知性是不能对它的一切先验的原理,包括对它的一切概念作先验的运用的。它只能进行一种经验性的运用,这是知性区别于理性的关键处。纯粹知性的诸原理,无论是构成性的(如数学)原理,还是调节性的(如力学)原理,都只是一些可经验的纯粹图形。康德在先验要素的那一部分中,就细致地谈到了那种图形关系。他指出,纯粹感性概念的基础并不是对象的形象,而是一种图形的关系。他把那个图形称之为是概念的图形,从某种意义上说,它是想象力的先验化的产物。由于它们来自纯粹知性的自我意识,它们也就是纯粹知性的概念。关于什么是纯粹知性概念,康德在一个地方作了这样的说明:"如果我们想知道纯粹知性概念如何是可能的,那么我们就必须研究,哪些是经验的可能性所依赖的、并且即使我们抽掉现象的一切经验性的东西仍作为经验的基础的先天条件。一个普遍而充分地表达了经验的这种形式的客观条件的概念将被叫作纯粹知性

概念。"①实际上,在康德那里,知性也就是建立知识的一种条件和基础。知性本身的活动受自我意识的支配,而自我意识又受先验统觉关系的支配。从广义上讲,自我意识是一种(对其自身建立的对象的)吸收,联结的综合活动,综合是一种想象力的成果,也即是从众多的表象中通过想象关系的联结而引出特定的表象对象。康德把这样一个过程称之为是表象的纯粹综合过程。通过这样的综合,概念的先验关系也就被呈现出来。在康德那里,概念的客体并不是一个自然的对象,而只是一个自我意识的对象。因为自我去思维的时候,我只是在自身之内设定一个知觉对象的客体,那个客体只是知觉自生的对象,而不是一种外在对象。知觉对象只有经过先验统觉的综合作用,才能成为概念性的认识。客体只是内在综合的结果,它是我思那个主体的联结关系,它的有效性只是来自统觉的先验的统一。康德这样明确地说:"统觉的先验统一性是使一切在直观中给予的杂多都结合在一个客体概念中的统一性。因此它叫作客观的,而必须与意识的主观统一性区别开来。后者是一个内感官的规定,它把直观的那个杂多经验性地提供给这样一种联结。我是否能经验性地把杂多作为同时的或相继的意识到,这取决于各种情况或经验性的条件。所以意识的经验性的统一性凭借诸表象的联想,本身是涉及某种现象的,并且完全是偶然的。相反,时间中直观的纯形式仅仅作为包含所予杂多的一般直观,则从属于意识的本源的统一性,这只是由于直观杂多对于'我思'这个'一'的必然关系。因而是由于先验地给经验性的综合奠定基础的知性之纯综合。只有统觉的先验的统一性才是客观有效的。"②

这里,康德强调了形成客体的那种统一的先验条件,即我思对于对象的联结条件。同时,康德还意识到,知性活动只能停留在经验领域,并只能把握现象化的对象关系。这是因为,纯粹知性不能

①　康德:《纯粹理性批判》,邓晓芒译,人民出版社,2004 年版,第 113 页。
②　康德:《纯粹理性批判》,邓晓芒译,人民出版社,2004 年版,第93~94页。

在现象领域之外建立概念,它只能在现象的联结关系中建立概念。用康德的意思去说,知性的活动,也即是通过概念联结诸现象的杂多,并将之归于到经验性规律之下的活动。这即是说,纯粹知性原理本身,是不能来自于概念性的知识的。它不可能来自于概念性的那种综合的知识,而只能从经验的形式中去找根据。这就与理性的知识有本质的不同。在康德那里,理性是一种概念化的形式。但那种概念不是柏拉图或黑格尔的理念关系,而只是人的自我意识的普遍化的形式。康德历来所反对的,正是一种终极理念的体系,这一点,从他对莱布尼茨的那种世界智性化体系的批判中就可以得知。从某种意义上讲,康德正是要避开柏拉图以来的那种理念化的道路,并想在自我意识的系统中建立一种普遍化的知识。而理解那种知识的形式,也正是理性。在康德看来,理性与知性是有着密切联系的。从发生的形式来说,理性与知性都受自我意识的支配,换言之,它们都受先验统觉那个验前条件的支配。在自我意识综合规定的过程中,知性所借助的范畴表现出的关系有多少种类,也就会有多少纯粹理性的概念的形式。这就是说,理性的概念是要借助于知性的。知性活动(自我意识的先验统觉活动)为理性提供了前提和条件,其原因是,理性(的概念)并不是来自直接的经验性规定,它是来自知性所提供的经验材料。用康德自己的话说:"不论出自纯粹理性的那些概念的可能性是怎样一种情况,这些概念终归不只是被反思到的,而是被推论出来的概念。知性概念也是先天地先于经验并且为经验的目的而被思维的。但它们所包含的只不过是对于诸现象就其应当必然地归属于一个可能的经验性意识而言的反思的统一性。唯有通过它们,对一个对象的知识和规定才是可能的。所以它们首先提供了推理的材料,并且没有任何有关对象的先天概念是先行于它们并能够从中推论出它们来的。相反,它们的客观实在性所依据的却只是:由于它们构成一切经验的智性形式,它们的应用任何时候都必须能够在经验中被指出来。"①

这里,康德指出了这样的重要关系:即便是出自纯粹理性的那些概念,也不是被反思到的,只是被推论出来的。而理性的推论正是依靠知性的形式(活动),因为是知性从经验的条件中给理性提供了材料,因而,理性也就避开了经验的直接性,从间接性的关系中去建立规定。正是有了这一层关联,理性与知性也就有了差别性。第一,理性在建构概念关系时,是摆脱了直观化的表象活动,它与对象的关系是一种间接的形式;第二,理性在逻辑关系中寻求的是判断的普遍命题(结论命题),它摆脱了经验化的牵连,在概念的形式中建立起普遍性规定。这里,有一种关系需要指出来,即自我意识作为中介的直接性和间接性的关系。在知识形成的综合过程中,自我意识的先验统觉规定都是起作用的。而区分出知性和理性这两种不同的形式,则主要地取决于知识的类别。在康德那里,这样的区别始终保持着:即知性所形成的知识是对于现象界的知识,而理性所形成的知识,则是对于自在之物本身的知识。这里,康德实际上是对知性作了一种暗中的限制,即知性由于只是在现象关系中产生知识,它也就不能在超现象(物自体)的关系中有所作为。因而,知性也就只能提供经验性的规定,而不能去规定永恒和无限的东西。但另一方面,这样一种对知性的限制,也立即限制了理性。因为理性所产生的那种调节性原理,又恰恰是对应于先验概念的。用康德的意思去说,理性仅仅与那些纯粹理念打交道,而一个最高的理念(如实体,上帝等等)则只是理性在自我意识中所预拟的产物。理性所预拟的那种原理,又只是一种悬拟(悬搁)的普遍性。它并不是构成性的,而只是调节性的。康德这样明确地写道:"以作为悬拟概念的理念为根据的理性的假设运用真正说来并不是构成性的,也就是不具有这样的性状,以致从这里,如果我们要按照一切严格性来作判断的话,就会得出被当作假设的那个普遍规定的真实性;因为,我

① 康德:《纯粹理性批判》,邓晓芒译,人民出版社,2004 年版,第 268 页。

们如何知道所有从这同一个被假定的原理中得出因而证明这原理的普遍性的那些可能的后果呢？相反，这种假设的运用只是调节性的，为的是由此而尽可能地把统一性带入到特殊知识中来，并借此使这条规则接近普遍性。"①从这里也可以看出，康德的区分是从自在之物那个界限上所设定的，而不是从知性与理性这二者的内在区别方面所设定的。因而，在这个地方，康德的观点就是较为薄弱的，它没能说清知性与理性本身的各自特点，而只是找到了一种外在性的特点。在这个地方，康德的观点也受到了黑格尔的批评。黑格尔指出了这样的事实，即康德所设定的那种知性活动，有一种形式与内容相互脱离的倾向。黑格尔在自己的《精神哲学》一书中，就写下了这样的话："康德以前，在我们中间没有在知性和理性之间作出过任何确切的区别。但是，如果我们不想陷入愚蠢地抹煞纯粹思维的不同形式的模糊意识的话，那就必须在知性和理性之间确立起这个区别：对于理性来说，对象是自在自为地规定了的东西、内容与形式的同一和普遍的东西与特殊东西的同一，而对于知性来说，对象则相反地分裂为形式与内容、普遍的东西和特殊的东西、一个空洞的自在和从外面来到这个自在上的规定性，因而在知性的思维里内容对它的形式是漠不相干的，而在理性的或用概念进行的认识里内容则从自己本身产生出它的形式。"②

这里，黑格尔指出了康德的这样一种缺陷，即知性的规定对于它的内容是漠不相干的，因而，也就成了一种外在性的规定。这正是康德认识论的一个缺陷。也是黑格尔从理念自身的形式上去进行改造的地方。在康德那里，这样一种对立始终是存在的，即现象界与自在之物的对立。现象界的存在是可以认识的，知性活动就是针对现象界的。而自在之物的知识是不可认识的，人的理论尽管可以产生概念性的知识，但这种知识也仅仅是预拟出来的东西，它仅

---

① 康德：《纯粹理性批判》，邓晓芒译，人民出版社，2004 年版，第 509 页。
② 黑格尔：《精神哲学》，杨祖陶译，人民出版社，2006 年版，第 294 页。

仅是一种悬拟性的知识,而不是对于自在之物本身的认识。大体上讲,康德就是按照这样的想法去建构他的认识论体系的,也是按照这样的想法划分知性与理性的差别。正是在这样一种基底性的划分上,康德取消了理念的关系,因为任何一种理念(按康德的观点)都不是经验形态的,它只是超验形态的。而超验的东西就只是纯粹理性的一个理想,比如上帝这个概念就只是理性的一个理想。作为绝对者,上帝这个概念是无法从思辨关系中证明出来的。康德确切地写道:"一个绝对必然的存在者的概念是一个纯粹理性概念,亦即一个单纯的理念,它的客观实在性凭理性对它的需要还远远没有得到证明。它甚至只对某个一定的、虽然是无法达到的完备性提供了指示,而且真正说来与其说是用来把知性扩大到新的对象上去,不如说是用于限制知性。在这里现在令人感到怪异和荒唐的是,从一个给予的一般存有推论到某个绝对必然的存有似乎是紧要的和正确的,然而我们为了形成这样一个必然性的概念的一切知性条件却完全与我们相违背。"[1]按照康德的看法,如果你设定一位神,也就是设定一位无限者的存在,神那个概念与全能的概念是同一的。但为了认识一个绝对者,我们就必须认识一切可能的东西,并由此对那个绝对者做出否定或肯定方面的一切规定。但那个通盘的规定,就其总体性来说,是我们永远不能对其进行具体描述的概念。那个概念在理性的关系上只能是一种理念。康德这样指出:"现在,虽然关于一切可能性的总和的这个理念,就这总和作为条件而成为对每一物进行通盘规定的基础而言,在可能构成这个总和的那些谓词上本身还是未规定的,而我们由此所思考的也无非是所有一般的可能谓词的总和,但在进一步的研究中我们却发现,这个理念作为原始概念是排除大量的通过其他谓词已经被给予的派生谓词、或是不能互相并存的谓词的,它把自己纯化为一个先天得到通盘规定的概念,并因此成了有关一个单独对象的概念,这对象通过这单纯的理念而

---

[1]　康德:《纯粹理性批判》,邓晓芒译,人民出版社,2004年版,第471~472页。

得到通盘规定,因而必须被称之为纯粹理性的一个理想。"①这里,可以看到康德的一个真实的想法,理念是一种理想,而作为最高理念的上帝,则也只是一种纯粹的理想。对于这个理想,我们只能在悬拟的关系上确定它,因为说到底,一个最高的存在者(如上帝)的概念,也只是从好的方面看十分有用的概念。是理性思辨的利益确定了它的存在,而这个思辨利益本身,又只是出于(理性的)调节性原则。它不是关于一个实在的客体性质的判断,也不是关于那个客体的现象界的知识。而只是在一种完善性的兴趣中所建立的主观化的认识原则。这种认识不是通过反思本身的关系,而只是通过经验在知性中的回溯关系而达成,用康德的话说:"所以这条理性的原理真正说来只是一条规则,它在给予的诸现象的条件序列中要求一个永远也不允许停留于某个绝对无条件者之上的回溯。所以它就绝不是经验的可能性及感官对象的经验性知识的原则。也不是什么知性原理,因为任何经验都是被包括在自己的(与给予直观相适应的)边界中的,也绝不是理性把感性世界的概念扩展到超出一切可能经验之外的构成性原则。而是对经验进行最大可能的延续和扩展的原理,根据这条原理,任何经验性的边界都不得被看作绝对的边界,因而它是一条理性原则。它作为规则而设定在回溯中应当由我们做的是什么,而不是去预测在一切回溯之前在客体中自在地给予了什么。因此我就把这条原则称之为理性的调节性原则。"②

可以看到,康德这里的观点是有一定问题的。他一方面认为,人类的理性不是从概念开始的,而是从普遍经验开始的。另一方面,他又认为自在自为的存在(如实体、上帝等)又不能通过经验的关系所确认。这样,理性也就成了被悬拟起来的东西。因为对于现象界的规定,由知性在经验中完成了,而对于自在之物的规定,它(理性)又仅仅是回溯到一种悬拟。这样,经验的方法论也就变成了

① 康德:《纯粹理性批判》,邓晓芒译,人民出版社,2004 年版,第 459 页。
② 康德:《纯粹理性批判》,邓晓芒译,人民出版社,2004 年版,第416~417页。

只是对于纯粹理性系统化的一种训练。按照康德的意思去说,这只是按照纯粹理性的规则的那种建筑术,去建立起一种纯粹理性的历史。实际上,这也即等于说,理性是一种权衡价值关系的判断,但是否是由于一种实在的关系产生其价值,理性本身又是无法说明的。理性作为理性恰恰是对形而上学的东西不作说明的理性。这里,康德坚持了那样的观点,即理性不是理念的存在形式,而只是一种自我意识的心理学的形式。而康德也正是在这个核心处遭遇到了那种有限性的二律背反,黑格尔曾在许多地方谈到这一点,并对康德进行了批评。比如,在他的《逻辑学》中,黑格尔就写出了这样的话:"康德对二律背反的解决,同样只在于:理性不应该飞越到感性的知觉之上,应当如实地看待现象。这种解决把二律背反本身的内容搁在一边,没有到达二律背反的规定的概念的本性;这些规定,假如每一个都自身孤立起来,便都是虚无的,并且在它本身那里,只有到它的他物的过渡,而量则是它们的统一,它们的真理也就在这种统一之中。"[①]这里,黑格尔较为准确地指出了康德对于理性那种划分的缺陷,当他将理性本身的形式引入知性时,理性也就丧失了其自身存在的意义。因为在经验的层面上(按照康德的看法)理性的认识是无效的,而在超验的层面上,它也仍然是无效的。它不能对无限的对象作出判断,因而,它也就将那个对象(的判断及认知)悬拟起来。在康德那里,承认一种无限的对象的那一事实,并不是来自理性自身对客观实在性的认识,而仅仅是出自于理性的一种权宜之计。因为道德价值的判断需要一种最高价值的支持,也只有上帝的那种绝对的价值才能成为最高的价值。显然,康德这样的观点是取消了理性的定在,同时也把理性与知性的区别抹杀了。对此,黑格尔曾在《逻辑学》一书中指出了康德的缺陷,黑格尔明确地批评了康德的那种观点,即把理性最终混入知性的那种错误。黑格尔写道:"康德诚然已经把理性视为认识无条件东西的能力,但在这种理性

---

① 黑格尔:《逻辑学》上卷,杨一之译,商务印书馆,1966年版,第210页。

单纯被归结为抽象的同一性时,这里却同时有放弃理性的无条件性的含义,于是理性实际上也就不是别的,而只是空洞的知性。理性之所以为无条件的,仅仅是因为理性并非从外面由一个异己的内容加以规定,而是自己规定自己,因而其内容也就在其自身。但按照康德的看法,理性的活动则显然仅仅在于应用范畴,把知觉提供的材料系统化,即让这类材料有一种外在的条理,而且在这里理性活动的原则也不过是无矛盾性的原则。"①

　　在黑格尔那里,理性与知性的对立关系才被取消。理性在黑格尔那里不是别的,只是理念所表现出来的东西。早在《精神现象学》一书中,黑格尔就曾把理性归结为是精神的实体,它是绝对精神的一种有目的的行动。作为发生着的精神,它就是一种自在自为的存在。在黑格尔的设定中,精神首先是对我们而言的自在自为的存在,同时,它又是对于自身而言的自在自为的存在。通过建立与自身成为对象化意识的关系,精神(作为纯粹思维)也就变成了概念。而概念的那种向着自身复返的运动,则正是理性的目的。在黑格尔更为成熟的著作《逻辑学》那部书中,理性的概念被进一步提高到理念本身的关系,而完全进入到绝对精神的形式了。黑格尔也正是在这一点上,扬弃了康德的那种有限理性的规定。在黑格尔这里,理性已经是绝对者分化自身的一种形式,它是自我意识的辩证运动,是在他物中建立自身的东西,同时也是在他物中返回自身的东西。而那种向自身返回的精神运动,也即是理念本身的规定。黑格尔这样阐述道:"理念也同样永远是理性;理念是辩证法,辩证法使这种知性的东西、即有差别的东西重新理解它的有限本性,理解它的产物的独立性的虚假映像,并使它们归于统一。这种双重的运动由于不是在时间上,也不是以某种方式分离和区别开的——要不然,这种运动就又会是单纯抽象的知性,——所以是在他物中对其自身的永恒直观;这种运动是概念,它在它的客观性中已经实现了它自身;

---

　　① 黑格尔:《逻辑学》,梁志学译,人民出版社,2002 年版,第 124 页。

这种运动是客体,它是内在的合目的性,是本质的主观性。"①在《逻辑学》一书中,黑格尔更加系统化地确定了理性自身的性质。理性不再是人的自我意识的知识,而是绝对精神在自身分化的过程中所展示出来的概念。正因为理性是绝对者,它从事的是绝对的认知的活动,因而,理性的认识道路也就不再出现有限与无限的对立,换言之,康德所说的那种现象的存在与自在之物的矛盾也就消解掉了,二律背反的关系也就在理性自身内得到了解决。在黑格尔那里,理性把自身分化为概念的关系,绝对精神把自身造就为对象,然后成为差别者的概念意识。绝对精神的真正内容不是别的,也就是考察迄今为止的全部意识活动能力的历史,用黑格尔的话说,绝对精神的内容也就是我们迄今得到的绝对理念的全部经历,而理念全部展开的过程,也就构成了自我意识的内容和意义。在黑格尔那里,理性作为绝对精神就是主观理念和客观理念的统一,从认识的发生途径来说,也即是理论理念和实践理念的统一。这也即是说,认识者(理性)首先是自我意识,它从自身自在的环节中分化出差别,那个差别者将在精神异化的过程中被扬弃掉,并作为客体显现为外在现象的存在。这样,理性在自我意识中便成为自身之客体,它从自身的主体形式中转化出实在的关系,也就成为自身的统一者。在一个地方,黑格尔就这样明确地解释了这一状况:"理念作为主观理念与客观理念的统一,是理念的概念。这个概念以理念本身为对象,对于这个概念来说,理念就是客体,全部规定都塌缩到了这个客体中。因此,这种统一是绝对的和全部的真理,是自己思维自己的理念,而且在这里理念是作为能思维的、逻辑的理念思维自己的。"②

我们可以看到,黑格尔这里也曾使用了康德的主体性规定。但显然,黑格尔的主体已经是一种绝对精神的内容,因而,当黑格尔说理念就是理性的东西时,他所说的那种理性,已经是一种最高思维

① 黑格尔:《逻辑学》,梁志学译,人民出版社,2002年版,第357页。
② 黑格尔:《逻辑学》,梁志学译,人民出版社,2002年版,第374页。

者的理性了。正是在这样一种关系中,理性才能达到一种概念和客观性的统一。黑格尔所谈到的那种目的性(绝对精神的目的),也即是绝对主体在客观性中达到的自身的概念,它是自我意识转化为客观对象的存在时对其自身的一种设定。在黑格尔那里,客观的东西与其说是由概念规定的,倒不如说是被自我意识事先建立的环节。它通过生命的冲动展示出来,并且消融到否定物的环节中去。通过否定的环节,理性也就扬弃了对立物的形式(即作为现象形态的否定物的环节),从而在对象的关系中重新回归到自己。在这一过程中,理性也就达到了真理的意义。由于理念的分化过程也就是理性思维的过程,主体与客体之间也就被建立为一种自身的关系。概念规定性的区别,作为宾词,也就成为理性(主体)的一种影像。宾词是主体的一种差别,即理性概念本身的差别。但宾词作为否定物的关系在这里已被扬弃掉了,它又重新回到自为之有,回归到绝对的自我意识。因而,概念的两端就得到了真正的统一。差别化的宾词是主词自身的显现,当它被实体的威力扬弃掉时,主词作为自我意识便成为无差别者。概念,当它达到自身的实在性时,它也就变成了绝对的判断。这个判断将在概念的恢复中返回到自己,并在理性认识的道路上转入到客观性。而那种最高的客观性不是别的,正是康德所说的那个自在之物(物自体)。在康德那里,它是被悬搁起来的东西,是理性无法进入的领域。而在黑格尔这里,这个自在之物则成为最高的客体,它不但可以通达,而且它恰恰是理性的自我意识所要通达之路。黑格尔曾指出,在判断中,宾词就是概念的客观性,但这种客观性又恰恰是在主观性中建立的。换言之,自在之物的客观性,仅仅是作为理性的规定而被建立的。他在《逻辑学》一书中就曾对康德做出了这样的批评:"主观概念的活动,从一个方面看,必须认为仅仅是那已经在客体中的东西的发展,因为客体本身无非是概念的总体。以为对象中似乎没有什么东西不是放进去的,这样来设想分析,是片面的;以为发生的规定仅仅是从对象抽象出来的,这种想法也同样是片面的。大家知道,主观唯心论说出了第一种设想,它把认识的活动当作不过是片面的建立,在这个建立的彼岸,仍然隐藏着自在之物。"①

我们可以看到,黑格尔正是通过设定理性的环节,消除了有限性与无限性的矛盾。从根本上说也就消除了康德所设定的那四对二律背反的矛盾。绝对理念是自身对立的,但绝对理念通过扬弃对象的分化,又取消了那种对立。而这,也正是黑格尔的理性概念所要表达的东西。理性(作为理念的理性)是绝对者,是绝对精神的存在,它就是自在之物那个最高的规定本身。也正是因为它是绝对精神的最高的规定,它自身才显示出有限与无限的区别。由于这个区别只是一个自我区别,它只是绝对者自身所形成的差别,因而有限与无限的那种对立与矛盾也就消解掉了。黑格尔曾反复强调说,真理并不是直接性的东西,而是对直接性的否定而达成的东西。因而,理性的分化也即是真理本身扩展自身的过程。它也即是扬弃中介的环节而达到理念更高规定的过程。正是在此过程中,理念才把自身建立为纯粹的概念与其实在性的绝对统一。在这种统一中,主观概念在其总体性中将变成客观性,而理性的那种主观目的,也将变成生命。正是通过生命的形式,理性的那个设定出来的形式才达到了精神的高度。而精神科学也就是在概念的自由中被设立起来。在《哲学史讲演录》中,黑格尔在评价耶可比的哲学时,曾说了一段话,那可以看作是对理性关系的较好的诠释。黑格尔这样说:"因为更重要的是:使自由的原则重新达到纯粹的客观性,并不是一切我所偶然想到的东西,临时冒出来的东西,都算是启示给我的,因而也就都是真的。反之,这种自由的原则还必须加以纯化,并获得真实的客观性。这个原则只有通过思想把特殊的、偶然的东西抛弃掉,才能获得一个独立于单纯的主观性之外而自在自为地存在着的客观性,这样精神自由的原则才会得到尊重。必须通过个人自己的精神才能证明上帝是精神。精神必须给精神作证,精神的内容必须是

----

① 黑格尔:《逻辑学》下卷,杨一之译,商务印书馆,1991 年版,第 488 页。

真的内容。"①显然,黑格尔这里把理性的原则看作是自由的原则。而这个自由的原则只有在个人的精神内,才能达成绝对精神的内容。在康德那里,理性是一种回避最高实体(上帝)的东西,而在黑格尔这里,理性则正是凭借精神(之规定),通达了自在之物(上帝)的道路。在这个方面,黑格尔完全背离了康德,他扬弃了康德关于自在之物的那种有限的规定,也正是在这个地方,分化出自我意识那个关键环节上两大哲学家的又一次冲突。

三、康德的我思与黑格尔的绝对思维之比较

一般来说,康德的知性关系是联结现象对象的一种能力,而(他的)理性则是使知性规则统一于原理之下的一种能力。由于康德坚持认为,理性不能从直接的经验中建立对象,而只能从经验本身的关系中建立对象。因而,理性也就只能通过概念的联结而获得知识。但由于绝对的关系(实体,上帝)的知识又是经验本身所无法触及的,经验所能发现到的只是现象界的东西,而不能发现到现象之后的自在之物。这样,康德也就在这个层面上取消了绝对实体及上帝的关系。在康德看来,类似这样的概念,既不能从知性的经验中得到表象化的规定,同样又不能从理性的路线上得到意识的规定。作为一种形而上学的知识,它们也只是在悬拟的意义上被设定出来。康德曾这样强调他的观点:"理性概念,如已说过的,只不过是些理念,它们的确是没有任何在某个经验中的对象的,但也并不因此就表示虚构的却同时又被假定为可能的对象。它们只是悬拟地被设想,以便在与它们(作为一些启发性的虚拟)的关系中建立起知性在经验领域中的系统运用的调节性原则。如果我们撇开这一点,那么它们就只是一些思想物,其可能性是不可能证明的,因此它们也不可能为通过假设来解释现实的现象而提供根据。"②康德在另一

---

① 黑格尔《哲学史讲演录》第四卷,贺麟、王太庆译,商务印书馆,1983 年版,第 254 页。
② 康德:《纯粹理性批判》,邓晓芒译,人民出版社,2006 年版,第590～591页。

个地方还强调说,实际上,这也就是理性的一般原则,也是自我在主观原理之下所展开的思辨原理。康德认为,这个原理的实质也即是:纯粹理性的诸原则,即使是在经验的概念之下也不可能是构成性的,它只是作为一种价值理念的需要而成为调节性的。因而,从逻辑的视角看,理性用来为知性准备的领域也就在三个方面,康德指出这三个方面是:(1)杂多的东西在更高的类之下的同质性原则;(2)同质之物在较低的种之间的变异性原则;(3)一切概念的亲和性原则,它包括逐渐增加差异性从每一个种到另外的种的较为连续的过渡。康德指出,即使做了这样的划分,理性也只是满足了逻辑上的要求,而没有满足对于自在之物所期待的那种认识。因而,康德这里所划定的界限就又倒退到知性领域。

在理性认识条件的问题上,康德是借助了耶可比的理性原则。理性在耶可比那里相当于知性的一般性,耶氏还曾把理性的特点看成是按照必然性的规律联系对象,并通过判断、推论等逻辑形式去建立系统化概念的东西。耶氏发现到一个重要的观点是:有条件者和无条件者是相互联系着的,它们在理性的运用过程中是不可分离的。而无条件者在耶氏那里被定义为是超自然者,实际上,它也即是康德的那种自在之物的前身。我们可以看到康德曾运用了耶氏的这些规定,康德的那种关于知性与理性的区分关系,正是建立在认识对象的有条件性与无条件性那个环节上。而对于理性本身的认识,康德也借助了耶氏的基本观点,只是康德发展出了更为系统化的形式原则。那个原则的基础也就是主体化的我思。我思的原则是笛卡尔提出来的,只是在笛氏那里,那个原则还较为简单,缺少细节方面的规定。康德的自我意识也是从我思那个起点出发的,在康德那里,我思是一个概念性的主体,同时又是一个概念的承载者。作为外感官的对象,我这个主体可以称为是肉体,而作为一种内感官的对象,我这个主体则可以称之为灵魂。康德认为,思维者是具有一种像自我意识在陈述有关我的意见时的那种状况。这其中的原因是,我是先天地赋予事物构成其思维条件的那样一种属性。那个最初的我（自我），关于它的表象我们甚至不能说它是一个概念。最初的我只不过是一个伴随着一切概念的那种单纯的意识。在最初的关系上，我们不可能在自我的那个规定上构成什么概念。概念的关系是在直观的活动中形成的。直观提供了表象化的对象，那个对象便以经验的形式进入自我。当那个经验化的对象在先验综合的过程中重新建构对象时，它已经是一种按照内在直观的联系方式而建立起来的客体了。康德这样明确地写道："我不是通过单纯的'我思'而认识一个客体的，而只有当我关系到一切思维都在其中的那种意识的统一性而规定一个给予的直观时，我才能认识任何一个对象。因此，我甚至也不是通过我意识到我自己作为思维活动，来认识我自己的，而是当我意识到对我自己的直观是在思维机能方面被规定了的时，才认识我自己的。所以，在思维中自我意识的一切样态自身还不是有关客体的知性概念（范畴），而只是一些根本不把任何对象、因而也不把自我作为对象提供给思维来认识的机能。客体并不是对进行规定的自我的意识，而只是对可被规定的自我、亦即对我的内直观（只要它的杂多能按照思维中统觉的统一之普遍条件而联结起来）的意识。"①

　　在具体的方面，康德还对一般思维着的存在者作了形式的划分，它被划定出四种关系：一是我思本身，二是作为主体性的存在，三是作为单纯的主体，四是在我思的不同状态中，作为同一的主体。康德还明确指出，一个主体性的概念仅仅是从逻辑上被设想的，那个概念是否应当被理解为实体关系（上帝那样的关系），则还是一个不确定的问题。从这里也可以看出，康德一直是否定绝对主体（绝对精神）那样的概念的。这正是康德与黑格尔在自我意识环节上的一个重大的区别，也是观念论者与理念论者的一个重大的区别。实际上，思维关系在康德那里只不过是一种逻辑的机能，这个机能本身只是人的知性条件所提供的。因而，思维真正来说也就是研究主

---

① 康德：《纯粹理性批判》，邓晓芒译，人民出版社，2006年版，第292～293页。

观条件的那些规律,也即是把我思的自我意识的活动规律呈现出来。而这一点,才正是纯粹理性本身的内在的规定。康德对笛卡尔的我思(关系)的改进之处是,我思不是在静止的关系上,而是在概念(自我意识)发展的关系上得到规定。因而康德也就把从直观活动到意象化对象的那种(概念的形成)关系以发生学的形态揭示出来,这是康德对笛卡尔我思关系的一个重大的突破。在康德那里,我思不再是思维从外界直接给予的对象,而是在主体中联结对象。在直观中,自我意识会产生出一系列的表象,而主体会在纯粹统觉中把无限杂多化的表象统一到一个具体的对象中,这种综合性的统一就是统觉的建立概念的功能。在纯粹知性概念演绎的那部分中,康德对自我意识进行了详细的规定,在那里,我们可以看到他是如何在更高的规定上改进了笛卡尔的我思关系。

康德的我思在逻辑上是从直观活动开始的。直观活动来自于感性刺激,这一点,康德借助了休谟的观点。只是休谟把由刺激所得到的东西说成是印象。在休谟那里,印象进而发展到观念。而在康德这里,则是把直观的结果看成是表象。康德自己也认为,除了单纯的直观之外,是没有任何表象是指向对象的。概念永远也不会和一个对象直接发生关系,它只是和对象的表象发生关系。正是在与表象的联结中,主体才形成一种判断关系。判断不是别的,它就是通过对象那个表象而建立起来的联系。因而,判断就是对于对象的一种间接的知识。而这也构成了思维形式中的那种谓词对于主词的关联。在康德看来,主体在思维的关系中进行推演的时候,也就把一个相关的谓词设定出来。这个过程,也正是先验统觉在自我意识中的活动过程。在一个主体中,我思中的我是一个无条件的东西,它是抽掉了一切对象形式的先验统一性。我思本身就是那个无条件的统一者,正是这个统一者,才构成了作为知识概念的那种形式关系。

我思之主体建构知识的第二个过程,是依靠想象力的综合。想象力的综合也是先于一切经验形式的先验原则。直观的综合提供了表象化的对象,而想象力的综合则形成杂多关系的联结。通过对杂多关系的综合规定,知性的范畴关系也就建立起来。应该指出,康德这里所说的想象力,是一种综合杂多对象的想象力,而不是某种随意的想象力。康德所要强调的是,想象力可以把直观中那种杂多化的对象转化为单纯的对象,使其成为概念化的统一。那种把主体中的意象对象转化为概念对象的能力,康德把它称之为是亲和性。而只有建立了想象力综合的那种关系(即把直观对象转化为表象化的对象),概念才能与感性直观发生联系,也只有得到直观活动的支持,知识才能在自我意识的主体中建立起来。康德明确地这样指出:"常住不变的'我'(即纯粹统觉)形成我们所有一切表象的相关物,这是就我们尽量能意识到这些表象而言的。一切意识之真正属于一个无所不包的纯粹统觉,正像一切感性直观之作为表象属于一个纯粹内部直观(即时间)那样。为了使想象力的机能成为知性的,就必须把这种统觉加在纯粹想象力之上。因为'想象力的综合'之联系杂多,只是在这杂多显现于直观里的时候,例如在一个三角形形状里那样,虽然这种'想象力的综合'是验前运用的,但是它在其本身来说,却总是感性的。而且,虽然属于知性的概念是由杂多与统觉的统一性相关而起作用的,但是只有通过想象力,这些概念才能与感性的直观发生关系。"①

想象力的综合尽管建立了知性,但作为杂多化的表象关系,意象对象仍然缺少统一性。而这种统一性只有在概念的辨认(即概念的综合)中才能形成。概念的综合是主体建构知识的第三个阶段。在这个阶段,对象使之成为必然的那个统一性,不能是别的,只能是在表象杂多综合后所形成的意识的统一性。这种意识的统一性,在康德那里,就是一种其概念达到的一种综合后的必然性的东西。而形成它的条件正是先验统觉。康德在这个地方,使用了"出现"这样

---

① 康德:《纯粹理性批判》,韦卓民译,华中师范大学出版社,2000 年版,第148～149页。

一个概念。出现在这里也就是我思之主体性那种意向化的对象的呈现。而那种呈现出来的东西,也即是概念分化为范畴的那种关系。在康德那里,出现是可再生的,这即是说,人们随时可以把某种表象在意向关系中呈现出来。但其呈现,却总是按照先验统觉的原则呈现。只有在那种表象对象的综合统一后,概念的关系才能在主体中设定出来。康德坚信,最高的规定是从知性的关系中给出的,而统觉的综合活动则正提供了概念发生(出现)的根据。当知性在概念的综合中建立了范畴的时候,它也就建立了自然界的规律。因而,知性本身就是自然的立法者。康德这样确定地说:"我们已经用了各种不同的方式来给知性下定义;如,知性是知识的一种自发性(区别于感性的感受性),是思想的力量,是概念的能力,或者是判断的能力等等,若予以恰当地理解,这一切的定义都是同一的。现在我们又可说知性是以规定的能力为特征的。这种判断的特征更有效且更接近于知性的本质。感性给我们以(直观的)形式,而知性则给我们以规则。知性始终从事于出现的研究,以便在出现中发现某种规则。就其客观的而言,亦即就其必然附着于对象的知识而言,规则就称为规律。虽然我们通过经验习知了许多规律,但是它们却只是那些更高级的规律的特殊确定,而这些更高级规律中的最高级的并且是一切其他规律所从属的规律,乃是验前从知性本身发出的。这些最高级的规律不是从经验借来的;正相反,它们须把'出现符合于规律'的性质赋予出现,因而使经验有其可能。所以知性不只是通过出现的比较而订出规则的一种力量,它本来就是自然的立法者。"①

我们可以看到,康德这里就从知识的活动关系引出了规则。这种规则也即是在对象化的杂多统一的综合中形成的。这正是自我意识(我思)的先验能力。在自我意识综合对象的过程中,康德又引

① 康德:《纯粹理性批判》,韦卓民译,华中师范大学出版社,2000年版,第150~151页。

入了范畴的规定。他的设想是,要把自我意识的综合性概念带入到范畴的先验设定中去。这样,才能保证思维自身的那种普遍性的形式。这个地方,康德一方面是受到了亚里士多德的影响,用他的话说,他是按照亚里士多德的方式把概念的关系规定为范畴。但另一方面,他也不赞同亚氏对范畴的那种划分。在康德看来,亚氏对范畴的划分缺少一种内在统一性的原则,亚氏只是正好碰到了它们就把它们拾起来,因而,康德拒绝接受亚里士多德的外在的划分法。康德自己重新对范畴的关系做出了规定,在康德那里,范畴的关系可分为四种,即量的范畴,质的范畴,关系的范畴和模态的范畴。他认为思维的普遍性正是通过这四种范畴完成的。对象化的形式尽管是杂多的,但都可以统一到这四种范畴的规定之下。康德曾一再强调说,范畴本身就是一般对象的概念,自我意识的我思之所以能够进行综合性的思维,就是因为思维本身就是概念的范畴形式所设定的。纯粹性的知识只是一种概念关系的联结,作为知识性的概念,它是一种思维的形式。它按照统觉的综合规律去建立对象,而那种先验统觉的综合对象的形式,康德就把它们称之为是范畴。由于范畴是一种对象性的关系,它是自我意识的一种综合性的形式,它也就是一种意识联结的统一体。实际上,也就是把杂多的感性对象统一起来的意识(概念)规定。先验统觉的意识不是按照别的方式,而只是按照范畴的方式去建构概念。正是在范畴的作用下,才使得感性杂多的东西(对象)变成了概念性的存在。从这一点看,范畴也就是经验的可能性的条件,也即是先验地联结杂多对象关系的条件。正因为如此,范畴才先验地适用于一切可能的经验对象的形式,并会在经验的形式中建立起概念的规定。康德这样肯定地说:"因此,甚至我们之外和之内的杂多的综合统一,因而甚至一切要在空间或时间中被确定地表象的东西所必须与之符合的某种联结,就已经和这些直观一起(而不是在它们中)同时被先天地作为一切领会的综合的条件而给予了。但这综合的统一不能是任何别的统一,只能是一个给予的一般直观的杂多在一个本源的意识中按照诸范畴而仅仅应用于我们的感性直观上的联结的统一。所以甚至知觉借以成为可能的一切综合都是服从诸范畴的，而既然经验就是通过结合诸知觉而来的知识，那么范畴就是经验的可能性的条件，因而也是先天地适用于一切经验对象的。"①

康德在这个地方，突出地强调了这样的关系，即自我意识的我思只能通过范畴的关系建立概念，是范畴那种普遍的规定把一般杂多的对象带到概念中来，并成为一种思维关系的设定。用康德的观点看，就是要用范畴去解释，为什么对我们感官中出现的东西，都必须服从于唯有从范畴的联结所设定的关系，才能建立起统一性和必然性的认识。康德曾举出一些感性方面的例子去解释范畴的具体规定。比如，他说到房子的那种外部直观的领会。他说，外部感性直观的统一是我思的根据，自我意识就是按照空间杂多的那种综合而描述房子的形状。那样一种综合，在自我意识抽掉了空间的形式时，它还是具有其位置的。在康德看来，当我们抽掉直观杂多的东西后，所剩余的东西，也就是在一般直观中对同质的东西的那种综合的范畴。这个范畴，也即是量的范畴。人们在考察房子那个空间的关系时，所借助的正是关于空间关系的那种量的范畴。在此关系中，我们才形成关于房子空间的量的概念。同样，原因范畴也是借助于外在的表象关系，比如，在我们感到水结冰时，会领会到两种状态（液体和固体）是处在一种时间关系中。但在时间中确定序列（时间先后）关系的，则是我们内直观中的时间形式。那种形式也即是原因范畴。在对结冰这一事件的综合性领会中，因果关系的概念也就建立起来。在康德看来，并不是范畴从自然事件（关系）中推导出什么，而是自然事件的杂多关系要服从于范畴那样的内在规定。事物的规律不是别的，只是范畴联结的规律。用康德的观点去看，诸范畴的规定并不是从自然中派生出来，并依照自然的样板作为自己的模范。它只是人的自我意识（先验统觉）中先天存在的联结对象

---

① 康德：《纯粹理性批判》，邓晓芒译，人民出版社，2006年版，第107页。

的规则。换言之,范畴本身就是发生在先验统觉自身的规定之中。这里,康德就在暗中呈现了范畴与客体的关系。关于这一点,康德并没有在任何一处明确地讨论过,只是在对各种关系的陈述中展开过一种对比。由于这个问题本身的艰深性及康德顺便性的解说,也使这里出现了许多疑点。实际上,客体在康德那里并非一种外在对象(自然对象)的概念,它更不是实体概念。在康德那里,客体只是自我意识(我思)对象化的那种客体。那个客体乃是知性的自我意识所给予的。所谓给予,也即具有构造的含义。它是我思在内感中所呈现的东西。换言之,客体不是一个物理对象的客体,而只是一个表象(意象)对象的客体。它是一种表象化的存在。在这一点上,康德的观点正是胡塞尔现象学观点的源头性的理论。只是胡塞尔更充分地发挥了意象(表象)对象的那种关系罢了。康德甚至还强调过那样的观点,即思维着的那个自我意识,关于那个意识的表象,人们是不能把它看作是一个概念的。它只不过是一个伴随着一切概念的意识。那个我思的自我所反映出来的不是别的,只是一个表象化的对应物。在逻辑的关系上,它只是一个主体的谓词。只是在自我意识差别化的关系上,它才是一个客体。因而,客体不是别的什么东西,它正是意象对象在我思之中的形式。它是主体在自我意识的判断中所分化出来的形式。用康德的话说:"在所有的判断中,'我'总是构成判断的那种关系中的进行规定的主体。但说自我,这个'我思',在思维中永远必须被看作主词,看作不是像谓词那样只能视为依赖于思维的东西,这却是一个无可置疑的、甚至是同一性的命题;但它并不意味着'我'作为客体是一个自我持存着的存在者,或实体。"①这里,康德把客体看作是由自我意识所设定出来的东西,这就把客体(关系)引入了主体性原则。正是根据这个原则,康德取消了外在性客体的那种规定,把客体性的概念改变了。

由于客体(表象化之对象)是自我意识所设定的,客体本身也就

---

① 康德:《纯粹理性批判》,邓晓芒译,人民出版社,2006 年版,第 293 页。

还原为主观化的形式。对于这一点,康德是确认的。而这也成为康德反对形而上学(包括经院哲学)的一个出发点。接下来,康德就着手去做那样一项工作,即如何让客体在自我意识的规定中成为一种有效的关系。正是根据这样一个设想,康德才引出了范畴的规定。至少,在康德那里,范畴如果不是从自然中派生出来的,那么它也应该是理解自然的工具。也即是理解自然所必须遵循的某种原则。因为在康德看来,自然界是将范畴作为自己的合规律性本原的根据。范畴不是从我思(自我意识)中推演出来的关系,如客体那样的表象化对象的关系,它也不是从我们的经验中汲取出来的。范畴本身只是一种先验性的概念性知识。在这个地方,康德一方面反对柏拉图理念的关系,同时也反对亚里士多德的那种形式的规定。因为理念是一种超验的规定,而亚里士多德的形式关系,又是一种灵魂性的规定,尽管它是一种个体化的原则(如莱布尼茨的单子那样),但亚氏仍坚持了一种形而上学的立场。而形而上学的立场(包括唯灵论的立场)是康德所不能接受的。康德的范畴设定是一种全新的东西,它旨在完成那样一种全新的任务,即把主观设定中的我思的内容,给予一种具有普遍性和必然性的形式。那种形式,就是通过范畴的关系而被设定起来。因而在康德看来,范畴本身就是一种归类的关系。这就是为什么康德也把范畴称之为是概念。从某种意义上说,那样一个概念(范畴的形式)又是隐藏的,它支配着我们的知性的活动,并使表象化的内容成为类的规定。康德认为,这种类的规定是先验地完成的,我们只是在按照范畴的关系去进行归类,并在范畴预先设定起来的规定中去建立内容。康德曾用图形的关系对此做了说明,他这样指出:"我们知性的这个图形法就现象及其单纯形式而言,是人类心灵深处隐藏着的一种技艺,它的真实操作方式我们任何时候都是很难从大自然那里猜测到、并将其毫无遮蔽地展示在眼前的。我们能够说出的只有这些:形象是再生的想象力这种经验性能力的产物,感性概念(作为空间中的图形)的图形则是纯粹先天的想象力的产物。并且仿佛是它的一个草图,各种形象是凭借并按照这个示意图才成为可能的,但这些形象不能不永远只有借助于它们所标明的图形才和概念联结起来,就其本身而言则是不与概念完全相重合的。反之,一个纯粹知性概念的图形是某种完全不能被带入任何形象中去的东西,而只是合乎某种依照由范畴所表达的一般概念的统一性规则而进行的纯综合,是想象力的先验产物。该产物就所有那些应先天地按照统觉的统一性而在一个概念之中关联起来的表象而言,就与一般内感官的规定依照其形式(时间)诸条件而发生关系。"①实际上,康德是认为,在感性的关系上,图形的关系是限制了范畴的,只有在知性的纯粹活动中,范畴才能在纯粹的意义上不带感性条件地适用于一般的东西。这也即是在我思的第三个阶段(出现阶段)所呈现的关系,在此阶段,知性达到了先验统觉的验前统一,通过想象力的综合性统一规定,也就实现了范畴对于现象对象的归类。正是在此基础上,范畴的规定才达到了概念,用康德的话去说:"由领会、联想(再生)和出现的辩认所构成的现实经验,在辩认这个经验的纯然经验性的最后最高级的要素里面,含有某些特定的概念,这些概念使经验的形式统一性成为可能,并从而使经验性知识的一切客观有效性(即真实性)有其可能。杂多的辩认的这些根据,就其只是关于一般经验的形式而论就是范畴。不只是想象力的(先验)综合中一切形式的统一性基于这些根据即范畴上,而且,由于这综合和它的经验性使用(在辩认、再生、联想、领会里),一直回溯到出现里的使用,都是以这些范畴为根据的。"②

这里,可以看到这样的特性,即康德是把范畴关系看作是一种先验的概念的统一形式,至于范畴本身,则是一种纯粹的类型关系。它自身是空洞的,自我意识提供了对象化的内容,那个内容是我思的产物,是由知性的活动所产生的。而范畴本身则只起到联结的作

① 康德:《纯粹理性批判》,邓晓芒译,人民出版社,2006年版,第141页。
② 康德:《纯粹理性批判》,韦卓民译,华中师范大学出版社,2000年版,第149页。

用,它是一种先验的关系,是按照先验统觉的方式自然地发生着。在康德看来,范畴本身的活动就是先验统觉的活动,而先验统觉的联结作用,也正是范畴自身的发生关系。尽管康德本人没有明确地把二者归结为同一种东西,但他的阐述过程却传达了这一点。这也是康德哲学在一些核心地方的模糊性。概念的相互规定也造成了一种混乱,而在范畴、客体、先验统觉及验前关系这些设定上,康德的表达则有许多不确定的地方。由于康德把范畴看作是一种对象关系的联结形式,范畴本身是无内容的纯形式,范畴就是一种空的形式。因为在康德的理解中,当人们完全从时空关系中抽掉时空内容时,一种综合性的范畴关系仍会在知性中占据位置。这是因为范畴本身就是支撑表象对象的基础形式,当人们去掉直接的表象对象时,范畴(作为一种内在的统一形式)仍会停留在人的主体中,因而,范畴就是一种验前的空的规定。它生成对象内容的类属关系,但它本身是空的类。关于这一点,黑格尔曾给予康德一种较为辩证的评价。黑格尔一方面肯定了康德的观点,认为康德所说的范畴的规定,对于客体的概念并不增加什么,是有一种正确的含义的。但黑格尔同时也批评了康德的那种形式化的论证,黑格尔指出,康德的范畴作为概念的规定并没有进入到思维本身的形式,而是停留在感性关系的外在杂多性上。这就使范畴关系停滞不前,而无法进入到理念发展的逻辑进程中去。黑格尔这样指出:"主张范畴本身是空洞的,这毫无根据。因为范畴在得到规定的时候,无论如何都有其内容。虽然范畴的内容的确不是一种用感官可以知觉的内容,不是一种在空间和时间上存在的内容。但这不应看作是范畴的缺点,而应看作是范畴的优点。这一点在普通意识里也早已得到承认,而且是这样得到承认的:例如,人们在一本书或一篇演说里能察觉很多思想或概念性结论时,就说这本书或这篇演说包含很多东西,内容丰富,反之,即使一本书,或更确切地说,一本小说堆集了大量孤立的事件、情节等等,人们也不会因而承认它内容丰富。由此可见,普通意识已经明确承认,内容需要具有一种比感性材料更多的东西,而这种更多的东西就是思想,并且在这个场合首先是范畴。"①

　　黑格尔在这里强调了范畴更高的形式,即思维的形式。在黑格尔看来,范畴作为理念的种不光是思维静态的规定性,同时也是思维运动(上升)着的规定性。因而范畴就不是伴随着概念产生的空洞的意识,而是自身不断充实着的绝对理念。正因为范畴是理念自身的规定性,因而,范畴(通过自我意识)才能最终上升到绝对精神的种,即上升到绝对理念中去。而正是凭借这一点,范畴才避免了自身的空洞性,而达到一种自在自为的存在。黑格尔在自己的《逻辑学》一书中,就曾这样明确地批评了康德的观点,他这样写道:"康德哲学不就范畴本身而从歪道理去考察范畴,因为范畴据说是自我意识的主观形式,就宣布它们是有限的规定,不能够包含真的东西;和上述情形一样,康德哲学也更没有使那些成为普通逻辑内容的概念形式经受批判,反而采纳了这些形式的一部分,即判断对范畴规定的功能,并且把它们当作有效的前提。"②

　　这里,可以看到黑格尔在绝对精神视角下,对康德的范畴理论所作出的质疑。康德问题乃是在于,当范畴接纳思维对象的时候,范畴是以先在的形式发生作用的。但这一关系是否属于客观性,康德的答案则是不太确定的。有时,康德把思想自身所建立的关系(表象化的关系)看成是客观的,有时,他又把范畴先在的关系看成是客观的。但在具体的表述中,康德观点通常又是有矛盾的。因为在一些地方,他又把主体自发性的关系看作是纯粹主观的,这也就意味着,即使人们是在按照范畴的关系去建立对象,那样一种知性化的认知也仍然是主观化的活动。范畴是先在的,自然之规定的东西。但在那种先在的规定下,人所联结的也只是自我意识自身所发生的活动。范畴(通过先验统觉的规定)也并不能使我们的意识规定具有客观效果。它只是在我们的思维之内产生类的规定。类作

---

①　黑格尔:《逻辑学》,梁志学译,人民出版社,2002 年版,第 108 页。
②　黑格尔:《逻辑学》下卷,杨一之译,商务印书馆,1991 年版,第 261 页。

为范畴只是对应于客观世界的关系。从这一点来看,康德的哲学就仍在主体性中徘徊,用黑格尔的话说,他没能进入绝对理念的形式,而只是停留在观念论的层面。这也是黑格尔对康德哲学不满意的地方。尽管康德把客体的关系引入了我思,但最后,又把客体性的规定还原到主体性之内。因而,真正说来,康德也就使范畴的关系主观化了。思维的关系只是自我意识在知性之内建立的关系,而概念的种类尽管是由范畴设定出来,但它们也仍然是思想之内的范畴。在这一点上,康德停留在知性的主体性中,这也是黑格尔后来在绝对理念的关系上去全力超越康德的地方。

我们在黑格尔的哲学中,看到了另外一种自我意识的我思。这是一种绝对精神的我思,与康德的我思之根本的区别在于,黑格尔的我思并不排斥自在之物,甚至可以说,那样一个我思正是从自在之物出发的。这个地方,正是黑格尔哲学与康德哲学的一个重大的区别,也是两种不同哲学的重要的分界线。在康德那里,自在之物那个概念是被极力排斥的。在康德的理论体系中,一切知识都只是现象界的知识,而对于现象界背后的存在(如自在之物),康德都全力拒斥。我们可以看到,康德拒斥了实体、理念,及上帝这类纯粹形而上学的知识。对于那些概念,康德宁愿把它们悬拟起来,而不愿对它们进行论证。在康德看来,形而上学的知识由于不能在现象界表现出来,因而它们也就不能进入到人的直观经验。而人类的知识又恰恰是建立在直观及经验的基础之上的。缺少直观,就不能形成表象化的对象,而主体若是缺少表象化的对象,也就不能形成回忆及联想。在想象(表象化)的关系中,意象对象才能够建立起来,它们通过范畴的规定,最终会在概念性的主体中把知识建构起来。在康德那里,一个基本性的设定就是,所有的(人类的)知识,都只是来源于现象界,它不可能来源于现象界背后的自在之物。因而自我意识的思维只是对于现象知识的认识,知识具有构造的性质。但所有的构造都是对于从原始直观得来的经验关系的构造,而非对于自在之物(理念关系)的构造。从这一点也可以看到,康德的我思只是人的知性活动的我思,它只是关系到个别的有限的自我意识,而不是关系到绝对精神的自在自为的理念。黑格尔曾对康德的这一认识做出过批评,他在《哲学史讲演录》中这样写道:"事实上,我们看见,康德所描写的只是经验的、有限的自我意识,这样的自我意识才需要一种外在于它的材料,换句话说,这乃是一个个别的、有局限性的自我意识。他并没有问,这些知识按其内容说自在自为地是真的或是不真的。全部知识老是停留在主观性之内,在主观性之外便是外在的物自体。"①

这个地方,黑格尔正是批评了康德的那种有限的自我意识。它之所以有限,是因为它局限在人的主观意识之内,也正因为如此,它才需要一种外在的材料,并把那样一些材料看成是客观的。但在黑格尔看来,由那些材料所构成的感觉,实际上并不是事情本身。康德所强调的那种我思的普遍性,也仍是主观的,并不是理念本身的规定。反之,黑格尔哲学所展示的,是绝对精神自身的内容,它不是人对于外部世界的认知,而是绝对精神(通过个体的自我意识)对于自己的认知。正因如此,自在之物便是一种可被认识的存在,它既是知识的基础,又是知识本身展开的条件。理念的关系正是自在之物本身的关系,而那种从精神自身中展开的对象,才是真正的客体。在黑格尔那里,自在之物作为绝对主体就是真理、实体,以及自在自为的存在和本质。那些从绝对主体中发展出来的关系,只是绝对精神意识运动的内容。可以看到,尽管黑格尔批评了康德的那种个体化的主观性的观点,但黑格尔还是从康德那里继承了一些东西。比如,在理性与知性的关系上,黑格尔就使用了康德的那种划分。他一方面批评了康德的形式化的设定,另一方面,也肯定了康德那样一种区分的功绩。在《精神哲学》那部书中,黑格尔就这样赞扬了康德的尝试,他写道:"康德以前,在我们中间没有在知性和理性之间

---

① 黑格尔:《哲学史讲演录》第四卷,贺麟、王太庆译,商务印书馆,1983 年版,第 273 ~ 274 页。

作出过任何确切的区别。但是,如果我们不想陷入愚蠢地抹煞纯粹思维的不同形式的模糊意识的话,那就必须在知性和理性之间确立起这个区别:对于理性来说,对象是自在自为地规定了的东西,内容与形式的同一和普遍东西与特殊东西的同一,而对于知性来说,对象则相反地分裂为形式和内容、普遍东西和特殊东西、一个空洞的自在和从外面来到这个自在上的规定性,因而在知性的思维里内容对它的形式是漠不相干的,而在理性的或用概念进行的认识里内容则从自己本身产生出它的形式。"①在肯定了康德的同时,黑格尔还讨论了自我意识的那种具体性的原则。那个原则,也正是康德所反复运用的。在《精神哲学》那部书中,黑格尔首次谈到了这个问题。这是黑格尔在精神现象学时期和逻辑学时期都未曾去做的事情,从这一点看,黑格尔就补充了以往未从康德那里利用到的原则。这个原则,黑格尔在晚年才把它发掘出来,这足以说明黑格尔对于这个原则的重视。现在黑格尔讨论它,又一次反映出他与康德的那种全面性的继承关系。那样一种关系,甚至比人们通常所能看到的一般性关系密切得多。这也能反映出,黑格尔终生都在研究康德的著作,而康德哲学的原则也不断地丰富着黑格尔自己的哲学。从某种意义上说,康德是主体哲学的最好的奠基者,而黑格尔,则是那些原则的最优秀的继承者和改进者。这一点,从他们二人哲学各种各样的关联上也充分地体现出来。

　　黑格尔在《精神哲学》那部书中,是按照康德的那种方式探讨了自我意识(我思)的一般性进展关系。像康德一样,他讨论了自我的那种直观形式,并连带地讨论了直观所引出的表象化的形式。黑格尔基本上肯定了康德的那种划分,他把想象力更加细致地分为三种关系,它们分别是:(1)想象力先进入定在(即实有),它变成再生的想象力,这是康德的一般性的观点。(2)想象力不但重新唤起意象对象,而且,还使那些意象关系具有某种关联。这是一个重组的过

————————

①　黑格尔:《精神哲学》,杨祖陶译,人民出版社,2006 年版,第 294 页。

程,在此基础上,意象活动便被提升到普遍化的表象,它形成了联想活动的高峰。(3)普遍表象在这个阶段与意象的特殊的东西结合了,它们在普遍的形式上达到了统一,最初的活动就达到了意象的再生的活动,正是通过再生的活动,那些由幻想所创造的符号便达到了理念。这里可以看出,黑格尔基本上坚持了康德的观点,虽然在一些细小的环节上有所突破,但其核心思想却保持在康德的基调上,在这个问题上,黑格尔基本上追随了康德。

把康德哲学引入黑格尔理念哲学的地方,是黑格尔把康德的自我意识引入了绝对精神那个维度。黑格尔把康德的知性化的主体引入了绝对精神的主体,也把康德的个体化的我思引入了绝对精神之思。正是在这个地方,黑格尔超越了康德,也从观念论的哲学进入到理念论的哲学。绝对精神是黑格哲学的一个最为核心的概念。黑格尔的全部哲学从严格的意义上说,正是从绝对精神那个核心性的原则展开的。只是在不同的时期,黑格尔对于绝对精神有不同的表述方式罢了。比如在逻辑学时期,特别是在《逻辑学》那部书中,绝对精神被表述为绝对理念,因为理念是概念的实在化,而黑格尔的逻辑学所要展示的,正是理念自身发展的历史。因而,概念(作为理念发展的形式)演化的关系取代了精神自身的发展关系。绝对精神也被黑格尔设定为绝对理念。它和绝对精神一样,最后都被黑格尔设定为上帝的关系。实际上,在《逻辑学》一书中,黑格尔就曾把神看作是自在自为的概念的总体。而概念本身的发展关系,也即是神的认识对自然科学的关系。在黑格尔晚年的著作中,绝对精神那个概念就更加频繁地被使用。特别是在黑格尔的《宗教哲学》一书中,绝对精神就成为了核心概念。而且,在更为明确的意义上,黑格尔就直接把绝对精神看作是上帝的精神,并把绝对者看作是上帝。他在许多地方都强调说,上帝不但是绝对者,而且还是第一者。绝对理念在自身中的运动,就是上帝作为精神的那种自我展示。精神者既是绝对的自我意识,同时也是那个意识所外化出来的自然。作为绝对精神的上帝,也就是精神者与自然者的统一。在这个统一中,神(上帝)是规定者,而自然是被规定者。它们的统一正是在规定者(神)之内完成的。自然本身只是与上帝同一关系的一种外在性,它与上帝是一种纯粹的自身关系。黑格尔就这样写道:"至于上帝之形而上学概念,就此来说,被理解为:我们应只讲纯粹的概念,这一概念通过自身成为实在的。因此,上帝(神)的规定在于:他是绝对的理念,亦即他是精神。而精神,绝对的理念,是概念与实在的统一;于是,概念在自身内则是总体,从而亦是实在。而这一实在是启示,自为存在的显示。既然这一自身的显示在自身亦具有差别的环节,其本身则亦包含有限的精神、人的自然之规定,——后者作为有限者,与这一概念相对立;然而,既然我们将绝对的概念称为神的自然,那么,神的自然于人的自然之统一则是精神的理念。然而,神的自然本身在于:成为绝对的精神;因此,神的自然与人的自然之统一本身也就是绝对的精神。"①这里,可以看到,黑格尔已经直接把上帝设定为绝对精神。由于绝对精神是绝对者,绝对的自我意识,思维的关系也就发生了变化。在黑格尔那里,神思的关系决定了人思的关系。绝对精神决定了人的自我意识。而这样一种思路,也就打破了康德的那种个体化的我思,也使思维的性质发生了改变。思维不再是自身呈现其意识对象的关系,而是一种将意识转化为实在性的关系。在康德哲学中,这样一种认知是不存在的,康德也从没有在这样一个维度上思考过。是黑格尔首次提出了这样一种思维关系。在《宗教哲学》一书中,黑格尔就区分了两种不同的思维。他指出绝对者上帝才是普遍本质,绝对精神的思维才是真的思维。而作为个体生命的我思,乃是被(绝对精神)区分出来的环节,它只是一种中介和过渡。黑格尔写道:"实际上,'我'也就是这一纯粹的思。'我'甚至是其表现,因为这样的'我'是这一抽象的、并无规定的、我与我在我中的同一;'我'作为'我'之为思,无非是作为以主观的、对自身反思的实存之规定所设定者,亦即思者。因此,反之亦然:作为

---

① 　黑格尔:《宗教哲学》中卷,魏庆征译,中国社会出版社,1999 年版,第609～610页。

这一抽象的思的思,以其实存而具有的正是同时表现'我'的这一主观性,因为真的思即是神,并非这样的抽象的思或这一单纯的实体性和普遍性,而只是作为具体的、绝对充满的理念之思。"①这里,黑格尔把真的思维归结为神,而人的思维在黑格尔看,则只具有抽象思维的性质。黑格尔这里的观点(即神人二重性的观点),导致了他的理念关系更加复杂和多维化的倾向,也使他的本来就很晦涩的理论蒙上了更为神秘化的色彩。这为人们理解这个理论制造了很大的障碍。在神人二重性的关系上,黑格尔的理论始终保持着巨大的悬念,这是黑格尔理论最为难懂的地方,也是思之关系的混乱丛生之地。

比较清晰地展示黑格尔自我意识的地方,是《精神哲学》那部书中所表达的观点。在那里,黑格尔不但把自我意识表述为精神,而且,还第一次对个体化的精神进行了考察。这样,也就把自我意识的内容与精神联结起来,设定了意识与精神的一般关系。在《宗教哲学》一书中,黑格尔尽管把绝对者设定为精神,但在那个地方,黑格尔更注重的是绝对精神自身分化的环节,并主要是把精神引入到三位一体的关系。在个体化的精神关系上,黑格尔只是强调了人的精神的抽象性,并把人的自我意识看作是对于神思的一个中介者。当绝对精神使其自身成为对象时,个体化的精神只是作为被昭示者而存在。但在《精神哲学》中,黑格尔首次细致地讨论了精神的特性,特别是讨论了作为自我意识的精神与绝对者(上帝)之间的关系,并第一次把精神(自我意识)的原则引入到概念的形式。这是黑格尔在其他地方所忽略的,由于这个问题(作为理念环节)的重要性,黑格尔终于在精神哲学中把它详尽地阐述出来。这不但补充了黑格尔前期哲学的缺欠,而且在更为详尽的意义上,也厘清了个体精神被充实起来的内容。也正是在这个地方,黑格尔超越了康德的

---

① 黑格尔:《宗教哲学》上卷,魏庆征译,中国社会出版社,1999 年版,第290～291页。

个体化的自我意识的内容,而进入到绝对精神的内容中了,这也是黑格尔的又一个独创性的理论。在《精神哲学》那部书中,黑格尔一方面肯定了康德对自我意识的一般性划分,另一方面,他也从个体化的主观意识中转移出来,而进入到精神化的自我意识。这个新的规定结合了精神现象学中的自我意识的观点,同时也结合了逻辑学中的理念发展的观点。实际上,黑格尔是把概念的发展引入到精神发展的关系,并从个体化的精神出发,去解释概念的那种自在自为的形式。黑格尔在精神哲学的序言中,就非常明确地陈述了这样的观点,即哲学必须要把精神理解为永恒理念的一种必然的东西,而精神哲学的主要目的也即是把概念重新引入到对精神内容的认识中去。在此意义上,哲学就必须从心理学的视角转向思辨哲学的视角,这就必须把概念的发展看作是精神自身发展的过程,而不能像康德那样,把自我意识和理性看作是一种现成的东西,从而使活动的精神内容僵化了。在《精神哲学》中,黑格尔还特别评价了灵魂的观点及康德的那种理性心理学的观点,黑格尔指出了那种观点的有限性,认为它们并没有达到个别的东西与普遍的东西的有效结合,因而,也就没有达到(把握到)精神的本性和它的深层概念。因为真正的精神性的东西是自我推动的,它不是从外面给予的(像康德的那种表象化的内容),而是从精神的本性中所展开的。也正是因为它是一种精神的自身给予,它才可以建立起自身的联系与区别,从而到一种自身的统一。这一点,正是生命有机活动的表现,它所建立起来的谓词恰好是主词自身的衍变,是精神自身的自我区分的形式。黑格尔指出,精神是一种有生命的东西所建立起来的自我意识,而它最大的特点也就是,能在发展中成为自身的更高的存在,因而它一开始就不是静止不动的概念,不是某种现成的范畴,也不是康德所说的那种形式化的知性。黑格尔这样批评了康德的那种理性心理学的观点,他写道:"正如上节所讨论的那种只注意精神的非本质的、个别的、经验现象的考察一样,那与之正好相反只研究抽象的普遍规定,只研究臆想的无现象的本质,即精神自身的所谓理性心理学或灵魂学也是被排斥于真正思辨哲学之外的。因为真正的思辨哲学既不可以把对象作为被给予的从表象那里来接受,也不能用单纯的知性范畴来规定对象,就像理性心理学在提出精神或灵魂是否是单纯的、非物质的、实体等问题时所做的那样。在这些提问中精神被看作是一个物;因为在这里那些范畴按照一般知性的方式被认作是静止的、固定不变的;于是这些范畴就不能表达精神的本性;精神不是一个静止的东西,而宁可是绝对不静止的东西、纯粹的活动、一切不变的知性规定的否定或观念性;不是抽象单纯的,而是在其单纯性自己与自己本身相区别的活动;不是一个在其显现以前就已经完成了的,躲藏在重重现象之后的本质,而是只有通过其必然自我显示的种种确定的形态才是真正现实的,而且不是(如理性心理学臆想的那样)一个只与身体处于外在联系中的灵魂物,而是由于概念的统一性而与身体内在地联结在一起的。"①

这里,黑格尔批评了康德的同时也提出了自己的观点。他指出,作为主体活动的自我意识就是精神,而精神恰恰是概念的自在自为的基础。概念正是在精神的活动中才达到了分化的差别性,而外在化的差别正是理念自身分化的结果。黑格尔认为,自康德和费希特以来,哲学便开始进入到反思活动的阶段。但真正说来,只有把自我意识融入到精神的活动中,并把精神理解为是察知着自己本身的现实的理念化的东西,自我意识才算是获得了客观性。也只有做到了这一点,哲学才能摆脱有限知性的支配,才能从单纯的抽象性达到内在的统一。这一点,是康德和费希特的哲学所没有做到的。在黑格尔看,精神作为自身的规定是绝对理念(绝对精神),而作为自身察知着的主体则是自我意识。但这个自我意识不是纯粹的观念性,它不是费希特所表达的那种抽象的自我等同。因为在费希特的自我 = 自我的形式关系中,差别化的实体关系并没有建立起来,自我那个简单的东西与世界那种无限多样的关系还没有联结起

---

① 　黑格尔:《精神哲学》,杨祖陶译,人民出版社,2006 年版,第 4 页。

来。用黑格尔的话说:"抽象的自我意识的缺点在于,它和意识是互相对立的两个东西,两者还没有使得自己彼此相同。在意识中我们看到自我这个完全简单的东西为一方和世界的无限多样性为另一方之间的巨大区别。自我和世界的这个在此尚未达到真正调解的对立构成了意识的有限性。相反地,自我意识则在其与自己本身的还完全抽象的同一性中有其有限性。在直接自我意识的自我 = 自我中只有一种应当存在的、还未建立起来的、还不现实的区别。"①这里,黑格尔实际上是指出了康德以来的自我意识关系的那种缺陷,那种缺陷是由无差别化(无矛盾)的同一而引起的。知性的意识是直接现成的东西,而缺少在自我扬弃中渐进的辩证法。用黑格尔的话说,自我意识好像在对象中自在地知道自己,而对象在这方面又好像与生命的冲动相适应。但实际上,这就把精神活动的冲动取缔了。

在黑格尔那里,精神是理念环节的规定,正因为如此,精神便表现为是自我设定的东西。精神也只有在自我设定中,才可能达到自身的实在化。黑格尔在这个地方诚然也使用了康德的自我意识的概念,但在黑格尔那里,自我意识已经不再是被先验统觉的关系所支配。如黑格尔所指出的,精神从本质上来讲就是冲动的生命意识,它的基础的形式是感觉和直观。它在灵魂的个别性中是一种理念的定在(实存),但只有灵魂将其个体世界的多样性从否定的内容提升出来的时候,它才能发展为具有普遍意识的自在自为的灵魂。那个灵魂所面对的东西并不是外在的对象(像康德所设定的那种表象杂多的关系),而是灵魂自身的自在自为的本质。在现象形态上,它是自然的个体性。在这方面,黑格尔参照了亚里士多德的灵魂观。而那些个体灵魂的特殊世界,又建立起理念的整体(总体)。自然的灵魂被冲动所支配,它前进的目标,也即是进入(上升到)绝对精神的意识。黑格尔这样明确地写道:"人的灵魂不仅有自然的区

---

① 黑格尔:《精神哲学》,杨祖陶译,人民出版社,2006 年版,第 220 页。

别,而且它在自己本身内区别自己,把它的实体的总体性,即它的个体世界与自己分离开,把这个世界与自己作为主观的东西对立起来。灵魂这么做时的目的是这个:精神自在地是的那个东西成为为灵魂或为精神的,即那自在地包含在精神里面的宇宙进入精神的意识。但是,在灵魂、即还不自由的精神的立场上,是没有任何客观的意识、任何有关世界——作为一个现实地从我里面设定出来的世界的知发生的。感觉的灵魂只和自己内部的种种规定交往。它自身和那个为它之物的对立始终还被锁闭在它里面。只有当灵魂将其个体世界的多样的、直接的内容否定地设定起来,使这内容成了一个简单的东西,成了一个抽象普遍的东西,因而只有当一个全然普遍的东西是为灵魂的普遍性、而灵魂正因此而已发展成了本身自为地存在着的、对自己本身而言对象性的自我,即这个自己与自己联系的、完善的普遍东西时,——这样的一种发展是灵魂本身还缺少的,——因而,只有在达到这个目标以后灵魂才从其主观的感觉到达真正客观的意识。"①在此基础上,黑格尔又具体地分析出,灵魂向意识的主体上升的时候,是分为三个阶段的。第一阶段,灵魂还限制在梦幻和预感的那种自然生活中,灵魂此时还没有从自然中分化出来,处于自然的那种无区别的统一中;第二阶段,灵魂分裂了自己,从普遍性(绝对精神的理念)中超越出来,变成了具有个别意识的灵魂;第三个阶段,灵魂开始达到了自身的觉醒,并能控制自己自然的形体性,此时灵魂便开始过渡到自我意识中去,并在自我意识中形成现实的自由。从这里的观点看,黑格尔已经摆脱了康德的那种自我意识设定,黑格尔所建立的灵魂观既不是意识发生学的,它不像康德的我思那样在先验统觉的关系中形成,同时也不是经验心理学的,因为它不是来自经验化联想的活动。在这个地方,黑格尔建立了一条自己的原则,并超越了康德的自我意识的关系。

可以看到,黑格尔把一种精神的内容引了自我意识。思维是主

---

① 黑格尔:《精神哲学》,杨祖陶译,人民出版社,2006 年版,第121~122页。

体,但思维也是精神演进的主体。灵魂正是在精神上升的形式中,才达到了自我意识的概念和理念。而只有达到了生命的理念的形式,自我意识才能实现出精神的客观性,从而才能达到真理的形式。这一点,正是黑格尔在《逻辑学》中所要去做的事情。正是在那里,黑格尔采取了纯粹概念演进(逻辑推演)的方法,概念的路径被逻辑的理念所贯通,而绝对精神上升的环节也在纯粹的理念中完成。但在《精神哲学》一书中,黑格尔首次把理念的形式与生命的自然形式结合起来,并把自然生命的发展路径在灵魂的形式内揭示出来,因而,黑格尔在这里也就更为直接地诠释了精神的内容,同时也把自我意识在精神中实体化的过程理清了。黑格尔所要强调的一个核心的思路即是:精神作为自我意识的对象和内容,不是静止不动地原初式地停留在主体中(像康德的先验统觉那样),而是从生命那个灵魂的形式中不断地上升和演化出来的。而演化的过程本身,正是自我意识发展起来的过程。自我意识逐渐地从自然的环节中超越出来,上升到更为纯粹的精神层面上去。同时,如黑格尔所强调的,这个过程也是灵魂建立自身客体的过程。也即是说,灵魂一方面要上升到更高的形式中去,另一方面,又要在自身内建立起对象化(客观形式)的东西,从而使自身成为实体化的规定。在黑格尔的概念里,世界必须反过来被看作是实体性的东西,而个体存在则也必须被看作是一种偶性。普遍的灵魂(绝对精神)是绝对的主体,但那个普遍的主体只有作为一个个别性而出现的时候,才有其真理性。黑格尔指出,跟自然世界的大宇宙比起来,个体灵魂只是一个小宇宙。那个大宇宙就压缩在个体的小宇宙之内。那也即是说,绝对精神通过自身的运动建立了个别者,而个别的精神又在自身内建立起普遍的规定。这两者是相互扬弃的,而世界就反映出一种双重扬弃的活动。在此过程中,个体生命达到了普遍的意识,而绝对精神又分化为特殊意识。实际上,这样一种双重实体的界定在黑格尔那里始终是存在的。在《宗教哲学》那部书中,这样一种关系表现为神思与人思的二重关系,而在《精神哲学》一书中,这样一种关系又被表现为普遍之思与个别之思的关系。我们可以看到,黑格尔在这个方面始终是暧昧的,他始终没能解释清这二者之间的关联。我们也只能在他所推出的一些结论中去猜测,而找不到黑格尔对此关系的明确界说。实际上,对于个体精神的界定,在黑格尔那里也有很广泛的内涵。个体精神远不是人的生命形式的精神,它还是一种敞开性的宇宙的关系。比如,黑格尔在一处谈到了灵魂的生活,但如果我们想象那种灵魂的生活仅仅是从人那里展开的,我们就大错特错了。因为实际上,黑格尔是把整个宇宙的关系都归结为灵魂的关系。在《精神哲学》中他就这样写道:"普遍的自然生活也是灵魂的生活,灵魂以同情同感的方式同时参与这种普遍的自然生活。但是现在如果我们想把灵魂与全宇宙的这种共通生活作为精神科学的最高对象,那就是一个十足的错误。因为精神的活动本质上正在于使自己超越那围于单纯自然生活的状态,把握自己的独立性,使世界从属于自己的思维,根据概念来创造这个世界。因此,在精神里面普遍的自然生活只是一个完全从属的因素,宇宙和地球的种种力量都受精神支配,它们在精神里只能引起某种无关紧要的情绪。现在,普遍的自然生活首先是普遍太阳系的生活,其次是地球的生活,在地球的生活里太阳系的生活获得更加独特的形式。"①从这个地方也可以看到,黑格尔所说的灵魂(精神)的形式是有着更为广泛的含义的,它远不是我们通常所认为的那种个体化的生命(人的生命)精神。

至于我们生命个体的主观精神(即灵魂的形式),黑格尔在其概念的展开过程中运用了人类学的内容,同时,也结合了亚里士多德的个体化灵魂的原则。其原则的基本内涵是:灵魂是自身推动的东西,它在自身的推动中,也就使质料得到了形式的规定。黑格尔在运用亚氏的灵魂原则时,突破了(灵魂的)形式与质料的关系,发展出了一种理念的双重运动规定,这是黑格尔超越亚里士多德的独创

---

① 黑格尔:《精神哲学》,杨祖陶译,人民出版社,2006年版,第49页。

处。在黑格尔那里,一方面,由于精神是灵魂的运动,因而就使自己下降到一个自然的东西之中。用黑格尔的话说,即一个直接的受动的东西之中。在那里,它是作为自在者而存在,并将以接受精神那种贯穿的形式而变为一个自为者。黑格尔认为,灵魂的这种下降,正是生命的感受从自然那里发生出来。也只有在那种自然的发生中,生命才能获得一种觉醒,使灵魂自身区分出自身的存在与为他存在的界限。黑格尔这样明确地说:"精神发现自己本身和一个在他对面的世界一般;这样一种发觉起初只是进展到了感受,而离理智和意志的具体规定还很远。灵魂在它觉醒时只发现自己和世界——这种二重性、这种对立,精神的自然性在此正是以这个事实为内容的。"①这里,黑格尔指出了灵魂一开始束缚在自然中的那种状况,但黑格尔同时也指出,灵魂只是在最初才作一种空洞的重复,随着灵魂的逐渐觉醒,灵魂也就从潜在的自然状态中超越出来,而获得一种自为的存在。在自为存在的那个阶段,灵魂便获得了清醒的自我意识。正是在这个自我意识中,个体灵魂的判断化的关系才形成了。判断就是从概念的形式中分化出的差别化的规定,通过判断,自我意识便可以获得一个推论,在推论关系中,概念(通过自我意识)便获得了返回自身的形式。正是这样一种形式,才使得灵魂那种原初的自然性被扬弃掉。灵魂排除了己内的自然性而上升到更高的精神。这个过程,也即是概念的另一种运动。前者是使自身沉降到自然性中去的环节,现在,随着灵魂不断地提升自己,也就把自身的质料性的存在不断扬弃了,这即是灵魂(概念)的否定性的环节,通过这样一种否定的运动,灵魂便越来越纯粹,越来越上升到绝对精神。

在黑格尔那里,人是自在自为地具有理性的,这即是说,人自在地具有灵魂的形式。但黑格尔也认为,作为具有精神内容的灵魂也将在矛盾中展开自己。那个矛盾不是别的,就是不断扬弃外部的自

---

①　黑格尔:《精神哲学》,杨祖陶译,人民出版社,2006年版,第90页。

然对立,而使自身保持精神的同一性。由于质料是生命的另一方面,质料也在基质上构成着生命的因素。灵魂也就会在给予质料一个更高的形式方面做斗争。它一方面要保持一个质料的环节,另一方面又要扬弃它。这也即是灵魂所要遭遇的矛盾。只有灵魂上升到一个更高的本质时,概念化的东西才会出现,那种自然性的存在也就成为外在的形式而被排斥掉。黑格尔这样写道:"精神的有限性就属于这条解放的道路,因为,只要精神还没有达到它的目标,它就还不知道自己是与它的对象绝对同一的,而是觉得自己为对象所限制。但是,精神的有限性不可以看作是某种绝对固定的东西,而是必须被认识到是按其本质仍然无限的精神显现的一种方式。这就在于,有限的精神直接是一个矛盾,一个非真实的东西,而同时是扬弃这种非真实性的过程。与有限东西搏斗、克服限制,是人类精神里的神性东西的特殊标记,并且是永恒的精神的一个必要的阶段。"①这里,黑格尔提到了人类精神里的神性,这种说法在《逻辑学》一书中从未曾出现过。只是在《精神哲学》中,黑格尔才首次提出了这个概念,并把这个概念与灵魂的精神化过程结合起来。从这个地方,也可以看出黑格尔并不是在一般的意义上使用精神那一概念,当精神作为是灵魂的内容时,它实际上也即是上帝神思的一种内容。这也正是黑格尔那种神人二重性的一个标志性的特点,也是他双重思维关系的一个核心原则。黑格尔还进而指出,精神在其直接性中,还不具有真正的内容。在自然的环节里,精神作为神性还是一个尚未发展出来的本质。因为直接性中的精神还没有把握住它的概念,此时,它也只是一种灵魂的知性活动,未能察觉到作为精神的那种自我意识的本质。也即是说,它还不能从灵魂的内部洞察到神性的内涵。由于精神作为绝对者是绝对理念(绝对意识),它是把有限者(有限的自我意识)造就为中介的环节,作为灵魂,这种有限性也是绝对者认识自身的前提。它是在另一个意识(有限意识)

---

① 黑格尔:《精神哲学》,杨祖陶译,人民出版社,2006 年版,第 241 页。

中对绝对者的意识,那个有限意识并不因为是有限者而被弃置,不如说它是绝对精神的一个有限本质,是作为有限者(从概念中)分化出来的环节。它是灵魂内部的自我意识,而作为概念活动的目的,它又是通往绝对精神的上升之路。最后,作为属于神的人性的概念,精神者又使自己贴近于上帝的形象。用黑格尔的话说,也即精神必须宣告为和上帝长得一模一样,换言之,它必须宣告为人的精神。

在这里,我们可以看到,黑格尔实际上是把精神的运动看作是有限性与无限性交互中介的过程。有限的精神(作为灵魂)成为中介者,而无限的精神(绝对精神)则不断地扬弃有限的环节而返回到绝对精神中去。正是在此过程中,精神从有限的自我意识上升到绝对的理念,并不断地把由它自身所造就的前提统一到绝对者的精神之内。这即是有限者与无限者的统一,同时也是(精神的)主观性与客观性的统一。精神从自我意识的存在外化为自然的存在,并又在对自然的那种扬弃中返回到自己。在整个这样一个过程中,自我意识作为灵魂也就发展出自己的客观的内容,并在灵魂的形式中统一了生命的质料。这也即是亚里士多德的个体化灵魂的思路,黑格尔在这里赋予了它更为完备的形式。我们这里也引用黑格尔的一段较为经典的话,它较为全面地概括了灵魂的那种双重运动的关系。黑格尔这样概括道:"通过灵魂和意识的否定所中介了的精神本身起初也还是具有直接性的形式,因而具有在自己外存在的外表,同意识一样,它把理性东西当作一个在它之外的存在着的东西、仅仅被发现的东西、不由它所中介的东西来与之相联系。但是,通过扬弃那两个先行于它的主要发展阶段,即扬弃这些由它自己本身所造成的前提,精神就已经向我们表明是自己与自己本身中介着的东西,是使自己从其他物退回到自己内的东西,是主观东西和客观东西的统一。因此,已达到自己本身的、已经把客体本身作为一个扬弃了的东西包含在自己内的精神的活动,必然企图也扬弃它本身的和其对象的直接性的外表,即单纯发现客体的形式。因此,理智的活动起初当然是作为一种形式上的、不充实的活动出现，精神因而是作为无知的出现的；而首先关系到的就是去掉这种无知。为此目的理智就用直接给予它的客体来充实自己，这个客体正因为其直接性，就带有外部定在的全部偶然性、无意义和不真实。但是，理智并不停留在接受诸对象直接呈现的内容上；它反而使对象摆脱在它身上表现为全然外在的、偶然的和无意义的那种东西。因而，如我们已看到的，在意识看来它的进一步发展好像是从其客体的诸规定独自产生的变化出发的；而理智则相反地是被确立为精神的这样一种形式，在这种形式里精神改变着对象并通过发展对象而自己也向前发展到真理。在理智使对象从一个外在的东西成为一个内在的东西时，它内在化着自己本身。这两者，——使对象成为内在的和精神的内在化，是同一个东西。因此，精神对之拥有一种理性的知的那个东西，正由于它以理性的方式被知，就成为了一个理性的内容。理智因而去掉对象的偶然性的形式，把握住对象的理性的本性，从而把这种本性建立为主观的，并且倒过来由此而同时把主观性提高到客观的合理性的形式。"①

最后，黑格尔并没有在这个地方停留下来，在把精神引入神思规定的同时，他也把精神的活动引入了逻辑的理念。这就在整体上与逻辑学的体系融为一体了，并最终使灵魂的意识上升到绝对精神的环节。在概念的关系中，那个进行认知的灵魂就是概念的精神，理性是灵魂的自在自为的真理，但灵魂则是在不断地自我提升中得精神的内容。生命的肉体是一种在概念的定在中观念性地被建立起来的东西，它是灵魂克服了那种任意化的外在的干扰，而使生命的精神上升起来的表现。黑格尔在一处也曾特别强调，说个体作为肉体的外在性表现不是灵魂自己，而只是灵魂所表现出来的符号，而语言则是最高的出现在精神层面的规定。因为灵魂对于肉体的塑造只是自然的那个方面，当灵魂达到了较高的规定时，它就会

---

① 黑格尔：《精神哲学》，杨祖陶译，人民出版社，2006 年版，第251~252页。

把形体性作为对它而言的异己的东西从自身驱逐出去,通过那种对质料的扬弃而达到了存在形式的规定,当它获得这样的规定时,它也就达到了概念,并在概念化的关系中成为精神的自我意识。这也即是说,灵魂并非一开始就成为纯粹的精神,它要在概念的意识中不断地内化自己,使自己成为精神的概念。另一方面,它还要把概念在精神内部所建立起来的环节外化出来,让概念成为实在化的规定。这也即是把概念的普遍性表现出来,并在肉体中使存在本身成为精神化的。实际上,黑格尔是认为,灵魂是自我己内存在的环节,它是自己本身相联系着的普遍性,只有在它从个体的形式中解放出来,并在普遍性的概念规定中消灭了其自身的有限定在之后,灵魂的绝对形式才能建立起来。只有在那时,灵魂才可以穿透自然性的障碍,使精神的实存关系成为灵魂的。黑格尔这样明确地写道:"灵魂对肉体的塑造只是肉体的一个方面,在灵魂达到对其力量的局限性的感觉时,它就映现到自己内去并把形体性作为对它而言异己的东西从自身中赶了出去。通过这种自内映现精神就完成了它从存在的形式的解放,而赋予自己以本质的形式,并成为自我。虽然就灵魂是主观性或自身性而言,它已经自在地是自我。但是属于自我的现实性的要多于灵魂的直接的、自然的主体性;因为自我是这样的普遍东西、这样的简单东西,它真正说来只是当自我以自己本身为对象时,即当它成为简单东西里的简单东西的自为存在、成为普遍东西与普遍东西的联系时才实存着的。自己与自己相联系的普遍东西绝不实存在自我之外。在外部自然界中,如我们在主观精神学说的导言中已说过的,普遍东西只有通过消灭个别的定在才达到其威力的最高现实,因而就达不到现实的自为存在。甚至自然灵魂最初也只是这种自为存在的实在的可能性。只有在自我中这种可能性才成为现实性。因此,在自我中才实现了一种比局限于对个别东西的单纯感受的自然觉醒更高类型的觉醒;因为自我是穿透自然灵魂并将其自然性耗尽的闪电;因此,在自我中自然性的观念性、因而灵魂的本质成为为灵魂的。"①

当灵魂的自我意识达到了概念的实存时,精神也就获得了意识与存在的统一。由于灵魂把对象提高到实存的形式,它也就实现了本质与现象的统一。这也正是黑格尔我思关系的真正规定。它超越了康德的那种知性个体化的我思,而使灵魂在精神的活动中发展出实在的规定。作为我思的自我意识不光是在自我察知中建立对象,而且还在精神的自我扬弃的环节中把意识的关系转化为存在。这一点,正是黑格尔的我思所奠定的原则,也是黑格尔精神化的灵魂擢升自身成为理念的那个原则。在灵魂的关系中,自我意识每前进一步,都要从自身中排斥掉一个与自身对置的别的自我意识,并同时,从主体片面性的形式中摆脱出来,从与普遍精神的对立形式中达到与普遍者的统一。在这个过程中,自我意识(在灵魂之内)也逐渐成就为精神本身的察觉者,它逐渐把对象的意识转化为对于自身概念的察知,把原始的直观逐渐转化为精神的理念,并最终把灵魂中自内映现的现象提升到精神本身的自我觉察。黑格尔也认为,自我意识的这种提升的过程,实际上就是绝对精神思维其自身(对象)的过程。进行着认知的灵魂提前被预设了理念的规定,也即是把在开端中直观的灵魂转变为向精神内部深化着的意识,并最终在那种绝对意识的概念中上升到纯粹的理念原则。黑格尔进而指出,精神设定的本质不是别的,就是被设定为是概念中的那些自然的东西,作为灵魂的先行者,它就是概念的潜在的规定。它最初是以逻辑的基础为出发点的,而自然(作为质料的存在)作为中项又把精神与逻辑联系起来。这个联系的结果表现为,逻辑的东西作为概念向自然生成,而自然的东西则也向精神的东西生成。黑格尔认为,自然是属于一种精神和精神本质之间的关系(联系),它并非是一个独立物,在理念的关系中,自然是被规定为通道点和否定的环节。它自在地是理念的内容,但也只是作为理念的外在的形式。作为一个

---

① 黑格尔:《精神哲学》,杨祖陶译,人民出版社,2006 年版,第 202 页。

中介者,它联结了概念两端的存在,以至于概念的自由的关系也只是被结合在一个他在的环节中。只是灵魂最终把自然的直接性扬弃掉了,精神作为灵魂的力量还是完成了最后的推动(概念的推论),而那正是理念在精神映现中的推动。在这个最后的推动中,作为个体的那种灵魂的自我意识便融入了绝对精神那条自由的道路。黑格尔用了一段非常精确的话,概括了理念与精神的那种相互结合的关系,他这样写道:"第三个推论是哲学的理念,这个理念以自知着的理性、绝对—普遍东西为其中项,这个中项分裂自己为精神和自然,使前者成为预先假定,作为理念的主观活动的过程,而使后者成为普遍的极端,作为自在地、客观存在着的理念的过程。理念之自我分割为这两个方面的现象,就把这两方面的现象规定为它的(自知着的理性的)种种显示,而在它里面结合着如下两个方面:正是事情的本性,即概念自己在向前运动着和发展着,而这个运动同样是认识的活动,即永恒的自在自为地存在着的理念永恒地作为绝对精神实现着自己、产生着自己和享受着自己。"①我们看到,黑格尔就以这样概括总结了绝对精神的最高原则。作为理念,那个认知的自我意识是一个绝对者的运动,而作为事情本身的真理,那个最高的精神就是上帝本身。上帝在永恒的思维中展现着自己的精神的概念,最终,也只有那个展示者本人才可以实现那种最高的享受。至于个体生命的精神,也只是上帝灵性所表现出来的一种中介意识罢了。最重要的关系是,通过上帝的精神,它找到了一种通向真理的认知道路。上帝的绝对精神正是在那条道路上传递出来,这也即是黑格尔想要对人们表达的真实想法。

四、上帝——一种预设的存在与神性存在之比较

当我们讨论完康德的自我意识与黑格尔的绝对精神的那种区别之后,另外一个问题也开始显露出来,那个问题也即是,上帝与人

---

①　黑格尔:《精神哲学》,杨祖陶译,人民出版社,2006年版,第398～399页。

的认知理性的关系问题。换言之,在康德和黑格尔两种不同的哲学视角之下,上帝作为一种终极性的存在,是如何介入到不同的认识论的系统。这个问题既是逻辑认识论的一个自然结果(无论是在康德那里还是在黑格尔那里),同时也是两种不同的哲学所造成的一种客观化的区别。在这个地方,康德和黑格尔都有他们独自的看法,而他们对于上帝本质(存在)的不同的解释,也正反映了他们二人宗教观的根本区别。我们已讨论论过,黑格尔对于康德哲学,借鉴之处几乎覆盖了他的整个体系,但只有在上帝的问题上,黑格尔完全排斥了康德的观点,而把上帝的理念引入到绝对精神的维度中去,而绝对精神则完全是黑格尔自己所独创的核心概念。在绝对精神的体系内所设定的那个上帝观,既不同于康德的观点,也不同于费希特的观点,而仅仅与谢林保持着联系。我们可以在康德的理论中发现一种基本的原则,那即是以自我意识为一切尺度的近代主体性原则,因而当康德去解释上帝的关系时,既扬弃了柏拉图理念主义的原则,同时也扬弃了中世纪经院哲学的原则。康德第一次把上帝的观念引入了主体自我意识的评价系统,他基本上以休谟的怀疑原则为出发点,但去掉了休谟的怀疑主义的倾向。在上帝存在以及上帝证明的关系上,康德建立起一种悬拟(上帝悬搁)理论。康德是把对上帝存在的怀疑关系(认识论层面上的)改变为是对那种最高存在者的不可证明的关系。这种理论修正了休谟的思路,也从一种单纯的感性怀疑关系发展为一种新的认识论的关系。康德的核心思路是:作为原因(上帝本身)的最高存在者那样一种理念,是不能建立在人的经验层面的认知关系上,最高存在者的那种关系,是不能在自然原因的序列中被人们所经验到,因此,最高存在者(上帝)也就无法通过范畴的关系而被人所思维。在康德那里,上帝作为一种最高的存在只是一种理念的预设(悬拟)关系,上帝不是理念自身的存在(如在黑格尔那里),而仅仅是一种被建立起来的关系。这个关系作为一种理想,仅仅是出自于人的自我意识。它不是出自于知识发生的构成性原则,而只是理性在自身内建立的虚拟性原则。康德在《纯粹理性批判》一书中，就以这样明确的方式强调了这一点："最高存在者的理想无非是理性的一个调节性的原则，即把世界上的一切联结都看作仿佛是从某种最充分的必然原因中产生出来的，以便在这上面建立起解释这些联结的某种系统的和按照普遍法则是必然的统一性的规则，而并不是主张一种自在的必然的实存。但同时不可避免的是，借助于某种先验的偷换来把这条形式的原则想象为构成性的，并把这个统一性作物化的设想。因为，正如空间由于它的本源地使一切只不过是对空间的各种不同限制的形状成为可能，所以它尽管只是一条感性原则、却正好因此而被看作某种绝对必然地独立自存的某物和自在地本身先天被给予的对象一样，下述情况也同样是完全自然的，即由于除非我们把一个作为至上原因的最实在的存在者的理念作为基础，就不能以任何方式把自然的系统统一建立为我们理性的经验性运用的原则，于是这个理念就被设想为一个现实的对象，而这个现实的对象又由于是至上的条件，就被设想为必然的，因而一条调节性的原则就被转变成了一条构成性的原则；这样一种调换之暴露出来是由于，既然我把这个对于世界是绝对（无条件）必然的至上存在者看作自为之物，这种必然性就不能形成任何概念，因而它在我的理性中也就必然会只能作为思维的**形式条件、但却不能作为存有的质料条件和物化条件而被找到了。**"①

这段话，是康德在批评古代哲学家时所写下的。康德在那里批评了把物本身看成是本原形式的观点。大体上说，康德不相信物质可以作为某种统一的理念原则，而认为统一的理念原则只是发生在人的自我意识中。但在这个地方，康德的观点是有些模糊的，他一方面相信存在一种自发性的理念，他把那种理念的存在关系看成是一种自在的必然实存的关系。另一方面，他又认为那种原初的最高实在是存在于世界之外的，它不应当包含于自然界的现象序列中。

① 康德：《纯粹理性批判》，邓晓芒译，人民出版社，2006 年版，第 490 页。

正是在此意义上,理性才以节约性原则为基础,对理念秩序的合目的性予以承认。康德在这里批评了古人(也包括经院哲学家),认为他们是错误地把理性的调节性原则改变成了构成性原则。这样,也就把超验的东西(如上帝)转变为了经验的关系。这也就预设了一种实在性的存在,根据这样一种预设,调节性的原理也就变成了构成性的原理,因而也就偷换了概念。康德这里的问题是,他不承认上帝的关系是从构成性原则中发生的,但同时也认为,调节性原则也不是一种证明性原则,它只是理性主体的一种认识方面的一种预设的关系而已,而不能反映出上帝的真实存在关系。但这种观点又与他前面的观点有一定的冲突,既然自在之物本身是不可察知的——它存在于现象界的彼岸,那么预设一种调节性的原则也就违背了知性的法则。康德的本意是,自在之物(上帝的存在)是不可证明的,它超出了人的知性的限度,但由于康德认为建立一种理性的预知是合乎知识规定的,因而他就预设(预拟)了知性的自在之物的关系。康德在这个地方的观点并不是很充分的,当康德说存在并不是实在的一种谓词时,他也并没有把存在本身设定为概念。存在(也包括物自体)在康德那里不是一种内在于概念的环节,而只是知性形式的对立物。这正如黑格尔所批评的:"理解存在、把存在设定为概念,正是康德所并未达到的。存在在他那里仍然是完全外在于概念的东西,但我们却认为存在是概念的外在化。在存在中和在概念中,内容是同一的。存在既然不包含在概念里,那么从概念推存在的努力也是徒劳的。"①

黑格尔这里的批评,恰好指出了康德实在(存在)概念的缺陷。当实在不是从自身的环节外化出自然的时候,实在也就成了自在之物。而自在之物(在康德看)又是对立于自然的关系,它是一种悬拟起来的实体,而不是真正的实体。因而,当康德说,一切物的杂多不

---

① 黑格尔:《哲学史讲演录》第四卷,贺麟、王太庆译,商务印书馆,1983 年版,第 283 页。

是基于对原始存在者本身的限制,而仅仅是我们在特殊存在者的理想中借以概括的理念关系的一个单纯的虚构时,他也就扬弃了从概念向实在关系的过渡。我们可以看到,上帝的概念只是康德从纯粹理性的关系中演绎出来的一个结果,上帝在康德那里不是作为一切实在性的总和而被引入,而只是作为知性形式的一种预设关系而被引入。至少在康德看来,人类理性的自然本性就具有这样的性质。那个本性相信有某种必然的存在者存在。而一个最高存在者的概念,则是在一切可能之物中最适合于无条件的必然存在者那一概念的。因而,人们根据自然理性的推论,也就会把最高存在者看作是一切事物的原始根据。凭借自然理性的推论,人们也很容易把一种调节性原理演变为构成性原理。而上帝作为一个无所不包的概念也将会把最高原因性关系揭示出来。康德还进一步认为,人的自然理性是很容易做出那样的判断的,即对于某个给予的实存做出确定的推论,推演到某种无条件者的存在关系。与此相应的是,人们又会把一切实在性关系看作是绝对无条件的,并要去找到一种与那个绝对必然性相适应的概念。人类的自然理性倾向于,即便是我们不能从某种普遍性的概念推论出必然性来,但却仍会让某种受限制者都同样遵循于一个预设出来的无限的概念。康德这样明确地说:"人类理性的自然进程就具有这样的性质。首先,它相信某一个必然的存在者是存有的。它从这个存在者中看出某种无条件的实存。于是它就去寻求那不依赖于一切条件者的概念,并在那个本身是一切其他事物的充分条件的东西中,亦即在那个包含着一切实在性的东西中,找到了这一概念。但这个没有限制的大全就是绝对的统一性,它具有一个唯一的存在者、也就是最高存在者的概念,于是理性就推论:最高存在者作为一切事物的原始根据,就绝对必然地存有的。"[1]

　　实际上,康德正是根据上面的观点驳斥了上帝存有的三种证

---

[1]　康德:《纯粹理性批判》,邓晓芒译,人民出版社,2006年版,第468页。

明。这三种证明分别是：本体论的证明，宇宙论的证明及自然神学的证明。康德认为，以人的思辨理性去证明上帝存在的方式只有这三种。但这三种证明都超出了经验的途径，因而也都是不可能的。康德的核心思路是：在经验的回溯中是不可能找到一个关于上帝的存在的条件的。这也意味着，不可能在上帝的概念上建立起一种现象界的构成原理。因而，作为上帝的那种知性概念，只是一种在理性的预设中被综合过的东西。那种综合之物，也即是人的知性所设定的一种理想。康德把它称作是理性的理想。那种理想所预设的存在是超验的，它只是出自于理念的蓝本。在康德看来，理想性的东西甚至比理念本身还要更远离客观现实。因为理想本身更具有虚化性。它把自己纯化为一个先天地得到的一个概念，并直接切入到一种单纯的对象。它为一种实在的东西建立了一种通盘的基础，并又构成了由那种实在性所产生出来的质料条件。康德认为，所谓的一切存在者的那种存在者（上帝概念），并不反映一种现实对象与其他客观事物的联系，而只反映着一个预设的理念与由此派生出来的对象的关系。从概念的包含关系上去讲，每一个派生的存在都预设了一种原始的存在者。而其他可能的存在（作为理想而可能的）也都从那个原始存在者中推导出来的。在此情形下，一切特殊存在的可能性将会作为总和的最高存在者的基础，而外在现象界杂多的关系，也不再是对于原始存在者本身的限制，而变成了对于原始存在者的完备的后果的限制。这实际上恰恰是理性虚构的一个自然的结果。在此虚构中，一切感官的外在的质料就在知性预设的总和中被给予了。经验实在性的总和被偷换为一种预设条件的可能性的总和。这个原理本来只适用于那些作为感官对象而被给予的存在，但现在，一种自然的幻觉却把它看作是一条适用于一切物之上的原则，康德这样补充说："但我们后来就把关于一切实在性的总和的这个理念实体化了，这正是因为：我们把知性的经验运用的分配的统一性辩证地转变成了一个经验整体的集合的统一性，并在这个现象整体上设想一个把一切经验性的实在性都包含于自身内的单一之物,于是这个单一之物就借助于已经提到过的那个先验的偷换,而被混同于某种居于一切物之可能性的顶峰、并为对这些物的通盘规定提供了实在条件的物的概念了。"①正是基于上面的这样一种想法,康德才着手从三个方面去论证有关上帝存在证明的缺陷性。这是康德比较细致地讨论有关上帝存在的条件关系,并在这个地方,展开了他的纯粹理性的预设理论。他首先从本体论方面去证明上帝存在的不可能性,他的基本前提是,一个绝对必然存在的概念(上帝的概念),只是一个单纯的概念,对于一个单纯的概念,与其说可以从知性的关系上去达到它,倒不如说必须从对知性的限制关系上去达到它。原因很简单,一个绝对者的概念只是从判断的关系中,而非从它自身实有的关系中产生出来。康德认为,绝对者(上帝)是一个自身等同的概念,它抽掉了自身的一切谓词关系,因而也就抽掉了逻辑推论的演变。康德明确指出,上帝是全能的这个命题包含这样的意义:即上帝拥有自己的对象及对象的实在性。上帝的谓词应该设定在主词的对应关系中。但在逻辑关系中,上帝的概念与他对象只是一种人们话语上的区分,人们对于上帝的推论便也只是一种纯粹形式化的设定。换言之,人们在谓词中,并没有建立起任何实在性的主词自身区别出来的规定,而只是建立起一种毫无实在性的语词上的差别。因而,在康德看来,最高存在者就缺少自身推演的谓词关系。因为上帝作为一种实在并不是分析地存在于我们的概念中,而只是综合性地添加在我们的概念中。上帝作为一种无限的存在关系,丝毫不能通过被人们想到的任何关系而有所增多。作为谓词的那个判断,丝毫不能对上帝那个实在化的主词有所增添。用康德自己的话说:"一个最高存在者的概念是一个在好些方面十分有用的理念;但它正因为仅仅是理念,所以完全没有能力单凭自己来扩展我们在实存的东西上的知识。它甚至连在可能性方面教给我们更多的东西也做不到。可能性的分析的标志在于单

---

① 康德:《纯粹理性批判》,邓晓芒译,人民出版社,2006年版,第465~466页。

纯的肯定(实在性)不产生矛盾,这个标志虽然在最高存在者的概念身上是无可争议的;但既然把一切实在属性联结在一物中是一种综合,其可能性是我们不能够先天判断的,因为这些实在性并没有特别给予我们,并且即使被这样给予了我们,在其中任何地方也都不会发生什么判断,因为综合知识的可能性标志必须永远只在经验中去寻求,但一个理念的对象却不可能属于经验。"①

第二个证明是宇宙论的证明。宇宙论的证明试图把存有(上帝)从原初的必然性中推导出来。康德认为,它只是去补充必然性的关系而已,并没有给人们的知识增添内容。这里康德所反对的,正是中世纪经院哲学的那种上帝证明的关系。那种关系在奥古斯丁那里就被确立起来,并在安瑟尔谟那里发展为一种较为完备的形式。在康德看来,那种上帝存有关系的形式化的证明只是一个狡计,它只不过是把一个古老的论题化装了形态而变成了一个新的论题而已。康德这里的观点非常明确,他指出中世纪的那种证明关系只是一种先验幻相,它本质上仍是设定了一个最高存在物。本来那个最高存在物的关系是一种本体论的证明,它需要一种经验性的对应关系。但由于它虚设了一个最高的实在,这样也就把作为前提的东西(那个需要证明的前提)当作了绝对必然性的概念,并由此推论出一个本体论的主张。康德认为,这恰好颠倒了次序,从绝对概念推出存在论的概念是一种次序的颠倒。因为宇宙论的证明恰好采取了本体论证明的基础,而这正是人们所应该避免的。因为这样一种证明关系只是出自纯然概念证明的关系,它只是从概念的关系上引向了绝对的必然性,而不是从本体论的经验层面上引向绝对的必然性。康德明确指出,每个最高实在的存在者都是一个必然存在者的命题,只是在概念的关系上兜圈子而已,它只是把人们又带回到中世纪上帝存在证明的那个老路上去,它是一种概念上的循环证明关系的欺骗。康德从换位理论的关系中,指出了宇宙论证明关系的

①　康德:《纯粹理性批判》,邓晓芒译,人民出版社,2006 年版,第 478 页。

那种欺骗性,他这样写道:"如果'每个绝对必然的存在者都同时又是最实在的存在者'这一命题是正确的(这是宇宙论证明的 nervus probandi),那么这个命题就必须像一切肯定的判断一样至少能够 peraccidens 来换位,于是就有:有些最实在的存在者同时又是绝对必然的存在者。但现在,一个 ens realissimum 与另一个这种存在物丝毫也没有区别,而凡是适用于包含在这个概念之下的一些东西的,也适用于包含于其下的一切东西。因而我就有可能(在这种情况下)甚至进行绝对的换位,就是说,每个最实在的存在者都是一个必然的存在者。既然这个命题只是从它的概念中先天地被规定的,所以这个最实在的存在者的单纯概念也就必然带有这个存在者的绝对必然性;而这正是本体论证明所主张而宇宙论证明所不愿意承认的,然而宇宙论证明却用它作为自己推论的基础,虽然是以隐蔽的方式。这样,思辨理性为了证明最高存在者的存有而采取的第二条道路就不仅仅与第一条道路同样是欺骗性的,而且本身还有这样一种可指责处,即它犯了一种 ignoratio elenchi 的错误,因为它答应把我们引上一条新的道路,但在兜了一小圈之后又把我们带回到为了这条新路我们曾离弃了的那条老路上去。"①

从上面这段话中,可以看出康德的基本观点,即他反对把概念的先验预设关系带入到经验化的本体论证明中,同时也反对从概念的预设中,推导出概念之下的包含关系。康德在许多地方都表达了这样的观点,即最高存在者的概念能够满足人们对绝对必然性的那种理想,因为那个普遍的概念,同时也把那个存在者突出为一种可能之物中的个体存在。但问题是,那个最高存在者的概念,却满足不了有关它自己存在的证明问题。因为这本身就是一个本体论的证明。但宇宙论的证明关系却排斥了本体论的经验作用的环节,它也就变成了概念关系的一种自身循环的设定。也即是说,人们对于绝对必然性所要求的条件,也只有在唯一存在者那个虚设的概念中

---

① 康德:《纯粹理性批判》,邓晓芒译,人民出版社,2006 年版,第482～483页。

才能找到。因而,那个绝对存在者本身便在其概念的包含性中预先被规定为是拥有一切的东西,从而使那个绝对的存在者的必然性的概念在先天的推论中成为可能。康德指出,实际上,当人们把一个具有最高充实性的存在者的存在,假定为是一切可能结果的原因时,那个预先被确定作为绝对必然性的东西,也就成为不需要论证的确定的必然性了。康德进而从四个方面批驳了那种形式论证的欺骗性:第一,即是从偶然之物推出一个原因性的先验原理,但先验原理只有被经验的关系证明才能具有意义。但那种预设的先验关系却超越了经验性,直接用超感性的概念引出最高存在,因而第二点,那个推论,也就是从一个高于被给予的原因的无限序列之不可能性推出一个最初的原因,这也就把概念的关系引申到了超验的范围,而这正是理性本身所反对的东西。第三,由于概念预设的那种虚假的满足,人们也就去掉了一种必然性发生所应具备的条件,而那些条件正是领会一种必然性概念所不可缺少的环节。因而第四,在此意义上,它也就混淆了经验实在性和概念实在性的关系,把一种在经验性原则中的可行性误置到一种先验概念之中。

康德这里的批评,恰好说明了他在此前曾一再提到的那种关系,即宇宙论的证明只是虚设了一个最高理念,并把它作为本体论发生的基础。但从本体论发生的关系中,人们才可以推出宇宙论的关系。因而,这里的证明就变成了一种倒置的关系,把本来需要证明的东西作为前提,并用那个前提代替了需要证明的内容。从形式化的规定来看,这也即是把理性的调节性原理转化成构成性原理,把最高原因的实在性,从一种理性预设的需要,转化成实际存在的规定。这在康德来看,正是人类理性的一种缺陷。从某种意义上说,它并不是人类理性对自身探索的结果,而只是对某种预设要求大胆的僭妄。至于第三种证明——自然神学的证明,康德也同样给予了驳斥。康德只是对先验神学给予了有限的肯定。康德认为,先验神学即使是消极的,但它毕竟还具有重要意义。它通过先验的预拟关系设定了一种完美的理想。对于人类来说,那样一种理想是不可缺失的。因而,即便是先验神学超越了我们的经验范围,但作为纯化出来的概念,仍然具有预设价值的意义。但自然神学的证明并非理念关系的证明,同时它也不是关于自然序列的条件关系的证明。它仰仗一种最高实在者那个原初的链条,在经验的关系上,那个链条便隐藏到事物的现象关系之内(或之后)去了。因而,所谓的自然神学的证明,实际上是在遭到现象序列的困难(这个困难是由于看不到现象序列之后的内在本质所产生的)之时,而求助于本体论证明的一种关系。在康德看来,那个自然神学的证明不是别的,恰恰是改头换面的本体论的证明。它是从世界秩序的合目的性中推出个体事物的偶然性,然后又从偶然性出发,从事先建立的无限概念中进入到因果关系的存有。但实际上,这个证明还是把知识扩展到经验限度以外,并从一个预拟的存在者推广到一切偶然的存在者。康德指出了自然神学的四种不确定性:一是认定自然中存在一种鲜明的秩序,而那种秩序又是出自一个具有某种意图的伟大智慧;二是认定外在的自然界的事物,并不是偶然的存在物,它是按照最高存在的理性原则去规定自己,并最终以各种不同的手段去实现理念原则的安排;第三,那个最高的智慧不可能作为一种盲目的原因,而只能作为自由理智的原因安排世界;第四,那种终极原因的统一性,可以从现象世界的彼此关联中推导出来,从人们对自然界的观察可以证实,推论出某种统一性的原理是可靠的,自然界的现象关系也就是按照这样的推论得到界定。康德认为,自然神学的这四种证明,实际上是运用了一种自然理性,自然理性在这里是坚持了一种类比关系,即把自然界现象联系的因果关系还原到理念的原因和结果的关系,这样一种还原,康德认为是不能成立的。因为这是强迫自然界不是按照它本然的目的,而是按照我们的目的去进行还原,因而也就违反了自然本身的规定。用康德的话说,自然神学是用自己所掌握的材料,限制了世界的建筑师,因而它也就不能提供有关世界的那种至上原因的概念。康德坚持了这样一种观点,即理念的特质永远不会有一种质料性的经验能与之相一致,因而我们也就无法在经验材料的方面去满足理念的那种要求。最高存在者,由于处于诸链条的终端的源头,也不能在现象界的关联中找到连接点,因为有条件的东西永远不能达到无条件的东西。康德指出,像那种在经验(现象界)的关系中搜寻材料去满足最高理念的方法,实际上是白费力气的。因为自然序列的联系是不能架起通往最高理念的桥梁的,它只是通过观察和分析,发展和扩充了我们关于自然界的知识,人们也是在此基础上推论出有一个更伟大,更具有必然性的存在者的存在。实际上,自然神学的证明并没有揭示出那个存在者本身,它只是把人们从经验的关系中确定下来的概念扩展到终极存在者的关系上去,也即扩展到造物的整个领域,在此情形下,自然神学也就没有证明上帝的存在,而只是在知性的领域中预设了上帝的存在。康德这样明确写道:"于是我并不想指望要任何人去勉为其难地对他所观察到的世界大小(不论在范围上还是在内容上)与全能、世界秩序与最高智慧、世界统一性与创造者的绝对统一性等等的关系加以洞察。所以自然神学绝不可能提供有关至上的世界原因的任何确定的概念,因此对于一条本身又应当构成宗教的基础的神学原则来说是不充分的。迈向绝对总体性的这一步通过经验性的道路是根本不可能的。于是人们就在自然神学的证明中来走这一步。那么,他们用什么办法来跨越一条如此之宽的鸿沟呢?当人们一直达到对世界创造者的智慧、力量等等的伟大感到惊叹而不再能够继续前行了之后,他们就一下子抛开了这个通过经验性的证明根据而作的论证,而进向一开始即已从世界的秩序和合目的性中推论出来的世界的偶然性。现在,单从这种偶然性出发,他们就仅仅通过先验的概念而进向一个绝对必然者的存有,又从这个最初原因的绝对必然性的概念出发而进向那个绝对必然者的通盘被规定的或进行规定的概念,即一个无所不包的实在性的概念。所以自然神学的证明卡住在自己的行动计划中,它在这种窘境中突然跳到宇宙论的证明,而既然宇宙论的证明只不过是隐蔽的本体论的证明,那么它实际上只是通过纯粹理性才实现了自己的意图,哪怕它一开始曾否认与纯粹理性有任何亲缘关系而把一切都寄托于出自经验的显而易见的证明之上。"①

这里,康德从总体上否定了自然神学的证明关系,而这种否定又可以还原到对前两种证明的批判。因为在康德看来,所谓自然神学的证明是建立在宇宙论证明基础之上的。而宇宙论的证明又是建立在本体论证明基础之上。因而,从理念的关系去看,这三种证明就是一种相互依赖的关系。它们都需要其他两种证明去证明自己。这样,它们也就形成了一种循环证明的关系。当去掉了其中一个证明的根基时,另外两种证明的基础也就松动了。康德所要做的事情,就是要阐明这样一个原理,即任何在经验中形成的关系,都不可能达到终极存在者的概念。原因很简单,终极存在者只是理性在思辨意义上所设定的关系,而不是自然界现象对象所提供的关系。无论知性是如何达到绝对者那个概念,那个概念的存有也不能在概念的关系中被发现,自然界那种客体的实存关系恰好在于,那个客体总是自在地在思想之外被建立起来,因而,它们也就是自在之物(物自体及上帝)自身的关系。由于自在之物是我们的知性所不能达到(把握及预见到)的,我们也就不能建立起自在之物本身的任何概念。这里,康德提到了自在这个概念,它是自在之物自身的潜在的环节,因而也就是属于物自身的关系。康德这个观点包含了理念的原理(即柏拉图及黑格尔那样的绝对本质的原则),只是康德本人没有在这个维度上有所突破,因为理念及共相那个原则,恰恰是康德所反对的。但在解释自在之物的关系上,他却不自觉地运用了这一原则。这也是他的哲学具有二元论倾向的一个表现。一方面,他认为存在着类似于自在之物那样的理念关系,他有时把那种关系看作是事物的客体,另一方面,他又极力反对有一个终极理念的实有,也极力反对有一个终极存在者的存在。他在这样一种关系中,是处于矛盾状态的。因而当他去解释自在之物那个规定时,便徘徊在主

---

① 康德:《纯粹理性批判》,邓晓芒译,人民出版社,2006 年版,第 496 页。

体哲学(观念论哲学)与理念哲学之间。这样,就使得他的某些理论弱化了。但康德的那个自在的观点,恰恰又成为黑格尔理念哲学的一个出发点(中介点)。当黑格尔把绝对精神(上帝)看作是理念自身的运动和发展时,那个绝对精神便是一种自在自为的存在。个体并没有分离出普遍者,而有限意识也并没有脱离无限意识。而这正是黑格尔对康德自在概念的吸取和借鉴,他把那种自在(作为理念的客观性)的规定糅入到绝对精神的环节中去。而这正是黑格尔的独特之处,也是黑格尔哲学更具有包容性的一个标志。康德只是停留在这样的关系上,即在形式逻辑的规定中找到了上帝证明关系的薄弱之处,但康德的反驳理论,又正是从知性的认识关系中展开的,严格说起来,并没有进入到辩证逻辑的思维。因而,也就不是在理念的自在自为的关系中考察上帝关系的证明。从根本性的意图看,康德也只是打算从形式逻辑的原则上去掉经院哲学的那种证明,并把思维原则引向知性预设出的那种原则。上帝的存在,在康德那里仅仅是一个出于理性福利方面考虑而预设出来的对象。那个对象只是作为悬拟的概念而存在的,而并非真实的存在。他在一个地方也明确表达了这个观点:"所以,这个最高存在者对于理性的单纯思辨的运用来说仍然是一个单纯的、但毕竟是完美无缺的理想,是一个终止整个人类知识并使之圆满完成的概念,它的客观实在性虽然不能以这种思辨的方式来证明,但也不能以这种方式被反驳。并且,如果应当有一种道德神学的话,它就可以补充这种缺陷。这样一来,以前只是悬拟的先验神学就通过对自己的概念的规定、通过不断地检查一个经常被感性狠狠欺骗的并和它自己的理念总是不一致的理性,而证明了它的不可缺少性。必然性、无限性、统一性、在世界之外的(不是作为世界灵魂的)存有,没有时间条件的永恒性、没有空间条件的全在、全能等等,这都是些纯然先验的谓词,因此它们的被纯化出来的概念,作为每一种神学如此必不可少的概念,都只能从先验神学中抽引出来。"①上面的阐释,正是康德所极力要坚持的观点。我们很难在这样一种观点中发现康德是一个宗教信仰者,也不能确定在知性的条件下他是否相信有一个类似于上帝那样的存在者。这一点,是康德与黑格尔的一个最大的区别。我们可以把康德看作是上帝关系的怀疑论者,但对于黑格尔,我们却不能这样说。

我们在黑格尔那里,可以看到一种宗教观方面的全新的理论。黑格尔曾在多处批评过康德的那种上帝关系的形式化的论证,特别是在《宗教哲学》和《小逻辑》那两部书中。他还对康德的那种宇宙论的证明,做出过较为详尽的分析。黑格尔指出,康德的那种形式化的观点,并没有对经院哲学的(上帝存在的)宇宙论证明有任何触动,康德仅仅是停留在形式逻辑的层面上,并没有对上帝的本质做出具有深度的说明。康德的理论只是向本体论靠近了一步,它只是重复了先验判断的观点,即思维只能思其现象界的存在,而不能思维其自在之物。这在黑格尔看来,只是一种老调重弹,并没有对上帝的真实的关系增添任何内容。因为黑格尔所强调的真正的问题,是如何去阐明,上帝作为绝对的存在,是一种无限者外现出他者,并又是在其自身出于自身的关系。这一点,在康德那里,并没有被认识到。康德所看到的东西,仅仅是物的现象界的存在,它们是自在之物的表象关系,只是在经验的视角下才可以把握。康德只是看到了那个现象本身,而没有看到使现象产生出来的背后的本质。因而,在康德那里,也就没有把绝对者(上帝)看作是有限者与无限者之统一的关系。康德总是将有限者与无限者对立起来,而没能了解到作为绝对者的上帝,乃是自在自为的自身规定者。无限者可以趋于具体的存在,从无限性中分化出有限性,这即是将自身设定为异于自身者,从而从无限性下降为有限性,变为具体存在的实有。这样的过程,在黑格尔那里便是否定和扬弃的环节。上帝(作为绝对

---

① 康德:《纯粹理性批判》,邓晓芒译,人民出版社,2006年版,第505页。

理念)是一切存在的初始,也是宗教环节的初始。通过理念自身的否定,无限者便过渡到有限者,并在有限性那里得到具体规定。绝对者(作为绝对精神的上帝)表现为自身中介和自我扬弃的关系,它将在自身中映象出他者,也同样在他者中映象自身。而上帝之存在,也即是作为有限者与无限者之相互融合之物而被确认,双方都同样不能独立存在,而只能在相互中介的交融中获得存在。正是在那种相互交融的过程中,有限者作为思者得到了提升,它以自我擢升的形式接近上帝,而上帝也在有限者精神的擢升过程中得到了自身规定。这里,可以看到,黑格尔不但对康德所设定的那种自在之物,同时,也对康德的那种对上帝存在的驳斥理论给予了批评,并指出康德并没有理解到作为无限存在的上帝那种深邃的基础。黑格尔这样鲜明地指出了康德的缺陷:"对有限的这一辩证的自然及其表述说来,在知性推论的形式中无立足之地;它不能表达理性的内涵,然而,既然宗教的'擢升'是理性的内涵本身,那么,它便未为这一知性形式所满足,因为其中所包孕较之这一形式可纳入自身者犹有过之。因此,如果说康德破坏了所谓上帝存在之论证的威信,并将对它们的不足感转变为对它们的成见,那么,这是至关重要的。然而,他对这些论证的批判本身是不足的,更不要说,他并不理解这些论证尤为深邃的基础,因而不能赋予它们的真的内涵以应有的认识。"[1]

这里,黑格尔一方面肯定了康德对于上帝存在证明的那种批评,另一方面也指出了康德对于绝对者(上帝)那个深邃的基础认识的不足。因为康德并未把绝对者看作是一种自在自为的精神,是作为上帝那样的显现出来的精神,而仅仅是把上帝看作是一种存在于彼岸世界的自在之物,这是黑格尔所不能接受的,这也是黑格尔在康德的宗教理念中所扬弃的东西。当康德把一种绝对者(上帝)的存在从形式逻辑的论证关系中弃置之后,那个作为终极力量的基础

---

[1] 黑格尔:《宗教哲学》下卷,魏庆征译,中国社会出版社,1999年版,第829页。

也就被取缔了。在此意义上,绝对本质及终极本质那样的关系,也就都不存在了。宗教作为一种精神,便不再是从神思中发展出来,而仅仅是从人的理性所选取的价值关系中发展出来。精神作为绝对者,并不是发生在绝对主体之中,而只是发生在知性范畴的人的自我意识之中。因而,在康德那里,就形成了这样两个方面的基本设定:一是人的自我意识是绝对终极的东西,它是一切对象内容的设定者,是把事物本质设定在自身意识中的决定者,是人的自我意识赋予了事物形式化的规定,并按照那种规定的方式把世界纳入范畴性的理解;二是上帝作为绝对者那个条件是人所无法探寻到的,在此意义上讲,最高本源及终极本源(上帝)那样的存在是人所无法证明的,因而,也只能在自在之物的意义上被虚拟出来,它不能作为从理性自身内所看到的神迹,而只能作为理性的预设而建立起来的价值。康德这样两个方面的设定,都是黑格尔所反对的。在黑格尔整个的一生中,尽管其宗教观点在早年和晚年有所变化,但黑格尔对于宗教(特别是新教)的核心理念却始终未变。这个理念也即是:确认上帝是作为绝对精神而存在的,而且上帝作为一种自在自为的精神,又是存在于此岸(世界之内)的。正因为如此,人才可以从自我意识中接纳到上帝的精神,而上帝也才可以作为一种本原精神的昭示者,显现于人的有限的自我意识。这正是黑格尔关于上帝理念的根本性原则和出发点。

在黑格尔所有的著作中,我们都可以看到对这样一种观点的阐明和诠释,在《哲学史讲演录》中,黑格尔就在多处强调过上帝的那种精神性,并一再指出人的精神要回复到自身的本质,就是要通过神人和合的道路。神和人的关系,并非像康德所说的那样,是一种外在的联系,而是在精神中相互融合和贯通的。绝对精神之所以可以启示出真正的宗教,就是在于它借着精神的演化而传达到个人的心灵,并以表象化的意识形成个人的精神。绝对者(绝对精神)是以理念的内容形成有限精神之对象,而上帝就是绝对的、普遍的本质的内容。黑格尔在哲学史的导言上就这样写道:"在作为最切近地最直接地启示上帝的宗教里,表象的形式和反省的有限思维的形式并不是上帝存在于意识内的唯一形式,但是它却必须显示其自身于这种形式内,因为只有这种形式对于宗教意识才是可理解的。为了讲明白这点,必须说明一下什么叫作理解。一方面,如上面所说,理解主要地就是内容的实质的基础,这基础出现在精神里就成为精神的绝对本质,激动了精神的最深处,即在这最深处引起了共鸣,而且即在这里面得到了关于精神的证明。这就是理解的第一个绝对条件。凡不是潜在于精神自身之内的对象,即不能自外进入到它里面,也不能使它实现出来,换言之,这种内容就是无限的和永恒的。"①这里,黑格尔把作为精神的那个基础看作是绝对本质,并把为精神而存在的那种精神性的对象看作是从上帝本身显示出来的形式。而最终,通过宗教而达到的真理也即是精神的启示。在黑格尔看来,人们只能在精神内并在真理内认识上帝,上帝不是别的,也即是作为绝对精神的那个普遍者。那个普遍者过渡到它的对方的个体精神之内,并通过启示把自身的精神浸透到对方的表象里。这也即是从宗教中传达出的精神的真理。那个真理正是作为上帝在自身的精神里启示出来的光。在《小逻辑》一书中,黑格尔也坚持了这种作为绝对精神的上帝的理念。上帝在黑格尔那里就是一种绝对精神,它并非某种特定的存在,也并非康德所说的那种自在之物。作为纯粹的精神及本源的精神,上帝就是绝对思维。是在自身的纯思中产生出对象世界的东西。在逻辑学概念的初步规定那一部分,黑格尔曾肯定了康德在认识的理念方面所取得的进步,但同时,黑格尔也指出了康德的那种形式化论证的缺陷。黑格尔指出,康德并没有摆脱经院哲学的那种形式逻辑的思路,那也即是并没有把上帝看作是一种纯粹的精神,而只是把上帝看作是一种存在(尽管那是一种全知全能的存在)。在黑格尔看来,这样的观点是不正确的,没

---

① 黑格尔:《哲学史讲演录》第一卷,贺麟、王太庆译,商务印书馆,1983 年版,第 70 页。

能反映出上帝作为绝对理念的那种精神性的关系。黑格尔在一个地方曾指出,说只有旧的形而上学才认为存在是一种纯粹肯定的关系,但真正来说,存在并不是什么肯定的东西,而倒是一种太低的规定。它既不配表达上帝的那种精神性的理念,同时也不配表达上帝本身的那种自在自为的关系。至于康德所做出的那种谓词关系的批评,尽管它在形式的论证上是有效的,但康德却未能把握住绝对精神的那种思辨理念,因为康德并没有看到绝对理念的谓词只是主词(绝对精神那个主体)身上所分化出来的形式,它不是从外部表象的关系上添加到主词上的东西,而只是主词自身的一种自我发展出来的差别化的关联。黑格尔批评康德只是看到了判断的形式,但在黑格尔看来,康德所做出的那种判断却是片面的和不真实的。黑格尔在一处就这样明确地阐述道:"在这样一个命题,如'上帝是永恒的里面',我们从上帝的表象开始,但还不知道上帝究竟是什么,还须用一个谓词,才能把上帝是什么说出来。因此,在逻辑学里,其内容须纯全为思想的形式所决定,如果将这些范畴用来作为上帝或较宽泛的绝对这类主词的谓词,不但是多余的,而且还有一种弱点,就是会令人误以为除了思想本身的性质之外,尚另有别的标准。不仅如此,命题的形式,或确切点说,判断的形式,不适于表达具体的和玄思的真理(真理是具体的)。因为判断的形式总是片面的,就其只是片面的而言,它就是不真的。"①可以看到,黑格尔这里对于康德的批评,恰好反映了他自己的关于上帝是绝对精神的立场。这也正是黑格尔与康德的一个重大的分歧之处。当康德以一种暧昧的暗示否定了上帝的实存时,黑格尔则以一种鲜明的立场肯定了上帝的存在。在这一点上,黑格尔与康德的观点没有任何可调和之处。至于黑格尔批评康德的那种把上帝物化(作为存在物去肯定)的观点,也正是他们二人在核心问题上的分歧的焦点。因为上帝在黑格尔那里不是存在于何处,以及它是如何存在的问题,而是上帝作为一种

---

① 　黑格尔:《小逻辑》,贺麟译,商务印书馆,1997 年版,第100 页。

绝对理念（绝对精神），是如何在自身的思维运动中外化出对象世界的问题。在这个关系上，黑格尔从根本的方面弃置了康德的理论，并在绝对精神的维度中，把上帝的关系纳入到他所建立的思辨逻辑的理念框架。

在《逻辑学》一书中，黑格尔完全彻底地扬弃了康德的观点，直接把上帝规定为是理性的对象，并指出上帝是必须用思维去进行规定的。上帝既不是经院哲学所证明的那种形式化的存在，也不是康德所说的那种自在之物的形式。在黑格尔看来，上帝只是作为精神，而且只是作为绝对精神而存在的。那种把上帝看作是不真实的或非精神的看法，都是对上帝概念的一种错误的识见。因为真正说来，上帝不仅是生命，还是作为生命中的精神而存在。而精神的本性又正是通过思维的活动展开的。在《宗教哲学》那部著作中，黑格尔更为详尽地规定了上帝的本质，并把上帝的那种本质的关系与精神（思维）运动的关系融合到一起。尽管黑格尔在这方面的理论非常繁复，但其核心观点可归结为这样两点：一是上帝作为精神是一个绝对主体，作为普遍者的本质，上帝是一个绝对的思维者，二是上帝在其自身的思维中要显现和外化，而他所外化出来的世界也即是自然。在《自然哲学》那里，黑格尔也曾表达了那样的观点：即上帝是世界的灵魂，而作为那种灵魂运动的内在动力，就是绝对者的自我意识。上帝的那个自我是绝对的主体，它是绝对主词之主语，而他所建立起来的对象化的东西（即消逝环节的东西），则是自我意识的谓语。在黑格尔看来，上帝作为主体并不是抽象的东西，它不是存在于特殊事物之外的普遍性，而是精神之内的具体的普遍性。在此意义上讲，上帝作为精神，是存在于事物之内的概念，它是一种自然的理性，同时也是自然之解放的内在动力。其原因就在于，它（作为绝对精神）是深入到自然内部的灵魂。当人们具有思想时，也就是深入到自然内部的本质。上帝并非作为一般的灵魂（思想）而存在，而是作为理念的自在自为的形式而存在。正因为如此，上帝才不是僵化的自在之物（像康德所设定的那样），而是一个最高精神者活生生的主观性。这种主观性,只是一种自身运思并在其运思中创造世界的活动。在黑格尔晚年的一些著作中,他也同样坚持了上面的观点,在 1831 年所撰写的一篇文章中,黑格尔就坚持了上帝是一种精神化的绝对主体的立场。他强调说,上帝作为绝对理念,并不是有限者,而是概念与其实在的同一。作为原初的绝对主体,上帝就是纯粹的自我规定。他明确地这样写道:"上帝的概念是无界限的,并非在于坏的无界限性中,然而,同时又是最确定的、纯粹的自我规定:那些最初的论证,似乎是在有限的相互联系,有限的规定方面,既然其中的开端为某现存者;在这里,开端为自由的、纯粹的概念;这样一来,这一阶段遂出现上帝存在之本体论论证,纯粹的概念构成这一阶段之抽象的、思辨的基础。"①

这里,黑格尔仍是强调了上帝是纯粹主体,是纯粹的自我的规定,同时,也把绝对的开端设定为是自由的纯粹的概念。这与他在逻辑学中把(哲学之)开端规定为是(概念之)纯有是一致的。只是在这里,黑格尔更强调了上帝的那种创造性的功能。在《宗教哲学》精神个体性的那一部分,黑格尔还把上帝的那种纯粹的主体性规定为自性。自性这个概念是黑格尔首次使用的概念,它更加强调了上帝作为绝对主体的那种性质。黑格尔把自性设定为是概念(主体)与其自身的关系,神被设定为是自我意识,也即绝对主体之差别者,用黑格尔的话说:"差别与意识一并被设定,首先是对自性(Selbst)而言;它在此被设定为自性本身的差别(所谓'自性',乃是同自身的关系),意识因而是自我意识。神被设定自我意识,因为意识以及意识同客体的关系实则呈现为自我意识。定在、神的对象性(Gegenständlichkeit),他者,是某种理想者、精神者;神因而实质上为精神。为整个思想而呈现;至少他为精神而呈现为精神,至少是关系的一方面。可构成全部关系的为:神被崇奉于精神和真中;而在

---

① 黑格尔:《宗教哲学》下卷,魏庆征译,中国社会出版社,1999 年版,第 905 页。

本质上,这至少是一个规定。"①黑格尔这里的意思很明显,即人的自我意识是被神的绝对精神设定出来的。正是通过神的自性(精神的自我分离性),人才获得了有限的自我意识。从这一点看,神(上帝)就是绝对的主观性,绝对的自我意识。这个主观性由于它自身的纯粹性,因而也就是自在自为的普遍性。黑格尔甚至把这种纯粹的普遍性说成是绝对的威力。作为原初的自我意识,它也就是绝对的智慧。这种智慧是一种一的意识,它既是独一者,也是将自身(在分化之后)统一的意识。它首先在自我意识中设定自身,在精神内部做出区分。其区分也即是对于它者(对象)的规定。在此规定中,神使自身之对象转化为世界,换言之,神是在精神之内创造世界。精神作为主体及初始者乃是绝对的本质,它在其自身的直观中进行创造。按照黑格尔的意思去说,神是在无中去从事创造。因为没有任何事物先于神本身,神是第一者,绝对的原初之存在。世界作为一种自然性的存在,不是别的,只是神的存在之表征者。作为对象性的存在,它从属于神,而世界也不是别的,就是神在自我意识的设定中外化出来的世界。

这个地方,黑格尔把神的那种绝对的主观性呈现出来,在这种主观性中,黑格尔还设定了神在世界之中的目的。神之存在的目的有三个:一是要把精神中的智慧呈现出来,把意识之目标转化为自然之创造。这也即是把自己在精神中所看到的东西,转化为自然界的实存。这即是神的自我创造过程。二是以普遍的意志去设定伦理的目的,使人的行为具有正当的合法性,也使人超越出自然关系,而进入到神所设定的精神的层面。三是使人具有上帝的神性,使人可以无限地接近上帝。神是绝对的威力和绝对的主体,而人则要通过上帝之中介,达到上帝的精神。黑格尔这样阐述道:"神在自身是中介,人也是这一中介,人知己在神中;人和神述及对方皆声言:此乃是来自我的精神之精神。人犹如神,亦为精神;尽管他在自身具

① 黑格尔:《宗教哲学》中卷,魏庆征译,中国社会出版社,1999年版,第470页。

有有限性和分离(Trennung);而在宗教中,他则扬弃其有限性,因为他是对己在神中之知。"①

实际上,黑格尔已经把神的主观性转化为生成对象世界的精神性的东西,这也即是说,上帝通过自身之中介(自我意识的精神性活动)把精神传达到人那里。这样,上帝作为绝对之主体,也就把自身的主观性转化为特殊的精神,这个精神作为上帝(之精神)所分化出来的差别,也就是人的自我意识。因而,黑格尔才不断地强调,说人的精神是在神之内,而神(作为绝对的主观性)又通过人的自我意识达到了对自身之认识。黑格尔曾反复指出,说神的自然性与人的自然性之统一,本身就是绝对精神。神作为启示的精神而存在,人则是作为接受启示的精神而存在。这里,黑格尔以绝对精神的方式设定了上帝的分化,黑格尔将此方式说成是上帝的分裂,正是在这样一种分裂中,人才在其自身的无限痛苦中筑造了恶。痛苦不是别的,正是有限意识的否定。在黑格尔看来,恶本身即是矛盾的产物。这样的矛盾,正是发生在人的有限意识中。上帝作为绝对者,一方面创造了自身之异在,另一方面也将把那种有限的异在物扬弃掉,使自身再次成为无限者。这也即是上帝在其绝对精神中调节人与自然的和解之过程。因为神正是通过直接地存在于一切人中,才达到了自在自为的绝对理念。在黑格尔看来,那是从精神王国的高脚杯,为神冒出的人的泡沫(意识的无限性)。异在者作为人,正是与神合和的必要环节。神在其异在者那里成为人,而人也在异在者那里获得神性。这也即是神与人之实体性的统一。黑格尔写道:"这一异在存在,是永恒设定自身者,永恒扬弃自身者。这一自我设定,异在存在之扬弃,乃是爱,精神。恶一方面只是抽象地被规定为他者,有限者,否定者,而神作为善,真,被置于另一方面。然而,这一他者,否定者,有自身内同样包含肯定,在有限的存在中,应对以下所述有所意识,即:其中包含肯定的要素,在这一肯定的要素中存在

① 黑格尔:《宗教哲学》中卷,魏庆征译,中国社会出版社,1999年版,第515页。

与另一方面同一的要素,犹如神(上帝)作为真者,不仅是与自身之抽象的同一,而且是他者,否定,他者对自身的设定。是其本身的本质的规定,精神本身的规定。和解的契机只是在于:神的自然与人的自然之自在存在的统一被意识,这是不可缺少的基础。由此可见,人可意识自身为被接纳为神者,既然神对其说来并非某异己者,他与其相关联,并非作为外在的偶然者,而是据其本质,据其自由和主观性被接纳为神。然而,这成为可能,只是由于神只具有人性的这一主体性。这一自在存在,应被无限的痛苦意识为神的自然与人的自然之自在存在的统一,然而只是依据自在存在,实体性。于是,这一有限性,软弱性,这一异在存在,并不有损于两者——神与人之实体的统一。"①

这里,黑格尔再次强调了神与人的统一。这个统一,也即是神的自然与人的自然之统一。正是在这个统一中,人才在自然的存在中获得了精神。而神,也在其自身的绝对主观性中,把内在的思维转化为外在的实体。这个实体,也即自然之存在。这就是黑格尔上帝观的第二个方面。即神把自身变为一个异在,把纯粹的主观性变为客观性,把自身永恒者变为有限者,最后,又把精神之思变为对立的自然形态。黑格尔指出,神降世为人,是为了使有限精神在有限者本身中意识到神,这是人作为人的命运,也是基督教的基础的环节。既然精神应向意识者(人)展示,那么,神圣者就应该以直接的形态(肉身耶稣的形态)展示出来,在这个地方,黑格尔基本上还是坚持了基督教的理念,只是黑格尔更加强调了作为上帝的那种绝对精神的转化过程。实际上,在他的宗教哲学那部书中,黑格尔所关注的核心问题也正是这一点,因为在基督教中,神人结合只是一种外在化的过程,它脱离了精神性的规定,因而也就与知性相悖。黑格尔认为,神与人的相互结合之关系只是一种精神性的关系。神和人的自然在其自身并非不同,但这样一种设定则是基于这样的前

---

① 黑格尔:《宗教哲学》中卷,魏庆征译,中国社会出版社,1999 年版,第 669 页。

提,即当神以人为其形象的时候,它的真理只是基于绝对精神的规定。而基督教在黑格尔看来,只是一种绝对精神的理念的关系,宗教那个神圣的无限精神,也只是通过有限精神(人)的中介来完成的。这一过程表现为:绝对精神作为自意识,会在其自身的普遍性中分化出个别性,区分的环节在精神中仍是意识者。区分本身乃是两者之同时的设定。一方面,精神作为存在者,是与自身关联的神之实体的统一,另一方面,区分作为差别化的意识规定则是有限的方面。当绝对主体将自身的对象化的意识转化为外在的差别时,人的存在便在实体中显现出来。人作为意识者便获得了自身的规定。那个规定正是从神的绝对精神中下降的个别精神。由于精神(绝对精神)必须要外化出来,人也就在精神的外化中获得了自然的实体。这正如黑格尔所说:"我应使自身处于这样的状态:精神生存于我中,以使我成为精神的。这便是我的,人的职责,神从他的角度亦予以实施,他向人接近,并凭借人之扬弃存在于人中。作为我之举动而现者,因而是神之举动;反之,亦然。诚然,这与康德和费希特的纯粹道德观点相悖。据他们看来,善应当始而被造,被宗教化;同时,并以这样的规定性,以期'应有'亦可保持,似乎善已自在自为不复存在。据此说,外在于我,有一为神所遗弃的世界;这一世界有待我将目的,善加入之。道德行为领域是有限制的。反之,宗教中,善、和解获得绝对的完善,且自在自为。精神世界与自然世界神圣的统一,已先行述及,——特殊的自我意识亦属之,——只是涉及我,唯有我与统一相对立;我应摒弃其主观性,参与永恒进行的创造,在其中获得其命运。善因而并非'应有',而是神圣之力、永恒的真理。"①

　　这里,黑格尔又一次引出了神人性关系。又一次强调了神是存在于人之中,而人也同样存在于神之中。这是黑格尔对于他的逻辑学和精神现象学的进一步的补充,并为绝对精神与神的关系做出了

---

① 黑格尔:《宗教哲学》上卷,魏庆征译,中国社会出版社,1999年版,第177页。

更为具体的说明。这是其宗教哲学超越出前两部书的地方，也是黑格尔把上帝的关系引入到绝对精神中的具体表现。我们前面曾提到，黑格尔把上帝的关系界定为是显现和外化的关系。而这个关系也正是显现者的绝对精神外化出自然的关系。上帝作为绝对理念，乃是本质的环节，它是作为绝对精神而存在的。另一方面，上帝又是在自我创造中的分化者，它从精神中分化出自然，而人，则是从上帝的精神中分化出来的自然之在。在这里，上帝是绝对的统一者，是自然与精神的绝对统一。作为精神，上帝在自身中已蕴涵着自然的规定。而人，就是上帝的具体的规定者。人具有直接的自然性，但也在精神中逐渐接近了上帝。用黑格尔的话说，人只是为神而完成于神者。人是神所设定出来的精神性。

我们可以看到，黑格尔这里的观点，与康德的宗教观是完全不同的。在康德那里，神只是处在自在之物的规定上，神仅仅是一种虚拟出来的概念。而在黑格尔这里，神不但是实存的，而且还与自然世界发生了关联，特别是与人的精神存在发生了关联。在黑格尔这里，自然的世界并不是直接存在的，它既不是一种现成的对象，同样也不是一种物理实在。自然作自然，只是一种精神者（神）外化的关系。它是从上帝的绝对精神中外化出来的存在，它是绝对精神自身的一种变异物。而宗教本身在黑格尔那里，也有着完全不同的性质。它远非康德所说的那种调节性原理的产物，而是作为绝对精神的纯粹的知性而存在的。用黑格尔的概念去说，宗教乃是精神自知自身为精神，而绝对的宗教也就是绝对的精神。在黑格尔那里，绝对宗教（即基督教）是一种真理和自由的表现。上帝的规定在于它就是绝对理念。而人的自然规定则在于他是有限精神。这个有限精神正是通过自我擢升而接近上帝的本质。人之擢升是上帝的精神之设定，一方面，绝对精神在自然中设定了界限，使个体生命成为自我意识。另一方面，那个个体意识，作为上帝的显现者，又存在于自然的意识之中，但也是自然者作为形体存在于精神之中。因而精神在个体性中达成了自我意识。黑格尔认为，当主体（之自我意识）

被设定为是有限者时，便达成了美的宗教。在此关系上，个体意识的内涵便以普遍者为内容。因而，个体意识之擢神正意味着上升到神之精神的理念，从外在的生活看，也即是从静寂的隔绝状态过渡到具体的存在。上帝是具体者，它也将从自身的存在发展出具体的规定。黑格尔曾强调说，个体意识的擢升，意味着从一级次向较高级次的过渡，这个过程，也就是个体意识（精神）向完满理念的上升和过渡。黑格尔这样写道："这便是神和宗教的始初，抽象的规定之逻辑的、理性的概念。宗教的环节之表现，乃是通过概念的环节，——它肇始于直接的存在，在无限者中并为无限者而扬弃自身；而这样的客观的环节，包含于无限者为存在和为有限性的自我展示中，——这种有限性始终无非是转瞬即逝和过渡的，它之所以是过渡的，只不过是由于无限性：有限性是无限性的显现，无限性又凌驾于其上。在所谓宇宙论论证中，正是应当看到这样一种意向，即导致内在者所是者的意识；正是应当看到在于自身的纯粹理性的运动，它作为主观的方面被称为'宗教性的擢升'。"[1]黑格尔在一个地方还曾作了这样的比喻，他把上帝绝对本质之分化比喻为是光明的扩展。那即是说，神把自身的光明向下照耀，向下扩展，并将自身之光明传递给他者。但神自身的照耀之光，却并不因向下层的分散而有所衰减，有所丧失。因为那正是神的普照之光，当神将自身的光明赋予他者时，他也就将自然之物赋予了人。用黑格尔的话说，那是神的精神之光向人的展现，也是神在自然中所做的无限的善举。正是在神的这种善举中，人才实现了向上帝（绝对精神）之擢升。

　　黑格尔这里的观点，正是上帝作为绝对的普遍者（纯粹的光明）的一种具体的说明。上帝是精神，但上帝也是显现为自然形态的精神。而纯粹的精神正在于自我展示，作为纯粹的思维，它昭示其对象，而作为存在的样态，上帝则化身为耶稣那个人。绝对精神在其主观性中展示出客观性，而自然形态的那种客观性，又成为人的存

---

[1]　黑格尔《宗教哲学》下卷，魏庆征译，中国社会出版社，1999 年版，第 831 页。

在的环节。黑格尔在这个地方完成了这样的规定：即上帝通过其自身的精神显现为存在，同时，又在其创造出的自然对象中设定了有限者。上帝是绝对精神，而人作为有限之存在，则是有限的精神。这里，两个方面的原则被揭示出来，一是绝对精神如何外化为自然的关系，二是绝对精神作用于个体精神的关系。这两个方面，也就构成了黑格尔宗教哲学的核心内容。前者体现了绝对精神作为主体设定其对象的关系，而后者则体现了无限精神与有限精神之间的关系。我们可以看到，黑格尔的神学理论与康德的神学理论之间的重大区别，在康德那里，神是处于彼岸世界的，是处于自然之外的存在。而在黑格尔这里，神是此岸的存在者，他存在于世界之中。作为绝对精神，它昭示其自身的对象，而作为显现者，他又是耶稣那个具体的人。黑格尔不但设定了上帝是绝对精神的那种原则，而且还坚持了基督教的基本观点，把上帝之存在看作是一种创造自然的绝对力量。从这一点看，黑格尔就弃置了康德的神学观，而建立起一种全新的宗教哲学。

在黑格尔的宗教理论中，我们也可以发现一些疑难之处，那就是神与人的关系及其转化的问题。当黑格尔把上帝看作是一个显现者时，上帝也就从无限性转化为有限性。人是如何从那个有限性中（即耶稣那里）接受到精神的，黑格尔始终说得不够清楚。如果上帝是作为绝对精神而存在的，那么，设定一个有限生命的神便有些多余。因为有限者并不能从有限者那里分有到精神。事实上，黑格尔也认为，人的个体精神是从绝对精神那里获得的，因而，当黑格尔强调说神存在于人之中，而人也同样存在于神之中时，他的思路并非是很顺畅的。因为这个观点只是反映了神与人的中介关系，而没有反映出神与人的真实之区别。上帝那个人作为神人，没能显示出作为神意的代表者与普通个体的那种差异。如果他们二者（上帝和普通人）都需要绝对精神作为支撑，他们也就同样是作为普通的个体而存在的，但如果基督本人就代表了绝对精神的普遍性，说绝对精神是宇宙中的最高精神也是成问题的。黑格尔这里的困难始终是存在的,他是否就把人思看成是神在自我意识中设定出来的某种有限的对象,这一点始终是模糊的,但当他把人在其个体的意识中向最高精神之擢升看作是向上帝的无限精神靠近时,他似乎又是把人思看作是可以通达到绝对精神那种境界的。总之,黑格尔是用神性覆盖了人性,同时,也让人在其思维中洞见到神性的真理。黑格尔曾说,神就是存在于人性中的神,这话只意味着,神是在俯身把人擢升到他自身的绝对高度。当真的规定在黑格尔那里只是神所显现出来的人者时,人也就是在自然中唯一可以把神从绝对的高度收获到知性意识中去的有限精神。这或许就是黑格尔的宗教哲学传达出来的真谛。

第七章　费希特——作为中间环节的知识学

第一节　费希特哲学的基本原理

　　一般来说,费希特的哲学在德国古典哲学中被看作是一个过渡性的环节。作为一个知识学的哲学体系,它是康德哲学的拓展和补充,并完善了康德所建构的主体性原则。至少在黑格尔看来,费希特的哲学把握住了一种绝对的形式,它没有超出康德哲学的内容,但却使康德哲学更加系统化和形式化了。用黑格尔的话说,费希特是找到了理念规定的最高原则。由于费希特直接在哲学中设定了自我的概念,这就比康德的那个先验统觉的概念更加直接和彻底。在康德那里,自我意识只是以暗含的形式存在着,康德曾区别出直观、想象及观念等各种意识的元素,但还没有把那些元素直接归结为是出自一个自我,归结为自我意识本身所直接设定起来的差异。这一点,也曾被莱因霍尔德所看到。莱氏曾想在康德的体系之上建立一个新的体系,旨在揭示出各种观念之间的联系乃是出于一个聚合体。这个聚合体在意识的表象中把主体和客体区分开来,并同时使这二者发生关联。这项工作在莱氏那里并没有完成,莱氏只是发现了这样一种思路,但怎样才能使一种表象的关系既成为客体,也成为主体,那样的方法莱氏本人并没有找到。他的那种思路启发了费希特,正是遵循那种思路,费希特才得以建立起以自我(意识)为绝对出发点的知识学。

在康德那里,尽管先验的主观性通过先验统觉那个概念被设定起来,但康德的那个先验统觉并不是最高的理性,而是一种有限的主观形式。因为先验统觉概念本身并不是绝对物(绝对理性)的规定。用黑格尔的话说,它并没有与某种绝对的东西联系在一起,它只是一种有限的主观性。这种主观性由于游离了自然本身的规定及自在之物的规定,也就成为了一种空虚的先验主体。费希特的出发点,正是为了要改造康德的那种缺陷。他扬弃了康德把先验主体与绝对物对立起来的观点,把绝对同一性的关系设定在自我之中。在费氏那里,主观性与客观性的差别(即对立)消失了,同时,自我意识与自然的对立也消失了。主体与客体建立了一种有效的结合,在那种结合中,哲学(通过自我那个绝对的基础)建立起一种绝对的同一关系。对于那样一种绝对的同一关系,黑格尔也曾给出了很高的评价。斯特林在一篇文章中曾恰当地指出,说费希特的那种方法,明确地处理了黑格尔的任何主张。他甚至指出,说谢林在他的《先验唯心论体系》中的那些观点,直到黑格尔的转达擦亮了他的眼睛之前,一直是很盲目的。斯特林之所以做出如此的评价,正是根据黑格尔最早撰写的那篇文章,即《费希特与谢林哲学体系的差别》一文。正是在那里,黑格尔以独到的慧眼指出了谢林与费希特之间的联系与差别,并同时指出了康德哲学(与他后继者的哲学相比)的一般性缺陷。大体上看,斯特林的观点是可以被接受的,至少他说中了费希特的那种绝对综合的自我(意识)对于黑格尔后来所产生的影响。我们这里可以引述黑格尔自己的原话,来说明黑格尔在早期的时候,就已经发现了费希特那个自我原则的重要性。他这样写道:"哲学的绝对原则、唯一实在的根据和坚定立场,不仅在费希特哲学中而且在谢林哲学中都是理智直观,如果为了反思表达一下的话,那就是主体和客体的同一性。在科学中,这种理智直观成了反思的对象,因此,哲学反思本身是先验的直观。哲学的反思把自身变成客体并和客体合而为一,因此它是思辨。费希特的哲学因此是思辨的真正产物。哲学反思是受制约的,或者说,先验直观通过自由摆脱经验意识的全部多样性而达到意识,而就此而言,哲学反思是主观的东西。如果就哲学反思使自身成为对象而言,那么,它就把某种制约的东西变成了它的哲学原则。为了纯粹地理解先验直观,哲学反思还必须摆脱这种主观的东西,以便先验直观作为哲学的根据对于哲学反思来说既不是主观的,也不是客观的,既不是同物质对立的自我意识,也不是同自我意识对立的物质。而是绝对的、非主观的、非客观的同一性,纯粹的先验直观。作为反思的对象,先验直观成了主体和客体。哲学反思在这些纯粹反思的产物的不断的对立中,在绝对物中设置这些纯粹反思的产物。思辨的反思的对立不再是主体和客体,而是主观的先验直观和客观的先验直观:前者是自我,而后者是自然。而且二者都是绝对的、自我直观的、理性的最高现象。这两种对立的东西——它们现在叫作自我和自然、纯粹的自我意识和经验的自我意识、认识和存在、自我设置和设置对立面、有限和无限——同时被设置在绝对物中:在这种二律背反中,普通的反思只发现了矛盾;在这种绝对的矛盾中,只有理性才发现真理,这种绝对的矛盾设置了二者又消灭了二者,二者既不存在而又同时存在。"①

很明显,黑格尔这里肯定了费希特的那种观点,即主观的先验直观和客观的先验直观它们都是理性(理念)的最高现象,只有把这二者都设立在绝对物(绝对的自我意识)之内,康德的那种知性的二律背反才能够被扬弃掉。黑格尔这里所指的绝对物,也即费希特的那个自我的原则,正是绝对的自我本身,才形成了事物的原因和结果,也形成了主体分化为客体那种差别化的统一。康德在知性的环

---

① 黑格尔:《费希特与谢林哲学体系的差别》,宋祖良,程志民译,商务印书馆,1994年版,第83页。

节中建构了一个主体,那样的建构,演变出自在之物的矛盾。正是那种矛盾的出现,使康德意识到实体(自在之物)本身的二律背反。那种二律背反,如后来黑格尔所指出的那样,乃是一种有限意识(知性意识)自身造就的产物。黑格尔曾精辟地指出,二律背反并非像康德所说的那样,只有四种形式。真正说来,一切事物都具有二律背反的规定。原因很简单,事物本身不是别的,就是矛盾(二律背反)的表现。只有在绝对物的无限性里,即一个具有绝对意识的绝对主体中,有限事物的矛盾才能被消除。绝对主体是有限性与无限性的建立者,也自然就是主观性与客观性的绝对统一。费希特的那个自我,正是建立了一种绝对主体。自我是一,是第一性的存在,是绝对的无条件的东西,同时,也是基础性的先验原理。自我统摄了杂多性的材料,在纯粹直观中将它们转化为意识之对象。作为对象的表象及观念,那些内容在自我直观中又重新得到了综合。一方面,自我是意识本身,另一方面,它又是意识之对象。因而,主体在自身中就形成了客体,而客体由于是自我(意识)的建构之物,又仍然归属于自我的活动。这就是为什么黑格尔会说,费希特的哲学是思辨的,因为它通过意识的活动把主体和客体合而为一了,最后又让绝对物显示在自我之中。

我们可以看到,这既是费希特哲学的一般性思路,也是他哲学原则的主要出发点。康德和莱因霍尔德一直在寻找却没有发现的原理,现在被费希特所找到了。当然,人们可以看到,费氏从康德那里汲取了灵感,但当费氏从康德的先验统觉的规定中突破出来时,人们还是可以发现费氏本人的功绩。这并不是指费氏创造了一种知识学,而是指他把握住了康德哲学的精华,并把一个绝对的自我原则设定出来。在这一点上,费希特很像是笛卡尔。他们都从一个绝对的出发点开始,笛卡尔揭示出的是思维与存在的关系,而费希特所揭示出的则是,对象的客体乃是绝对主体的一个非我的形式。从这一点讲,费希特的哲学就要高于笛卡尔的哲学。它代表着近代主体意识的真正觉醒,也代表着从一个绝对的反思者之思维的内部构建出客体关系的思路。这就是为什么黑格尔会在自己的哲学史中特别强调，说费希特找到了一个真正的理性原则，这乃是他的伟大之处。

实际上，康德的哲学就已经设定了那样的联结点：即表象及客体之间的那种内在的关系。康德非常自觉地意识到有一种基质性的东西，那种东西联结了主体与其意识对象发生关系。康德把那种基质性的存在称之为是先验统觉，由于它先验地在主体中建构出意识之对象，因而它也就先验地建构出知识。在先验知识的建构中，联结者是一种先验直观形式。直观产生出表象，表象又通过回忆或联想组成意向性的对象。正是在意向关系的呈现中，先验统觉才发挥了作用。它把先前直观到的东西转化为在表象中的呈现之物，而那个表象之物作为对象的形式，又构成了知觉意识。在此过程中，先验统觉成为联结各种对象关系的条件，统觉成为把感觉关系转化为意识对象的中介者。康德曾把直观转化为意识对象的活动叫作出现。出现不是别的，就是主体（通过自我）把各种知性活动呈现出来。从这一意义上讲，出现就是一种再生性的关系。康德曾再三强调说，人们随时可以把某种表象从主体中呈现出来。但其呈现，却总是按照先验统觉的原则。正是先验统觉，才达到了一种表象关系的综合。通过先验的综合活动，人们才可以达到概念性的知识。康德在这个地方已经非常明确地看到，要有一个对于知识关系（对象关系）的综合者。只是在康德那里，其综合者被设定为是先验统觉，它还没有以自我的直接身份被确定下来。康德的这种思路，被费希特充分地利用了。费希特在其哲学的早期时代，就曾意识到这种关系，即表象所表象的东西就是一个表象者。他同时也意识到，要建立真正的哲学（即他的知识学），就不能停留在表象的层面，而是要深入到产生出表象的那个基础中去。他看到了康德所做出的那种正确的尝试，但他认为那种尝试还不够，应该有一个更为基底性的东西去支撑知识，并找出知识发生形态的那种独一的源头。这使费希特耗费了长久的时间去思索，后来他终于找到了那个最为原初的基底。在知识学的体系中,他把那种原初性的基底关系称之为自我。他同时代的哲学家斯特芬斯,曾记述了费希特产生出那个思路时的惊喜,斯特芬斯这样描述道:"此时,他突然由于一个思想而惊喜万分:自我意识捕捉自身、把握自身的活动,很显然就是一种认识,自我认识到自己是由自身所产生的。认识的自我与被认识的自我,认识和认识的对象都是一回事。一切认识都是从统一性这个点出发,而不是从起分解作用的观察出发,这种观察要求拥有时间、空间和范畴。他问自己,如果你把这个被假定在人的一切思维和行动之中的、暗含在四分五裂的意见和行动之中的自我认识的第一活动纯粹单独地筛选出来,并且在它的纯粹结果中考察它,那么,在这个生气勃勃地活动和生产的第一活动中,难道不能发现和阐述我们在数学中所拥有的同样的确定性吗? 这个思想一下子抓住了他,它是如此清晰、有力、可靠,以至他被自己心中这种强大起来的精神所征服,他提出了自我作为哲学的原则,并不能再放弃这个尝试。一个知识学的雏形和知识学本身就这样产生了。"[①]

知识学这个概念是由费希特所独创的。这个概念本身容易引起人们的误解,因为这个概念会让人联想到有关知识本身的学说。但在费希特那里,这个概念是很确定的,知识学并非是指别的什么学说或理论,而仅仅是指他本人所独创的那种哲学。他的那部主要著作《全部知识学的基础》,则代表了那种新哲学的最为完整的体系。而之所以运用知识学这个概念,也是由于受到康德的启发。康德的《纯粹理性批判》那部书,就是想用一种原理去诠释作为哲学概念的那种知识是如何发生的,而费希特本人也正是基于康德那样的思考,他想找到一种绝对的原理,用以表明哲学知识是出于一种先行的条件。康德曾把产生知识的那种先行条件看成是先验统觉,这已经确定了知识发生形态的源头。但费希特并不满意康德的那种

---

① 雅柯布斯:《费希特》,李秋零、田薇译,中国社会科学出版社,1989 年版,第 61~62页。

提法,他想更迈进一步,找出一个更为恰当的核心概念,用以解释哲学概念关系的发生原则。正是在知识学的体系中,费希特把这样一个原则建构出来,那样一个全新的原则,也即是自我。黑格尔曾就此评述说,康德哲学的那种缺少思辨统一的缺点,现在由费希特所克服了。我们也可以发现,费希特哲学的最大优点和重要之点,也正是在于他发现了哲学必须要服从一种最高的原则。实际上,费希特所要完成的工作与康德的工作是一样的。那就是把知识作为考察的对象,并找到作为哲学出发点的先行条件。在康德的启发下,费希特意识到,哲学基础性的原理在其所论证的那个系统中是不能被证明的。因为它是绝对的原理,因而它也就必然是无须中介的。在此意义上说,那个基础性的(哲学)原理就必须是自明的,它只是一种通过直观确定自身的认知,费希特把它解释为是对于自由的一种规定而形成的。费希特进而解释道,既然被认知的东西就是认知自身,那么探讨绝对知识的那种行动也就是探讨自我的行动了。自我既是自身建构着的主体,同时也是(在其意识内部)建构其对象的客体。由于自我是一种主客体关系的统一体(同一体),因而一种完整的自我也就既不是主体,也不是客体。费希特还曾批评了康德的那种自我意识的概念,认为康德所说的那种自我只是一个伴随着一切概念的空洞的意识(这个观点一直被黑格尔后来所沿用),因而,它就不可能出自一种自由的关系。他曾这样明确地指出了康德的缺点:"按照康德的说法,自由是绝对开始一种状态(存在和持续存在)的能力,这的确是一个出色的名词解释。但一般认为它对认识自由没有很大的裨益,因为关于自由总是一直流行着许多几乎完全错误的概念。以往要回答的更高的问题是:究竟怎样才能绝对开始一种状态呢? 或者说,究竟怎样才能设想一种状态的绝对开端,它可以从起源方面提供自由概念——即把这个概念在我们眼前创造出来呢? 我们刚才已经回答了这个问题。有绝对开端的状态绝对不能被结合到任何东西上,因为有限理性存在物必然仅仅是借助中介和结合进行思维的。所以,那种状态只能被结合到一种思维上,而不能被结合到另一种存在上。"①这里,费希特不满意康德的那种以先验统觉为出发点的自我意识,至少费希特认为,康德没有察觉到一种主体与客体同一关系的自我意识。在这一点上,黑格尔支持了费希特而否定了康德。黑格尔在自己的《逻辑学》一书中,就曾表达过这样的观点,即认为康德尽管发现了自我意识的统一性,但对于自我的那种规定却是很抽象的。在黑格尔看来,康德并没有演绎出自我是如何在具体的形式下设定出范畴,因而就没能显现出范畴是如何从一个更为本源的形式那里发生的。黑格尔认为,费希特做到了这一点。费希特的功绩正是在于,他从自我的绝对形式中揭示思维的必然性,并从那种绝对的自我中推演出思维的具体规定。因而,费希特也就改变了康德的先验范畴那种空洞的缺陷,使范畴本身建立在自我设定的关系之内了。黑格尔这样称赞费希特:"如果说在康德哲学里最初只是形式地提出一条原则,认为思维可以自己规定自己,而思维的这种自我规定的方式和限度尚未被康德证实,那么与此相反,正是费希特认识到这个缺陷,说出了演绎范畴的要求,因而同时做出了也能真正提供这样一种演绎的尝试。费希特哲学把自我作为哲学发展的出发点,各个范畴被认为是作为自我活动的结果得出的。"②黑格尔这里的话,正表明了他对于费希特那个自我原则的肯定和赞同。

费希特所创造的知识学的基本思路乃是这样的:他认为哲学必须要从一个绝对无条件的确定性开始。那种绝对的确定性,就是自我的认知。自我本身是一种先验的意识,同时又是对于自身的直观性的判断。当自我开始活动的时候,它就形成了一种自身之关联。这个关联最为初始的东西(环节),也即是自我对于其自身的直观确认。一切知识都是从自我开始(从自我中发生出来),自我即是那种

---

① 费希特:《伦理学体系》,梁志学、李理译,中国社会科学出版社,1995年版,第38页。

② 黑格尔:《逻辑学》,梁志学译,人民出版社,2002年版,第132～133页。

知识的设定者。在费希特看来,设定者也可以理解成通过一个意识对象在自身中设定差别者。从这方面来说,自我就是一种与自身的特定关联。正是在意识对象的设定(先验活动的直观)中,自我才成为一个绝对的基础(联结对象关系的我思)。费希特这里的观点,很像是笛卡尔设定的那个"我思故我在"的命题。但费希特的超越之处则在于:他从自我意识的活动中,不但确定了(主体)之存在的关系,而且还确定了成为存在者的那种意识之对象的关系。正是在此关系中,费希特建立了一种主体和客体相互过渡的自我原则。他第一次揭示出:自我一方面是一种意识,另一方面又是意识的对象。而哲学的本质,就是要去设定作为主体的我思与直观活动那样的关系。这一点,首先在费希特那里被确定下来。具体的演绎包括这样三个方面的环节:第一,自我等同于自我的形式化关系;第二,自我设定出非我的对象化关系;第三,自我与非我的交互规定原则,在这个原则中,自我和非我都被自我所设定,并在自我内被设定为是彼此限制的。在《全部知识学的基础》那部书中,费希特较为详尽地阐述了上面的这三条原则。

我们可以看到,费希特的前提和出发点正是康德那个先验统觉的发展形式,即自我是绝对的无条件的原理。而费希特所关心的,也正是康德所遗留下来的那个主题,即建构知识的终极性的东西,到底是由何者所构成的。康德已经发现了知识是在先验的意识中建构起来,那种建构的过程是在直观、表象及联想等诸多的环节中发生的。只是康德没有明确地提出,那些环节都是在自我中发生的。而费希特则直接揭示了这个原理,把康德的先验统觉的综合关系,设定为是自我在其意识对象中设定非我的关系。自我首先具有形式化的真理,这即是说,自我作为形式主词的位置,是直截了当地被设置的东西。当我设定了自身的形式关系时,它也就直接设定了与自身等同的宾词。因而,在自我关系的第一个环节中,我是我那个命题是直接被设定起来的。而它之所以是一切行动的根据,则正是在于它在一切设定之前,已经事先被设定了。自我既是行动者,同时又是行动本身的产物。在自我中,行动与事实就是同一的东西。行动就是设定某个对象,而事实则是它所设定出来的那个产物。用费希特的话说:"设定自己,和是(或存在),这两者由自我来使用,是完全等同的。因而命题'我是',由于我已设定我自己,也就可被表达为:我直截了当地是,因为我是。另外,设定着自己的自我,与存在着的自我,这两者是完全等同的、统一的、同一个东西。自我就是它将自己设定成为的那个东西;而且它将自己设定成为它所是的那个东西。于是这就成为:我直截了当地是我所是的那个东西。"①

由于自我是直截了当地设定起来的存在,这样,它就连带地设定了它自己的是(存在)。在形式同一的关系(逻辑关系)中,它也就表示为我是我那样的规定。由于设定自我的那个存在与被设定起来的那个自我是相同的,因而作为一个单纯对象而被设定起来的东西,就是那个对象的实在性。从这一关系讲,一切范畴本身都是从自我中推导出来的,而不像康德所说的那样,范畴规定了先验的自我。范畴之所以具有实在性,乃是在于它们恰恰是从自我身上转移出来的规定,自我是先于范畴而去规定事物的。黑格尔在自己的哲学史中,也肯定了费希特的这个原则,他认为费氏在这一点上超越了康德,并指出费氏的那种先于范畴的自我的开端,是费希特知识学的伟大之处。在进一步的论证中,费希特更为明确地表述出自我与其对象的同一性关系,并把那种关系纳入到 A = A 那样的逻辑命题中。他的核心观点是:设定着自己的自我与存在着的自我,这两者是等同的、同一的东西。因为自我就是设定其对象的那种存在,而对象作为一种存在,又是在自我之内(按照自我的要求)所设定的。因而,这两者就具有 A = A 那样的形式同一关系。在此关系中,自我就是 A = A。它直截了当地设定起自己的存在,自我就是它自己的是。这种关系正是出自于自我本身的绝对同一性,即自我只有

---

① 费希特:《全部知识学的基础》,王玖兴译,商务印书馆,1986 年版,第 13 页。

把自身设定为是某种东西,它才可以是某种东西。没有自我的先行意识(先前设定),就不可能有自我的任何存在。在此情形下,这个命题的主语就是绝对的自我。自我是无条件的主体,这个主体在设定其自身的同时,也就连带地设定了它的对象。从逻辑的形式化关系看,其关系则是:如果 A 存在,所以 A 存在。在此关系中,作为主体(自我)的那个 A 是先被设定起来的。自我在此关系中是同一性的基础。从本质的关系上看,设定了 A 的那个自我与 A 在其中被设定的那个自我是相同的。但自我本身是保持对象与自身相同的基础。至少在费希特看,它们之间的关系是这样的:A 是被设定的吗?回答是:它是被设定的——因为它是被设定的。费希特这样明确地说:"这也就是说,A = A 这个命题最初只对我有效,它是由知识学命题'自我是自我'推论出来的;因此,一切可以运用它的内容都必定在我之内,包含在自我之中。由此可见,任何 A 不外就是自我之内设定的东西,于是这个命题可以这样表示:凡在我之内被设定的东西,都是被设定的,A 如果在自我之内被设定,即是被设定的(因为正是 A 被设定为可能的、现实的或必然的),因此这个命题无可争辩地是真实的,如果自我必定是自我。如果再进一步说,自我被设定,是因为自我被设定,那么,一切在自我之内设定的东西也是被设定的,因为这东西被设定了;而如果只有 A 是在自我之内被设定的东西,那么,它就被设定了,因为它是被设定的。"①

费希特在知识学的第一个原则中,建立的是形式的主体,即自我绝对地与自身等同。他在第二个原则中,则是建立了自我的差别化关系。费氏把第二条原理称之为是内容上的有条件的原理。正是从这个原理中,费氏引出了自我的对立形式——非我的存在。非我是自我的一个对立的形式,它是费希特哲学的一个独特的概念,也是哲学史上第一个与自我直接对立的关系。它第一次在概念的形式上形成了自我的一个差别,也第一次呈现了作为主体的自我设

---

① 费希特:《自由的体系》,梁志学选编,商务印书馆,2008 年版,第 85 页。

定其对象的关系。自我是一个意识,非我则是自我设定起来的作为
对象意识。在此情形下,非我就仍然是一种主体自身的关系。它是
自我意识的一个差别者,是自我直观着的意识。实际上,非我也就
是一种意识对象那样的规定。它是自我在自身的主体中所呈现出
来的直观之物的意识。费希特这里使用了非我的概念,用以区别它
与自我的那种对立关系,并力图揭示出自我产生对象的那种能力。
但既然非我只是自我所建立的意识,它也就是自我意识自身的意识
关联。非我也就只是自我意识的一种对象形式罢了。作为一种哲
学表述,它具有直观的形态,黑格尔也曾肯定了这一点,并指出非我
作为一种自我的对立形式,是一个很好的哲学术语。在更进一步的
规定中,费希特考虑到这样的关系:即自我与自我所产生出来的矛
盾关系。费氏把这种矛盾关系渐渐引入了概念的交替过渡原则。
费氏指出,自我原初不仅在形式上受到自我性的限制,而且在其内
容方面,也受到了自我性东西的限制。而这个限制导致了一种分
离,即统一的自我分离开,成为一种自我与其自身的非我关系的矛
盾。其矛盾表现为,自我只有把它自身设定为是某种对象形式的差
别时,才能是某种东西。用费希特的话来讲,没有自我意识的东西
的存在,就不可能有对自我本身的那种意识。虽然被直观者不是直
观者本身,但与直观者一样具有本质的规定。而在主体与客体的关
系上,非我也就是被直观之物。它通过自我的直观而获得实在性的
规定。自我在这个过程中设定对象,那个对象是以非我的形式出现
的。但由于那个对象也只是自我的一种直观形式,它也就仍然是自
我本身的一种差异。费希特曾反复强调说,自我在此过程中并不是
双重的,而是绝对同一的。之所以设定一个非我,也只是为了差别
化的意识对象的出现。但自我也只有首先与非我是对立的,才能达
成它们之间的同一。自我是直截了当地被设定的,因而,它也只能
直截了当地对自身进行反设定。自我本身是绝对自由的,因而,它
具有任何一种自身设定的能力。在形式的关系上,自我如果是 A 的
话,非我则是一个负 A,这两者并非等同的。但负 A 本身由于是直

截了当是从自我中设定出来的,它也就仍然与 A 具有相同的内容。因而,A 与负 A 也就只具有形式上的区别。在实质上,它们则具有等同性。之所以要引入一个负 A(非我)的形式,完全是由于内容的需要。因为自我的内容不是别的,恰恰是从非我(对象)的关系中得到规定的意识。为了保证逻辑关系的两端具有差别化的联系,非我概念的引出则是必须的。正是通过非我概念,此前的那种 A = A(自我 = 自我)的形式联系才发生变化。在第二个环节(非我的环节)中,则可以建立起 A = 负 A 那样的关联。在此关联中,负 A 是作为 A 的产物而出现的。它仅仅是自我本身的一种分离形式。费希特这样明确地强调道:"-A 的形式,是通过直截了当地被规定的;-A 是一个对立面,因为它是一个对设的产物。-A 的实质,则是通过 A 被规定的;它不是 A 所是的那个东西,而且它的整个本质就在于它不是 A 所是的哪个东西。——关于 -A,我所知道的是:它是某个 A 的对立面。但我所据以知道 -A 的那个对立面(A),到底是什么,或不是什么,这就只在我认识了 A 的条件之下,我才能知道。原初被设定的没有别的,只有自我;而自我只是直截了当被设定的。因此只能直截了当地对自我进行反设定。但是,同自我相反或对立的东西,就是自我 = 非我。"①

这里,费希特引出了主体设定对立关系之必要的形式,即主体不能在自身的同一关系中设定意识对象,而只能在自我之差别化的形式中去设定对象。这样,主体也就摆脱了形式化的同一性,即自我 = 自我的那种抽象关系的同一,而在宾词(非我)的关系中去获得内容规定了。这正是费希特的功绩所在。对于这一点,黑格尔也给予了高度的赞扬。我们可以看到,非我形式的出现,一方面,扩大了自我的自由性,表明它设定对象的能力是无限的。它既可以设定自身等同的形式,还可以设定自身差别化的形式。另一方面,非我的出现,也设定了自我的限制。由于非我是一个负量,它本身就是自

① 费希特:《全部知识学的基础》,商务印书馆,1986 年版,第 20 页。

我的一个制约性的关系。用费希特的观点去看,即限制某个东西,也就是把某个东西实在性的部分扬弃掉。这样看,非我的关系就是一种分割性的概念。非我从某种意义上说,是分割了自我的实在性。同样地,自我本身也从非我的分割中获得了实在性。费氏认为,那不属于自我实在性的关系属于非我,而不属于非我关系的实在性则属于自我。正是在这样的前提下,自我也就在自我之内设定了一个可分割的非我。而非我的关系,则正是为了强化自我的实在性。非我通过差别化的关系,使自我获得了实在性的同一。现在,同一原理(即自我等同于自我的第一原理)受到了反设原理的限制。这是通过自我设定自己为受非我限制而体现出来的。从形式的关系看,自我好像不是绝对的东西,而非我倒好像是绝对的东西了,这就否定了第一原理。即自我是绝对有效的形式,是最高的概念规定。为此,就需要建立另一条原则,让自我的统一(绝对)性不被非我扬弃掉,并使自我和非我在交互规定中同时获得实在性。而这个原则在费希特那里,也就是自我与非我的交替过渡原则。

在交替过渡的原则中,自我与非我的相互对立得到了综合。两者都同样受到了限制,也都同样扬弃了限制。在这个地方,费希特第一次提出了扬弃的概念。并指出扬弃并非是全部抛弃,而只扬弃主体部分的实在性。扬弃本身造就了分割,而分割就是概念的直接划分的形式。费希特这里的观点,是一种全新的理念和识见,它全部被黑格尔所吸收,并作为概念的分化形式引入他自己的哲学。这正是黑格尔受益于费希特的地方,也是黑格尔对费希特哲学高度肯定的地方。交替过渡原则,作为知识学的一个综合性的界说,具有很强的概念的辩证法的形式,它已经形成了一种完整的推理链条。在这个原则中,自我不再是绝对的东西,非我也不是绝对的东西,只有这二者的联结才能形成有效的知识。在自我与非我的交替过渡中,首先是二者的分划。主体原始的判断是我是,但在形式的判断中,自我规定的那种宾词的位置可能空着。为了避免这种情形,即避免无差别化的形式等同(我是我那样的)判断,则必须要引入非我的概念。非我使自我那个主体性产生了差别,也使自我本身受到了限制。表面上看,非我在这里好像起到了关键作用,因为它通过限制自我而使概念的关系获得了实在性。但费希特从其辩证的关系中引出了更为重要的规定,这也即是第三个有效原理。在其原理中,自我与非我通过相互限制关系得到了综合。自我作为原始的规定仍然起着绝对的作用,自我是受非我限制的,但其限制正是由自我做出的。换言之,是自我设定自身受其非我的限制。自我之内的那个非我的实在性,正是由自我本身所设定的。只要它设定否定性于非我之中,它也就设定了实在性于自身之中。这就是说,只要它是受到规定的,它也就是设定自己为规定着自己的。这样一种相互作用在康德那里被称作关系,而在费希特这里,则被称之为量。概念正是通过量的综合,才获得了完整的实在性。先前的那种非我的实在性,又重新在自我的关系中被扬弃。非我在自身中只具有从自我身上被扬弃掉的那种实在性,它是在自我中被否定掉的那种东西。现在,通过相互规定的概念,自我与非我就在综合中得到了统一。自我规定非我,它自身又成了一个被规定者,成为了一个受动的东西。从这一意义上说,自我也就构筑了一种矛盾。但现在,矛盾得到了消解,其原因是:自我通过活动来设定自身是受动的,这同时意味着,它也是通过其受动来规定自己的活动。原初的尺度不是别的,正是自我。而自我之内的一切定量,则是自我在其原初性中直截了当地设定起来的。费希特这样写道:"自我绝对地、不用任何根据地、不带任何可能条件地设定绝对全部的实在性为一个定量,对于这个量来说,这个设定的绝对的力量不可能更大了;而且自我设定这个绝对最大限度的实在性于自己本身。——一切在自我之中设定的东西是实在性;一切存在着的实在性是在自我中设定起来的。但是,这个在自我中的实在性是一个定量,而且是一个绝对设定起来的定量。"①由于实在性在于主体自身的活动,即在于自我对

---

① 费希特:《全部知识学的基础》,商务印书馆,1986 年版,第 57 页。

自身之设定,因而,自我本身就仍然是绝对的东西。在这个环节中,出现了双重否定的形式。第一个原则是自身肯定的命题,即自我等同于自我的规定,这是自我原初的肯定性之关系。第二个原则是非我形式的设定。非我否定了自我的那种原初性,在差别化的关系中成为否定的命题。而第三个原则,是自我的综合形式又返回到自身,非我否定了自我,但同时,那个非我也同样受到自我的限制(即否定),自我不断地限定非我,并以扬弃差别化的形式返回于自己。这个过程,则正是否定之否定的过程。费希特并没有直接提出否定之否定的概念,但他的推理过程,则正反映了否定之否定的特点,这也是黑格尔对于费希特哲学的一个借鉴之处。

可以看到,费希特最终把知识学的绝对原理确立到自我的关系上。自我乃是确定知识学和知识发生原则的真正起点。人们所能去追寻的正确的认知,不能在别处,而只能发生在自我之内。自我意识通过直观直接确认对象,因而,自我本身也即是发生变化的最终根据。费希特这样确定地指出:"一切实在性的来源都是自我,因为自我是直截了当地绝对地被设定起来的东西。但是,自我是(存在着的),因为它设定自身;因为它是(存在着的)。因此,设定自身与存在乃是一个东西。但设定自身的概念与活动的概念一般地说又是同一回事。于是,一切实在性是活动的,一切活动的东西是实在性。活动是积极的,绝对的(只与相对的对立的)实在性。"[①]这里,费希特以相互过渡原理终止了知识学的最后一条原则。其中,第一条原则是主要的,第二条和第三条原则是发展出来的规定。由于第一条原则是绝对的东西,这样,自我作为绝对主体的那种性质也就被确定了。可以看到,费希特的自我原则引申出了一种全新的视角,这也即是自我是完整的主体,是绝对自身相联系的同一关系,因而,它也就既不是主体,也不是客体,而是主客体关系相互过渡的自身同一性。在这个地方,费希特就从康德的那种知性化的主体关

---

① 费希特:《全部知识学的基础》,商务印书馆,1986年版,第53页。

系中超越出来,而把一种主客体关系的同一性原则建立起来。正是从这样一种设定中,才引导出谢林的那种同一哲学的出现,也启发出黑格尔的那种更为完备的理念哲学的出现。正是费希特,把一种思辨关系的对立形式阐明出来,也把主体的那种抽象的无限性引入了具有规定性的内容。费氏所要强调的是,自我的本质既不是主观的东西,也不是客观的东西,而仅仅是一种与自身相关的同一性关联。它表现为,当自我设定对象,按照知性的要求反思自身时,也就同时把思维所包含的客观的东西设定于其自身。它所进行的思维是主观的,但直观过程所创造出的表象化的内容则是客观的。在费希特的规定中,如果没有客观的东西,原初也就没有主观的东西。自我意识(主体)则始终是这二者的结合。在认识的过程中,某物作为直观着的对象,就应该成为一种主观的东西。而主观的表象,在感性直观的形式下,则又创造出单纯形式化的客观的东西。从这种主客体关系的发生规律来看,则又一次证明了自我(作为主体)的绝对性。不是非我影响自我,而是自我影响了非我。非我只是通过抵抗(分化)自我的作用才成为自我的环节。非我可以是某物,但自我却绝不是单纯的某物。作为非我的设定者,自我总是知道自身是一种设定着对象的东西。由于自我设定自身是受非我限制的,它同时扬弃那个限制让差别又返回到自身的同一性中去,因而,知识学理论中的那个基本命题的矛盾便被消除了。因为自我设定自身是受到规定的,又设定自身为从事规定的,规定与被规定也就是一种等同的关系。换言之,规定者在非我中同时也就是它自己的产物。没有主体,也就没有客体。反之也是一样。费希特就这样明确地说:"我们所碰到的一切困难都已经令人满意地被克服了。我们的任务曾经是去统一对立物,统一自我与非我。通过想象力,它是统一矛盾双方的东西,自我与非我现在可以被完全统一起来了。——非我本身就是设定自己的那个自我的一个产物,而根本不是什么绝对的和被设定于自我之外的东西。没有一个按照我们所叙述的方式制造出来的客体,一个把自身设定为自身设定者的自我,或者说,一个主体,是不可能的(自我的这种规定,即自我把自己反思成一个有规定的东西这一规定,只有在自我通过一个对立物而对自己加以限制的条件下,才是可能的)。"①

我们可以看到,费希特是从其他两条原则中返回到第一条原则的。我是我(A = A)那个形式命题,是由形式位置上的主词所直接设定的东西。宾词作为差别化的自我的存在,是主词自身设定起来的环节。用费希特的话说,我是本身充当了 A = A 的根据。范畴那样的规定,是根据这个基本形式推导出来的。而支撑那个根据的东西,也就是自我。自我是知识学发生规律的绝对原则,也是哲学形式规定的基础。对于费希特这个自我的原则,黑格尔曾在多个地方给予过肯定。尽管黑格尔不满意费氏的那种知性化的推演,认为知识学所认识到的东西还是有限知性,而不是理性,但还是高度赞扬费希特哲学是一种真正的思辨的产物,并认为费氏从自我原则推演出范畴规定的那一做法,已经远远超越了康德。接下来我们将较为细致考察黑格尔对费希特的继承关系,并揭示出黑格尔对费希特那个自我原则的超越之处。

第二节 黑格尔的绝对理念对
费希特知性自我的超越

一、哲学开端之重新定位

黑格尔对于费希特自我原则的借鉴和运用,几乎在他哲学的各个环节都可以看到。比如,黑格尔曾借助了费氏的自我与非我相互设定的关系,并把费氏的那个思想发展为理念的限制原则。他还借助了费氏的那种自我具有绝对实在化的思想,并把那个思想发展为内在根据的规定。他还借助了费氏的普遍性与特殊性之关系的理

---

① 费希特:《全部知识学的基础》,商务印书馆,1986 年版,第136～137页。

论,又把那个理论发展为有限物与无限物的理论。在自我设定的量的关系上,黑格尔也借助了费氏的观点,并把费氏量的观点发展为质量互变的规定,由此又引申出定量的形式。我们还可以在更多的方面,看到黑格尔对于费氏自我原则的借鉴和运用,有些关系已被黑格尔本人直接呈现出来,还有些关系则暗含在黑格尔哲学庞大体系的深处。这正是我们要去发现并要将其展示出来的环节。正是这样一些环节,才联结了理念哲学的发展之路。同时,它也反映着理念哲学的那种主体化原则是如何由原初的那种主观化的倾向逐渐过渡到客观理念的。

对于费希特自我原则的借鉴与运用,首先在黑格尔哲学体系关于哲学开端的定位中就可以看到。在哲学开端的定位中,黑格尔尝试着去做这样两个方面的事情:第一,把费希特的知性的自我原则引入理念的形式,即引入绝对精神的最高主体;第二,把开端的思想引入哲学过程的具体环节,并从理念开端的绝对形式中,向真理体系的更高范畴过渡。黑格尔在建立自己哲学体系的过程中,一直保持着要从一个绝对的原则为出发点那样的思路,那个思路也即是理念哲学最为核心的东西。它从柏拉图那里就开始了,经过无数中间的环节一直延续到德国古典哲学中。严格说起来,主体意识是在近代哲学中发展起来的。它起源于笛卡尔,又由斯宾诺莎丰富起来。即使在今天,人们也仍然认为笛卡尔是这一原则的发起者。他的我思故我在那个命题,也较为贴近现代自我意识的内在的原则。但真正说起来,自我意识的原则是在德国古典哲学中完善起来的。康德是完善这一原则的第一人,费希特则把自我意识原则具体化和体系化了,谢林和黑格尔最终又把自我意识原则引入纯粹理念的形式。黑格尔曾指出过,说康德只是以笨拙的方式表达了自我的关系,康德的观点只表达了感性的形式,尽管它给予了主体及自我直接的内容,但那些内容却是从外部传达到精神的,而没有展现出精神自性的东西。费希特尽管发现了自我那个绝对基础,但他还是把自我意识的内容看成是我们的,看成是我们知性的形式所构成的内容,因而,在费希特那里,自我意识的内容就仍然被知性本身的活动所决定,费希特那个自我也仍然没有达到绝对理念的客观性。黑格尔就曾这样评价费希特:"费希特哲学把自我作为哲学发展的出发点,各个范畴被认为是作为自我活动的结果得出的。……在康德那里叫作'自在之物'的东西,在费希特这里则是外部的障碍,是这种表示一个不同于自我的他物的抽象概念,它除了一般的否定东西或非我的规定以外,就没有任何其他规定。在这里,自我被认为与非我有关系,只有通过非我,自我的自己规定自己的活动才被刺激起来,而且自我是这样被认为与非我有关系的:自我仅仅是它不断地从障碍解放出来的连续活动,然而并没有得到真正的解放,因为随着障碍不再存在,仅仅以自我的活动为自己的存在的自我本身也就会不再存在。进一步说,自我的活动产生的内容绝不是别的,而是经验的通常内容,只不过补加了一句话,说这种内容纯粹是现象。"①

实际上,黑格尔所要做的事情,并非是要去改变自我本身那个设定对象的主体之形式,而是要把费希特那个知性的自我引入理念的规定。这二者,是有着本质的差异的。黑格尔在自己的哲学史中,就曾批评费希特,说费氏虽然找到了知识的那种绝对的出发点,并以自我作为哲学的根据,但费氏却没有把那个原则理解为理念,而只是将那个原则停留在知性的形态上。这也就仍然滞留在康德哲学的规定中,没能发现绝对者自在自为的本质,它只是认识到了有限的精神,而未达到理念的绝对精神。黑格尔自己非常清楚,他自己所要做的工作,就是要把费希特那个知性的自我改造为理念的自我,而这,正是他在自己《逻辑学》一书中所要去完成的事情。这里,有两个重要的区别需要指出:第一,黑格尔所说的理念本身即是一种理性,它是一种纯粹的思维关系。第二,黑格尔所说的理念也并非某物的理念,而只是绝对普遍性的理念。理性在黑格尔那里具有独特的含义,康德在《纯粹理性批判》一书中,曾大量地使用了理

---

① 黑格尔:《逻辑学》,梁志学译,人民出版社,2002年版,第133页。

性这一概念,费希特本人也大量地借助过康德的这一概念。但在黑格尔看来,康德和费希特所使用的理性概念,并未真正地指向理性,而仅仅是指向了知性。知性是人的自我意识各种内容方面的规定,它包括感觉、知觉、直观及表象等诸多内容。这些内容都是在人的主体之内发生的,换言之,知性本身所产生的内容,正是人在其主观活动中所发生出来的东西。但理性则恰恰相反,在黑格尔那里,理性不是人的知性活动的规定,不是人的主观化的自我意识所造就的内容,更不是人的主体偶然化的外在刺激的产物。在黑格尔那里,理性只是绝对精神自身之思维,是自在自为的绝对主体自身分化的形式。从某种意义上说,理性也就是真理体系本身。黑格尔曾在许多地方批评过康德,指出康德的那种理性(即康德所建立的二律背反)只能造就矛盾,而不能解决矛盾。其根本原因,就是在于康德只是用知性的方式去发现问题,并把知性的有限性和片面性固定化了。黑格尔指出,理性并非是有限的形式,它是理念所发展出来的全体,是主观性与客观性的相互统一,因而理性在造就矛盾的同时,也消除了矛盾。这也即是理性在自我运动时的辩证法。用黑格尔的话说,理念不是别的,永远只是一种理性。这也即是说,它自身是绝对的主观性,同时又把自身规定为客观的东西。当它建立对象而形成外在的矛盾时,它又会扬弃那种矛盾,返回到自身的主观性。因而,在理性那里,二律背反建立的同时也就被消除了。矛盾只是发生在知性那里,而不会发生在理性中。知性是片面地执着于某种有限的规定,同样也在对立的形式上执着于有限规定的对立面。正因此,知性才不能揭示理念存在的本质,它只是停留在外在的矛盾关系中。对于康德的知性矛盾的观点,黑格尔也曾做出了批评,他曾这样明确地说:"康德诚然已经把理性视为认识无条件东西的能力,但在这种理性单纯被归结为抽象的同一性时,这里却同时有放弃理性的无条件的含义。于是理性实际上也就不是别的,而只是空洞的知性。理性之所以为无条件的,仅仅是因为理性并非从外面由一个异己的内容加以规定,而是自己规定自己,因而其内容也就在其自身。但按照康德的看法,理性的活动则显然仅仅在于应用范畴,把知觉提供的材料系统化,即让这类材料有一种外在的条理,而且在这里理性活动的原则也不过是无矛盾性的原则。"①可以看到,黑格尔对于康德的那种理性规定是持否定态度的。至于第二个方面,则是黑格尔把知性原则引入到理念形式的具体表现。在黑格尔那里,理念本身已经包含了普遍性、特殊性及个别性这三个方面的环节。因而,真正说来,理念作为理性就代表着真理的体系,代表着以绝对精神去规定自身的主体之形式。在这个地方,也正是黑格尔超越于费希特知性形式的具体表现。黑格尔不但把理念(理性)自身规定为主体,而且还把最高理念规定为绝对精神。绝对精神所展示的内容,并非像费希特在知性形式中所认知的那样,是一种有限的自我意识和有限知性的产物,而是一种创造世界的永恒理念,一种无限的在自身的纯思中把对象之客体建构起来的精神。作为一种纯粹的自我意识,它是概念规定本身,一种与自身相关的绝对统一性。而作为一种无限的返回到自身的自我意识来看,它又是一种普遍性。它是绝对者,同时又是个体化的绝对存在。黑格尔曾指出,普遍理念与其自身建立起来的自在自为之有的统一,才是绝对者的本性。正是在这样一种统一中,外在规定的那种有限与无限的矛盾才被消除了。因而,在理性的世界,不存在知性形态所看到的那种矛盾。当理念(理性)作为总体的形式时,那些外在的规定便成为绝对精神自身中介的一部分,它们是作为矛盾之有而被建立,同样也是作为矛盾物之异化而被扬弃。而这也正反映了理念(理性)通过精神的返归而不断上升到更高的理念圆圈的过程。在存在中,最初的一切规定都熄灭了,但那种存在作为理念个别的枝节,又会返回到更高的开端。这正如黑格尔所写下的话:"我们过去从理念开始,我们现在则返回到了理念的概念。这种向开端的返回同时也是一种进展,我们过去作为开端的东西是存在,是抽象的存在,我们

---

① 黑格尔:《逻辑学》,梁志学译,人民出版社,2002 年版,第 124 页。

现在则达到了作为存在的理念,但这种存在着的理念就是自然。"①

　　这里,黑格尔引出了哲学开端的理念。这也是黑格尔从费希特那里借鉴过来的原则,黑格尔更为完备地发展了(哲学)开端那一思想。在《全部知识学的基础》一书中,费希特就非常清楚地表达了关于哲学开端的思想。他曾在多处强调说,哲学反思的道路上,人们要从一个绝对的、无条件的原理出发,那个原理作为开端性的东西,就是哲学的绝对第一原理,那也即是费希特所说的知识学的基础。那个基础被费希特设定为自我本身,自我被费氏说成是直截了当地设定起来的东西,它在自身的直观中直截了当地设定自己的宾词,这样,它也就直截了当地设定了宾词的内容。尽管这里费氏还没有直接使用开端一词,但他的绝对第一原理的思想,已经包含了哲学开端的那种含义。费氏的基本思路即是:哲学必须要从一个绝对的出发点开始,而作为开端的那个出发点,也就是自我原则。在《论知识学或所谓哲学的概念》一文中,费氏更为直接地表达了哲学开端的那种认知。他一方面强调说,一切知识都应该有一个绝对的第一原理,同时他还指出,那个绝对的第一原理不是从任何别的原理,而仅仅是由自我自身所建立的。哲学其他方面的内容,诸如第二原理那样的东西,都是从第一原理中推导出来的。所有其他原理都维系于第一原理,即自我那个绝对的开端。而其他诸原理之间的联系,也同样要受到第一原理的规定。哲学本身正显示为这样一个系统,这个系统将从绝对的出发点出发,个别环节保持着独立性,但在整个系统之内,它们都要受到第一原理的制约。费希特进而指出,从哲学开端那里引出的绝对形式,将统辖着它所发展出来的知识体系,而其他原理的形式,则都是由第一原理所赋予的。费希特这样写道:"知识学的绝对第一原理的形式不仅是由原理本身赋予的,而且也被制定为对该原理的内容全然有效。如果知识学除了这个绝对第一原理之外,还有若干原理,它们只能部分地是绝对的,部分地

---

　　① 黑格尔:《逻辑学》,梁志学译,人民出版社,2002 年版,第 379 页。

则必须受第一最高原理制约，因为否则就不会有一个唯一的原理，那么在这些原理中绝对第一的东西就只能或者是内容，或者是形式，而被制约的东西也同样只能或者是内容，或者是形式。假如内容是不受制约的，那么这个必定制约第二原理中的某种东西的绝对第一原理——因为否则它就不成其为绝对第一原理——将制约第二原理的形式，因此第二原理的形式在知识学本身将会通过知识学和知识学的第一原理而得到规定。"①

　　我们可以看到，黑格尔不但借助了费希特哲学开端的思想，而且还把那个思想糅入到他的绝对精神的体系中。黑格尔超越费希特的地方，也正在于他把开端作为绝对中介之环节而推进到更高的环节中去，而更高的终点又返回到更高的起点。早在耶拿时期，黑格尔就吸纳了费希特关于哲学开端的思想。他在《费希特与谢林哲学体系的差别》一文中就曾指出，哲学在开端上，不能比从一个定义开始更糟糕的了。在那里，黑格尔还批评了斯宾诺莎的那种几何学的论证推演方式，并指出那种形式原则的浮浅性和有限性。在1808年高级班哲学的一篇教授笔录中，我们还可以看到黑格尔明确地讲出了那样的观点，即哲学科学的开端是直接的，无规定的存在的概念。并指出存在概念本身，由于没有内容而等于无。这样的说法已经基本接近了黑格尔自己较为成熟时期的思想。1808年左右，由于黑格尔还没有完成自己的体系，关于开端的那个思路（在表述上）也只是作为纲要性的说明而出现的。关于哲学开端的成熟的思想，是黑格尔在《逻辑学》（大逻辑）一书中形成的。在那里，黑格尔已经用一种完整的思辨体系的眼光去看待哲学开端问题。他认为费希特的那个自我的开端是不能令人满意的，因为它仅仅停留在知性的形态上。真正的哲学开端应该是绝对的无限的形式。黑格尔指出，哲学开端本身是直接的东西，作为哲学的定义，它是需要证明的。但证明不是别的，恰恰是哲学本身展开的形式。而开端，则是属于还

---

① 费希特《自由的体系》，梁志学选编，商务印书馆，2008年版，第68页。

未展开的概念的那种原初的单纯性。它在其最初的规定中,仅仅是一种纯有本身。那个纯有由于是一种直接的无规定的东西,它也就是纯无。纯有(纯无)正是哲学开端的纯粹形式,它并非费希特所说的那个自我,因为作为纯粹的直观本身,它只是一种空。我们可以看到,这里黑格尔尽管采用了主体的形式,但直观本身的内容则改变了。直观不是别物的直观,而是绝对主体自身的直观。但那个主体不是费希特所说的知性的自我,而是一个绝对精神的自我了。绝对精神所进行的纯思维的运动,也即是概念自身展开的运动。在黑格尔那里,概念本身是实体,而实体是绝对物。那个绝对物作为自身展开的威力,也就是绝对精神。它是作为主体呈现着理念自身分化的活动,它自身没有任何过渡,也没有前提,它自身作为纯思是一种不透明的规定性。作为循环运动的理念,它要不断地返回自身。由于绝对精神是一种认识的冲动,它就要在一切环节中认识到它自己。在这个过程中,绝对主体便会在自身中发展特殊性,而开端,也即是最初普遍性中的一个最直接的东西。用黑格尔的话说,开端那个普遍的东西本身就是一个最直接的东西。正因为它是一个直接的东西,它才成就了概念(绝对精神)自身的开端。在考察了费希特那个哲学开端的同时,黑格尔也对费氏的那个开端做出了批评。他认为费氏的那个自我的开端,是出于一种后继的东西都必须从最初的东西演绎而出的思路,那即意味着最初的东西都是从已知的确定的东西开始。黑格尔指出,这样一种认识是有缺陷的。它使人产生一种错觉,以为(自我)意识中某种已知的东西,是一种事先设定的环节,因而它也就带来了对某个现成的主体不断回忆的经验性的缺陷。黑格尔明确强调道,哲学所研究的开端不是某种现成的东西,而一定是未曾规定过的理念的直接性。当自我直观的对象为上帝或绝对物时,那由永恒的绝对而规定的自我不会是别物,而只能是一个最初的直接的单纯的规定。那个规定,就应该是纯有。黑格尔这样写道:"所以,假如在绝对、永恒或上帝(而且上帝或许有作为开端的最不容争辩的权利)等名词中,假如在这些名词的直观或思想中,所包含的东西比在纯有中的更多,那么,这个在前者中所包含的东西,便应该在思维的知中才出现,而不在表象的知中出现;这个在前者中所包含的东西,无论它怎样丰富,而在知中最初出现的规定,总是一个简单的东西。因为只有在简单的东西中,它才不比纯粹的开端更多;只有直接的东西才是简单的,因为只是在直接的东西中,还没有从一物到另一物的过程那样的东西。所以,假如应该用绝对或上帝等较为丰富的表象形式来说出或包含什么超过有的东西,那么,这种东西在开端里,也仅仅是空话,仅仅是有,所以这种简单的、并无另外意义的东西,这个空,干脆就是哲学的开端。"①

　　这里,黑格尔设定了哲学开端的具体规定,并直接指出真正的哲学开端不是别物,正是纯有。由于那个纯有在开端中还没有特定的内容,它也只能是空。比较费希特的观点,可以看到,黑格尔已经用概念的规定超越了费氏的那个知性自我的规定,把哲学开端引入到绝对精神的框架之内了。在黑格尔那里,绝对精神的理念既是逻辑的对象,同时又是展示精神所外化出来的实体。因而,理念本身映现了概念的各个环节。开端是有与无统一中的相互过渡环节。开端在过渡中,通过变易关系而达到实有。这里,黑格尔还利用了费希特的那个自我与非我相互综合的观点,从空那个开端中,渐渐把理念引向更为深化的形式。由于普遍的东西(在黑格尔那里)是自在自为的最初的概念的环节,它首先是作为单纯的东西而出现的。在有与无的相互综合中,变易的存在便发生了。变易所引出的后继的东西是特殊的存在,特殊的存在作为规定的环节,便从开端的单纯性中走出(展开),从(概念之)最初者过渡为具有存在形式的特殊物。黑格尔指出,理念的综合进程,就是从普遍的东西(纯粹的开端中)过渡到个别性,那也即是过渡到自在自为的规定的东西。正是在此过程中,概念对象关系的他在便转回到概念的更高的实在性,而由开端所造就的元素就在理念的客体中实现出来。开端是直

---

①　黑格尔:《逻辑学》上卷,杨一之译,商务印书馆,1966 年版,第64～65页。

接性的东西,但在绝对精神的环节中,开端本身也是一个有中介的东西。黑格尔没有让他的开端停留在一个静止的点上,而是让开端本身流动起来,从而引导出整个理念的运动体系。在这个方面,黑格尔完全超越了费希特的以自我为开端的体系。在黑格尔的逻辑体系中,理念是不断地超越自身而上升为更高的理念的,在(哲学)开端那里所建立起来的环节,也仅仅是作为理念自身之起始点而返回到自身的规定。绝对精神是一个整体,正因为它是整体,它才不断地从开端处上升到更高的概念,从一个他物上升到另一个他物,并在上升的圆圈中复返其自身。正是通过这种概念流动性的运动,绝对理念才丰富了自己,从而达到了最大的外延和最高的内涵。黑格尔这样明确地阐述道:"以这种方式,在以后的规定中,每前进一步离开不曾规定的开端时,也是后退一步靠近开端,以致那后退论证开端和前进往下规定开端初看好像是差异的东西,都相互汇合了,并且是同一回事了。但是旋绕成一个圆圈的这个方法,不能够在一个时间的发展里预示出下面这一点,即开端本身已经是一个引申出来的东西了;对于开端来说,只要是在它的直接性中,就足够使它成为单纯的普遍性了。……真理的方法也知道开端是不完满的,因为它是开端,但是同时又知道这个不完满的东西一般是作为必然的东西,因为真理只是通过直接性的否定性而回到自身。"①

这里,黑格尔揭示出了绝对理念的一个重要原则,即否定性原则。这个原则也是黑格尔对于费希特知识学原则的一个深化和改造之处。否定性原则曾在费氏的知识学中被运用,黑格尔则巧妙地把它糅入理念的关系,并使之成为逻辑学中的一个核心原则。在费氏那里,已完成了这样的否定关系的界定:即绝对的自我本身要受到一个非我的限制,那个限制使自我受到了设定,自我的实在性在此限制中也遭到破坏。费希特的理解是,由于自我在同一个行动中既是活动的,又是受动的,因而,也就形成了一个矛盾。这个矛盾便

---

① 黑格尔:《逻辑学》下卷,杨一之译,商务印书馆,1966年版,第550页。

建立起否定性的关系。由于矛盾本身是一种对立,在此对立中,自我和非我都受到了限制,而缓解这个矛盾的方法也就是扬弃运动。即自我扬弃非我,再次成为主体的设定者之关系。费氏这样解释道:尽管非我在一定限度上限定了自我,但这二者的相互排斥中,自我仍然是核心因素。自我与非我的对立关系,只是由自我本身所设定的。自我只是让渡自身,使自身成为受限定者。绝对的实在性不在别处,仍然是在自我那里。在此情形下,自我与非我就仍然具有统一性,非我在自己本身中拥有它从自我中扬弃掉的实在性,而自我则具有规定非我对象的那种实在性。费希特这样写道:"然而,任何设定都出于自我,都是自我的特性。因而上述那种让渡活动,即为了通过效用性概念而使一种规定成为可能的那种让渡活动是属于自我的。自我把活动从自我那里让渡给非我,从而把它自身中的活动扬弃掉。如上所述,这就是自我通过活动把一个受动设定于自身之中。只要自我在让渡活动给非我时是活动的,那么,在这个意义上,非我就是受动的:活动是被让渡到它这里来的。"①

在黑格尔那里,费希特的那种自我让渡活动已被转化为概念的否定关系。由于概念是一种自身分化的过程,概念也即是自身推进的根据。因而,在黑格尔那里,作为开端的那种纯有在变易中就转化为对立物,也即是特定存在,那种特定的存在则形成了存在的界限。黑格尔进而拓展了界限的那种有限与无限的辩证关系,界定出界限不是别的,正是某物的否定关系。因为在界限那里,某物潜在地向他物过渡,并在推动他物形成之过程中超出他物。这种关系,正是理念本性的否定性所致。在《逻辑学》一书中,黑格尔也继承了费希特的否定性思想,他全面地发挥了否定性那个原则,并把那一原则切入绝对理念的各个环节。从这一点来看,黑格尔是把否定性原则看作是理念向前发展的核心动力的,这就是为什么黑格尔会把否定性原则运用在逻辑学三大范畴关系的推演上,在存在论的部

---

① 费希特:《全部知识学的基础》,王玖兴译,商务印书馆,1986 年版,第 83 页。

分,黑格尔就把否定性关系设定为是一与多那样的自身区分与排斥
的关系。一作为绝对者(即绝对主体)从自身反思中区分自身,把自
身排斥为多,这即是对于一自身的否定。否定本身是由规定所形成
的,多本身是一身上所造就的差别,它们也即是一自身的规定。但
作为规定,它们也就否定了一身上的整体性,使一自身差别化了。
黑格尔在这里,一方面坚持了斯宾诺莎的观点,即一切规定都是否
定;另一方面,他也非常形象化地引用了波墨哲学那种神秘主义的
术语,指出否定性所带来的是一种痛苦化关系,因为质在自己的否
定性中陷入昏暗的痛苦,那种痛苦造成了质本身的骚动不宁。那种
骚动不宁正是由于质在其自身的否定性中遭到了扬弃所致。由于
有了扬弃的关系,概念便形成了自身的非有。非有是从概念的界限
那里开始的,界限正是由于否定关系而形成的差别。黑格尔认为,
界限本身只是一种单纯的否定,在概念中,它是第一个否定物。但
另一方面,某物只是在界限中才开始获得它的实有。在界限内,某
物就是实有和界限本身的矛盾关系。这种关系在变易那里,构成了
有限物。黑格尔观点是:有限物把自身规定为是对它的界限的关
系,作为多,它是对于一的否定者。另一方面,一作为绝对的初始本
性,作为绝对主体的基础,则又是否定之否定者。作为否定之否定
者,它本身又是肯定的。在这种双重否定的运动中,一与多便都回
转到自身,它们是在一个规定中引申出另一个规定,但又在彼此的
否定中建立了对立的统一。黑格尔这样写道:"一被自身所排斥,就
是那个自在地是一的东西的展开;这里彼此分离的无限性,是到了
自身以外的无限性。它由于无限物的直接性,即由于一,到了自身
以外。它是一与一的单纯相关,也是,或者不如说,更是一的绝对无
关系;前一个一是就一的单纯肯定的自身关系而言,后一个一就
是就同一关系作为否定的关系而言。或者说,一的多是一的自己建
立,这个一不是别的,只是一的否定的自身关系。而这种关系就是
一本身,是那个多的一。但是多对于一又是绝对外在的;因为一正
是他有的扬弃,排斥就是一的自身关系和与自身单纯的等同。诸一

的多是无拘无束自行发生的矛盾那样的无限性。"①

如果说在存在论中,黑格尔注重的是一与多的关系,把否定性引入了吸收与排斥的形式,那么,在本质论的环节中,黑格尔则把否定性的关系引入了映象,在映象的环节中,概念完成了它自身的内在化,概念在自在自为的关系中揭示(外现)了自身的实有。它在映象中显现自己,成为现象,最后又与现象和而为一,从而构成现实。在本质的环节中,黑格尔提出了一个否定物的概念。否定物不是别的,正是作为映象关系的外部显现。而这个外部现象的显现关系,则正表明了理念的外化过程。在黑格尔那里,理念(绝对精神)只有发展到本质的阶段,才会呈现现象的显现关系。由于理念是从内部反思,去设定外部现象,理念本身就产生出双重环节:在内部,理念内化自己,用黑格尔的语言去说,就是理念走入自身,进入存在之内的道路。而在外部,理念又异化了自己,使本质的运动外化出现象。现象就是作为显现物那个扬弃的运动而存在的。因而,理念在本质阶段的规律也就是双重的,具有更为复杂的性质。黑格尔自己也曾指出,本质部分是《逻辑学》一书最难的部分。它处于存在与概念之间的联系,同时又处于从存在向概念的那种过渡环节。由于本质是绝对的否定性,它就真正地区别自身并把自身从区别中排斥出来。而它所排斥出来的环节正是映象。映象是本质从自身内部排斥出来的异在,映象因而也就成为了否定物。黑格尔有时把映象说成是与反思同为一物的东西,有时又把映象说成是异化了的存在。概括地讲,反思本身是一种从无到无的运动,它是理念与自身的等同及与自身的消融,另一方面,反思又是否定物与它自身的融合。黑格尔认为,绝对精神的反思就是否定物那种直接性向自身的回归。反思是建立起来之有,同时又是建立起来之有的那个差别。这即是说,反思会把它撤回到自身中去,成为建立起来之有的否定关系。另一方面,这个否定又把对它物的关系折回到自身中去,那个否定

① 黑格尔:《逻辑学》上卷,杨一之译,商务印书馆,1966 年版,第 173 页。

物便又是与自身等同的。正是在此意义上,它才造就了本质的运动。反思映象为本质,并把自身事先建立为映象。映象本身则表现了本质在他物关系中的长在。

由于反思是一种自身扬弃的关系,它便具有向自身回归的性质。黑格尔认为,否定物对于其自身的关系,正是一种向其自身的回归。也即是从一个否定物向本质自身的回归。黑格尔曾反复强调说,反思事先建立了扬弃的规定,因而反思自然就要面对一个直接物(否定物)。反思一定要超出它并从它那里出来。这个路径也即是回归。在《逻辑学》一书中,黑格尔曾写下一段非常精典的话,总结了这种关系。他说:"由于反思是作为回归那样的直接性,它就是建立。这就是说,当前并没有一个他物,既没有反思从那里出来,也没有反思回到那里去的那样一个他物。所以反思只是作为它自己的回归或否定物。但是还有一点,即这种直接性是扬弃了的否定和扬弃了的自身回归。反思,作为否定物的扬弃,是它的他物的、即直接性的扬弃。由于它是作为一种回归,作为否定物与自身消融那样的直接性,所以它也是作为否定物那样的否定物之否定:这样,它便是事先建立:——或者说,直接性作为回归,只是它本身的否定物。只是这个并非直接性的东西;但反思却是否定物本身的扬弃,它是与自身的消融;所以它扬弃它的建立。而且由于它在其建立中是建立的扬弃,它便是事先建立。在事先建立中,反思把自身回归规定为它自身的否定物,规定为其扬弃就是本质的那个东西。后者是它对自身的态度。但它对自身也和对它的否定物一样;只有这样,它才是自身的长在的、自己与自己相关的否定性。总之,直接性只是作为回归而出现,并且是那样一个否定物,即开始的映象,而映象则将被回归所否定。本质的回归因此就是映象自己对自己的排斥。或者说,自身反思本质上就是某个东西的事先建立,反思从这个东西出来就是回归。"[1]

---

① 黑格尔:《逻辑学》下卷,杨一之译,商务印书馆,1966 年版,第 17 页。

二、概念之自我剖析的逻辑进程

回归概念是理念关系的一个重要环节,这个概念乃是黑格尔本人的一种独创,它是否定性环节中的一个全新的思路。这个概念既把直接性(开端)的关系显示出来,同时还把否定物那种映象之关系显示出来。这也就表现了本质向内及向外的双重展开过程。黑格尔曾一再强调说,本质之所以是本质,就是在于它自身具有否定性的倾向,同时又不断地扬弃外部映象而返归自己。这个过程,也即是概念在异己物中重返自身之过程。黑格尔把这样一个过程看作是圆圈的运动,因为真理本身的运动(在黑格尔那里)就表现为自身旋绕的圆圈。中介物把末端之有的存在绕在圆圈的开头,而那个初始的圆圈又形成后面圆圈的开端和起点。黑格尔在《精神现象学》一书的序言上就曾指出,纯粹概念产生的思想运动就是圆圈,作为实体,那个圆圈的运动就是精神的本质。在《逻辑学》(即大逻辑)那部书中,黑格尔又指出圆圈的那种方法论的性质,并认为一个向上运动的圆圈,正是作为概念运动的灵魂而存在的。通过那种圆圈的运动,绝对理念才能上升到绝对精神的最高内涵,用黑格尔的话说,即是上升到神的概念的科学。在本质这个阶段,回归运动的中介正是映象的那种否定物。否定物从本质中被设定起来,它后面又作为扬弃的环节重返本质。可以看到,这里仍然是否定性原则在起着核心作用,否定性产生了自身之扬弃的运动,又把本质的映象之物排斥掉,从而回归到更高的本质。也正是在这种映象与排斥映象的过程中,理念才进入到更高的规定,那也即是概念本身的规定。

在概念的环节,黑格尔也仍然坚持了否定性原则,并把这个原则推进到了新的高度。黑格尔进而指出,理念发展进入到概念阶段时,便不再是过渡到他物(如存在论中所显示的关系),也不再映象到他物(如本质论中所显示的关系),而是通过发展把已经潜在于概念中的东西发挥出来。黑格尔一般性的思路是:概念是理念的最高规定,它是存在与本质的统一。本质是存在关系的第一个否定,存在由此发展出映象关系。而概念则是第二次否定,概念本身,便形成了否定之否定。它把自身建立为否定物式的自身之他物,而那种分裂自身的关系就是判断。在黑格尔看来,概念是一种总体性规定,在概念的规定中,完成了建立起来之有。建立起来之有被黑格尔称之为是否定物的否定物,它是一种双重否定,因而,也就形成了肯定的关系。概念具体的形式表现为:它建立规定,那个规定即是对于自身的反思,作为否定之否定,它在自身的根据中把各种规定一起消融了,因而,它便作为一个差异的第三者而存在。那个差异之物便成为后来的建立起来之有。每个个别的第三者(建立起来之有)都属于总体,它们是个别的概念,但也是回归到自身的概念。按照黑格尔的观点,个别的概念不是别的,正是否定物对否定物的关系,正是通过这些个别的环节,普遍者才完成了抽象化的规定。在《逻辑学》一书中,黑格尔这样写道:"于是,个别的东西,作为自身相关的否定性,是否定物与自身的直接同一;它是自为之有的东西。或者说,它是抽象,抽象按照概念的有的观念的环节而把概念规定为一个直接的东西。——所以个别的东西是一个有质的一,或说是这个。它按照这种质说来,第一是自己对自己的排斥,由于这种排斥,许多其他的一就事先建立起来;第二,它现在对这些事先建立起来的其他的一,是否定的关系,在这种情况下,个别的东西是排他的。普遍折回到这些作为漠不相关的诸一那样的个别,——因为普遍是个别性概念的环节,它便必须折回到个别那里。"①

由于个别性要在概念中回归到自身,那些被规定者便作为整体而存在。而那些回归到自身的东西便成为绝对的原始划分。由概念中所划分出来的差别,便构成了判断。黑格尔进而指出,判断不是别物,就是在概念之内建立起来的规定性,它是概念进一步的规定。正是通过判断,绝对主体才形成实有的概念。由于主词表示被规定的东西,而宾词表示主词是什么,因而,整个逻辑理念的关系就

---

① 黑格尔:《逻辑学》下卷,杨一之译,商务印书馆,1966 年版,第 291 页。

是用宾词去讯问主词。换言之,主词(即概念本身的内容)到底是什么,正是在宾词之中呈现出来。用黑格尔的话说,即只有宾词才能够说出概念。但是判断也呈现为另一种关系,判断一方面是概念自身的分离,另一方面它又是恢复概念返回概念的同一关系。尽管概念在判断里,通过系词是的规定,过渡到其自身的外在性中去了。但最后,它由于从属于自身的普遍性而仍然要返回自身。黑格尔认为,在概念与判断的关系中,仍然是否定性在起着过渡作用。作为被规定的概念,它是通过谓词超出主词。比如在否定判断的关系(即个别的东西是一个特殊的东西的判断)中,判断本身已经自为地建立起第二个否定,即否定之否定的关系。当个别把自身扩大为全体时,就被建立为否定性,那个否定性也即是概念向自身返回的同一关系。在这个过程中,建立起来的普遍性就与事先建立的普遍性相等了。而这,就是通过判断本身的扬弃运动达到的。由于判断的扬弃和它们过渡到系词是同一回事,因而,当主词把自身提高为普遍性时,宾词便消融在主词的普遍性之内了。判断的规定仍只是非本质的区别,本质的区别仍在概念那里。黑格尔认为,由于个别性作为否定是向概念自身的回复,因而,概念便通过否定及否定物的扬弃而成为自身之中介。概念既是自身的否定性,同时又是那一否定性扬弃的运动。正是在此关系中,它才形成了双重的运动,即向外部映象和向内部反思。而这个双重的运动,则正形成了判断本身建立的过程,那也即是判断在差异中建立为概念实在化的过程。正是由于这样的关系,黑格尔才把个别者归结为普遍性之下。同时,又把个别者的反思与普遍者所规定之物,看作是同一种东西。在一个地方,黑格尔明确地这样写道:"因此,主词本身区别为它的普遍性或客观本性、即它的'应当'和实有的特殊状态。于是它便包含着它是它所应该是那样的根据。它以这种方式便与宾词均等了。——主词已经自在地是作为普遍和特殊的东西的统一,当或然的东西的否定性指向主词的直接性时,这个否定性就只意谓着主词的原始的剖分为它的环节;——这一部分就是判断本身。"①

由于否定性是主词自身的环节,它在进行原始区分的时候,也造就了判断的形式。判断作为个别性使概念的普遍性成为外在的否定,这样,它也就使概念发生了分裂。为了恢复概念的那种完整的形式,也即为了使概念再回归到自身的统一性中去,黑格尔便建立了概念的恢复关系——即概念的推论关系。黑格尔把推论设定为判断和概念那两者的统一。通过推论,概念在判断的扬弃中又回复到自身。在黑格尔那里,推论被设定为建立起来的环节,一方面,它由特殊的关系在自身中把个别和普遍这两者联合起来,特殊由此构成了这两者的中项关系;另一方面,特殊对个别的东西也具有普遍性,它同时也把个别的东西包含于自己之下。个别的东西在特殊中具有无穷数量的规定性,每一规定则都可以在一个推论中构成一个中项,并与其他中项一起,与另一普遍的东西相结合。黑格尔指出,推论本身在同一主词的关系下,也会过渡为矛盾。矛盾是由最初的漠不相关的差异造成的。因而,本质上它们也是对立的。这样一种对立,使推论本身成为直接性的扬弃。它通过一个第三者实现了否定的统一。当个别性是特殊东西的宾词时,它则否定了特殊的东西,使自身不直接成为特殊东西的宾词。黑格尔认为,在本质那个阶段,推论作为否定者使自身纯粹的形式建立起来,它通过推论之纯形式而转为他物。因而,推论本身便也不再符合原始的纯粹形式了。在外在的反思中,那些外部的关系就构成了推论的属。就概念本身来说,个别性扬弃了特殊的东西时,个别性就把特殊和普遍的东西结合在一起。那个外在环节的中项,就是概念其自身的外在中介。它不断地超越自身,使个别的外在关系返回到概念那里又重新构成普遍性。这里,黑格尔正是通过推论之形式,使概念得以重新回到自身,而贯穿推论形式的那个扬弃的运动,也正是否定性那个内部活动的威力。

① 黑格尔:《逻辑学》下卷,杨一之译,商务印书馆,1966 年版,第 337 页。

从全部概念建立的过程中,否定性原则都成为一条核心的主线。否定关系不但成为概念分化自身的绝对力量,同时还成为从概念对象的形态中返回到自身的根据。比较费希特的自我与非我那种否定性关系,黑格尔的否定性原则就要深化细致得多,也更为形式化和系统化。它在这样两个方面超越了费希特的否定性关系:第一,费希特的否定性关系只是一种知性主体的规定,自我与非我都局限在知性的范畴中。费氏所遵循的也只是相互过渡关系。尽管他曾提出一个负量的概念,用以说明被限制者的否定性关系,但其设定仍只是一种形式化的规定。在黑格尔那里,否定性概念则超出了单纯的知性关系,已从知性关系进入了绝对精神的内容。由于绝对精神是一种自在自为的自身分化形式,它就必须表现为从自身转化为对象的那种关系。也即是说,精神的关系乃是一种自我呈现的关系。它要成为自己的对方,成为自身的对象,同时,它又要从自身的对象那里折返回自身,重新回归到自己。在《哲学史讲演录》的导言上,黑格尔就曾明确地指出过,精神的自性也即是使自身二元化,使自身成为其对象。但这也正是为了发现自身,从而返回到自身。精神的这种分化正是否定性所致,因为绝对精神是具体的,它就是自身分化着的。正是通过那种否定形式的分化关系,精神才能以自由的状态进入更高的形式。黑格尔还曾举出一个现实的例子,用以说明否定性关系的那种向前推进的运动。他这样写道:"树的发展就是种子的否定,花的发展就是叶的否定,即由于它们都不是树的最高和最真的存在。最后花又被果实所否定。但如果没有一切较早的先行的阶段,也就没有一个阶段可以得到真实存在。因此我们对于哲学的态度,必包含一个肯定的和一个否定的方面。我们必须对于一个哲学的这两方面有了正确的认识,态度才算公正。"①这里,可以看到黑格尔把否定性关系看成是概念向前发展的内在动力。

---

① 黑格尔:《哲学史讲演录》第一卷,贺麟、王太庆译,商务印书馆,1983 年版,第 41 页。

绝对者(上帝)作为精神会使自身成为二元性的存在,其本源就是出自于绝对精神是一种自为之有,自为之有正是通过否定性的关系才达到与自身的联系。它在对象(即费希特的非我)中变成为他之有,同样,又要在为他之有中返回自身,还原为自为性的存在。这里的关系是:绝对精神是绝对的自在自为者,它要在自身的否定性中成为他者,又要扬弃他者的外在形式,从那种外在性中再返回到本己。这一过程,也即反映了概念从无到有及从有到无的转化,否定性的内在运动推动了这一转化,而概念的实有化的建立也在这种转化中完成了。概念从存在到本质及向概念自身的回转,都是通过循环往复的否定性运动。正是通过这种运动,有限物与无限物的对立才产生出来,这就为黑格尔提供了有限物与无限物之相互依存与转化的方法。

第二个方面,也即黑格尔建立起了有限物与无限物的互为中介的统一性原则,这是黑格尔超越于费希特的另一个方面。黑格尔在这个地方,批评了费希特的那种自我与非我的形式化的过渡的理论,并建立起自己全新的规定。在否定性这个关系上,黑格尔第一次提出了无限性与有限性在理念自身的绝对形式中相互过渡的观点,这个观点既解释了否定性所造成的差异化关系,同时也解释了有限物如何返回无限物并构成概念的总体性关系。在《逻辑学》一书中,黑格尔就全面完整地阐述了一般无限物与有限物之间的转化原则,黑格尔把无限物区分为三个方面的环节:第一,在单纯的关系中,它们是作为有限物之否定那样的形式;第二,于是在有限物与无限物的相互关系中,它会成为抽象片面的无限物;第三,那种无限物与有限物的相互扬弃运动,只有在一个完整的过程中,才产生出真正的无限物。黑格尔认为,前两个方面的环节,只是一般抽象的规定,是知性的片面形式,第三个规定才具有真理性,因为在第三个规定中,有限物与无限物都作为中介的环节完成了向对方的转化及过渡。在费希特那里,我们已经看到了有限物与无限物那样的规定,费希特建立起这二者之间的基本性的关系:即自我作为绝对的主体就是无限物,而非我在自我中所形成的对象关系就是有限物。它们之间的关系,一方面是对立的,另一方面,它们又是相互等同的。费希特曾那样界定了它们之间的关系:"自我只是它设定自己为那个东西。它是无限的,意思是说,它设定自己是无限的:它通过无限性的宾词规定自己,因此,它限制自己本身,使自我成为无限的基础。它将自己同它的无限活动区别开来(自在地说,这两者是同一个东西)。如果自我应当是无限的,它就不能不这样——自我将自己与之区别开来的这种趋向无限的活动,应当是它的活动。这种活动应当属于自我,因此,自我必须同时在一个和同一个没有分割和不可区分的自我活动中把这种活动再次收回于自身(通过 A 来规定 A + B)。可是,如果自我把这种活动收回于自身,那么,这种活动就是有规定的,因而就不是无限的了。但是,这种活动毕竟应当是无限的,这样它就必定被设定于自我之外。"①黑格尔在这个地方,较好地利用了费希特的有限与无限的关系,并最终把这种关系转化到绝对理念的形式。黑格尔把无限物本身规定为绝对的主体,而把有限物之存在规定为绝对主体所外化出来的对象关系。在逻辑学中,由于存在被设定为概念发展的第一个环节,这样有限物在概念中便成为原初的中介了,这种中介关系一直发展到概念最终的形式。从双方各自独立及依存的关系看,有限物与无限物都是在对方的形式中转化为自身的。有限物不是在有限物之上的一个现成的东西,像费希特的有限物那样,有限物留在了无限物之外或之下。在黑格尔那里,它们之间的关系被设定为绝对思维的自身之转化关系。无限物作为自在自为的主体乃是绝对精神自身,有限物则是绝对精神在其自身中所建立起来的环节。它是作为概念的他物而存在的,这样,它便成为概念的界限。在黑格尔看来,界限本身不是别的,只是单纯的否定性,它是第一个否定。作为有限物,它也就成为概念的外在

---

① 费希特:《全部知识学的基础》,王玖兴译,商务印书馆,1986 年版,第133 ~ 134 页。

之有。这个外在之有由于内部的矛盾将会被排斥掉。从这一意义
上说,界限本身又构成了有限物的非有。黑格尔曾明确地指出过,
有限物是虚无的,它只是作为自在之无的东西而有。之所以会如
此,乃是因为绝对精神的那种无限的否定性。有限物作为界限是第
一次否定,但有限物之外的东西则正是无限那个他物。无限将自身
分裂为二,那超越自身之分裂的环节就是有限物。无限物本身是以
否定为中介的,它一方面生成自身分裂的环节,另一方面又将那个
分裂者(否定物)扬弃掉。在此过程中,它便完成了否定之否定,成
为绝对的肯定物。用黑格尔的理论看,无限物是有,是一种恢复了
自身的存在。在无限物中,它建立了扬弃的东西,即作为否定性规
定的存在。这样,它们二者的关系便成为相互过渡和转化的关系。
这样一种关系,正是出于绝对精神的本性。绝对精神作为绝对的自
我意识,已经超越了费希特的那种自我与非我的同一关系,而成为
概念自身的向其对方的转化关系。无限物不是出现在别的地方,只
是出现在有限物中,而有限物也不是出现在别的地方,它只是出现
在无限物中。换言之,它们都只是出现在自己的他物中。而这,正
是绝对精神自身的表现。黑格尔在自己的《逻辑学》中,就曾说了一
段精炼的话,非常准确地概括了这二者的关系,他写道:"知性把无
限物和有限物彼此的关系固定为质的不同,认为它们在规定中是分
离的,并且是绝对分离的,这样歪曲的缘因,在于知性忘记了对知性
本身说来,这些环节的概念是什么。依据概念说来,有限物和无限
物的统一,并不是两者外表上在一起,也不是各不相属,与其规定背
道而驰的联结,在其中各自分离、对立、各自独立存在的东西,亦即
互不相容的东西联系到一起;恰恰相反,每一个在自己本身那里都
是统一,并且每一个都只是自身的扬弃,在扬弃中,对于自在之有和
肯定的实有,它们没有一个可以比另一个有优先之处。如以前所
说,有限性只是对于自身的超越;所以有限性中也包含无限性,包含
自身的他物。同样,无限性也只是对有限性的超越;所以它本质上
也包含它的他物,这样,它在它那里就是它自身的他物。无限物扬

弃有限物,不是作为有限物以外现成的力量,而是有限物自己的无限性扬弃自身。所以这种扬弃不是一般的变化或他有,不是某物的扬弃。有限物在其中扬弃自身的那个东西,就是否定有限性的那个无限物。但是有限性自身早已仅仅是那个被规定为非有的实有。所以有限物只是在否定中扬弃自己的否定。这样,无限物就它的一方面说,它是被规定为有限性,亦即一般规定性的否定物,被规定为空洞的彼岸,无限物在有限物中扬弃自己,就是逃出空虚的回归,是彼岸的否定,那个彼岸就是在无限物本身那里的一个否定物。"①

　　这里,黑格尔提出了一个非常重要的观点,即无限物在有限物中扬弃自身,就是对于彼岸性的一种否定。正是在对彼岸性的否定中,无限物才真正设定起来。实际上,黑格尔发现了这样一种关系,即当前的存在本身,就是有限物与无限物两者同一中的否定之否定。而否定之否定,又正是肯定。也只有在这样一种否定之否定的肯定性关系中,作为无限物的那种真理才能建立起来。可以看到,黑格尔在费希特的那个自我与非我的形式原则中超越出来,并把那种简单的知性否定关系建立为理念(概念)化的否定之否定关系。也正是在这种否定之否定的概念运动中,黑格尔所建立起来的绝对精神才实现了有限性向着无限性的回归。黑格尔通过否定之否定的方法,逐渐推进了概念的深化运动,概念从质、他有、界限及实在等诸多环节,向其内部深处回归,最后建立起概念自身的实体。那个实体所展开的最终形式,也即绝对精神(作为实现了的概念)返回到自身的总体,绝对精神本身就是一个普遍的东西,当它反思时,它便分化为一个特殊的东西了。它本身作为自在自为的理念,也在其分化中建构了矛盾。这个矛盾运动正是理念流动的辩证法。理念通过对其自身否定东西的扬弃,便形成了肯定的东西。这个肯定的东西不是一个直接的形式(即自身就是肯定的),而恰恰是经过了无数否定之否定的环节。在黑格尔那里,概念自身就是一个在开始时

---

① 黑格尔:《逻辑学》上卷,杨一之译,商务印书馆,1966 年版,第 145 页。

已经被规定了的东西。而它之所以能够向自身回复,也正是通过否定之否定的运动。那个运动不断把理念外化出来的环节收回于自身,在向外同时又向内双重的往返中,理念那个绝对精神便产生出自然的总体。也正是在自然那里,主观目的才演化为生命,而生命正是上帝启示的一种结果。在上帝的那种绝对精神的启示中,有限精神才能从自然那里解放出来,并最终与无限精神(绝对精神)融为一体。这就是黑格尔通过否定性原则所展示出的精神外化出自然的全部关系。

第八章　黑格尔与谢林——从先验直观到纯粹思维

第一节　哲学形式的一般联系与区别

一、谢林对黑格尔的引领及影响

哲学思维发展到谢林这里，已达到了一个新的顶点。谢林的哲学不但是德国观念论中最为重要的哲学，而且它还与黑格尔的哲学有着更加深切的血脉关系。黑格尔在自己的哲学史中，就曾用了较大的篇幅阐述谢林的观点，并在全篇的开始处，强调了谢林哲学在德国古典哲学中的地位。黑格尔非常简约而又明确地说，那最有意义的，从哲学来看唯一有意义的超出费希特哲学的工作，正是由谢林来完成的，也只有谢林的哲学才是与费希特哲学相联系的较高的纯正的形式。黑格尔的这样一种赞誉，并无夸张的成分。谢林的哲学不光具有一种（向黑格尔的理念哲学）过渡的性质，而且它还把康德的哲学与费希特的哲学综合起来，并形成一个更高的理念环节。用黑格尔的话说，即在谢林那里，哲学原则及理性本身取得了思维的纯正形式，因而，作为理念的内容及客观的过程便成为哲学主要的事情。

　　比较德国的另外两位哲学家康德和费希特,黑格尔与谢林的联系显然更为密切。从外在的关系看,黑格尔与谢林是同一代人,而康德与费希特则属于前辈;从哲学的原则上看,康德和费希特的哲学基本上还停留在知性的形态上(观念论的主观形式),而只有谢林的哲学进入了理性的形式,并在深度上达到了理念的洞察力。这就是为什么黑格尔会认为,比起康德和费希特的哲学,谢林的哲学是一种更高形式的哲学,因为它开始洞察上帝的本质,并从上帝自身的存在中去寻找事物的根据,这样,当他从自然存在那里得到了上帝的规定时,他也就建立了自然与其自身本质的联系。黑格尔这样写道:"继康德以薄弱的努力开始揭示自然中的精神性之后,他主要地重新开始这样的自然考察,力求在对象性的本质中认识到理想世界中所具有的同样的图式、同样的节奏。所以他就把自然表述为不是外在于精神的东西,而是精神一般在客观的方式下的一种投射。"①如果我们广泛地阅读谢林与黑格尔的著作(特别是耶拿时期的著作),就可以发现黑格尔与谢林的那种复杂而又密切的联系。这样一种联系至少延续到黑格尔的精神现象学时期。1795 年至1803 年之间,是他们二人交往比较密切的阶段,这个阶段以黑格尔来到耶拿为标志。此时的谢林,已经发表了五部著作,并成为继费希特之后德国最有影响的哲学家。而黑格尔的首部著作《费希特与谢林哲学体系的差异》一书(以下简称《差异》),则是在 1801 年才出版。他来到耶拿时更像一个孤独的求学者,而不像是一位卧薪尝胆的建构体系的大师。因而,无论从哪一个角度去看,谢林在当时都处于一个引领者的地位,而黑格尔,尽管他已经达到了谢林所具有的思辨高度,但他还未来得及展示自己独创的东西,他处于谢林绚烂的光环笼罩之下,并正努力锻造着自己最初的概念羽翼。此时,黑格尔正跟随着谢林从知性的主观性向着理念的客观性转变,他也

---

　　① 黑格尔:《哲学史讲演录》第四卷,贺麟、王太庆译,商务印书馆,1981 年版,第 369页。

只是在暗中建构着自己的那个绝对精神的理念大厦。

从另一个角度看,黑格尔也绝非是一个消极的学生,他从谢林那里汲取养分的同时,还把那些养分转化为自己的东西。在耶拿时期,随着他的《差异》一书的出版及他后来与谢林合作写成的一些论文的发表,他也向谢林那里输送了全新的视角,并影响到谢林后来某些观念的改变。但在这里我们可以确信这样的观点,即在耶拿前后时期(特别是耶拿之前的一段时间),谢林对于黑格尔的影响应该更大一些,它应该大于黑格尔此期间对于谢林的影响,这样的看法已成为哲学史上不争的事实。至于黑格尔晚年是否曾极力回避谈到谢林对于他的影响,我们对于这样的说法则不能完全信任。考夫曼在他所著的《黑格尔——一种新解说》一书中,举出了这一观点的实例,他引用了早期学者库诺·费舍的一段质疑。费舍指出了黑格尔哲学史中的某些误差,认为黑格尔是有意模糊他与谢林关系的那些外在事件的轮廓。比如在他对谢林基本情况的介绍中,就散布了一些不该发生的错误。费舍写道:"很多都是不准确的! 谢林不是生于斯科恩托夫,而是生于莱昂堡;在莱比锡他不是一个学生而是一个家庭教师;在耶拿不是学生而是教授,甚至当黑格尔在那里时,也是这样;他在图宾根时是一个学生,与黑格尔同学好几年! 难以理解的是,黑格尔为什么竟如此健忘,而最受指责的是,讲演录的编辑者居然一点都没有加以改正。谢林是黑格尔年轻时的同伴和朋友,是他哲学道路上的典范和引领者。"①古留加在《谢林传》中也证实了费舍的观点,谢林是出生于莱昂堡,而不是斯科恩托夫。在耶拿时期,他也确实是作为教授而不是学生。但这样的质疑对修订外在生活的履历记录是有用的,它却不能推断出黑格尔对谢林曾经影响过他那一事实的否认。至少,从这样一些年代的差错中,推导出黑格尔否认谢林曾经是自己年轻时的哲学引领者,是很勉强的,也

---

① 考夫曼:《黑格尔——一种新解说》,张翼星译,北京大学出版社,1989 年版,第172 页注释①。

无法令人信服。

人们之所以会产生此类的质疑和猜测，原因不是别的，正是因为黑格尔与谢林早年的那段密切的交往及谢林对黑格尔的影响。实际上，早在1795年左右，谢林与黑格尔就开始了哲学方面的通信。那一时期，他们在哲学上共同关注着三个方面的内容：一是康德哲学和费希特的哲学，二是基督教哲学的实质与精神，三是斯宾诺莎的哲学。这三个方面基本上构成了他们二人那一阶段哲学探讨的方向。在较早的一封写自1794年的书信中，黑格尔就对谢林谈到了费希特的哲学讲座，在稍后的回信中，谢林则更为详细地谈到了费希特的《启示批判》一书。在同年年底的另一封信中，谢林向黑格尔讲述了斯宾诺莎的哲学，并告诉黑格尔他已经成为一名斯宾诺莎主义者了。他带着激动的语气这样写道："现在我已经变成斯宾诺莎主义者了，用不着大惊小怪，我马上就给你解释，为什么会是这样的。对斯宾诺莎来说，世界，也就是说与主体相对立的全纯客体，是一切。而在我看来，自我就是一切。批判哲学和独断哲学的根本区别，在我看来，就在于，前者从绝对自我，也就是还没有被客体所制约的自我出发，后者从绝对客体或非我出发。从非我出发，归根到底要引导到斯宾诺莎的体系，从自我出发引导到康德的体系。"①信中谢林还谈到了哲学的基本问题，他表达了对费希特哲学的信赖，并坚持费希特的观点，认为哲学纯粹（最高）的原则就是自我。谢林对黑格尔谈到，上帝的本质不是别的，就是一个绝对的自我。绝对自我占据绝对存在的无限领域，并在它所占据的领域构成其自身。作为上帝的那个绝对的自我不会是客体，因为如果它有了客体，它就终止为绝对的主体了。谢林这里的观点，反映出他早年对于费希特哲学的依赖，也反映出他有意要超越斯宾诺莎的实体理论。黑格尔在随后的回信中，支持了谢林的观点，他告诉谢林，他要在夏季去研究费希特的知识学，并认为谢林从知识学中所得出的有关绝对自

---

① 黑格尔：《黑格尔通信百封》，苗力田译，上海人民出版社，1981年版，第40～41页。

我的理论是充分的。在随后的一封信中,黑格尔又再次谈到了费希特的观点,并对谢林稍早写就的一篇关于费希特的文章给予了赞许。从这个时期来看,黑格尔应该算是谢林的追随者,至少在费希特哲学那一领域,谢林是黑格尔的老师。黑格尔在那封信中,还感谢谢林透彻地向他讲清了费希特哲学的核心原则,他也诚恳地对谢林提出了几点意见,语气谦逊。黑格尔这样表达了自己的想法:"您等不着我对您的著作的评论了,在这方面我还是一个小学生。我在努力研究费希特的《原理》,请允许我提一点偶然想到的意见。您至少看得出这是出于善意,是为满足您的要求,才对您提出意见的。在您的文章第 12 节里,您把自我作为唯一的实体而赋予属性,如果实体和偶性是两个相互依存的概念,那么,在我看来实体这个概念就不能适用于绝对自我,也许适用于经验自我。因为它是出现于自我意识之中的。而前一节使我相信,您所说的并不是这种最高正题和反题相统一的我。在那一节里,您把不可分性赋予了自我,而这一谓词,只能赋予绝对的我,而不能赋予出现在自我意识中的经验自我。在自我意识里它把自身建立为它的实在性的一部分。"①从这里的文字也可以看到,黑格尔在 1795 年左右的时间,是追随于谢林的,尽管他们同时探讨了一些他们所共同关注的问题,但此时,谢林是走在黑格尔前面的。

关于斯宾诺莎哲学的研究,谢林在早期也是领路者。实际上,他在 1794 年就出版了《论哲学的可能形式》一书。他在赠送友人的一本书的扉页上,写下了"万物同一"那一泛神论的短句。此时,尽管谢林还未能完全从斯氏的实体概念中超越出来,但他却发现,从斯氏的那个体系中,才能找到纠正康德自在之物缺陷的那个路径。谢林此时所形成的一般观点是:康德哲学那个自在之物的规定是悬搁了自然的关系,而斯宾诺莎则通过实体的规定把物质与精神等同起来,从而使自然界的生成获得了精神的中介作用。他在后来的一

---

① 黑格尔:《黑格尔通信百封》,苗力田译,上海人民出版社,1981 年版,第 51 页。

系列文章中,全面地发展(改进)了斯宾诺莎的那一思路,他把实体原则引入到(绝对)自我的概念,并把由此构成的自然哲学称为是物理学的斯宾诺莎主义。在这同一时期,黑格尔也在研究斯宾诺莎的哲学。这与黑格尔研究康德及费希特的哲学是并行的。但在这个方面,黑格尔却保持了与谢林的距离。他并没有跟随谢林成为斯宾诺莎主义者,即使是在早期。黑格尔终生都对斯宾诺莎的哲学保持着敬意,但在哲学原则上,他与斯氏却有较大的分歧。在这一点上,他也与谢林拉开了距离。这也反映出黑格尔哲学在原则方面与谢林哲学的界限。当谢林从斯氏的哲学中发展出一种自然哲学的路径时,黑格尔则把实体理论糅入到辩证逻辑的开放性中,这也是后来黑格尔与谢林在哲学原则方面发生冲突的深层原因之一。

对于这个问题稍加追溯,就会看到谢林和黑格尔在当时所要解决的哲学难点:即自然界是否被某种绝对理念(绝对物)所支配,如果是,那个绝对理念又是何物? 当时的德国,还没有哪一位哲学家较好地解决了这一问题。康德通过自在之物回避了这一问题的答案,而费希特的自我原则又仅仅停留在知性活动的主观形态上。这样,解决这一难题的任务就落在谢林与黑格尔的肩上。他们二人,也正是以其独有的超越状态去尝试解决这一问题的哲学家。而斯宾诺莎哲学的那个实体的关系,正构成了谢林和黑格尔要在自然的范畴中建立一个绝对物的切入点。所不同的是,谢林从斯氏的实体规定中发展出了自我的规定,而黑格尔则从斯氏的实体规定中发展出了绝对精神。尽管自我与绝对精神不同,但它们都成为切入到自然(客体)中的绝对物的形式。在稍后的一段时间,谢林便从自我的规定中演绎出自然的体系,而黑格尔则从绝对精神中推演出作为异化物的自然。他们的区别是:谢林把客体变化的过程看成是自我活动的产物,而黑格尔则是把自然之映象的关系设定为是由精神的反思而衍生出来的异在。这样的分歧也构成谢林与黑格尔后来的裂痕。但是在耶拿时期,黑格尔还未完全形成自己的思想,而谢林对于斯氏实体概念的运用,也是在稍后阶段才成熟起来。比如,在《先验唯心论体系》一书中,谢林还只是把实体设定为是绝对机体,它超越了斯氏实体的那种僵化性,但还保留某种客体属性的残余。在1802年他所出版的另一部著作《布鲁诺对话》一书中,谢林则把实体看作是理念的产物,并认为一切属于实体性的东西都是由理念所派生的,这就超越了他此前的观点,使实体更加接近于主体的范畴了。1806年之后,谢林的哲学进入了一个更新的形式,此时他接受了神秘主义哲学家波墨的思想,并开始把实体概念糅入到神性流溢的框架。1809年,他又出版了新著《对人类自由的本质及其相关对象的哲学研究》,在那部书中,他批评了斯宾诺莎的观点,指出斯氏哲学的失误不在于把事物置于神之内,而是在于他把神设定为是物。他曾在一处这样明确地写道:"神都是物——关于世界本质的抽象概念,甚至无限实体本身,对他而言都是一个物。所以他对自由所作的那些论证完全是决定论的(deterministisch),而不是泛神论的。他把意志也作为一种事物(Sache)对待,这样便很自然地证明,意志在产生作用的任何场合,必定是由另外一个事物所决定的,这另外的一个事物又要通过另外的事物来决定,如此等等以至无穷。因此,他的体系缺乏生气,形式缺乏灵性……"[①]从这里开始,谢林便搁置了斯宾诺莎的实体概念,而进入到他自己的实体概念了。实体此时在谢林那里获得了上帝的规定,而事物之生成则是靠上帝的自我区分之光。谢林运用了波墨的原则,把本原的形式改造为是上帝的道语流出的形式。因而,实体概念便被一种神秘主义的色彩所笼罩。谢林这里的观点,也在不同程度上影响了黑格尔。比如斯氏的实体概念不是泛神论的观点,首先是由谢林所提出来的,黑格尔后来在自己的哲学史中也坚持了这一观点。而对于波墨的那个神秘主义的流溢概念,黑格尔在自己的宗教哲学中则发展了它,它与此前谢林对于上帝的某些设定关系是相互对应的。至于神之内的主观性

---

①　谢林:《对人类自由的本质及相关对象的哲学研究》,邓安庆译,商务印书馆,2008年版,第61页。

的规定,则是黑格尔从谢林那里发展出的一个环节,它比谢林的理论更具有思辨的色彩。如果说黑格尔在耶拿时期还只是坚持一种形而上学的实体概念的话,那么在后来的成熟时期,黑格尔则把实体概念发展为绝对主体概念。那个概念既摆脱了斯氏实体概念的僵化性,同时也摆脱了谢林自我概念的有限性。它完全从前两者中超越出来,成为黑格尔自己所独创的理论。杜辛在《黑格尔与哲学史》一书中,对此关系曾做出准确概括,他恰当地指出:"黑格尔比谢林更明确地以绝对主体性概念,超越了把实体作为形而上学的最高概念。……现在,这个概念归属于'客体性形而上学',进一步则变为主体性形而上学中的自我概念和绝对精神概念。"[1]我们在黑格尔的成熟时期,可以看到黑格尔对于谢林自我概念的那种更为细致的改造形式。在其主要著作《逻辑学》一书中,黑格尔便把自我的关系转换到思维生成其客体形式的关系。客体在它的直接性里就是单纯的潜在概念,它是作为主体的设定而成为外在的复合体,客体不是僵死的,没有过程的东西——即像斯宾诺莎所设定的那样,而主体,作为概念的形式,也不是空洞的自我等同物——像谢林的绝对自我那样。黑格尔在这个地方把主体性(纯粹思维)自身之分化的过程揭示出来。在此过程中,主观性便完成了一种推理的目的——这个目的也即是概念自身潜在地所蕴含的,通过推论,概念(主体)也就实现了自身向外部的转化。在此过程中,主体与客体便完成了统一。黑格尔曾一再强调,概念(作为纯主体的形式)不是别的,就是把其自身转化为客体存在的本质。客体自在地就拥有概念的现实的形式,当概念实现了从客体向其自身的回归时,它也就达到了理念的规定,而理念则正是概念运动的真理。它就是精神,也是思维运动的绝对主体。黑格尔曾这样指出:"理念在本质上是过程,因为理念的同一性之所以是概念的绝对的、自由的同一性,仅仅是由于理念是绝对的否定性,因而是辩证的。理念是过程,在这个过程

---

① 杜辛:《黑格尔与哲学史》,王树人译,社会科学文献出版社,1992 年版,第 159 页。

中概念作为一种本身是个别性的普遍性,把自己规定为客观性,规定为这种客观性的对立面,并且这种以概念为其实体的外在性,由于自己的内在辩证法,又使自己回归到主观性。"①这段话代表着黑格尔最为成熟时期的观点,很明显,这样的观点既超越了斯宾诺莎的神性关系的实体理论,也超越了谢林的那种以自我生成作为中介的实体概念,黑格尔在更高的形态上综合了前二者的理论,他在这一点上超越了作为导师的谢林。

在耶拿时期,黑格尔与谢林所探讨的另一个哲学方面的内容,是宗教哲学问题。在这个问题上,他们二人都曾给予过对方较为积极的影响。早在 1795 年左右,他们二人就都形成了自己的宗教观。那时,他们就察觉到了传统上帝概念的缺陷,并都努力试图从全新的哲学视角重新审视上帝的理念。在这一点上,谢林与黑格尔身上反映出一种鲜明的一致性。这也是谢林与黑格尔的哲学明显地区别康德和费希特哲学的地方。仅仅从这一点看,黑格尔的哲学就与谢林的哲学更为密切,更具有同源性。因为上帝那个维度在他们二人的哲学中都占有非常重要的位置,从某种意义上说,那个维度正是他们二人哲学的出发点和返回点。早期,谢林和黑格尔都受到斯宾诺莎实体观的影响,都试图给予上帝那个概念更高的主体性。这使他们二人都把费希特的自我原则作为中介,用以联结上帝与其创生对象的关系。在 1795 年谢林写给黑格尔的一封信中,谢林就曾谈到,关于上帝的正统的概念已不复存在了,哲学作为无条件的东西已开始从绝对的自我出发,因而,最高客体所展示出的东西也就是主体的自由性,那也即是从自我中设定出来的环节。黑格尔在同年的回信中,也表达了这样的见解:即一种内向的哲学必将永远存在,而上帝那个绝对自我概念就是这种哲学的核心原则。1801 年,黑格尔来到耶拿后的那段时间,新柏拉图主义的神学便进入到他们的视野,至少,柏罗丁的流溢理论曾被谢林运用过,黑格尔在此期间,也

---

① 　黑格尔:《逻辑学》,梁志学译,人民出版社,2002 年版,第357～358页。

曾研究过普罗克洛的否定者理论。此外,在后来稍晚的时间,影响到他们二人的哲学家便是波墨。谢林的那部重要著作《对人类自由的本质及其相关对象的哲学研究》,就是在波墨的影响下写成的,而黑格尔在自己的哲学史中则独辟一章,非常翔实地介绍了波墨的思想。这足以看出黑格尔对波墨的那种神秘主义哲学的重视。另一位影响到谢林与黑格尔的哲学家,应该算是布鲁诺,谢林曾以神性原理和本性原理为内容,写下一部《布鲁诺对话》的著作。在此著作中,他假借布鲁诺之口,较为详尽地阐述了上帝概念的诸多关系,并把上帝概念与客体、理念、光、原型及完善之物等概念糅合起来,使它们嵌入到绝对自我的关系之中。黑格尔对于布鲁诺的研究集中地反映在他的哲学史上,在那里,他给了布鲁诺近二十页的篇幅,这个篇幅超出了贝克莱与休谟部分的总和,可见黑格尔对灵智(神秘)哲学的重视。从现在人们所能接触到的史料来看(这主要是黑格尔与谢林早期的通信),他们各自形成自己宗教哲学的时期大约在1795—1813 年左右。后来谢林曾改变过自己的宗教观点,但黑格尔成熟期后的宗教观却基本上没有改变过。从上面的史料也可以看出,在宗教哲学方面,谢林和黑格尔应该说是相互影响的,他们的许多观点都可能直接来自于对方的某些思想,但同时,他们也都是在独立地形成着自己的理论。从某种意义上说,他们二人都想要超越基督教的形式,并想把基督教引入更为纯粹的哲学框架。如果说谢林曾经发现了神的自我直观的形式——在自我直观中上帝展示其本质,那么,黑格尔则发现了神在思维中发展出异在的关系。这或许是他们在宗教哲学方面的最大分歧。这一对比,被文德尔班的哲学史所呈现出来。文氏恰当地指出,谢林是用一种神通论的方法引出了神秘思辨的理论,并将哲学概念转化为宗教直觉,而黑格尔则是用辩证法帮助了自己。文德尔班这样写道:"谢林之所以被迫走上非理性主义的道路,最令人注目的正是因为他在绝对理念中采纳了宗教的动因。如果'绝对'不再被认为仅仅是斯宾诺莎式的、所有现象普遍的中立的本质,而被认为是上帝,如果要区分事物的神圣的原则与自然的原则以使永恒的理念作为神的自我直观形式被赋予与有限事物脱离的独自的存在，那么上帝转化为世界又必然重新成了问题。这实际上也是黑格尔的问题；黑格尔后来说，依他看来，哲学与宗教有相同的任务；他这样说时，他是对的。他利用了辩证法帮助了自己，辩证法力图以更高级的逻辑形式证明：理念按照自身特有的概念本质怎样脱离自身走向'异在'，即走向自然，走向有限的现象。"①

　　以上这些关系是谢林与黑格尔在早期形成的，并一直延续到耶拿时期。1801 年，谢林帮助黑格尔转入耶拿并安置到自己身边。黑格尔在随后的时间完成了副教授的论文答辩。谢林当时是作为第一评论者而在场的，他支持黑格尔赢得了答辩通过。此时的谢林，已成为德国新的思想领袖，他取代了费希特的位置，成为了德国第一哲学家。当时，谢林与费希特的关系已经决裂，他们之间的冲突是从谢林的那部新著《关于独断主义和批判主义》开始的。那一时期，在谢林写给费希特的一封信中，谢林曾婉转地告知费希特，说他并没能真正理解那本书的观点，并建议他读一下一位有才华的作者刚刚出版的新著。那部书的名字是《费希特与谢林哲学体系的差别》，作者是黑格尔。谢林的这一提示惹恼了费希特，让一位昔日的哲学领袖去读一个名不见经传的青年作者的习作，并在那里弄懂他自己哲学的性质，这在费希特看来显然是一种侮辱。费希特在随后的回信中指责了谢林，并坚持了此前通信中自己所持有的立场，即认为谢林不但误解了他，而且还带有恶意。他在给谢林的信中这样写道："你的信还有第二部分，一提到它就使我感到痛苦。为什么你不进行攻击就无法表达自己呢？……请你设身处地替我想一下：当我不得不宣布没有任何人，绝对没有任何人了解我时，我究竟该怎

---

①　文德尔班：《哲学史教程》下卷，罗达仁译，商务印书馆，1996 年版，第 846 页。

么对待你。"[①]后来他们两人又写了四封信,信都写得很简短,语气也很强硬。他们的通信到 1802 年便终止了,从此他们的关系便宣告破裂。1801 年黑格尔来到耶拿,可谓是恰逢其时。他的那部小书赢得了谢林的好感,而他自己也确实需要一个志同道合的伙伴。我们可以看到,谢林当时在耶拿的声望已达到顶点。他不但是德国哲学界的思想领袖,而且还成为德国文化界年轻的精神导师。歌德和洪堡等文化精英都对他保持了高度的敬意,而那些浪漫主义者(特别是诗人)则把谢林看成是精神领袖。在哲学方面,1795 年至 1803 年之间,谢林出版了近十部著作。其中《自然哲学的初步纲要》,《先验唯心论体系》及《布鲁诺》这三部著作最为重要。它们代表了谢林最为成熟时期的观点,那些著作也体现出谢林超越出费希特哲学的全新的视野。可以看到,谢林逐渐创建了一种类似于灵智主义的自然哲学,其出发点是:把自然演变之路看作是由灵性(绝对主体)所推动的。自然中绝对的东西(第一性的东西)不是费希特的那个知性的自我,而是一种绝对意识(主体)的自我。谢林曾在《论世界精神》一文中表述了这个观点,后来在《自然哲学体系初步纲要》一书中,又发展了这种观点,并第一次提出自然哲学那个概念。在《先验唯心论》体系一书中,谢林则建立起先验哲学的形式化原则。他第一次把自然的实在性建立在概念(主体)之上,并认为哲学的首要课题就是要去发现一种绝对精神,即纯粹的自我意识。其直接的规定就是去发现一个点,在那个点上主体和客体直接就是同一个东西(统一者)。实际上,谢林在这里坚持的即是他在自然哲学中所表达的立场,即作为绝对基础性的东西不可能是别物,而只能是绝对的自我意识本身。世界作为客观的东西不是从别处,正是从绝对的自我(意识)中产生出来。客观的世界作为客体,只是绝对理智(自我)的一种幻影,它只是自我意识自身的一种变形而已。这正如他在某个

---

① 考夫曼:《黑格尔——一种新解说》,张翼星译,北京大学出版社,1989 年版,第 111 页。

关键的地方所写："如果客观世界是某种独立不依地存在的东西，某种东西如何能从自由转变为客观世界，就会成为完全不可理解的，即使借助于一种预定的和谐，也是不可理解的。因为这种和谐也只有通过一种以理智与客观世界为其共同变形的第三者，因而通过某种能够取消一切行动自由的东西，方才有可能成立。世界本身仅仅是自我的变形，这就使我们的研究发生了完全不同的转向。"①显然，谢林这里的观点已经超越了费希特的知性化的自我原则，而把自然中的绝对主体（绝对意识）建立起来。这样的观点对黑格尔的影响很大，黑格尔在自己的哲学史中，也正是以谢林这里的观点作为核心内容去评价谢林的，这也是促成黑格尔将自然哲学中的核心概念设定为绝对精神之理念的一个动因。

谢林的另一部重要著作是《布鲁诺》一书。在这里，谢林首次构建出一种神学形而上学，并首次把上帝那个概念引入绝对者（绝对意识）的范畴。可以看出，他是结合了前两部书的观点，开始把自然中的事物纳入到万有（神）中的统一性。他一方面把灵魂看成是肉体的直接概念，另一方面，他又把灵魂的客体看成是个别的事物。而这二者，又都是在神的无限性之内所完成的。理性（人的理性）只是从永恒的东西中被直观到的神性本身。只有神性才是事物的绝对本性。在神中，形式在它之内是本质，而本质也是形式自身。这样，真正的存在就不在别处，而只是存在于绝对者自身的直观之内。神的理念也即是发展出本质和实体的形式。显然，谢林这里是把新柏拉图主义与基督教哲学糅合起来，当他把理念本身看作是神性永恒的原理时，他也就步入了神秘主义哲学的架构。他自己也曾那样写道："如同那个从绝对中射出的单纯的光线，被分别表现在有差别的东西和无差别的东西中，有限的东西和无限的东西中，但仍然还是它自身。我们看到，这种分离和统一的方式，是为宇宙的每一点明确规定的，我们必须一直追踪到这个地方，在这里，绝对的统一性

---

① 谢林:《先验唯心论体系》,梁志学、石泉译,商务印书馆,1981年版,第217页。

基点表现在两个相对被分离的点上,在一个点上可看出实在的和自然的世界之源泉,在另一个点上则认识到观念和神性世界的源泉,以前者欢庆永恒的上帝成人,以后者庆贺人必然成神,并且,我们以此方式在精神的阶梯上自由地、无冲突地上下运动,时而下降,这时神性原理和本性原理的统一性被分离。时而上升,这时一切又重新融合于太一,在上帝中看见自然,而在自然中看见上帝。"①这里,展示了谢林哲学神秘性质的一个雏形,这样的思想在多大的程度上影响了黑格尔,我们不得而知。但黑格尔后来所展示的精神理念的体系,则具有相当深厚的神秘主义哲学的色彩。因而,我们也可以相信,在神学及神秘主义这双重维度上,黑格尔也仍然是受到了谢林的影响,那种影响应该是发生于耶拿时期。

二、黑格尔与谢林之分歧及对谢林的影响

1800 年那个阶段,谢林在哲学上已经达到了完全成熟期。那一年,他发表了《先验唯心论体系》一书,那部著作可以算作是其一生的最高代表作。正是那部书,促使黑格尔写出了自己的第一部专著《费希特与谢林哲学体系的差别》一书。那本书既可以算是对谢林哲学的一种回应,同时也是黑格尔在哲学方面长久自身积蓄的一个宣泄口。实际上,直到 1800 年时期,黑格尔在与谢林交往中都始终处在一个尴尬的位置。他与谢林是同窗之友,又年长于谢林五岁。当谢林如日中天地成为德国第一哲学家时,他自己还未发表过一部哲学著作。可以想象,黑格尔是在漫长的孤独岁月中慢慢形成着自己的哲学体系的,那个体系由于过于庞大而又不够成熟,始终无法面世。从 1795 年至 1801 年,黑格尔始终在默默地奋斗着,而他的精神导师不是别人,正是比自己小五岁的谢林。黑格尔以独到的慧眼很早就察知到谢林哲学的优势,那种优势既刺激黑格尔前进的步

---

① 谢林:《布鲁诺对话:论事物的神性原理和本性原理》,邓安庆译,商务印书馆,2008 年版,第 156 页。

伐,同时也压抑了黑格尔自我展示的力量。从耶拿之前的很长一段时期,黑格尔就一直保持着对于谢林的敬重,从私人生活方面来讲,谢林帮助黑格尔成为副教授,从哲学方面的成就及境界来讲,谢林也无疑是黑格尔的引领者。我们从黑格尔写给谢林的一封信中,就可以看到黑格尔对谢林所持有的那种敬意,在那里他这样写道:"我一直在以仰慕及兴奋的心情注意你伟大的事业的发展,我相信你会容许我对你的事业做一点诚恳的评价;你也会了解我亦可以做一点我自己的工作。我企望我们可以友善地重逢,虽然我的工作在层次上是比你的稍低,但我相信你是会承认我这些无私心的工作成果,并肯定其中的意义的。"①这封信写于黑格尔发表《差异》一书的前一年,即1800年。这也足以证明黑格尔在内心中是承认谢林那种导师地位的。我们也不能认为黑格尔这里所写的话仅仅是一种谦辞,它应该是黑格尔内心深处的真实想法,尽管我们可以说黑格尔此时已经产生出一种自己的哲学视角,但那些视角具以提升自身的源头,仍然是来自谢林那更耀眼的光芒。直到《精神现象学》那部书出版之后,黑格尔才算是真正摆脱了谢林的影响,而走入了自己所建构的理念之路。但在这里,我们也应该指出黑格尔与谢林交往的另一个方面,这即是黑格尔早期就存在的与谢林的分歧及对谢林的影响。这个方面由于只是暗含在大量文献的各种支流中,从而也就长期被人们忽略了。指出那种关系需要对他们二人早期著作进行深入地阅读和分辩,但那个视角更容易被其他方面的注意力所分散,至少人们更愿意去研究他二人成熟时期的代表作,而不太愿意去关注他们早期交往中能够影响到对方的那种暗含的因素。我们这里所要指出的是,那些环节非常重要,它不但对于揭示黑格尔哲学的自身发展及融合过程是有益的,而且对于揭示谢林哲学的演进脉络及中介关系也是有益的。这里我们从两个方面入手,揭示出黑格尔

①　里夏德·克朗纳:《论康德与黑格尔》,关子尹译,同济大学出版社,2004年版,第172页。

早期对于谢林的那些影响,并在这个环节中,把他们在哲学上很早就产生的分歧呈现出来。

(一)宗教哲学之分歧

黑格尔的宗教哲学是在漫长的岁月中形成的,但追溯起来,在1795 年前后他就形成了一种初步的宗教观。而对于传统的基督教理论,他则保持了一种批评的视角,这一点,他与谢林是相同的。早在图宾根完成的一部书稿中,黑格尔就设定出宗教的两种形式,一种是主观宗教,一种是客观宗教。前者体现了人的心灵(精神化)的事件,而后者体现了作为上帝知识的那种哲学体系。即使在早期的开端阶段,黑格尔就认识到,宗教本身并不是简单的神学,而是上帝精神在个体灵智中的体现。上帝作为一种精神传达出来的不是别的,也就是爱本身。他在早期写下的许多文字中,都曾表达过这样的思想,即爱是上帝精神的表现,除了爱,没有别的神存在。神性是在个体精神中实现的最高统一,它使个体精神在神的理念中找到一个仿影。黑格尔这里的观点,与谢林早期的神学观是不同的,他与谢林对上帝本质的认识在耶拿时期就已经产生了分歧。我们可以从 1795 年谢林写给黑格尔的一封信中了解到这一情形。在那封信中,谢林对黑格尔做了这样的表述,即传统的上帝概念在他那里已经不存在了,他现在已成为一名斯宾诺莎主义者。因而,世界在他看来已不是某种精神——无论是爱或是什么别的精神,世界只是自我的一个客体的样式。谢林这样概括了他的观点:"因为只有绝对自我才规定了无限领域,对我们来说,除了绝对自我的世界就没有超感觉的世界。上帝只不过是个绝对的自我,这个自我,由于它把一切理论的东西都化为乌有,在理论的哲学里也等于零。人格性出自意识的统一性,意识没有客体就不能存在,而上帝或者说绝对自我是绝不会有客体的,假如有了客体,它就终止为绝对的了。由此可见,人格的上帝是没有的,我们奋斗的最高目标就是消灭自己的人格,过渡到存在的绝对领域中去。"①比较一下黑格尔的上帝观,谢林这里的观点是迥然有别的。谢林是采纳了斯宾诺莎的实体理论,把上帝的规定切入到自我与非我的统一性中,并在这种设定中取缔了人格及精神,这就与黑格尔所持有的立场截然不同。后来谢林的观点有所改变,但都没有返回到黑格尔早期的观点上。比如,谢林后来曾在一篇文章中强调了上帝的人格作用,但他仍把爱看作是上帝自身内部冲破凝聚力量的斗争,而不是黑格尔所说那普遍性的精神之爱。在另一个地方,谢林则看到了神作为精神的那种规定,在1801年时期,谢林开始采纳波墨的理论,把上帝看作是活动的主体。他批评了斯宾诺莎的实体观,认为斯氏的那个实体设定仅仅是提供了存在的根据,而没有提供存在的人格和生命。在《对人类自由的本质及其相关对象的哲学研究》一书中,他发展了这一观点,并指出上帝自身不是理智的体系,而只是一种生命。正因为上帝是生命,它才使自身与条件连为一体,从而成为绝对人格。那种人格只是上帝的本质,而不隶属于受造物的规定。谢林这里坚持了这样的观点,即人不可能化为神(而黑格尔则认为人具有神性),因为那样的话,也就不会存在上帝的涌动了。那种涌动,正是上帝区分自身的根据,人作为被区分者是有限的东西,因而,它也就无法达到上帝的那种完满性。谢林这样明确地写道:"在上帝的理智中是有一个体系,但上帝自身不是体系,而是一种生命,并且也唯有在上帝的生命中才存在着此问题的答案,为此之故才预先讲了这些东西。由于恶的可能性涉及上帝。一切实存都需要一种条件,以使它们是现实的,即得以变成人格化的实存。没有这样一种条件,连上帝的实存也不可能是人格化的。但上帝是在自身之内而非自身之外拥有这个条件。他不能取消这个条件,因为否则他就不得不取消他自己本身了。他只能通过爱来掌控它并将自身置于爱的荣耀(Verherrlichang)之下。假如上帝不使这个条件适于他自己,即自身与条件连

① 黑格尔:《黑格尔通信百封》,苗力田译,上海人民出版社,1981 年版,第41 页。

为一体,成为绝对的人格,那么在上帝之中也将会有一种黑暗的根据。人永远不能将条件置于自己的掌控中,尽管他同时在恶中力图这样。条件只是一种借给他的并与他无关的东西,因此人的人格和自性永远不能提升为完满的现实。这便是所有有限生命本有的悲哀。"①

我们可以看到,黑格尔在这个地方展示出一种独特的视角,此视角一开始就为黑格尔自己所独有。如果说谢林曾把上帝设定为是自我冲突着的欲望,是走出黑暗的光明的话,那么黑格尔则把上帝设定为是在爱的普遍性中实现(完成)了的精神。黑格尔在早期著作《基督教的精神及其命运》一书中,就较为全面地阐述了这一观点。那本书写于1799年,谢林那一年正忙于写作《先验唯心论体系》一书,而黑格尔则以完全不同的视角注意到了宗教哲学的问题。黑格尔一方面试图打破基督教哲学的那种僵死的框架,另一方面,则也继承了基督教哲学关于爱的理论,并将之发展为一个全新的精神视野。爱作为一种核心的环节被黑格尔保留下来,只是黑格尔赋予爱一种全新的含义,并使之过渡为一种精神哲学的原则。黑格尔在那里展示了这样的思路:即爱乃是精神的普遍性,通过爱,神作为一种神秘的客体便恢复了自己的主观性。其主观性正是人所接纳到的神性本身,在个体精神与普遍精神的交往中,每一方都会为对方所认识,在此基础上,人之信仰便发生了。用黑格尔的话说,即信仰者本人是具有神性的,那种神性在它所信仰的对象里会重新发现自己的真实本性。人之信仰的完成也不意味着别的什么,而只意味着回复到神性本身。至少在黑格尔看来,人只是由于信仰(圣洁的精神)才进入到神的关系。那种关系正是通过神之爱而联结起来的。爱不但成为神与人之间的精神纽带,它还成为哲学(一般神学)的内在化原则。因为正是通过爱,人才在精神上与神合而为一了。

---

① 谢林:《对人类自由的本质及其相关对象的哲学研究》,邓安庆译,商务印书馆,2008年版,第117页。

爱表现了生命想象力的实体化，但爱那个实体既不是作为统治，也不是作为非统治，而仅仅是人与神的合一的形式。黑格尔这里的观点，即后来他所形成的神人性观点的雏形。尽管黑格尔后期曾对这个早期理论有所修改，但他始终都没有脱离这个原初性的神人性框架。黑格尔进而指出，上帝之爱本身既不是理智，同样也不是理性，它仅仅是一种情感。生命在爱中找到了自身，同时也找到了作为个体精神的那种自我意识。他在哲学附录的提纲中，就更明确地表达了这一观点："这样的真正的爱排除了一切对立。爱不是理智，理智的联系总是让杂多仍然是杂多，理智的统一本身仍然是对立物。爱也不是理性，理性的规定总是与被规定者完全相对立的。爱既不是限制他物，也不为他物所限制，它绝对不是有限的东西。爱是一种情感，但它不是一个个别的情感。一个个别的情感只是生命的一部分，而不是整个生命。（表现在个别情感中的）生命力图破除它的限制，向前推进直至消散在各式各样的情感中，以便在这种多样性的全体中获得自己的满足。但在爱中全体并不是包含着这许多特殊的、分离的情感之总和。在爱中生命找到了它自身，作为它自身的双重化，亦即生命找到了它自身与自身的合一。"①

这里，黑格尔已经把爱的关系糅入到哲学的形态。他自己在各个时期都曾强调过这样的观点。即上帝之爱不是别的，也就是那种普遍精神之爱的完成。因为只有在人的精神被感化之后，人才会具有神性。而神性正是人所能通达到普遍精神之内的最高境界。我们可以看到，在这里，黑格尔已经建立起一种以爱为中介的宗教哲学理论，他也在这种理论中，实现了主观性与客观性的统一。我们还不能把那种爱的统一性称之为概念的方式，因为严格说起来，从逻辑的框架内推导出上帝之精神的诸种分化形式，是黑格尔在逻辑学时期所完成的。黑格尔的哲学终生都保持着双重的维度——即概念的环节和直观的环节，后者，正是黑格尔在宗教哲学中所展示

---

① 黑格尔：《黑格尔早期神学著作》，贺麟译，商务印书馆，1988 年版，第 443 页。

的。而从上帝之爱中推演出个体之精神,则始终是黑格尔宗教哲学
的核心内容。这与他从思辨逻辑中推演出纯粹理念的形式,是遥相
呼应的。从这个地方,也可以看到黑格尔哲学的独创性,这也是黑
格尔在宗教哲学方面独步于谢林的地方。

　　我们在谢林晚年的著述中,才可以见到那种与黑格尔哲学相对
应的观点。尽管在晚年他仍反对黑格尔的那种神智论(他自己的理
论在泛神论的倾向上也仍然是神智主义的),但却开始承认神具有
人格,而基督就是人格化的自由。他还认为实证哲学是应该依靠信
仰的,并只是为了信仰而存在。在稍晚撰写的启示哲学中,他甚至
还强调了神人同形的观念。他像黑格尔那样指出,说在神身上,体
现了观念的东西与实在的东西的统一,同时也体现了主体与客体的
统一。神不但是一个普遍者,同时还是一个个别者。神就是普遍者
与个别者活生生的统一形式。他在 1809 年写的一部小书中,也曾明
确地表达过,说上帝之爱是最高的东西,人的精神不是别的,正是上
帝之爱传达出来的气息。正是上帝之爱,才把对立的东西联结起
来,通过爱使之变为一体。谢林这样确定地说:"作为无根者,不能
同时存在或不能成为一体的东西,通过爱使之变为一体。也就是
说,无根者自我分离,只是为了能是生命和爱以及人格性的实存。
因为爱既非在无差别之内,也非在那些为了存在需要联合起来的对
立面已经被连接起来的地方,相反(以便重复一句已说过的话)爱的
秘密就在于,它联结这样一些对立面,其中的每一个都能自为地存
在,但却尚未自为存在着,并且没有另一方,这一方也不能存在。因
此,就像在无根者中形成了二元性,也就形成了爱一样,爱把实存着
的东西(观念的东西)同实存的根据联结起来。"①这里,谢林第一次
把爱看作是一个绝对中介者的关系,并把爱作为联结主体与客体的
一个依据。实际上,这正是黑格尔在《基督教的精神及命运》一书中

────────

　　① 谢林:《对人类自由的本质及相关对象的哲学研究》,邓安庆译,商务印书馆,2008
年版,第 128 页。

所表达的观点。在那里,黑格尔就曾明确地阐述过,说爱本身是一种概念的普遍性,爱是绝对的主观的东西。但正是通过爱,那客观的坚实性才被打破,客体在爱之活动中又重新成为主观精神。在此意义上,人与神才发生了联结,人的精神在神性中便得到了恢复。可以看到,谢林上面所表述的观点正是黑格尔式的。他这个观点形成于 1809 年,而黑格尔形成这个观点的时间则是 1799 年,整整早于谢林十年的时间。我们现在无法确知谢林是否完整地读过黑格尔早年的著作,但有一点则是确定无疑的,即在谢林影响着黑格尔的那些岁月,黑格尔也同样在影响着谢林。至于黑格尔这里所建立起来的爱的泛神论——如克朗纳所说的,也只是他们二人早期在哲学焦点问题上诸多分歧的一个例子罢了。在此方面,黑格尔是影响了谢林的。而这个例子也足以说明,黑格尔绝非是谢林被动的追随者,而是一个在更高的境界上与谢林竞争的对手。这一点,仅在黑格尔的第一部著作出版之后,就被印证了。

(二)精神与主体关系之分歧

黑格尔成熟时期的第一个阶段,应该是 1800 年左右。这一时期,有两件事非常重要。一是 1801 年他来到耶拿,并与谢林合办了《哲学评论杂志》,二是他出版了自己的第一部著作《费希特与谢林哲学体系的差别》。在那部书中,黑格尔全面地阐释了从康德经费希特直至谢林的德国哲学。他给予了谢林一种从未有过的高度评价,那种评价正体现了黑格尔在哲学素养上的超越之处。此时,谢林刚好出版了自己的新著《先验唯心论体系》一书,他把那部著作寄给了费希特,却遭到了费希特的批评。实际上,那部书是谢林成名以来最为成熟的著作,它既可以算作是对自己哲学的一次全面性的总结,也可以算作是对费希特哲学的真正超越。很长时间以来,谢林一直是费希特的追随者,但是这部著作,则展示了谢林自己独有的客观原则,那个原则取代了费希特的主观唯心主义,它不是建立于主观化的自我,而是建立于一种客观化的自我。谢林将那个自我设定为:它不是思维,也不是存在,但确切地说,它既是思维,也是存在。那个客体化的自我乃是一种自然界的绝对同一。谢林的这个颠覆性的观点立即遭到了费希特的批评，费氏向谢林指出，他不能同意谢林的那种把先验哲学与自然哲学对立起来的观点，因为它是建立在理想与现实活动相混淆的基础之上。费希特对谢林的批评后来进一步升级（由于谢林在回信中强烈地坚持自己的观点），他甚至在一篇文章中直白地宣称，说谢林是这个时代头脑最混乱的人，因为他的思想表现了对沉思是什么和要求什么的绝对无知，那也即是在思维方面的无能。此后，他们二人之间的关系便彻底决裂了。

我们可以看到，谢林所创立的那种客体化的哲学，当时不是被别人，而正是被黑格尔所真正理解。黑格尔以一种深刻的哲学洞见，察知到谢林哲学的那种独创性，并给予谢林一种高度的肯定。黑格尔在自己的新著《差别》一书中所传达出的思想，也为谢林开启了一种新的思路。那个思路在谢林稍后出版的新书《我的哲学体系叙述》中，被恰当地利用。斯特林曾精准地指出过这个事实，他认为谢林匆匆地要急于与黑格尔会面，正是为了从黑格尔那里汲取更多的东西——那些东西使谢林从此前的著作中超越出来，并成为一个新的独立部分。这里可以指出，实际上，那些被谢林所吸收的成分，正是黑格尔经受长期的压抑所释放出来的哲学火花，尽管它还不是一个成熟的哲学体系的展现，但它却以一种超脱绝尘的视角打动了谢林。这或许也成为谢林邀请黑格尔去耶拿的一个原因。斯特林曾引述 Haym 的观点，对谢林邀请黑格尔这件事做出了这样的猜测，他写道："这样的事实是不多的，但是它们牵涉到人类利益的繁忙的蜂房，对于谢林和黑格尔也都一样。例如，卓越的天才作家 Haym 就毫不犹豫地暗示说，谢林的这种急切大约与黑格尔的新近来访不无联系——这也许就是众所周知的第一次会面和通讯联络所带来的思想。如果说黑格尔在这些机会向谢林传达了任何东西，那么这主题最大的可能大约就是那个中性或绝对；因为这就是黑格尔中最显著的谢林主义因素，这个因素恰恰在最后提到的那本谢林著作中以完整、公开形成的形式出现了。因此，这个中性或绝对可以看作是不知名学者送给知名学者的贿赂，以便站在后者的肩上或借助于后者的声望。可能黑格尔对于谢林的热诚并非没有盘算。它打破了长期的沉默，它使通信者有了异乎寻常的地位。"①如果我们全面分析谢林此时所形成的观点及黑格尔在《差别》一书中给予谢林的评价，我们就可以确信，斯特林这里的猜测是可以被接受的。黑格尔确实为谢林传递了一种新的东西，而谢林也确实以精准的理解力接受了黑格尔洞见。中性一词确实在《先验唯心论体系》一书中得到提及，但黑格尔所传达的东西远不止中性这一概念，还涉及精神、理性、主体等诸多方面的关系。尽管黑格尔此时还未能展示其逻辑学时期的那种完整的理念轮廓，但一切与其体系有关的细节方面的原则，在耶拿时期都曾被黑格尔以不同的方式表达过，至于中性概念，只是黑格尔哲学环节上的一个结点而已。

在黑格尔与谢林共同主编的刊物《批判哲学杂志》上，刊出了黑格尔与谢林发表的耶拿时期较为重要的文章。那些文章均未署名，是由黑格尔与谢林两个人共同撰写。那些文章的格调——无论从内容、形式及采用的关键术语来看，都极为相同。以至于直到现在还未能搞清，到底哪些文章是由黑格尔所撰写，哪些文章是由谢林所撰写。现在仍然有许多学者在考证那些文章的归属，比如对《论自然哲学对一般哲学的关系》一文的归属问题，就产生过相当大的争论。现在较为确定的说法是，该文确实为谢林所撰写，但坚持该文为黑格尔所撰写的观点也不绝于耳。仅从这一点来看，黑格尔哲学就与谢林的哲学有着血脉相连的关系。因而，他们相互都影响到对方的那种可能性，则应该远远大于人们所认同的程度。黑格尔从谢林那里得到了养分，从而壮大了自己，但谢林也从黑格尔那里尝到了自己栽培的果实，那果实又再一次滋润了他。晚年的谢林曾一再宣称，说黑格尔在自己的哲学中偷走了大量的东西，并辱骂黑格尔是小偷和抄袭者。我们或许能够理解谢林的心情，但不能同意谢

---

① 张世英主编：《新黑格尔主义论著选辑》上卷，商务印书馆，1997 年版，第 60 页。

林对黑格尔的那种指责。因为他也同样从康德和费希特那里汲取了很多东西,更不要说从斯宾诺莎和波墨那里了。我们能够把他也称之为是一个抄袭者吗? 对于谢林所发表的那种言论(他对黑格尔的指责和侮辱),诗人海涅曾说了一段非常经典的话,他以诗人的那种锋利的言辞写道:"这事发生在本世纪初。谢林先生当时是个大人物。但是在这期间黑格尔出现在哲学舞台上了,谢林先生开始变得黯然失色,他晚期几乎没有写出什么东西来,甚至被人们忘记了,只在著作史上还有点意义。黑格尔的哲学成了统治的哲学,黑格尔成了精神王国的君主,可怜的谢林,一个走下坡路的、被废黜的哲学家,悲戚忧伤地到慕尼黑其他下台的先生们中间转游去了。这期间我曾看过他,看到他满面悲容,我差一点流出眼泪来。而他所说的话才尤其可怜,那是对取代他的黑格尔的一种嫉妒性的诬蔑。犹如一个鞋匠说到另一个鞋匠时,指控对方偷他的皮子做了皮靴,有一次我偶然看到谢林先生时,曾听到他说黑格尔'剽窃了他的思想';又说他剽窃的正是我的思想,'我的思想',这两词成了这个可悲的人物常用的口头禅。真是的,如果鞋匠雅可布·波墨昔日言谈像个哲学家,那么而今哲学家谢林的言谈却像个鞋匠。"①

《差别》一书之所以受到谢林的称赞,乃是在于黑格尔在这部书中精准地看到了谢林超出康德和费希特的地方,并把谢林的那种理性绝对同一的原则阐述得非常透彻。在那部小书中,黑格尔除了洞察到谢林的那种优于费希特的客体的自我之外,还在许多细节的地方展示出了完全属于自己的思想。他第一次较为细致地考察了知性与理性的关系,在此地方,他批评了康德及费希特的知性理论,而支持了谢林的客体自我的观点。但黑格尔在称赞谢林的地方,使用的却是自己的理念原则,那个原则不是谢林的自我转换概念,即主体—客体,客体—主体概念。而是黑格尔自己思辨立场上的反思概念。黑格尔在那里展示了他长期在压抑状态下所形成的理性认识

---

① 海涅:《论德国》,薛华、海安译,商务印书馆,1980年版,第100～101页。

的观点,实际上,那个观点早在耶拿之前就形成了,只是还没有得到系统化的展示罢了。我们可以看到,在《差别》一书中,黑格尔拿出的也不是完整的体系,而仅仅是特定的概念。但核心性的东西却已经与谢林的原则有了本质的区别,它已经是黑格尔式的,而不再是谢林自我同一原则的产物。黑格尔用理性取代了谢林自我的概念,并再三强调,只有在理性的形式(而不是谢林的那个自我的形式)中,才能形成绝对的客体。理性在黑格尔那里是绝对者反思的形式,它使自身成为自己的对象。反思一方面是无限物的能力,另一方面又是作为有限物的能力。这二者的综合,也就形成理性认识的过程,这也即是绝对物形成概念的过程。我们可以看到,黑格尔在这里形成了与谢林的区别。谢林一贯使用的是主体—客体概念,在对象化关系的设定中,谢林运用的是自我非我概念。而黑格尔所采用的是思辨及理性概念。黑格尔曾这样表达了理性与绝对物的关系,他指出,绝对物那个形式首先被费希特所使用,然后又被谢林引入了客体的规定。但真正来说,绝对物那个概念却没有被引进一个绝对的主体,即绝对理性的形式。他在《差别》一书中曾这样批评了费希特:"费希特只把对立的一方设置在绝对物中,或者说设置为绝对物。对费希特来说,权力和必然性存在于自我意识之中,因为只有这种自我意识才是自我设置、主体等于客体。而且这种自我意识并不是一开始就同被作为某种更高的东西的绝对物联系起来的,相反,它本身就是绝对物,即绝对的同一性。自我意识被设置为绝对物的较高权利恰恰在于:它设置自身;相反,客体并不如此,而只是为意识所设置。但是,就主体—客体被设置为自我意识而言,客体的这种地位只是偶然的从主体—客体的偶然性中加以揭示的,因为这个主体—客体本身就是一种被制约物。因此,它的观点不是最高的;它是被设置在一种有限的形式中的理性。"①

---

① 黑格尔:《费希特与谢林哲学体系的差别》,宋祖良、程志民译,商务印书馆,1994年版,第68页。

表面上看起来,黑格尔的这段话是批评费希特的。但实际上,它也是在暗中批评了谢林。因为谢林的观点仍停留在知性的形态上,它还未达到黑格尔所说的那种理性。谢林是否察知到黑格尔的本意,我们不得而知。但黑格尔表述上的细微的差别,他是应该体会到的。黑格尔这里的观点也一定影响到了他,这从后来他出版的著作《对我的哲学进一步阐述》一书中,也可以得到验证。实际上,谢林是察知到他与黑格尔的那种差异的。黑格尔坚持的是理性,思辨原则,而他本人所坚持的则是自我—主体原则。早在 1800 年时期,黑格尔就已经形成了这样的思想,即反思乃是一种无限东西的概念之关系,反思—作为思维着的张力,是一种分离又结合的设定。它把个别的东西联结为共相,并把生命联结为自然的概念。在 1800 年黑格尔所撰写的体系残篇中,他就已经表达了这样的思想,即有限的生命意识只有通过反思,才能达到完善,因为只有无限的生命才能叫作精神。精神不是别的,就是(在反思中)对于多样之物实现的活生生的统一,正是在那种统一中,宗教(作为绝对精神的实现)才达到了完善的境界。仅仅一年后(在《差别》一书中),黑格尔就更加完善了这样的思想。他既把理性看成是将分离者联系起来的东西,同时又把理性设定为绝对物自身的否定性力量。因而理性就是一种绝对思维自身发展出来的总体。我们知道,总体的概念(作为绝对理念)后来被黑格尔糅入到逻辑学的框架,但在耶拿时期,黑格尔的逻辑学体系还未成熟,因而理性之反思还未被设定到绝对精神的那个概念之中。理性作为主体只是取代了谢林的自我之概念。罗克摩尔在《黑格尔:之前和之后》一书中,也曾恰当地指出了这一事实。他这样写道:"在这个阶段,黑格尔还仍然在致力于形成一个尚未取得其最终形式的绝对概念。根据黑格尔,理性,或者用另外一个词反思,是与绝对联系在一起的。只是由于与绝对的联系,反思才是理性,而反思的产物才是知识。换句话说,反思产生了绝对。而这个理性的产物——我们可以称之为一个被组织起来的知识的整体——把自己构造为一个从理性而来的体系。这意味着,没有任何东西外在于那在下面支撑着体系的理性。换句话来表达同样的意思：因为绝对是理性的产物，所以绝对基础原理并不先于理性，而是实际上只能和必然地跟从理性。"①我们可以看到，黑格尔在《差别》一书中，已经展示了完全不同于谢林的思想。反思来自于理性，但理性作为绝对物却是把对立物融为一体的形式。这个形式在费希特那里，是一个纯粹知性的产物——它只是自我为世界那个概念提供一个客观性的增补而已。在谢林那里，则是主观性（自我意识）过渡到客观性的一个中介形式。谢林从那个主观性中引出了客体的规定，但他仍未在那个主观性中达到思辨的高度。以黑格尔的观点来看，谢林的同一性（主体与客体）并没有被设置到对象中去，因而黑格尔认为，谢林所设定的主客体的同一性也就是一种强制性的同一。黑格尔这样暗含性地剖析道："理性完善客观总体性的能力是通过自己的对立物，并通过两者的综合产生新的同一性。这新的同一性本身又在理性面前是有缺陷的同一性，又这样再补充自己。体系向自己所提供的最纯粹的方法既不是称为综合的也不是称为分析的，当方法表现为理性自身的发展时，情况就是这样。理性并不一再地把自己现象的流露作为二重性召唤到自身之内（以此理性只是消灭了它），而是自身在流露中构造成经历二重性的受制约的同一性，这相对的同一性又自身对立，以至于体系不断进展到完成的客观的总体性，客观的总体性与对立的主观的整体性统一成为无限的世界观，这个世界观的延伸借此同时自身缔结成最丰富的最简单的同一性。"②

　　这里，黑格尔假借批评费希特而批评了谢林。因为谢林并没有把理性看作是从自身中产生出现象的东西，而仅仅看成是（像费希特那样）从主体的自我直接过渡到客体的东西。从这一意义上讲，

---

　　① 汤姆·罗克摩尔：《黑格尔：之前和之后》，柯小刚译，北京大学出版社，2005 年版，第102～103页。

　　② 黑格尔：《费希特与谢林哲学体系的差别》，宋祖良、程志民译，商务印书馆，1994年版，第30页。

谢林的哲学就只是一种实在论的产物,尽管它发现了自我意识那个纯粹主体的形式,但它还是未能在对立的环节中展示其自身。我们在黑格尔 1800 年所撰写的体系残篇中,可以看到黑格尔对于谢林那种形式主体性的超越。在那里,黑格尔将主体设定为概念性的规定,生命作为有限物,是概念那种共相形式的外在表现或显现。是反思(思维)作用联结了个体而成为特殊性的存在,但支撑那个本质的东西则是无限者(绝对思维)。黑格尔这里的观点,也即是理性设定自身使自身产生出现象界的观点,只是在耶拿时期,这个观点还没有成熟。还未能达到逻辑学时期本质与现象的生成是出自于概念关系之转换那样的规定。但在《差别》中,黑格尔已经认识到,理性(理念)自身是应该在其对象(现象)的关系中展示出来,这样,现象本身才能达到向同一性的过渡。费希特的哲学之所以仅只是一种主观化的综合,也即是因为同一性(主体与客体)没有被设置到现象中去,因而同一性也就没有过渡到客体性。至于谢林的哲学——尽管黑格尔称赞说,他的哲学已经达到了绝对同一性的关系,但黑格尔在许多地方也都指出,说绝对的同一性是反思活动在起作用,而反思活动不是出自谢林的那个自我,而是出自绝对理性。那个绝对理性,正是后来黑格尔所坚持的绝对精神,它与谢林所运用的主体及自我是有差别的,那个差别正是黑格尔超越于谢林的界限。我们可以看到,同样出于主体的设定,黑格尔的理性是思辨的产物,而思辨是在自身的概念中划分对象关系的形式,它所产生出来的对象也是与概念相关的认识的客体,用黑格尔的话说,即思辨把绝对物想象为生成,但思辨同样也设定了生成和存在的同一性。其同一是理性在自身反思的意识中实现的主客体的同一,因而它(思辨本身)设置了矛盾又消灭了矛盾。这正是黑格尔在核心处超越谢林的地方。这里,黑格尔已把理性看成是绝对的形式,这个形式也渐渐成为黑格尔后来理念体系的核心概念。他在后来一直发展并完善这个绝对物的概念,到了《精神现象学》时期,这个概念便已经具有了绝对理念的内容。只是在那里,黑格尔还未能将此概念糅入一个逻辑系统,即他后来(在《逻辑学》中)所完成的辩证逻辑体系。但在《差别》一书中,黑格尔已经显示了他与谢林哲学理念的不同,黑格尔的绝对者已不是自我(像谢林那样),而是理性,他的客体也不是自然对象之关系,而是理性自身反思所设定的差别物。而绝对主体就是概念,概念作为主体也即是形成客观总体的理念。作为精神,它就是在自身的理性中设定万物的东西。黑格尔曾这样写道:"绝对物更多的是出现在绝对存在的形式中,那么,对于思辨来说,绝对物更多地表现为在其无限直观中的自我生产者。但是,虽然思辨把绝对物想象为生成,思辨同样设置了生成和存在的同一性,而对于思辨来说,表现为自我生产的东西同样被设置为最初的绝对存在,就这种最初的绝对存在的观念来说,它只能生成。思辨通过这种方式认识到如何为自己占据优势,在思辨中,意识有了这种优势。"①黑格尔这里是以称赞谢林的语气做出的表述,但除了直观概念之外,这里其他的概念则都是黑格尔的。而且那些概念也明显具有黑格尔所强调的那种反思的含义,至少它暗中强调了绝对物与(谢林之)主体的区别。谢林的自我(主体)并不是思辨式的,而他的客体也不是在思辨的反思中生成。至于思辨表现为最初的绝对存在,则更是黑格尔自己原生的观点。正是在这个焦点上,黑格尔引申出后来一系列更为成熟的概念,它们都潜含在辩证逻辑的深层框架中。但此时,耶拿时期的黑格尔,还并不完全像他在最终公布他的逻辑体系之时那样自信,他只是具有了自己独有的眼界,但对于谢林,他却从来没有表现出任何优越感,他从没有在公开场合讲过自己的哲学——像谢林那样,他或许感到了他对于谢林哲学的逐渐分离,但作为一个受到恩惠的人,他也在避免以公开的方式展露他们之间的裂隙。

　　《差别》一书对于谢林的影响表现在中介这一概念上。斯特林

---

　　① 黑格尔:《费希特与谢林哲学体系的差别》,宋祖良、程志民译,商务印书馆,1994年版,第81页。

在《黑格尔的秘密》那本书中指出了这一状况。他甚至认为,正是通过黑格尔对于中介关系的阐述,才使谢林达到了那种主客体概念的相互过渡的简单性和匀称性,从而也使谢林达到了主客体关系绝对同一的高度。据此,斯特林指出,谢林是借助了黑格尔在《差别》一书中所强调的观点,碰巧地处理了在黑格尔那里所提出的主张。关于这一点,斯特林在一定程度上是正确的,至少我们可以认为,谢林已经敏感地察觉到了黑格尔的超越之处,并把黑格尔所暗示的观点利用到自己的理论中去了。如果说谢林已经看到了主观性必然会在客观的生成中成为绝对物的关系,那么黑格尔则看到了理性作为自身之中介,就是把自身构成为自然的同一性和理智的同一性之过渡点。在那个点上,自然(在其思辨设置的生成中)完成了自己最后的产品。在黑格尔看来,中介本身就是一种认知着的概念,它是以精神为前提作为逻辑推理的环节,并在思维的分化形式下产生出自然。因而中介也就是把精神和逻辑联结在一起的东西,它使自然在概念的推论环节中产生,并在本质上成为精神向自然关系转化的过渡点。黑格尔在这里所强调的核心点,即是理性作为概念的那种形式,概念作为一种绝对物乃是一种分化着的对立物,它本身是通过自身之中介而拓展自身,因而它本身也即是一种绝对的二律背反。所不同的是,普通的知性(如康德所展示的那种知性)只是设置差别(矛盾),而理性作为绝对的概念,则既设定了差别,又取消了差别。而这一点,正是谢林的哲学所缺失的。尽管中介这一概念在先前的一些地方被谢林多次运用过,但只有在黑格尔《差别》一书出版之后,谢林才真正掌握了中介关系的更高规定。而那个更高的规定,正是由黑格尔所揭示出来的。因而问题不在于是谁最先提出了中介概念,而是在于是谁给予了中介概念更高的规定。这一点,也正是黑格尔与谢林哲学关联关系的最为复杂之处(尚待揭示之处)。人们更愿意承认,谢林在整个耶拿时期都是黑格尔的引领者那一事实,但实际的情况则是,黑格尔也在悄然地改变谢林的引领方向。实际上,在谢林所参与的《论绝对同一体系》一文中,就可以看到他的某些概念的改变,在那里,他谈到了思维与广延,观念的东西与实在的东西之统一的观点,那些观点的陈述,基本上是黑格尔式的。在其稍后撰写《论哲学的改造》一文中,他又阐述了概念的辩证法,并探讨了逻辑方法对于认识规律的作用。从这些观点中,已经可以看到黑格尔对于他的某种影响。斯特林在其著作中也曾看到了这一事实,他认为谢林的著作已经与他先前的著作有了矛盾,这在他的《我的哲学体系叙述》一文中有所体现。斯特林这样确切地写道:"现在,这种事在这里又发生了,谢林在《先验唯心论体系》中的所有辞句,直到黑格尔转达擦亮了他的眼睛之前,大约一直是很盲目的;在这种情形下,责备他急切地在公众面前获得自己的成功,是别有用心的。肯定,黑格尔在概念方式中,理性的一般概念比谢林多得多,谢林在实在和观念的二重性中,似乎要进入一种无差别的中性,这个中性是零(空虚!)而不是绝对,不是理性。即使如此,我们不能不把这个原则归于谢林;黑格尔主义者可以从他的导师那里得到自我安慰的是——他可以嘲笑地看到,谢林对这个原则的了解没有起什么作用,也起不到什么作用,因为这个原则要求与康德的联系,这种联系使黑格尔有可能把物体归属于形式,以便实现他的体系。"①

我们这里可以确信斯特林的观点,他看到了绝大多数黑格尔研究者所没有看到的事实。至少他看到了黑格尔默默影响到谢林的地方。而这种关系,也是黑格尔在耶拿时期的一个重要的事件——他在未展示自己核心体系之前就已经确定了那个体系的轮廓,这正是黑格尔耶拿之行的一种独特的收获。至于谢林,他到底在多大程度上接受了黑格尔的惠泽,这样的事情是难以判断的。他在理性(思辨)的路线上并没有走得太远,仅只是在反思的概念上做了短暂的逗留,而后又折返到主客体关系的路径上去了。这一方面是因为,在原则的关系上他与黑格尔的分野,另一方面,如哲学史上人所共知的事实,他又是一个在哲学原则上反复无常的人。黑格尔在自

---

① 张世英主编:《新黑格尔主义论著选辑》上卷,商务印书馆,1997 年版,第 62 页。

己的哲学史中曾指出了这一点,说谢林由于缺少一个恒定的原则而不断变换自己的主张,这就使得他不断地否定自己先前的观点,使他的哲学缺少一种前后一致的联系。我们可以看到,他总是在自己前行的路线上摇摆不定,而他诗人的气质又使他的视野受制于灵机一动的干扰。如果说黑格尔的理性概念曾影响过他,那么对于谢林来说,那个概念也只是锻炼了他主体性的羽翼,他并没有潜入到理性地带的核心区域,而只是停留在边界点上,并蜻蜓点水般地弄起一点理性的涟漪。我们这里指出的事实,对于谢林和黑格尔来说都是公平的。理性那个自我意识是黑格尔哲学中最重要的谢林主义的因素,但统一那个理性思辨的最好的方法,则是来自黑格尔那独具匠心的逻辑构设。正是黑格尔,才使得谢林哲学中的两个方面都渗透着一种无差别之点——正是那个无差别之点,才使得中介关系的理性概念在谢林哲学中得到融合。接下来我们去考察直观那个重要的概念,并在那里揭示黑格尔哲学真正超越出谢林哲学的地方。

第二节　思维与直观——黑格尔对
谢林直观概念的超越

一、直观在谢林哲学中的核心地位

关于哲学的原则问题,在谢林那里和黑格尔那里始终都是被特别强调的。如果说在耶拿前期黑格尔在这方面还一直是谢林追随者的话,那么,在耶拿后期,黑格尔则渐渐显示出方法论方面的独有的创见,并渐渐在方法论方面成熟起来。随着黑格尔发表了《差别》那部著作,他与谢林之间的分歧也就加大了,那个分歧不是来自某些细节方面的东西,而是来自哲学整体方面的核心原则问题。实际上,黑格尔正是通过《差别》一书,开始与谢林拉开了哲学立场。黑格尔开始关注思辨理念的哲学原则,并打算从谢林的理智直观中超越出来。显然,在《差别》一书中,黑格尔还没有来得及形成自己的思辨方法,但在黑格尔的整体思路中,那个方法却已经被看作是高于直观的——尽管这一点黑格尔还没有明确地说出来。

我们应该看到,理智直观这个概念,在黑格尔自己的哲学中一直都是被保留的。在黑格尔一生的各个时期的著作中,直观这个概念都曾被反复运用。只是它是作为概念的一个环节而被使用,而不是像谢林那样,把直观作为哲学的方法去使用。关于这一点,谢林和黑格尔在不同的地方都曾做出过明确的表态。比如在早期,谢林就曾把主体的自我意识的活动,称之为是自我直观的活动。他还曾明确地这样说过:"我们的整个哲学所依赖的立足点,是直观而非反思。"①当然,较为全面地阐述直观理论的地方,是在他的《先验唯心论体系》那部书中。在那里,谢林确定了他的以直观为哲学方法的形式化理论。而黑格尔在耶拿初期,就看到了谢林对于那一方法运用的缺陷,在《差别》一书中,黑格尔一方面指出了直观活动在概念形成方面的作用,并承认直观是意识(思维)进路的一个重要环节,另一方面,黑格尔也反对把直观活动本身就看成是哲学的方法,特别是反对谢林的那种先验直观的去概念化倾向。在稍后的成熟时期,黑格尔也曾批评过把单纯直观作为哲学方法的理论,比如在《精神现象学》一书中,他就较为明确地表达了自己的观点。黑格尔这样批评了谢林的直观原则:说谢林所说的直观活动,本身并不是真理。因为真理是作为思维运动(即概念的展开形式)而呈现的。然而,谢林的那种纯粹直观的活动,并没有表现出本质性的东西。它所缺少的是一种思维的概念。尽管它要找到对纯粹永恒的东西本质的规定,但由于它并没有建立起概念的中介关系——即作为概念差别化的对立物而返回到普遍性中的规定,这样它也就成为单纯的直接性,即那种只是概念表象(感性)关系的规定。黑格尔这样确切地写道:"现在有一种自然的哲学思维,自认为不屑于使用概念,而

---

① 罗伯特·皮平:《黑格尔的观念论》,陈虎平译,华夏出版社,2006 年版,第 88 页。

由于缺乏概念,就自称是一种直觉的和诗意的思维,给市场上带来的货色,可以说是一些由思维搅乱了的想象力所作出的任意拼凑———一些既不是鱼又不是肉,既不是诗又不是哲学的虚构。"①

黑格尔这里批评了谢林的直观概念,但我们也应该看到,黑格尔所针对的,并不是谢林对于直观那一特定内容的设定,而是谢林把直观本身作为了哲学的根本原则和方法,这正是黑格尔所反对的。在黑格尔那里,直观仅仅是进入思维形式的初步环节,它只是一个思维之初感性阶段的纯粹设定。只有把直观引入到思维运动的过程之内,使直观成为反思形式的中介关系,直观作为一种哲学的特定形式才有意义。从某种意义上说,黑格尔后来的工作(耶拿之后的任务),就是要扬弃谢林的那种单纯直观的形式,建立起概念思维各个环节的联系,使直观在概念关系的进展中,仅仅是作为思维初步的规定而使用。这样的思路在黑格尔最为成熟的著作《逻辑学》一书中,就被设定为是概念的纯有(纯粹存在)的关系。纯有在黑格尔那里,是概念所展示的最初环节,作为一种纯粹的形式,它也即是空的直观。黑格尔批评了谢林把直观本身就看作是哲学原则的思路,同时也指出了谢林的那个自我直观的简单性和有限性。他这样写道:"假如在绝对、永恒或上帝(而且上帝或许有作为开端的最不容争辩的权利)等名词中,假如在这些名词的直观或思想中,所包含的东西比在纯有中的更多,那么,这个在前者中所包含的东西,便应该在思维的知中才出现,而不在表象的知中出现;这个在前者中所包含的东西,无论它怎样丰富,而在知中最初出现的规定,总是一个简单的东西。因为只有在简单的东西中,它才不比纯粹的开端更多;只有直接的东西才是简单的,因为只是在直接的东西中,还没有从一物到另一物的过程那样的东西。所以,假如应该用绝对或上帝等比较丰富的表象形式来说出或包含什么超过有的东西,那么,这种东西在开端里,也仅仅是空话,仅仅是有;所以这种简单的、并

---

① 黑格尔:《精神现象学》上卷,贺麟、王玖兴译,商务印书馆,1987 年版,第 47 页

无另外意义的东西,这个空,干脆就是哲学的开端。"①比较一下谢林对于直观这一概念的用法,就能看到黑格尔所使用的那种直观概念的超越性。自康德起,直观概念就被确立并沿用下来,是康德而不是费希特首先建立起直观的概念。康德把那种在思维之先就被给予出来的表象称之为直观。在主体的关系上,康德并没有运用自我这一概念,而是运用了我思及意识那样的规定,直观活动(在康德那里)产生表象,表象又产生领会关系。而概念,就是在领会的基础上所建立的综合,它是把直观那样的杂多关系统一到一个形式系统中,从而形成概念化的知识。至于费希特,他既不是直观这一概念的初始创造者,也不是在知识建立的环节上去设定直观概念的人,他的功绩乃在于,他是第一位把直观活动引入到自我关系的哲学家。正是从这一意义上讲,费希特才是谢林的老师,谢林的哲学从原则上看,是直接来自费希特的哲学而不是康德的哲学。在费希特那里,这样的设定已经形成了:即一个绝对的自我乃是自身规定的东西,它设定自己,也就是设定自我的直观。而当自我进行直观之时,他也就排斥了反思。直观乃是自我之最初的先行条件,正是在直观中,自我被给予了内容。那个内容由于是与自我相对立的东西,它也就是非我。非我是从自我中设定出来的对立环节,它是自我所直观到的对象化的形式。正是通过非我,自我才实现了自身是设定者的关系。费希特曾明确地强调说,自我设定直观的那个行动不是反思的活动,而是从直观中产生出来的东西。因为"相对于自我,相对于进行直观的自我而被作为对立面设定起来的那个被直观的东西,必然是一个非我。首先可以从这里推论出:设定这样一种被直观的东西的自我行动,不是反思,不是向内进行的活动,而是一种向外进行的活动。因而就我们到目前为止所理解的来说,它乃是一种生产。被直观的东西作为被直观的东西是被生产出来的。"②显

① 黑格尔:《逻辑学》上卷,杨一之译,商务印书馆,1966 年版,第64~65页。
② 费希特:《全部知识学的基础》,王玖兴译,商务印书馆,1986 年版,第149 页。

然,这段话表明了费希特对于直观本质的基本看法。

我们可以看到,费希特的这个基础性的观点直接影响了谢林。在《先验唯心论体系》一书中,谢林全面而深入地发挥了费希特的直观理论,并在更深的层面上拓展了这个理论。也正是在这部书中,谢林确立了一种以直观为开端的哲学方法。直观作为一种方法,在康德那里只是运用在概念发展的初始环节中,在费希特那里,它只是建立非我的一个手段。而在谢林这里,直观已经变成先验唯心论的一种独特的方法,这个方法不但成为先验唯心论的基础,同时也成为自我建构客体关系的基础。在《先验唯心论体系》那部书中,谢林至少不下一百次使用了直观这个概念。在将近三百页的篇幅中,直观一词几乎每三页就被提到一次。这种情况,如同黑格尔在《逻辑学》一书中,曾以极高的密度使用概念一词一样。仅仅从这一点看,谢林与黑格尔之间就有巨大的分歧。尽管他们的哲学都是观念论的,但其原则和方法却迥然有别。这就是为什么黑格尔与谢林最终会分道扬镳,原因很简单,当谢林以诗人的目光去探寻自我之内的直观时,黑格尔则以哲学家的视角去寻觅一条概念逻辑的建构之路。他们的初衷都是一样的——即要在一个理念的基础上建立起客观世界的发生规律,但他们却在相反的道路上渐行渐远了。后来谢林(特别是在晚年)曾对黑格尔的哲学做出过严厉的批判,其焦点也正是集中在哲学的原则及方法方面。在哲学原则问题上,他痛斥黑格尔陷入了泛逻辑主义,并指出黑格尔泛逻辑主义的三个缺陷:一是它只能思考概念之内的实在性规定,而不能思考概念之外的实在规定;二是它把自然设定在逻辑的框架之内,并由此引出自然的现象规定,这颠倒了实在的关系;三是由于把逻辑看成是高于自然的实体关系,概念也就取代了思想,黑格尔的概念也就成为逻辑实体的中介。谢林在许多地方都曾指出,黑格尔是以纯逻辑的性质取代了思想的性质,而那种泛逻辑化的哲学方法,也自然使思维转化出空洞的概念关系。谢林始终反对黑格尔在概念那个纯粹思维的环节中发展出实体的规定,并认为那正是黑格尔对于实在关系的一种否定。他在不同的年代都反复地指出:说逻辑本身并不包含任何实在的成分,而黑格尔在其逻辑框架内所推演出的规定,并非是真实的实体关系,它只是由黑格尔所臆造出来的关系。谢林认为,从真实的性质上看,它们是回避了对于自然的考察,并把从逻辑(概念关系)中抽象出来的东西当成是置于自然之先的东西了。谢林曾不断地置问,为什么概念的东西会取代自然的规定,并在其自身的理念中转化出自然的生成呢? 他这样置疑黑格尔:"概念本身只存在于意识之中,可以对它进行客观的考察,然而它们并不先于自然界而是在自然界之后才存在的。黑格尔剥夺了它们的天然地位,把它们置于哲学的开端。"①直到晚年,谢林都坚持着这样的哲学立场,在替库津写的一篇序言中,他就确定地指出,第一性的东西不是理念,不是作为抽象物的存在(即黑格尔所说的显现的理念),而是存在着的自然。在他生命的后期,他也没有停止对于黑格尔的批判。在一些公开的场合,他还曾暗示说,黑格尔的哲学体系是从他早期的体系中衍生出来的,并带着轻视的口气指出,黑格尔的哲学本身只是近代哲学史中无关紧要的一个插曲。显然,这里正反映了谢林的一种非常矛盾的态度,那正是出于一个哲学领袖被后人超越后的复杂心情——他不能原谅有人背叛了自己,更不能原谅背叛者又超越了自己。公正地看,我们应该承认谢林曾经是黑格尔的导师,但要在哲学史上做一个全面比较的话,我们也应该承认,黑格尔则是远比谢林更为重要的哲学家——显然,人们都能看到,在整个哲学史上,谁又能比黑格尔的地位更为重要呢?

我们现在就具体地考察谢林的直观概念及黑格尔对这一概念的运用和超越。直观概念在谢林那里,是在自我中被直接设定起来的。它超越费希特的地方,乃在于,谢林对直观活动本身做出了更为细化的区分。他划分了两种不同形式的直观;一是外在直观,它

---

① 阿尔森·古留加:《谢林传》,贾泽林、苏国勋译,商务印书馆,1990 年版,第 257 页。

是对于自然界时空形式的直观;二是内部直观,谢林通常把它称之为理智直观。有时他也把理智直观说成是创造性直观。在具体的论述过程中,谢林对于直观这一概念的用法是较为混乱的,也较为随意。这两种直观也常常被混淆起来使用。在《先验唯心论体系》那部书中,谢林把理智直观这个概念较为完整地确立起来。在那里,他一再声称自己的哲学为先验哲学。这种思路应该是来自于康德先验统觉那个概念。像费希特一样,谢林也认为直观是直接确定自我的东西,自我之所以对其自身有所认识,正是因为它直观到了自己。自我本身不是别的,只是把自身变成直观活动的东西。谢林确定地指出,理智直观本身就是先验思维的官能,思维的目标正是在于使某种直接的东西成为意识之对象。而理智直观正是那种在直接性中建立起来的认知。他这样确定地说:"没有理智直观,哲学思维本身就根本没有什么基础,没有什么承担和支持思维活动的东西;在先验思维里取代客观世界,仿佛能使思辨展翅翱翔的东西,正是这种直观。自我本身就是一个对象,之所以如此,是因为它在认识它自己,也就是说,它是一种持续不断的理智直观;因为这一自己创造自己的东西是先验哲学的唯一对象,所以理智直观之于先验哲学,正如空间之于几何学一样。"①谢林进而指出,这种理智直观的行动是一个绝对自由的形式,对于它是不能加以证明的。作为哲学的认识原则,它只能被假设为是不证自明的。这里,他仍然采纳了康德的那种先验统觉的理论。在康德那里,先验统觉能将各种知识环节联系起来,但先验统觉本身是不证自明的,它就存在于人的自我意识中。谢林超越康德的地方,是他把直观活动规定为是受到限定的东西。康德只是将先验直观引入表象之内,而没有设定主体对于直观的限制。在谢林这里,由于直观被设定为自我(主体)的活动,它也就成为了对象化的直观。换言之,自我设定对象的过程,也就是自我在自身中直观某物的过程。有时,谢林把自我的活动,说成

---

① 谢林:《先验唯心论体系》,梁志学、石泉译,商务印书馆,1981 年版,第 35 页。

是在其无限性中直观自身的意向性。但他同时也认为,在其意向性中,自我本身又是变为对象的那种无限倾向的。那些倾向正是在直观中受到限定的东西。这里,谢林采纳了费希特的理论,即自我是在其对象的关系中设定了非我的环节。谢林认为,由于自我在无限的直观中,是作为被直观到的东西而存在的,因而那个与自身相异的直观也就成为自我的对象。那个对象不是别的,正是在其直观中所建立起来的非我。这样,当自我感到自己是在受到限定时,它就是在进行直观的。而当自我进行直观活动时,它也就在其感觉中把自身建立为对象。实际上,自我就是在其进行直观的东西中(把自身)变为对象。自我就是一种被直观到的东西,就自我是进行感觉的主体来说,它也就是把直观转化为观念的活动。谢林写道:"自我在原始的感觉内只是被感觉的东西;原始的感觉现在变成了一种直观,在这种直观内自我首次变自身为进行感觉的东西,但正因为如此,也就不再是被感觉的东西。被感觉的东西对于把自身直观为进行感觉的自我来说,就是超越界限的观念的(以前进行感觉的)活动,但这种活动现在不再作为自我的活动被直观了。现实活动原来的限定者就是自我本身,不过自我不变成自在之物,也就不能作为限定者得到意识。"①

谢林进而指出,正是创造性直观才解决了主体形式化的同一性问题。在创造性直观中,自我(作为主体)摆脱了我＝我那样的形式同一性,而获得了一种实在性的内容。自我只有将自身直观为与自身对立的东西,它才能在自身内设定一个差别化的对象。那个差别化的对象作为非我,也即是一个客体。客体是在创造性直观的活动中形成的。首先,自我在其自身的直观中受到了限定,也即是把进行感觉的东西转化为对象化的活动,这也即是直观对于主体的区分活动;其次,由于自我在行动方面受到了限定,它也就在直观中达成了观念。观念将作为自我之物而显现,它将转化出自在之我的原初

---

① 谢林:《先验唯心论体系》,梁志学、石泉译,商务印书馆,1981年版,第87页。

性,用谢林的话说,即自我原初的主观的东西越过了界限,并在界限那里被直观为自在之物。那留在界限以内的,则变成了纯粹的客观性的东西。实际上,创造性直观乃是一种联结自我与其直观对象的活动。正是在这种活动中,主体才达到了客体的纯粹性。换言之,达到了直观的概念。这里,谢林把概念的关系展示出来,可以看到,在概念的发生关系上,他的理论与黑格尔的理论有着巨大的差别。仅此一点也可以反映出他与黑格尔在哲学方法论方面的裂隙。概念在谢林那里不是作为普遍者(普遍理念)而存在的,而仅仅是停留在知性的形态上。谢林自己也曾强调过说,概念并非验前的普遍者,概念只是在直观的行动中被设定起来的东西。它只是使直观之对象转化为观念的东西。在此意义上,概念就是一种规范,一种限制作用。正是在概念的规范(限制)之下,直观活动才能达到自身的内容。由于限制活动离不开思维——对于直观的限制活动是在直观中形成的,因而,概念也即是思维本身的活动。谢林认为,自我的概念也就是自我意识在其活动中所形成的概念。当自我意识变成自身的对象时,主体自身也就产生了自我的概念。同样也可以说,自我的概念不是别的,也就是将其自身对象化的概念。谢林这样明确地说:"自我的概念是通过自我意识的活动产生的,因此,除这一活动而外,自我就什么东西也不是了,它的全部实在性都是以这一活动为唯一基础,它本身无非就是这一活动。因此,只能把自我设想为一般活动,否则它就什么也不是。"①

我们可以看到,谢林这里暗中使用了康德的范畴规定。只是他没有把范畴的形式设定为先验统觉的关系,而只是将范畴设定为一个直观的中介形式。他的意思是说,范畴是对于规范的感性直观,在范畴中介性的直观中,自我就可以先验地创造出对象,那种先验的创造活动,谢林称之为是先验构造。构造那一概念在康德那里就被运用了,这里谢林又重新使用它,并赋予了它新的含义。康德曾

---

① 谢林:《先验唯心论体系》,梁志学、石泉译,商务印书馆,1981 年版,第 31 页。

把知识看作是与直观相联系的,并认为先天概念本身就包含着纯粹直观。在康德那里,主体(自我)中先天地就被给予出时空关系,比如量的那个形式,正是在直观中被构造出来的。这也即是康德的构造性理论,这个理论后来遭到黑格尔的批判。黑格尔认为,康德的构造关系不是根据理念逻辑的必然性去发展知识,而是根据心理学的关联去发展知识,因而康德的观点就停留在知性的形态上,而没有达到理念的高度。谢林有可能注意到了这一点,他改造了康德的观点,把构造关系引入到了理智直观的形态,并在自我直观的过程中建立起构造活动,那也即是把范畴关系引入到直观的客体对象那里。在这一点上,谢林是非常小心的。他曾解释过,说先验哲学(即他自己的哲学)不是从某种具体的存在物出发,而是从一种自由的行动出发。如果说先验哲学需要设定一个原初的原理,那么那个原理就只能由一种构造的东西提供出来。他强调说,既然精神总是某种特定的活动,即理智直观的产物,那种产物也就是在其原始构造中所达成的。精神的产物离不开构造的关系,这如同自我意识离不开一个意识的主体一样。构造本身就是一个综合的过程,它使主体与其建立起来的对象合而为一,构造之环节是作为第三者而存在的,作为构造之物的那个存在,不只是作为单纯的客体关系的自我构造,而同时是作为主体和客体的混合关系的自我构造。在此构造的活动中,自我由于变成了自身的对象化的直观,因而它也就变成了一种二重化的东西,对象(被直观到的存在)在其构造中指向一点(综合之点),在那个点上,原来的被限定的活动和作限定的活动是结合在一起的。那个点对于我们来说是一种主体—客体关系,但对它自身来说则不是那样的关系。谢林进而指出,在构造对象的过程中,内在智能和外在智能都参与进来,而那两种智能又分别对应于两种直观——内在直观和外在直观。那两种直观的关联表现为:"外在直观和内在直观的唯一的界限是自我和自在之物的界限。去掉这一界限,内在直观和外在直观就交融在一起了。内在智能在哪里停止,外在智能就从哪里开始。而在我们看来是表现为外在智能对象的,无非就是内在智能的一个限定点,因此两者——外在智能和内在智能——本来也就是同一的,因为外在智能也不过是被限定了的内在智能而已。外在智能必然也是内在智能,反之,内在智能这时则并非必然也是外在智能。就其本原来讲,任何直观都是理智的,因此客观世界也不过是表现在界限之中的理智世界而已。"①

实际上,谢林这里是强调了这样一点,即任何种类的直观都离不开理智,正是靠着理智化的直观,对象关系的那种构造才可以形成。也正是在对象化关系的构造中,一个客体的形式才能被建立起来。这里,谢林正是为了解决这样的主题:即我们如何能在知性的自我中决定某种实在性的东西,那个在自我的直观中呈现出的现象又是如何在不属于我们自身的样态中被构造为客体。这个问题,正是谢林所要去解决的,这也是德国古典哲学家们所共同面对的问题。当康德奠定了先验统觉那个基础时,在主体的源头中去寻求知识(之关联和规律)的那样一种思路也就形成了。费希特只是在知识学中发展了康德的那个理论而已,他超越康德的地方,是他更明确地把一切知识的对象都从绝对自我中设定出来,并第一次把自我作为哲学认识的开端。至于谢林,又首次把创造性直观引入自我意识,并把知识(之形成)归结为是自我意识在直观活动中所作出的对象化的建构。谢林得到的结论是:对象的客体,无论是作为观念的东西还是实在的东西,都是在自我直观中形成的。是创造性活动(直观)本身构建了客体,而在此过程中,概念则一定是先在于直观的。谢林的观点结合了康德和费希特的双重优点:一方面,他借助了康德的那种先验统觉的关系,把概念看成是联结直观活动的规定,并坚持了概念是变直观为认识的东西;另一方面,他又借助了费希特的理论,把被直观的东西看作是自我的行动,把自我本身看作是进行直观的东西。我们可以看到,谢林在更高的境界上使用了费希特的直观概念,费希特试图通过自我的宾词来对直观加以设定,

---

① 谢林:《先验唯心论体系》,梁志学、石泉译,商务印书馆,1981年版,第121页。

以区分那个被直观的对象,但谢林已经把直观引入绝对理智之内,自我作为绝对理智已从自我的内部同时创造出形式和质料,这也就完成了从一个绝对理智的主体中转化出客体形式的全部规定。

对于上面的那种核心性的原则,谢林也做出了具体的设定,他从这样三个方面完成了直观建构的思路:一是把自我的行动设定为直观活动的等同者,二是把被直观的直观者看作是行动本身,三是把建构的那种关系看作是概念先行的——即概念先行于对象之客体的关系。在这三重意义上,谢林完成了自由者在直观活动中建构客体对象的任务。如果说费希特找到了知识学的发生源头,即从自我中产生出非我的关系,那么谢林在里则建立起绝对主体的对象化关系,那个关系正是从主体中转化出来的客体的形式。而且,谢林也第一次提出了这样的思路:即直观本身指向的就是客观事物。哲学的任务在谢林那里也就转化为:如何把事物的客观规律纳入到自我本身的那种规律。这个思路,首先是在谢林那里形成的,那正是黑格尔从谢林那里继承下来的理念哲学的核心思路。当谢林从主体的构造中完成对客体的设定时,他仅仅是被这样的思路所支配:自我是创造者,同时又是被创造者。世界并非本来就是客体的世界,只是由于它成为自我的对象,它才变成了客体。真正来说,客体不是某种外在东西的客体,而永远是在主体身上所形成的客体。如果存在的原理就是知识的原理,那么它们的同一性也就是发生在自我那里。因为正是自我,才能把自身变成对象化的创造活动,而那种活动正是理智直观。在一个地方,谢林写下了一段核心性的段落,他这样阐述道:"如果世界无非是我们的直观,那么,当我们的直观对我们变为客观的时候,世界对我们无疑会成为客观的。但也可以认为,我们的直观对于我们正是通过行动才成为客观的,而我们所谓的行动无非是我们的直观的表现。以此为前提,就不再会对我们的下列命题感到奇怪:'我们觉得是对于外部世界的行动的东西,从唯心论来看,无非是一种连续的直观'。例如,当行动引起外部世界的某种变化时,这种变化就其本身来看,像任何其他变化一样,也是一种直观。因此,直观本身在这里是客观事物,是为现象奠定基础的东西;此中属于现象的东西则是对于那种被设想为独立不依的感性世界的行动。所以,正如同不曾有过从客观东西到主观东西的过渡一样,在客观上这里也没有什么从主观东西到客观东西的过渡。在我看来,如果不把主观事物直观为向客观事物转变的,我就不会表现为进行直观的。"①我们可以看到,谢林就是以这样的方式完成了先验哲学的设定。他自己也曾坦言说,他的先验哲学是处于两个顶端之间,一个顶端是以理智直观为标志,另一个顶端则是以美感直观为标志。至于先验哲学本身,也仅仅是以自我直观的级次的上升为联系。它从一种最初的直观活动出发,而直观与理智的统一,则变成了主体同时兼客体——那个客体的事物只是通过直观的变形而成为自在之物。这里,谢林第一次全面而系统地使用了直观的方法,他从康德的那种由知性联结的主体关系中转化出来,也从费希特所设定的自我—非我的关系中转化出来。他第一次以主体直观的方式让对象关系成为客体,也第一次以方法论的形式坚持了哲学的原则是直观,而不是反思。

对于谢林的直观原则,黑格尔在不同时期都曾做出过批评。比如,在《差别》一书中,尽管表面上黑格尔对谢林的哲学做出了肯定,但暗中还是坚持了他自己思辨哲学的立场。他在一处就曾明确地强调说,哲学是由反思产生的知识的总体,作为一个体系而言,哲学最高的法则不是知性,而是理性。在另一个地方,黑格尔又指出,在绝对的同一性中,主体和客体被扬弃的活动是反思而不是直观。因为当直观扩展到意识时,它便表现为被扬弃了的客体性和无意识物的理性行为,因而不是决定性的行动。尽管此时(1801 年时期)黑格尔还未能完全从谢林哲学的原则中摆脱出来,但黑格尔已经产生了哲学方法论方面的独特思路,只是还没有较为形式化地将它表现出来。比较鲜明地代表黑格尔哲学方法的最早的文字,是出自他 1802

---

①　谢林:《先验唯心论体系》,梁志学、石泉译,商务印书馆,1981 年版,第 220 页。

年所形成的一份手稿。它被后人命名为"黑格尔的第一个哲学系统"。尽管它不能代表黑格尔成熟期的观点(如后来《逻辑学》中的理论),但它却展示了黑格尔逻辑体系的最初的雏形。在那里,黑格尔第一次以绝对心灵(绝对精神)的概念取代了谢林的自我概念,并把绝对主体设置在一个思辨逻辑的起点上。黑格尔指出,思辨(概念的)逻辑是一种精神逻辑,在知性的关系上,理智只是把事物分离开,使有限物与无限物对立起来。而思辨逻辑则是把分裂的形式收进绝对心灵的统一性中,使事物的有限形式得到理念无限性的联结。黑格尔同时还指出,思辨逻辑也可以看成是直觉的逻辑,但它不是谢林所主张的那种与理性(概念)的对立的形式,而是与思维的理解相同一的形式。黑格尔一方面批评了谢林的直观原则,另一方面也保留了那种原则中较为合理的成分。实际上,当黑格尔把直观看作是思维环节的不可分割的一个因素时,他也就在力求去寻找一种方法,使思维与直观成为相互统一的关系,而不是相互分裂和对立。这也即是黑格尔后来在漫长的岁月中所一直寻求的理念。

我们在黑格尔后期一系列的著作中,可以看到黑格尔将直观概念糅入到思维关系的那些过程。在稍早时期(1809—1814 年),黑格尔还基本上沿用谢林的直观概念,比如在 1809 年所写下的高级哲学全书中,他还在一个地方使用了谢林的构造概念。他认为,构造是从概念本身那里建立起来的,它就是概念实在性的一种表现。从这个地方就可以看出,黑格尔与谢林的那种割不断的关系。1810 年,黑格尔完成了特殊科学体系那一手稿。他在手稿里又一次诠释了直观概念,此时黑格尔也仍未能走出谢林的阴影,他还未能把直观融入到绝对精神的维度。在稍后所写就的一些文章中,他也仍然没有找到直观概念的合理诠释,在这一时期,黑格尔的难点仍然是:如何建立起一种严格的方法,既把直观(概念)引入到一个绝对精神的主体,同时又找到直观与思维的内在关联。黑格尔的初始想法是,直观本身不能单独地作为一种哲学原则而使用(像在谢林那里的设定),但它应该成为融入思维关系的一个中介点。这样的任务,在

《逻辑学》出版之前,黑格尔始终没能完成。他在1811—1817年写的那些讲稿中,则清楚地反映了这样的困惑。尽管那时他的《精神现象学》一书已经发表,黑格尔在此书中还曾运用了主人与奴隶那种自我意识的隐喻关系,但在概念体系的界定上,他还是未能彻底摆脱谢林。黑格尔那时还是坚持既是主体又是客体的自我概念。比如,他就曾指出,空间和时间就是抽象的直观,它们是直观活动(形成)的普遍的形式。那基本上是谢林在《先验唯心论体系》那部书中的观点。尽管黑格尔也做出了改进,认为形式理性是一种经过自身中介的活动,是在概念的预设中建立的内容的东西,但他所使用的语境则是谢林式的,他在一个地方这样写道:"感觉在直观中变为客体的,主体在与感觉的直接关系中沉浸于直观,所以,主体在直观活动中实际上尚未拥有任何其他存在,而只拥有那客观的、空间上的和时间上的存在。理智的自愿活动这时在于对当前的杂多定在的专注,在于停留到某个内容或过渡到另一个内容的选择性意志:理解力。"①从这段话就可以看出,黑格尔这时仍然没有从谢林的直观规定中超越出来,他还摇摆在康德与谢林的直观设定之间。

二、黑格尔之新解——作为思的开端上升到概念的直观

直到1816年,黑格尔完成了两卷本的《逻辑学》那部著作,他才找到了一种把直观转化为概念的形式。正是在那部书中,黑格尔才彻底从谢林的哲学中超越出来,使辩证思维的方法成为哲学的最高原则。此时,黑格尔已不再把直观看作是自我中形成客体对象的方式,也不再把直观看作是在表象关系中形成的感觉的东西,而是把直观引入到概念的初始环节,并把直观设定为是概念发生初期的纯有之关系。这样一种对于直观(概念)的设定,在整个哲学史上也是首次出现,正是在此意义上,黑格尔才超越了亚里士多德和柏拉图,超越了奥古斯丁和托马斯·阿奎纳,也超越了康德、费希特和谢林。

---

① 《黑格尔全集》第10卷,张东辉、户晓辉译,商务印书馆,2012年版,第380页。

黑格尔首次把概念的关系界定为是精神化的理念之关系,也首次在绝对精神的关系中,把概念设定为是自在自为的精神自身的发展形式。这是所有此前的哲学家都没有去尝试过的事情,只有黑格尔在《逻辑学》一书中完成了这一任务。实际上,长久以来,黑格尔就一直想建立一种哲学的系统方法,使概念的内容成为思维活动内容。而要想做到这一点的前提即是,作为思维活动的绝对主体,必须要在概念自身设定的形态下运思。谢林的理智直观完成了概念建立的初级方式,但在黑格尔看来,那种方式如果单纯地运用,就有着很大的缺陷,它不能达到概念是在思维的环节中才被设定起来的规定。另一方面,黑格尔注意到,康德曾发现了概念建立起来的形式,在康德那里,概念已经被设定为是经过诸多环节而生成的关系,而直观、感觉及表象等形式正是构造概念的中介环节。黑格尔不同意康德的构造说,但把概念看成是从直观、感觉等形式中发展出来的规定,则是他所认同的。黑格尔在这个地方,结合了康德与谢林哲学的双重优点,他把直观建立为概念自身的原初环节,并建立了直观向思维关系的过渡。实际上,黑格尔是把直观本身切入到概念自身的建立关系,直观不是别的,正是概念的初始的形式。它是作为概念最初所具有的环节,也就是谢林所说的那种在自我中所直观到的东西。但在黑格尔这里,那个(被概念的自我)直观到的东西不是别物,正是一种空。那个空(由于是无规定之物)只是概念在开端时的洞见,它距离充实的概念还有很长的路径。至于谢林所强调的自我作为直观的开端和根据,黑格尔也给予了否定,黑格尔这样指出:"假如自我是哲学的开端和根据,那就需要去掉这种具体性,——这种绝对的行动,自我经过这行动而净化自身,并在意识中出现为抽象的自我。可是,这个纯粹的自我,现在已不是一个直接的自我,更不是我们意识中那个熟知的、通常的自我了;在这个纯粹自我那里,应该是直接地、并且每个人都同样地与科学联系着的。那样的行动本来不外是提高到纯知的立场,在这个立场上,主观和客观的区别便消失了。但是这样的提高,既然出于直接的要求,那么,它就仍然是一个主观的设准,为了证明它自身是真正的要求,具体自我从直接意识到对它本身的纯知的向前运动,必须由它自己的内在必然性而表现和陈述出来。没有这种客观的运动,纯知纵使被规定为理智的直观,也显得是一种任意的立场……"①

这里,黑格尔指出了两个极为重要的方面:一是直接的自我直观只是一种单纯的确定性,它并没有展示出概念的任何内容规定,因而它只是一种主观的设准;二是那个自我直观仅仅反映了一种开端,尽管它代表了一种理智的属性,但它也仍然是一种空的意识,用黑格尔的话说,那种直观在开端中所看到的,也仅仅是空话。在《逻辑学》一书中,黑格尔全面地改造了谢林的直观理论,发展了直观概念中合理性的东西,并把这个规定糅入到理念逻辑的框架中去。黑格尔这样重新赋予了直观概念的含义:一方面他扬弃了谢林的那个自我概念,而置换绝对理念作为概念的主体;另一方面他把直观本身设定为(概念的)最初的环节,直观不再(像在谢林那里那样)直接抵达事物的本质,而仅仅是作为中介关系,发展出概念的内容。黑格尔与谢林的区别在于,谢林只是通过直观之物达到了客观性,而黑格尔则是把客观性设定在概念的自我运动(区分)的环节中。黑格尔坚持了这样的立场:即概念本身是绝对主观性,正因为它是主观的,它才能在自身反思(分化)自身。从而达到对立性的形式——即客体的形式。因而在黑格尔这里,客体就不是主体的绝对对立者,而是一种从概念内部所设定出来的环节,那些环节是作为自在自为的本质而存在的。概念本身的运动(反思行动),就是要把那些自在自为的关系揭示出来,因而真正说来,概念所发展出来的那种客体性,仍然是概念自身的客体性,它们是概念分化自身所产生出来的对应体,作为反思变化出来的对应者,它们也是概念的异在。这样看,纯粹直观也就是纯有的概念(纯粹异在),但既然直观是纯有,它也就是未经中介的东西,作为单纯的同一性,它也即是空。黑

---

① 黑格尔:《逻辑学》上卷,杨一之译,商务印书馆,1966年版,第62页。

格尔这样界定道:"在开始思维时,我们只拥有纯粹无规定性的思想,因为要作出规定,就需要有一物与他物,但在开端里我们还没有任何他物。我们这里拥有的无规定性东西是直接的东西,它并不是经过中介的无规定性,不是一切规定性的扬弃,而是无规定性的直接性,是先于一切规定性的无规定性,是作为最原始的环节的无规定性的东西,我们把它称之为存在。这种存在是不可感觉,不可直观,不可表象的,相反地,是纯粹的思想,并且作为这样的思想而构成开端。本质也是无规定性的东西,但这种无规定性的东西已经通过中介,把规定作为得到扬弃的东西包含到自身之内。"①

显然,直观在黑格尔的概念中仅仅是一种思维的直接性。作为纯思,它也只是空的思维。它并不能像谢林所说的那样,直接就在对象那里洞察到本质,而只能在概念发展出来的关系中达到本质。黑格尔这样设定了直观发展到理念的关联路径:直观是一种纯有的形态,纯有由于是一种空的东西,它也即是无。这个无与有一方面是同一性的东西,另一方面它们又是相互转化的。它们在一种更高的形式"变"中,得到了转化。二者各自走进了无中之有和有中之无,每一方都消失在它的对方中。这种直接的消失和向对方的运动,也即是"变"。"变"是黑格尔概念的运动中所发展出来的环节,它高于纯有,已是一个更高的范畴。它自身是有与无相互融合的形式。"变"这个概念是希腊人首先使用的,赫拉克利特把它提升到更为纯粹的形式。黑格尔借助了赫氏的这个范畴,并以更为细化的推演把它融入到自己的哲学理念。凭借"变"这个规定,黑格尔便发展出概念的更高的层面——即实有的形式。实有是变易的结果,它扬弃了有与无那种直接性,使概念进入到实质性的内容。实有是(在变易中)获得了规定性的有,作为存在的那种规定性,它也即是一种质。质尽管是概念较为直接的东西,但它本身已经有了量的规定。而且质还具有了概念的实有的环节。作为实有的关系,它也就转化

---

① 黑格尔:《逻辑学》,梁志学译,人民出版社,2002 年版,第 168 页。

为有限物。有限物会在量的环节中过渡到本质,本质便是原始的独
立性与自身同一性的融合,正是在本质中,概念才达到了自身反思。
它一方面把自身造就为自己的根据,另一方面,它自身也过渡为存
在和现象。当本质达到了无形式的同一性时,它也就达到了外在的
质料。质料之规定历来是所有哲学家的难题,从亚里士多德到奥古
斯丁都曾对质料关系做出过设定,而谢林也曾在新的起点上超越了
前人。当然黑格尔也同样超越了谢林。比较他们的客体(即质料)
关系的形成路径,就可以看到他们二人方法上的差别。黑格尔把质
料看作是从概念的设定中建立起来的东西,作为反思产生出来的独
立物,它们只是概念建立起来之有和扬弃之有的长在。从环节上来
看,它(质料)只是概念在本质阶段的自身映现,它是概念自身启示
的结果,是一种映现出来的实存。而在谢林那里,生成质料的过程
来自于自我直观,它不是出自概念反思关系的映现,而是出自直观
过程的构造。在构造活动中,直观本身受到了限定,那个限定使自
我及对象都各自成为了不同东西。换言之,自我在其限定中已从
感觉者变成对象化的客体(即质料),那正是自我在其直观构造中所
形成的东西。谢林这样写道:"自我在构造物质时,真正说来,是在
构造它自己……自我在这一活动内仅仅是作为主体而变成对象的,
自我只表现为物质,这是必然的。"①

　　我们可以看到,谢林是从直观活动推演出物质形态,物质(在谢
林那里)不是别的,只是自我在直观中所构造出的东西,这与黑格尔
所坚持的概念反思的形态相去甚远。黑格尔在自己的《小逻辑》一
书中,甚至还说过这样的话:决不存在什么物质,所谓存在着的物
质,只是一种特定的具体的东西。黑格尔当然也不同意谢林的那种
构造的观点,黑格尔认为,构造本身乃是来自于一种外在的反思,它
很像是从几何形状那里引申出更多的线条,那不是出于内在的概念
的关系,而是受到了外在目的的约束。用黑格尔的话说,构造只是

---

① 谢林:《先验唯心论体系》,梁志学、石泉译,商务印书馆,1981 年版,第 114 页。

出自于主观格架所添置的那种临时材料,它缺少概念的必然发展关系,无法达成自在自为的本质。对于谢林的那种直观构造客体的关系,黑格尔也给予了批评。他在《逻辑学》一书中就明确指出,那种自我 = 自我的规定(即谢林的自我同一性规定),只是把客体看成是直接实有中的花花世界,而那个自我概念,也只是通过否定它本身最初的确定性而达到的虚无的他物。它只是在不确定的意义上,提供了它与自身等同的真理。我们可以看到,黑格尔努力要去完成的事情,正是要消除谢林的那种源自费希特的主客体关系。使客体不是从自我构造化的直观中,而是从概念的反思中产生出来。这一点,正是黑格尔要从谢林那里突破出来的缺口。我们在黑格尔的《逻辑学》一书中,看到了黑格尔所建立的那种全新的思辨原则。那个原则正代表了思辨逻辑的反思方法。其核心点,也即是从概念自身的反思关系推导出实在性的客体。这一点,也就是黑格尔要在《逻辑学》一书中所要去解决的难题。这个任务是如此艰巨而又浩大,黑格尔用了五年的时间才达到了目标。《逻辑学》上卷出版于1812年,下卷出版于1816年,如果联系起耶拿时期大量的各种改动中的体系构思的草图的话(不算早期,仅只从1800年他撰写的《一个体系的札记》算起),他实际上就已经花费了近十六年的时间。在他的《逻辑学》出版之后,他才真正走出谢林的阴影,此时的黑格尔与以前相比,确实是判若两人。用考夫曼的话来说:"当黑格尔从低微的处境一跃而为一名著名教授时,我们迄今大量讨论过的这个人便难以辨认了。任何人只要将40岁以前的黑格尔和一生中最后15年当教授的黑格尔认真地加以比较,就肯定地要问:他究竟发生了什么事?"[①]是的,密纳发的猫头鹰在夜晚起飞了,现在黑格尔被绝对精神的翅膀带动着,他滑出了康德和谢林的地域,进入到黑格尔绝对精神那个秘密理念的浩渺夜幕中。

---

① 考夫曼:《黑格尔——一种新解说》,张翼星、郑志宁译,北京大学出版社,1989年版,第180页。

我们看到黑格尔这样继续演绎着他的核心思路:当纯有(即直观之有)达到本质的阶段时,便开始映现自己,即通过反思而启示了自身,成为了映象。映象是(概念)外化出来的现象,是从此前(最初)的纯有中所发生出来的东西。现在,它已经成为与现实合一的环节。正是在这个环节中,它才转化为直接物和反思的第三者——即概念的形式。在此行动中,它达到了建立起来的总体。那个总体正是客体的概念。如果说谢林曾把客体看作是构造出来的东西,那么在黑格尔这里,客体关系则是概念反思的结果。它不是从直观中设定出来的产物,而是在概念的分化活动中衍生出来的产物。在黑格尔那里,质料是被形式的因素所决定,他把思辨关系引入到形式规定中去,从而超越了亚里士多德。在黑格尔看来,形式就是理念的绝对主体,作为绝对的否定性,它就是在本质中产生映现的东西。因而,形式就是一种扬弃自身的关系——它在自身制造区别,又扬弃区别,从而使自身成为一种长在。而那种外在的长在,就是质料。黑格尔这样肯定地说:"当本质的反思规定自身对待本质和对待无形式的不曾规定的东西一样时,本质就变成质料。所以质料是单纯的、无区别的同一,它是带着这样规定的本质,即是形式的他物。因此,质料是形式的特殊基础或基质,因为它构成形式规定的自身反思或说独立物,它与这个独立物相关正如对它的肯定的长在一样。"①由于质料所形成的东西是一种外在长在,它们作为建立起来之有便成为实在的根据。它们在本质的环节中映现出来,并过渡为事物的特性。黑格尔把物的特性规定为一种质素,质素在存在中消解,并作为虚无的直接物(即现象本身那种虚无性的东西)而与反思对立,最后又在对比关系中达到综合。综合是把建立起来的规定统一起来的关系。它一方面是现象的直接性,另一方面又是反思的直接性。二者在概念的总体中达到了统一,最终进入到概念的形式。由于概念是绝对的主体(它不是斯宾诺莎的实体),它便是一个自我

---

① 黑格尔:《逻辑学》下卷,杨一之译,商务印书馆,1991 年版,第 79 页。

或纯粹的自我意识(它也不是谢林的那个自我)。在黑格尔那里,概念不是别的,作为绝对精神,它就是自己客体性本身。用黑格尔自己的话说,当主体完成了自由对象的表现,它就成为了概念。概念就是在其客观性中自在自为的事情本身。在《逻辑学》(哲学全书中的小逻辑)一书中,黑格尔直接就把概念说成是主体本身,是精神。而客体则是概念自身潜在的环节。它不是别的,就是概念(主体)所达到各个层面的东西。这与谢林把客体看成是质料性的外在规定是不同的。谢林的客体只建立起来的外在性规定,它是与主体相对立的东西。黑格尔则把客体设定为是回归到中心性和主观性的东西,它作为映现之物又返回到本质中去。客体的实现就是概念自身目的之完成,当概念的统一在其外在性中将自身建立为不断扬弃的环节时,它们也就完成了概念的再生产——客体的形式。黑格尔认为,目的就是(绝对精神)在其客观性中达到的概念,客体性正是目的所给予的东西,当概念从目的那里实现了客观性的恢复时,目的便上升到由概念所建立起来的理念的高度。黑格尔这样明确地说:"目的的运动现在就达到了这一点,即:外在性环节不仅是建立在概念中,概念不仅是应当和趋向,而且作为具体的总体,是与直接客观性同一的。这种同一性一方面是单纯的概念和同样直接的客观性,但另一方面同等重要的又是中介和单纯直接性,那种直接性唯有通过自身扬弃那样的中介才是的;所以概念在本质上是这样的,即作为自为之有的同一。与它的自在之有的客观性区别开,并因此具有外在性,但在这个外在的总体中,又是这个总体的自身规定的同一。所以概念现在就是理念。"①

　　这里,黑格尔引出了理念的关系。理念在黑格尔那里就是充足的概念,从另一种意义上说,理念也就是客观真理本身。当概念达到理念阶段时,它也就达到了真正的客观性。我们现在可以看到,黑格尔是如何从直观(最初概念之纯有的形式)达到理念的全部过

---

① 黑格尔:《逻辑学》下卷,杨一之译,商务印书馆,1991年版,第445~446页。

程。当我们重新审视直观这个概念规定时，我们也就看到由一个最初的规定所联结出来的意义。而真理，只有浸透到概念发展的各个环节中去，直观那些特殊的规定所产生的各个环节，才能被认识到。在更深层的背景中，黑格尔是把直观看作是绝对精神的初始环节，它所展现的各种内容，不是知性形态的理智（谢林式的理智），而是绝对精神的绝对理智，作为纯粹的反思形式，它们也就是纯粹的真理。当精神的规定转化为客体性的时候，绝对认识的主观目的也就转化为生命。而所有那些概念关系的转化，又都是出于绝对精神自身之目的。用黑格尔的话说，它所体现的只是神的概念的科学，正是绝对精神所展现出来的那种概念的总体，才真正构成了逻辑科学的全部内容。这里，我们看到了黑格尔如何把直观概念运用到自己理念逻辑的全部过程。与谢林的直观方法相比较，黑格尔那种反思的哲学方法具有了本质性的突破，从第一个方面看，黑格尔首次扬弃了从费希特到谢林的那种自我主体的关系，首次把主体关系设定为绝对理念（绝对精神）的形式。它不同于谢林自我原则的地方，是在于它是以反思（纯粹思维）为其内在原则，并以绝对精神贯穿于理性认知的体系。黑格尔曾在《逻辑学》那部书中强调说，作为主体的概念本身，不应该被看作是知性的自我，而应该被看作是思维着的精神。精神在黑格尔那里不是别的，而是纯粹思维那个主观性。它不是谢林所说的那种自我意识，而是绝对主体那种纯粹的思维运动。在谢林那里，直观是作为直接的规定而达到真理的，那个直观的意识缺少中介的环节而停留在感性的形态。用黑格尔的话说，它只是停留在所谓印象中，它只是从外在多样性的规定中走出来，而回到感觉自身的单纯性中。尽管它们来自于自我的规定，但由于它只是一种空洞的表象，它也就只能伴随概念的空洞意识。黑格尔彻底扭转了这种关系。一方面，黑格尔把直观设定为概念反思的形式，另一方面，那个直观（又被设定为）不是在原初阶段，而是在概念发展的后续环节中才逐步获得内容。因而在黑格尔这里，直观就联结了概念（思维）演进的过程。直观最初仅仅是纯有（纯粹存在），只是在发展过程中,它才显露出自身的潜在设定。由于黑格尔把思维的关系看作是哲学的方法,那个主体(即谢林的自我)的形式就发生了根本的改变,概念成为了绝对主体。它作为主体,一方面,建立自身之反思的环节,另一方面,又作为绝对的威力扬弃那些环节。因而在黑格尔那里,真理的体系就是在思维无限地扬弃自身的运动中完成的,它不是从感性直观的形式中得到的,而是从概念自身的发生史中得到的。在黑格尔那里,真理是从概念的自为之有中所达到的建立起来之有,而直观之规定,则仅仅是概念之初的空化的思维。它只有在后面的因果关系的对比中,才能显示出自身中介的价值。

黑格尔首次以概念的长在的关系取代了谢林的自我关系。他扬弃了谢林的那种没有概念的直观,使直观切入到概念的联结形式,因而直观(在黑格尔那里)就转换为我思的推进关系。它与概念成为绝对一致的关系,并在形式的总体(全体)中构成真理。当那个真理发展到理念的终点时,它也就达到了绝对精神的理念。谢林的直观只是达到了一个知性的自我,而黑格尔的直观则在概念的中介中达到了绝对精神的自我。那个自我代表着神性的认知,它的每一个设定都是返回到自身的精神内容,而那个直观性的开端,也只是与更高的普遍性相汇合的起点。它作为开端者,只是汇入到更大的外延和更高的内涵之内,用黑格尔的话说:"由于它融合于其中的那个单纯性形式之故,本身是一个新的开端;因为这个新的开端正是由于这种规定性而与它的先行者相区别,所以认识是从内容到内容向前转动的。首先,这种前进是这样规定自身的,即:它从单纯的规定性开始,而后继的总是愈加丰富和愈加具体。因为结果包含它的开端,而开端的过程以新的规定性丰富了结果。普遍的东西构成基础;因此不应当把进程看作是从一个他物到一个他物的流动。绝对方法中的概念在它的他有中保持自身;普遍的东西在它的特殊化中、在判断和实在中,保持自身;普遍的东西在以后规定的每一阶段,都提高了它以前的全部内容。它不仅没有因它的辩证的前进而丧失什么,丢下什么,而且还带着一切收获和自己一起,使自己更丰富,更密实。"①

　　可以看到,黑格尔概念式的主体是一个向外展示的绝对形式,同时它也是向自身收缩的绝对形式。正是在这样双重的进路中,绝对理念(绝对精神)才建立起自身的内容。黑格尔一方面超越了康德,使精神(概念)成为主体的基础;另一方面也超越了谢林,使直观内容切入到概念的延展关系中。当直观被设定为概念之初的纯有形式时,直观的那种感性的形式就被扬弃掉了。它不再作为单纯的东西而直达本质,而仅仅是作为概念本身的东西(相关物)而被反思。事实上,黑格尔已经不是根据直观的那个感性的直接性去建立知识,而是把知识纳入到绝对精神的自身的潜在关系。在《逻辑学》一书中,黑格尔就曾指出,真正的精神是能够在其自身相互中介的东西,而那种东西的发源者也即是上帝的理念。同样的观点也反复出现在《精神现象学》一书中,在那里,黑格尔曾不断地强调道说,精神就是概念自身运动过程的自身中介者,精神预先就假设着自然并同时把逻辑的过程结合起来,而概念(作为精神对象关系的运动)则联系着认识的活动,同时作为绝对者的关系实现着自己,产生着自己和享受着自己。黑格尔最终以概念自身实现的方式把直观活动融入到思辨的逻辑,那个抽象自我的立场(谢林的立场)被扬弃掉了。哲学的条件——即作为基础性方法的东西不再是先验直观,而是思维着的绝对精神本身。那个最初者——直观之物,也随着概念自身发展的进程而被更高的环节取代,它们仅仅是作为概念建立起来之有而在映象中消逝掉,思维作为绝对的否定性最终在目的性中实现了自己,而那个目的,也即是绝对精神在其客观性中所达到的目标。自然在其绝对精神的目标中仅仅是一个手段——通过它,绝对的主观性便过渡到自在之有的客观性。

　　这里,同时也展示了黑格尔对谢林的第二种超越,即一个从纯思中转化出的客体关系的实现。这正是黑格尔思辨逻辑的独创性,

---

　　① 黑格尔:《逻辑学》下卷,杨一之译,商务印书馆,1991 年版,第548～549页。

它也完全超越了从康德到费希特及谢林的那些先前的观念论哲学，并在绝对唯心论的维度上完成了前人所未能完成的任务。实际上，摆在德国哲学家面前的那个共同的难题，即是如何建立起一个认知系统，在那个系统中，人们的认识可以抵达客观实在的确定性知识。首先是康德认识到这一点，康德发现一个形式理性的建构对于客体对象的认识是必要的，而一个形式理性的核心点，正是自我意识那个绝对基础。因而，成为认识基础的那个要素，则自然而然地由一个在自由的限度内能构造自身的东西——即自我意识去承担了。于是康德开始去揭示那样的规定：即对象化知识的那种客体（关于对象的客观实在的认识），乃是范畴在先验统觉的联结中所建构的，从原因和结果的关系看，范畴联结了从直观到想象力综合的全部过程。事实上，康德已经给出了那样的规定，即概念的客观实在性，是在自我意识的主体中被建构出来的，而客体关系的那种实在性，则只是一种被给予之物。客体本身只是自我在内在直观中按照统觉的条件而联结起来的对象化的意识。康德就曾这样明确地说过："我不是通过单纯的'我思'而认识一个客体的，而只有当我关系到一切思维都在其中的那种意识的统一而规定一个给予的直观时，我才能认识任何一个对象。因此，我甚至也不是通过我意识到我自己作为思维活动，来认识我自己的，而是当我意识到对我自己的直观是在思维机能方面被规定了时，才认识我自己的。所以，在思维中自我意识的一切样态（modi）自身还不是有关客体的知性概念（范畴），而只是一些根本不把任何对象、因而也不把自我作为对象提供给思维来认识的机能。客体并不是对进行规定的自我的意识，而只是对可被规定的自我、亦即对我的内直观（只要它的杂多能按照思维中统觉的统一之普遍条件而联结起来）的意识。"[1]

尽管这段话具有含糊不清之处，但它还是指出了概念客体形式的关系。至于康德所说的进行直观的自我意识和可被直观的自我

_____

① 康德：《纯粹理性批判》，邓晓芒译，人民出版社，2004年版，第292~293页。

意识,那只是一种形式上的区分,在本质上并无不同。黑格尔在《精神现象学》中就指出过这一点,说意识本身就是对于对象的意识,同时它又是对于它自己的意识。确切地说,意识既是关于对它而言是真理的东西的那种东西的意识,同时又是关于它对这种真理的知识的意识。而自我意识的实质,也就是对这二者做出比较的东西。这正是康德上面所做出区分的环节,显然,那种区分只是形式上的划分。

康德真正的功绩在于,他发现了客体关系乃是主体(自我意识)所设定出来的规定,因而哲学的认识路径就转变为:不是去追溯某种实体(本体之物)那样的存在关系,而是去追溯知性的我思如何在范畴的作用下联结(建构)出客观对象的关系。这样的思路通过费希特传达到谢林那里。谢林一方面运用了康德的建构原则,另一方面他又把行动的直观活动引入构造关系。因而,谢林就在直观行动中构造出客体。谢林超越康德的地方,在于他认识到主客体关系的同一性。这一点,也构成他的那种以理智直观为前提的同一性哲学。在谢林这里,自在之物转变为自我直观的一种产物,直观把自身转化为对立性的东西而形成纯粹的客体。由于客体被设定为被构造及被直观的产物,客体本身也就成了主体直观活动的一个代替物,它是直观之结果的一个特定形式。黑格尔称赞谢林的地方,是认为谢林发现了内容与形式的绝对同一性,他在自己的哲学史上也指出过,谢林的哲学已经进入到主观性与客观性那种对立关系的和解,并在其和解关系中建立起纯粹知识的认识路径。而黑格尔对于谢林体系的借鉴及超越之处,也反映在这一焦点上。黑格尔认为,把理念的客观关系从绝对精神的本性中发展出来,并建立起绝对精神的认知之路,那才是哲学史所要达到的目标,而谢林并没有在真正的意义上完成这一任务。谢林的哲学虽具有深刻的内容,但由于它缺少思辨逻辑的形式辩证法,因而也就停留在自然哲学的层面上。用黑格尔的话说,谢林只是一般地具有同一性那个观念,但他缺少按照逻辑的方法把理念关系的具体同一性展示出来的过程。

　　从严格的意义上说,真正辩证关系的同一性哲学是在黑格尔那里完成的。这一点,正是黑格尔从谢林哲学中超越出来的一个直接的表现。谢林已经为黑格尔提供了一个主客体关系相互转化的框架,而黑格尔则以绝对精神的内容把那个框架充实起来。我们可以看到,黑格尔完成了这样的双重规定:即一方面以绝对精神的规定沟通了与自在之物的关系,使被康德悬置起来的物自体重新获得了内容,认识不再是有限的认识,而是绝对精神通达到更高理念的认识。在此过程中,物自体便作为理念自身的一个环节而被认知,它作为映象背后的绝对本质而关联现象的定在(实存);另一方面,则是黑格尔第一次在绝对主体(绝对理念)的形式中推演出实体的存在,这也是谢林未能在系统化的关系中完成的任务。而黑格尔在绝对理念的逻辑框架中设定了它。当黑格尔把绝对精神设定为自在自为的本质时,那种客体性的存在便作为绝对者自身分化出来的差异而被设定。联结这个过程的,正是思辨理性的辩证法。黑格尔实际上也把理念本身的活动看作是辩证的活动,理念的那种无限的向外展示自身映象的关系,恰好构成了精神的异在所形成的客体关系。因而,客体在黑格尔那里就不是一个构造的产物——像谢林的直观构造物那样。在黑格尔看来,构造只是从知性的外部形式去关联对象的活动,而理念(精神之主体)则是从自己的内部向外反思的活动。一方面,它只是纯粹思维的过程,另一方面,它又作为呈现之物而映象出存在。当反思从概念的关系中发展出自身的建立起来之有时,作为质料的客体便构成自然的第三者。黑格尔这里展示了这样的观点:即上帝作为绝对理念是实在的根据,这个根据表现为自然之建立。而自然作为建立起来之有,则又是上帝的自身之中介关系,它作为显现的形式而构成外在反思。绝对精神(作为绝对主体)就是联结这种双重关系的活动。正是在此活动中,自然便显现为第三者的关系。理念作为绝对物,本身潜含着第三者的关系,而作为本质,第三者又表现为显现。因而,认识的过程(路径)在黑格尔那里便发生了改变,它不是人的知性在其自我中建立对象的过程,而只是理念(绝对精神)把客观世界建立为与概念同一的过程。反过来说,也同样适合,那也即是将概念建立为与客观性同一的过程。在黑格尔那里,一个颠覆性的思路首次出现,即客体(客观世界)本身乃是绝对精神从其自身的反思中异化出来的形式,客体不是一个独立自在的东西,而倒是思辨精神的一种排挤物,它恰恰是由(绝对)思维之分化出的差别形式所构成。用黑格尔的话说,它是把一个在认识的背后不可知的自在之物附加到客体上去的关系。至于主观概念,则必须被看作是从客体中发展出的环节,而那个由概念联结起来的总体,则是客体。黑格尔第一次表达了这样的认知:即一个由我们在常识的意识中被设定起来的世界,仅仅是绝对精神的遗弃物,它是概念在展开(反思)中被扬弃掉的环节,它自身尽管是自在的,但也同样是质料那样的熄灭之物。

我们可以看到黑格尔就这样完成了他的逻辑建构——现象的光带尽管在自然的视野上飘浮,但它却从没有影响到绝对精神自身那纯粹的观察。当黑格尔把世界本身看作是客观存在着的精神时,他也就把人类那种认识的辛劳从自我意识中放逐了。至少,自然的存在和个体的自我都是作为非本质的东西而被取消的,相反,真正神圣的本质则只是发生在绝对精神那个普遍性的环节中。作为绝对知识,它们是纯粹的概念,而作为自我直观,它们就是精神的时空形式。当精神将自身抛出(外化出)自我形态时,它也就显现出观察者直接的确定性。那个被直观到的现象化的差别物的形式,也就是时空意识中的自然。如果说谢林已发现了物质是平衡状态里湮灭了的精神,那么黑格尔则发现了精神是在自我的形式中下降的实体。那种自然状态的让渡正是自我的目的。作为个体,它既是特殊者生命的异化与消逝,同时又是普遍的自我之绝对的保留。生命在黑格尔看来,必须努力为灵魂穿上外衣并给予其具体的定在,而绝对精神的工匠则巧设了化成肉身的事变。那个纯粹自我的深邃性正以其缺席方式构成普遍者,当它从绝对知识的直观中呈现出自我牺牲的要素时,自然界也就成了绝对精神的回忆和墓地。世界的真理性也就是概念向外涌动和分裂,而正是上帝的那种无限的向其自身涌出的泡沫,才融贯了自然界向外延伸的广延和向内收拢的时间。

我们这里应该与黑格尔道别了,哲学史并没有像黑格尔宣称的那样进入到绝对精神。倒是相反,现代性的那些粗糙的碎片却充盈了哲学的视野。自我意识已经取消了对于神的祭拜,而作为每个人的那种自我,则也早已淡出对于绝对之灵的冥思。至于黑格尔的那种神秘暗夜中的理性,也只是作为记忆的知识徘徊于静默的忘川——它是否作为灵的本质返回于神的启示,并在自身倒空的影象中摄取脱落的历史,则更是一种现代意识的悬疑。黑格尔哲学的意义并不在于他建构了思辨逻辑的体系,而是在于他把握到精神本性更深的东西。他再现了作为苦恼意识的那种彼岸性的距离感,并由此把启示宗教的萌芽恢复到绝对精神的认知中。它内在的深度则构成了黑暗与光明的对比,当神圣的晶体把纯粹理性的意识投射给一个事物的自我时,生命便在绝对精神的折射中获得一分殊荣——至少(在黑格尔隐秘深藏的意识中),那是揭去躯体遮盖本质的过程,也是生命择其痛苦的工具从神性内割断动物之根的过程。黑格尔向我们展示的是一种启示宗教的神圣原则,而当精神达到了神的概念时,它也就传达出那个纯粹者在自我直观中所凝结的镜像。至于我们个人,"在对真理的这种直观中,(有)对上帝本身的绝对确信;这确信囊括一切主观性,而主观性见之于精神,见之于主观性的真理。因而就有自由的宗教,即向着自在自为存在的思辨的、客观的、普遍的、自在自为存在着的和绝对的挺进以及自由本身"[1]。这或许就是黑格尔打算告诉人们的较为真实的想法。

---

① 梁志学、李理译:《黑格尔全集》第十七卷,商务印书馆,2012 年版,第 229 页。

参考文献

一、中文部分

1. 奥康诺:《批评的西方哲学史》,洪汉鼎等译,东方出版社,2005 年版。

2. 阿尔森·古留加:《谢林传》,贾泽林等译,商务印书馆,1990 年版。

3. 阿尔森·古留加:《康德传》,贾泽林等译,商务印书馆,1997 年版。

4. 艾尔弗雷德·韦伯:《西洋哲学史》,詹文浒译,华东师范大学出版社,2007 年版。

5. 安东尼·肯尼:《牛津西方哲学史》,韩东晖译,中国人民大学出版社,2006 年版。

6. 艾莉森·利·布朗:《黑格尔》,彭俊平译,中华书局,2002 年版。

7. 贝尔纳·布尔乔亚:《德国古典哲学》,邓刚译,人民出版社,2013 年版。

8. 查尔斯·泰勒:《黑格尔与现代社会》,徐文瑞译,吉林出版集团有限责任公司,2009 年版。

9. 查尔斯·泰勒:《黑格尔》,张国清、朱进东译,译林出版社,

2002 年版。

　　10. 迪特·亨利希:《在康德与黑格尔之间》,乐小军译,商务印书馆,2013 年版。

　　11. 笛卡尔:《第一哲学沉思集》,庞景仁译,商务印书馆,1996 年版。

　　12. 笛卡尔:《谈谈方法》,王太庆译,商务印书馆,2007 年版。

　　13. 狄奥尼修斯:《神秘神学》,包利民译,三联书店,1998 年版。

　　14. 费希特:《全部知识学的基础》,王玖兴译,商务印书馆,1986 年版。

　　15. 费希特:《自由的体系》,梁志学选编,商务印书馆,2008 年版。

　　16. 费希特:《伦理学体系》,梁志学、李理译,中国社会科学出版社,1995 年版。

　　17. 芬克:《黑格尔〈精神现象学〉的现象学阐释》,贾红雨译,上海书店出版社,2011 年版。

　　18. 黑格尔:《小逻辑》,贺麟译,商务印书馆,1987 年版。

　　19. 黑格尔:《逻辑学》,梁志学译,人民出版社,2002 年版。

　　20. 黑格尔:《逻辑学》上卷,杨一之译,商务印书馆,1966 年版。

　　21. 黑格尔:《逻辑学》下卷,杨一之译,商务印书馆,1991 年版。

　　22. 黑格尔:《精神现象学》上下卷,贺麟、王玖兴译,商务印书馆,1981 年版。

　　23. 黑格尔:《精神哲学》,杨祖陶译,人民出版社,2006 年版。

　　24. 黑格尔:《精神哲学》,韦卓民译,华中师范大学出版社,2006 年版。

　　25. 黑格尔:《精神现象学》,先刚译,人民出版社,2013 年版。

　　26. 黑格尔:《宗教哲学》,魏庆征译,中国社会出版社,1999 年版。

　　27. 黑格尔:《自然哲学》,梁志学等译,商务印书馆,1980 年版。

　　28. 黑格尔:《费希特与谢林哲学体系的差别》,杨一之译,商务印书馆,1994 年版。

29. 黑格尔:《黑格尔早期神学著作》,贺麟译,商务印书馆,1988 年版。

30. 黑格尔:《哲学史讲演录》第 1—4 卷,贺麟、王太庆译,商务印书馆,1981 年版。

31. 黑格尔:《哲学科学全书纲要》,薛华译,上海世纪出版集团,2002 年版。

32. 黑格尔:《黑格尔早期著作集》,贺麟等译,商务印书馆,1997 年版。

33. 赫伯特·马尔库塞:《理性和革命——黑格尔和社会理论的兴起》,程志民译,上海人民出版社,2007 年版。

34. 康德:《纯粹理性批判》,邓晓芒译,人民出版社,2004 年版。

35. 康德:《纯粹理性批判》,韦卓民译,华中师范大学出版社,2000 年版。

36. 康德:《纯粹理性批判》,蓝公武译,三联书店,1957 年版。

37. 康德:《康德书信百封》,李秋零译,上海人民出版社,1992 年版。

38. 康德:《任何一种能够作为科学出现的未来形而上学导论》,庞景仁译,商务印书馆,1982 年版。

39. 康德:《康德著作全集》第 2 卷,李秋零主编,中国人民大学出版社,2004 年版。

40. 康德:《康德著作全集》第 4 卷,李秋零主编,中国人民大学出版社,2005 年版。

41. 康德:《康德哲学原著选读》,约翰·华特生编选,商务印书馆,1987 年版。

42. 康德:《单纯理性限度内的宗教》,李秋零译,中国人民大学出版社,2005 年版。

43. 克劳斯·杜辛:《黑格尔与哲学史》,王树人译,社会科学文献出版社,1992 年版。

44. 科耶夫:《黑格尔导读》,姜志辉译,译林出版社,2005 年版。

45. 卡尔·洛维特:《从黑格尔到尼采》,李秋零译,三联书店,2006 年版。

46. 罗伯特·皮平:《黑格尔的观念论》,陈虎平译,华夏出版社,2006 年版。

47. 洛苏尔多:《黑格尔与现代人的自由》,丁三东等译,吉林出版集团有限责任公司,2008 年版。

48. 罗斯:《斯宾诺莎》,傅友德、谭鑫天译,山东人民出版社,1992 年版。

49. 里夏德·克朗纳:《论康德与黑格尔》,关子尹译,同济大学出版社,2004 年版。

50. 理查德·塔纳斯:《西方思想史》,吴象婴等译,上海社会科学院出版社,2007 年版。

51. 穆尔:《基督教简史》,郭舜平等译,商务印书馆,1996 年版。

52. 斯宾诺莎:《斯宾诺莎书信集》,洪汉鼎译,商务印书馆,1996 年版。

53. 斯宾诺莎:《知性改造论》,贺麟译,商务印书馆,1996 年版。

54. 斯宾诺莎:《伦理学》,贺麟译,商务印书馆,1981 年版。

55. 斯宾诺莎:《神,人及其幸福简论》,洪汉鼎、孙祖培译,商务印书馆,1987 年版。

56. 撒穆尔·伊诺克·斯通普夫:《西方哲学史》,丁三东等译,中华书局,2005 年版。

57. 汤姆·罗克摩尔:《黑格尔——之前和之后》,柯小刚译,北京大学出版社,2005 年版。

58. 汤姆·罗克摩尔:《康德与观念论》,徐向东译,上海译文出版社,2011 年版。

59. 曼弗雷德·库恩:《康德传》,黄添盛译,上海人民出版社,2008 年版。

60. 沃·考夫曼:《黑格尔——一种新解说》,张翼星译,北京大学出版社,1989 年版。

61. 威廉·格·雅柯布斯:《费希特》,李秋零、天薇译,中国社会科学出版社,1989 年版。

62. 文德尔班:《哲学史教程》,罗达仁译,商务印书馆,1996 年版。

63. 谢林:《先验唯心论体系》,梁志学、石泉译,商务印书馆,1981 年版。

64. 谢林:《对人类自由的本质及其相关对象的哲学研究》,邓庆安译,商务印书馆,2008 年版。

65. 谢林:《布鲁诺对话》,邓庆安译,商务印书馆,2008 年版。

66. 希尔贝克:《西方哲学史》,童世骏等译,上海译文出版社,2004 年版。

67. 雅克:《黑格尔和黑格尔主义》,栾栋译,商务印书馆,1995 年版。

68. 约翰·马仁邦:《劳特利奇哲学史》第三卷,孙毅等译,中国人民大学出版社,2008 年版。

69. 约瑟夫·拉辛格:《基督教导论》,静也译,上海三联出版社,2002 年版。

70. 张世英主编:《新黑格尔主义论著选辑》,商务印书馆,1997 年版。

二、英文部分

1. Alfredo, Ferrarin. Hegel and Aristotle, Cambridge: Cambridge university press,2004.

2. Beiser, Frederick C. Hegel and Nineteenth-Century Philosophy, Cambridge: Cambridge University Press,2009.

3. Burbidge, John W. Hegel's Systematic Contingency, Basingstoke: Houndmills Companies,2007.

4. Cirulli, Franco. Hegel's Critique of Essence, Oxfordshire: Rout-

ledge, 2006.

5. Desmond, William. Hegel and His Critics: Philosophy in the Aftermath of Hegel SUNY Series in Hegelian Studies, New York: State University of New York Press, 1989.

6. Forster, Michael. Hegel and Scepticism, Boston: Harvard University Press, 1989.

7. Grier, Philip T. ed. Identity and Difference Studies in Hegel's Logic, Philosophy of Spirit, and Politics, New York: State University of New York Press, 2007.

8. Hodgson, Peter C.. Hegel and Christian Theology—A Reading of the Lectures on the Philosophy of Religion, Oxford: Oxford University Press, 2005.

9. Hyppolite, Jean. Genesis and Structure Of Hegel's Phenomenology of Spirit, Vanston: Jorthwestern University Press, 1974.

10. Kant, Immanuel. Henry Allison, Peter Heath ed. Theoretical Philosophy after 1781, Cambridge: Cambridge University Press, 2002.

11. Kaufmann, Walter. Hegel A Reinterpretation, New York: Doubleday Inc, 1966.

12. Malabou, Catherine. The Future of Hegel—Plasticity, Temporality and Dialectic, Oxfordshire: Routledge, 2005.

13. Nuzzo, Angelica. Hegel and the Analytic Tradition, London: Continuum International Publishing Group, 2010.

14. Rauch, Leo. Hegel and the Human Spirit: A Translation of the Jena Lectures the Philosophy of Spirit (1805—1806), Detroit: Wayne State University Press, 1986.

15. Russon, John. Reading Hegel's Phenomenology, Bloomington: Indiana University Press, 2004.

16. Stern, Robert. Hegelian Metaphysics, Oxford: Oxford University Press, 2009.

17. Speight, Allen. The Philosophy of Hegel, Durham: Acumen Publishing Limited, 2008.

18. Toews, John Edward Hegelianism—The Path Toward Dialectical Humanism (1805—1841), Cambridge: Cambridge University Press, 1985.

19. Verene, Donald P. Hegel's Absolute—An Introduction to Reading the Phenomenology of Spirit, Albany: State University of New York Press, 2007.

20. Wallace, William. Hegel's Logic, Oxford: Oxford University Press, 1975.

21. Žižek, Slavoj. Tarrying with the Negative Kant, Hegel, and the Critique of Ideology, Durham: Duke University Press, 1993.

后　记

　　这部书陆陆续续写了近四年,完稿之后,有一种如释重负之感。此间,受到过许多同仁的帮助和支持,这里,谨对他们表达感谢。感谢高桂梅女士,她极力支持本书成为院重点课题,感谢科研处的刘欣女士和臧鸿女士,她们在工作中细微勤勉的努力为我提供了许多便利,感谢我的同事李作清博士,他在日常工作中为我提供了许多无私的帮助,使我摆脱了许多冗务而获得了更多的写作时间,也感谢高云涌博士,他在哲学所期间,一直在精神上支持我这项课题,并给予时间上的支持。还应该感谢王爱丽博士,除了精神上的支持以外,她还在联系出版方面给予我真诚的帮助,这里,借此片言,雅谢高谊。另一位需要感谢的是侯冬梅博士,她帮助我整理了外文资料,完成了外文参考书目的打字工作,在全书成型后,又帮助我完成了最后的排版,在这里,也对她深表谢忱。另一位需要衷心感谢的是朱宇先生,作为学者,他始终保持着阔达的眼界及学术的前瞻性,而作为院长,他又为本书提供了精神支持和写作条件。最后,应该感谢本书的责任编辑张晔明先生,他以守学之道统览了全文,除汰了文字方面的疵瑕,并以精巧的美感为本书设计了封面,保证了一本学术著作淡雅凝和的气息,这里,谨对晔明君答以申谢,对他严谨致学的醇儒之气示以记存。这部书的构思历经数年,但写作起来仍感到艰难,完善这里的内容或许是更多的人所要去做的事情,这里能做到恭默思道,就足够了。成大荒巧构者,自古稀少,但以精神润身者,则自成。

陈也奔

2015 年 12 月 12 日于哈尔滨